土地制度与中国发展

—增订本—

刘守英 著

LAND SYSTEM REFORM AND ECONOMIC DEVELOPMENT IN CHINA

中国人民大学出版社
·北京·

引　言*

非常感谢孙冶方经济科学基金会把这么神圣的奖授予我。我 1988 年进入国家决策咨询部门从事中国土地问题的政策研究工作，2016 年转入大学工作就是想在已经积累的经验基础上尝试开展理论研究。下半程的工作才刚刚开始，我会将这个奖作为对自己的鞭策和鼓励。

过去百年中国经济理论的创新有两条主线，一条主线是中国共产党的理论创造，《中共中央关于党的百年奋斗重大成就和历史经验的决议》已经给出了历史性表述；另一条主线是经济学的理论创新。从学术史角度，中国经济学曾出现过两次大的理论繁荣，一次是 20 世纪三四十年代，以陈翰笙、孙冶方、薛暮桥等为代表的“中国农村派”在农村社会经济调查的基础上，运用马克思主义政治经济学方法论证中国社会的半殖民地半封建性质，为中国共产党对中国社会的性质判断和道路选择提供了重要依据。另一次是 20 世纪八九十年代，投身改革的青年经济学家群体聚焦中国体制改革中迫切需要解决的重大问题，深入基层开展有针对性的调查研究，在服务决策的基础上进行理论创新，为中国改革开放和经济转型提供理论支撑。两个时期经济理论繁荣的共同经验是坚持问题导向，当国家面临巨大历史性变革时，经济理论工作者毅然放弃已陷入本本和教条的旧范式，直面问题，从问题出发，寻找能够解释和解决问题的新范式，直面真实世界，了解现实中问题的表现，分析真实世界体制和经济运行的特征，把握问题的成因，从真实世界找到问题所在，注重现实中体制与经济运行的特殊性，在比较中寻找相异性，运用马克思主义政治经济学方法分析生产力与生产关系、经济基础与上层建筑的互动，理论研究不仅为此提供经济解释，而且重视提供解决方案。

---

* 作者在第十九届孙冶方经济科学奖颁奖典礼上的获奖感言。

由于机缘巧合，我自 20 世纪 80 年代以来实际上自觉或不自觉地追寻着这种分析范式，并将之运用到对中国土地问题的研究。我通过抵近真实世界的一手调查，直接参与国家和地方土地制度改革试验，了解到中国土地制度的基本特征、制度运行中的问题，以及土地制度作用于经济发展的典型事实，给出了土地制度改革的思路、解决方案和实施机制。这些阶段性成果基本呈现于《土地制度与中国发展》一书中。该书发现，中国改革开放以来的经济发展方式不同于其他主要经济体，政府在经济发展中不再直接控制经济，但具有很强的“谋”发展能力，“以地谋发展”模式成为中国创造经济奇迹的秘密。“以地谋发展”模式的核心是政府利用独特的土地制度谋发展，土地不仅成为拉动增长的发动机，而且成为促进结构变革的助推器，以低价土地招商引资快速推进工业化，以土地资本化加速城市化。“以地谋发展”模式之所以能够在中国土地资源极其稀缺、资本极端不足的约束下取得经济增长和结构转变的成功，得益于土地制度的独特安排：农村土地属于农民集体，城市土地属于国家所有，农地转为非农用地的唯一通道由政府垄断，农地由集体所有转为国有之后，地方政府一方面依靠对国有经营性建设用地供应的排他性权力获得高额土地增值收益，另一方面利用规划权、管制权、定价权决定各类用地的区域投放指标、供应方式和供应价格，实现经济增长和结构转变目标。更为重要的是，土地资本化（土地财政、土地金融）为地方政府和各类经济主体通过土地创造资本、解决发展起步阶段的资本短缺问题提供制度支撑，通过土地形成的巨量资本不仅为基础设施建设提供了巨额资金来源，而且为经济主体的生产经营和资本扩张提供了融资渠道。

本书也提出，任何发展模式的独特性都会因约束条件和环境的变化而发生改变，在条件发生变化后，发展模式必须作出调整和改变。中国经济正在发生的一些重要的趋势性变化，已经和正在对“以地谋发展”模式产生巨大冲击，经济增速下行和中低速增长常态化，土地作为经济增长发动机的功能已经在减弱；在全球和国内需求变化以及成本结构变化趋势下，低成本工业化难以为继，沿海地区已经主动进行产业和产品的转型升级，压低地价维持世界制造工厂地位的工业化模式必须作出改变；城市化在经历土地推动的快速扩张以后已经减速，城市发展方式进入包容、质量提升和结构优化阶段，依靠土地低成本的城市化阶段已经结束，依赖土地资本化的城市发展的债务和金融风险不断累积，必须寻找替代土地资本化发展机制的其他发展动能和机制。因此，上一轮土地推动中国经济高速增长和结构变革的一切因素都在发生变化，势必带来土地与经济发展关系的重大改变，也为寻找发展动能和转变发展模式提供了必然性和紧迫性。

为了促进发展模式的转型，必须进行主动有为的土地制度改革：一是对土地的功能进行重新定位，痛下决心控制土地的发动机功能，发挥市场在土地资源配置中的决定性作用；二是以优化土地供应结构推动国民经济结构改革；三是进行国有土地资产改革，促进地方政府从卖地向经营国有土地转变，引导城市政府从土地和规划外延扩张向城市更新和内涵发展转型；四是推进以都市圈为尺度的土地配置和规划体制的改革，建立统一的土地权利和统一的土地市场；五是深化农村土地制度改革，促进乡村振兴和农业农村现代化。过去四十多年中国特色社会主义土地制度支撑了中国发展奇迹的创造，中国在新征程中必须通过完善和构建现代化土地制度支持社会主义现代化国家建设。

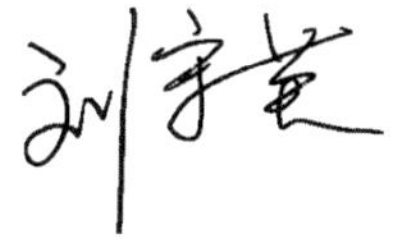

目　录
Contents

第二部分 农村土地制度经验研究

第五部分 深化土地制度改革

第一部分

总　论

第一章
产权、行为与经济绩效

本章要探讨的主题是产权与人的行为以及经济绩效的关系。这一研究的意义在于，无论是历史上，还是当今不同国家在生产率和收入增长方面所存在的差异，都在经验上表明产权制度与一个国家的经济增长有着极为紧密的关联。近些年，产权的作用已引起了广泛关注，这在一些社会主义国家改革方案的设计与实施中尤其如此。但是迄今为止，经济理论对此所作的分析还远不能令人满意。经济分析在这方面的滞后对经济政策的制定实施已产生了不良影响。基于此，本章试图从以下几方面展开初步分析：一、产权的功能；二、产权的界定与实施；三、存在不同产权安排的原因；四、产权安排与经济绩效的关系。

一、产权的功能

要探讨产权在一个社会经济中所起的作用，就必须从它到底怎样诱导人的行为这一基本点入手。因为任何一类经济所取得的增长实绩如何，最终都取决于这一社会所存在与设定的各种制约对个人行为所具有的激励特征。在这些制约中，已有的经济理论对资源的稀缺性、竞争的充分性给予了极大关注。事实上，一个社会所制定的各种规则也具有不可忽视的影响。不同资源的稀缺程度决定了人们从事生产的要素价格，从而会诱导人们在生产中不断利用稀缺程度（即相对价格）较低的资源来替代稀缺程度较高的资源；而一个社会所制定的各种规则则规定了人们进行竞争与合作的条件与方式，它向人们提供了可以做什么，不可以做什么，以及从事哪一类的生产与交易是合算的选择的基本框架。

沿着这一思考逻辑，经济学的选择理论方法就是一个有用的、揭示这一内涵的方法。在分析中，我们接受经济学近些年在理性选择假定方面的如下发展，即经济学关注的个人所追求的不仅是现金财富的最大化，而且是效用函数的最大化，一个人的效用函数中所包含的变量，不仅仅是收入，还有声望、地位、健康、快乐、友爱、良好的人际关系等，他在面对各种可能的选择时，将选择他认为较好的一个，而不是较差的一个。面对各种制约（包括稀缺性、竞争条件、制度规则），他将会在这些选择次序中进行替换。例如，在一个获取现金财富的机会受到权力严重制约的社会，人们将大量资源用于获取权力就是一种理性选择的结果。一个受国家管制的企业管理者之所以不为企业的利润最大化而努力，是因为所有者并没有向他提供这样做的激励。我们尤其要强调的是，一个理性的人所面对的仍是一个十分复杂的不确定的世界，他对这一世界不可能全知全能。不仅如此，他在进行决策时，还会受到他自身的天赋，他对信息的处理与对环境的适应能力，以及他所能获取的有关决策信息量的制约。因此，在不同国家和制度下所表现出的人在行为上的差异，事实上是由他们所面对的制约不同所导致的结果。经济政策的核心应该是不断减少那些约束人们追求效用最大化的各种制约，而不是人为地施加一些约束来限制人们的选择机会。

有了这一更接近现实的人的行为假定后，下面我们要揭示的是产权是怎样影响人的选择行为的。众所周知，一个人不可能生活在一个鲁滨逊式的世界中，他为了生产和生活，必须与他人发生相互关系，如进行物品或服务的交换，在一个组织结构下从事有分工的生产等。不仅如此，无论在什么样的经济体制下，人们在经济生产与生活中都很少遇到传统经济理论所描绘的均衡状态。他们经常会遇到失业、排队、所需产品短缺或剩余、非价格的定量配给等。这些现象之所以存在，是因为迄今为止还没有一种机制能准确无误地无代价地协调人们的行动，计划机制在高强度地动员资源时表现出极强的能力，但是，它配置资源的效率却不尽如人意，其原因是，计划机制要有效地起到配置资源的作用，必须满足以下条件：（1）计划的制定者是一个全知全能者，他不仅有关于经济活动的不同特性、社会的未来需求等方面的完全知识，而且有关于每个社会成员期望的知识；（2）计划实施的成本为零，即计划规定的目标与每个人的目标一致，因而每个受计划约束的人都能按计划规定行事，而且计划的制定者能对执行者进行完全的监督与检查。但是，这两个条件在一些曾经利用这一机制的国家被证明是很难达到的。与计划机制相对照，曾被奉为神灵的市场机制在运作中也不是没有费用的。一项交易要在市场上达成，交易双方都得对可能的买者或卖者进行“搜寻”；交流各方关于物品特征的信息，还要签订合约，保证合约条件的实施等。正如科斯所正确认识到的，正是市场交易费用的存在，促进了一些能够节约这些费用的制度创新。一个社会在技术上越复杂，专业分工越发达，其经济活动的组织就越不可能仅通过单一的方式来实现，那种经济增长绩效较佳的社会，正是人们能根据不同组织的可能收益和成本进行自由选择的社会。

正是由于人的有界理性以及交易费用不为零，人们所从事的所有交易不可能使交易各方都实现更为满意的境况，即斯密最早描绘的个人追求利益最大化的结果也使整个社会的利益最大化的理想事实上很难实现。（当然，我们并不排除在市场或计划机制作用比较完好的某些场合，这两者大致一致的情形。）因此经济学在面对经济现实时，必须正视在某些交易形式下，一些人更为满意的水平的实现，会使另一些人的满意程度降低。如早期福利经济学家所正视的外部性问题，近来经济学家如博弈论学者在解释人的行为时所分析的“囚徒困境”，公共选择理论所揭示的团队行动中的“搭便车”问题。奥尔森在分析集体行动时指出每个使个人效用最大化的个人所组成的团体并不一定使团体利益最大化。

本章要提出的是，在考虑经济交易中个人利益与社会利益不一致情形时，权利变量同稀缺性、竞争变量一样，也是人们从事经济交易时所面对的基本制约。按照阿尔钦的定义，产权是一个社会所实施的选择一种经济品的使用的权利，它包括人们对一种资源的使用权、收益权与转让权。交易行为实质上是一种买者与其他能从卖者那里获得类似权利的人之间的竞争方式。一项交易的达成实际上是当事人之间关于双方进行资源重组和转让条件的合约谈判，而交易费用的存在则使交易当事人采取不同的合约安排形式。因此，支配交易的真正基础是物品或资源所有者所拥有的权利，价格只是对附着于这一物品上的权利的衡量，它只有在能向交易当事人表达正确的激励信息时才能有效地引导资源配置。由此，资源中所包含的各种产权的价值就会像稀缺性、竞争变量一样，进入决策者的效用函数，界定产权的规则及产权安排的变迁，从而影响人们的行为方式。

由于任何一种资源都内含具体的权利束，而每个现实中的人都必须为了生产和生活的需要，同其他人发生相互关系，产权的界定与实施规则对于这种相互关系的进行就十分重要。它确定了人们在这种相互关系中如何受益，如何受损，以及它们之间如何进行补偿。要明确指出的是，产权在影响人们的相互关系时，作为产权外在表现的物质实体并不重要，真正具有决定意义的是由内含于物质实体的产权的权利束（使用权、收益权和转让权）的界定与实施规则所确立的人与人之间的相互关系。人们通过社会所确立的这些规则来形成与其他人发生相互关系时的合理预期。具体地讲，产权的界定与实施程度将决定一项交易所导致的外部性程度。当外部性存在时，资源的使用者没有考虑到有些成本和收益，每个企图利用资源来使自己效用最大化的人都会有将由此所致的成本强加给他人的倾向。如果没有产权的界定，这种外部性就将很普遍，而一种资源产权的更明确界定则会激励人们将一种受益效应或受损效应内部化，即使得受益者承担由此所带来的成本。

二、产权的界定与实施

在明确了产权的功能后，我们再来看看一个社会怎样界定与实施产权。

产权结构的选择和关于具体权利安排的规定，由国家对所有制的偏好和一个社会的可接受程度而定。国家在界定产权中的重要性比较好理解。因为产权是用于约束人们从事经济交易时的规则，它需要有一个在交易当事人之外的仲裁机构来保证双方议定合约的实施，这一机构只有为双方所认可和信任，在仲裁时才具有权威性。当然，在交易的范围十分有限，且是熟人之间的重复交易时，那些在狭小地理范围（如一个社区）内具有较高威信的人可以充当仲裁者。但是，在交易的范围扩大，且突破传统社区熟人间的重复交易时，传统的仲裁方式就会变得无效，为此必须寻求权威性更高的仲裁机构。在历史上和当今世界上，国家就是应这类问题而产生的。国家是一种被社会认可的、对合法使用强制性手段具有垄断权的制度安排。它之所以不可或缺，是因为人们需要它来维护公正、秩序和稳定，提供人们之间发生相互关系时的一个基本社会规则。由于它具有强制性的比较优势，由它来向人们提供相互作用时的基本规则就更为经济，而且由于产权的排他性特征，国家在界定与实施产权时就处于垄断地位。至于社会的可接受性，它主要通过一个社会传统遗留下来的习俗、伦理与惯例来影响人们在生产与交易时的态度和方式，再通过这些来内生地影响国家对产权制度的选择与规定。因此，它一方面可能在产权确立之前，通过制定者对一个民族的这些非正规规则的了解来影响产权选择，另一方面也有可能通过将产权的实施绩效反馈给产权的制定者，从而影响产权安排的修正。

对一种资源产权界定的完整程度，是以对它的权利的排他性来衡量的。排他性权利包括对资源使用的排他性，以及所拥有权利的转让性。排他性使用是指资源所有者在被许可的范围内对该资源具有不受限制的使用权利，他可以以任何方式使用他的物品，并排斥了其他人对他的资源的使用，如果所选的使用中的某些方面包含着对其他所有者的资源的使用，这一使用就否定了其他所有者对他的物品使用权利的支配。这意味着如果资源所有者选择了对物品的使用，这一使用必须不影响他人物品的物质属性。不过，这并不意味着资源所有者对物品的使用就对其他行动团体的物品不产生任何影响。如我将我使用的物品与其他人相交换，就会对他人物品的交换价值产生影响，从而影响他的“效用”。这里要强调的是，排他性使用的被许可范围是相对于社会的可接受性和法律的许可而言的，一种物品的某些方面的使用如果不为社会所接受，或违背了一个社会的法律许可，对这种使用所采取的制止措施就不算侵权。当然，一个戒律过多和法律不健全的社会可能会由于这些人为形成的规则造成对人的机会的过多限制，这里不展开讨论。

对资源或物品的排他性使用并不意味着“谁占有谁使用”的安排就是最有效的。事实上，所有者所拥有的排他性资源只有在能被自由转让时才能被最有价值地使用。这是因为：（1）某个人在一定时期对一种资源或物品是否保持所有权，是以他当时的认识水平，以及他对它的使用与收益预期来作出判断的，随着他的认识能力的变化，他对这种资源或物品的期望就会发生变化。因此，在可自由转让权利下，他就可以将所拥有的资源权利转让给其他对该资源具有较大期望的人。（2）由于人们在能力、知识等上存在差异，他们在面对物品或资源时在技能上会有所不同，且由于他们在承担价值变化的风险、决定投资多少、如何生产等上不可能具有相等的能力，这就很自然地使他们遵循比较优势原理，每个人在产权权能上就会专门化。因此，如果产权可以自由转让，人们就会将他们的所有制集中于他们认为具有比较优势的方面，从而促进产权的专门化。人们在产权权能上的专门化使社会财富增加。这就如产业与行业的专业化会提高劳动生产率，从而使财富增加一样。

一种物品或资源的权利价值是在它与他人所拥有的物品或资源进行交换或组合时体现出来的。资源所有者之间所进行的这种权利的交换或组合是通过相互认可的合约进行的。因此，在排他性权利前提下，自由的转让权实质上意味着一定要包含自由选择合约形式的权利。资源所有者可以按自愿的合约进行权利的分割，如出租、继承、租佃等，也可以按自愿的合约进行资源使用权利的组合，如企业结构。因此，合约是经交易双方共同同意而达成的关于所转让的资源权利的形式和条件的规定。不同合约形式对资源配置的影响取决于所有者对资源的排他性权能及合约的具体规定。如果在合约双方转让资源时并不存在当事人以外的力量的强制规定，且合约是经由双方同意后达成的，资源配置效率就不会受影响。但是，无论是产权的界定，还是产权的实施，都要支付成本。产权界定的费用包括用于界定产权的组织的建立与维持的成本，产权的制定者对各种可选产权安排的了解和比较权衡的成本，对受产权规则影响的人们的可能反应进行了解的成本。这些费用是建立有效的产权所必须支付的。这些方面的信息供给程度如何，将决定所选产权安排的有效性。至于一个产权的建立者到底选择怎样的安排，则取决于他对新安排的收益预期与这些成本的比较，这一点留待后面进行分析。

实施费用的存在则是由于交易费用是普遍存在的。参与合约的任何一方都不可能完全了解对方的信息，如他过去的绩效，他的专业化能力，可信任度等。不仅如此，在进行权利组合的合约中，由于由此所致的总产出不是各投入所有者的分产出之和（否则他们就不可能进行合作），因而对各合作成员投入与产出的衡量和计量是很困难的。每个参与合约的人为了使个人利益最大化，都会将由此所致的部分成本强加给其他成员，导致生产者激励的降低，从而影响合作的绩效。为了降低衡量和计量问题所致的合作收益减少，参与合作的成员会同意选择专家性的监督来监察与衡量各投入的绩效，如典型的企业结构中的经理，土地租约中的保人等。但是由于合约的实施是由代理人完成的，代理人的效用函数与合约议定者的效用函数的偏差又会导致难以克服的代理问题。这些费用的大小将对合约的形式和绩效产生极大的影响。在资源所有者具有排他性使用和可自由转让的权利下，资源所有者将根据产权的实施所要支付的费用来选择合约，而且合约各方将寻求使权利分割和重组的收益最大而实施费用最小的合约安排。

三、存在不同产权安排的原因

有了上面的分析基础，我们就可以揭示一个社会的产权安排为什么不是单一排他性的了。

影响一个社会产权结构与安排的因素有很多，但下面两个因素的影响是最基本的：一个是对一种资源采取排他性安排的预期收益和预期费用；另一个是一个社会对所有制的偏好。

在社会对所有制的偏好给定的情况下，当一种产权的界定与实施的预期收益大于由此所致的预期费用时，这种产权安排就有可能被选中。因此，一方面，只有在一种资源或物品有价时，人们才有对它的排他性需求，随着一种资源相对经济价值的提高，产权安排就可能从一种模糊的形态演进为更为明晰的形态。另一方面，从成本方面考虑，在一定时期，即便是一种体现出经济收益的资源也可能因界定与实施产权的成本过高而不得不采取非排他性形态。导致产权界定与实施成本过高的因素可能包括：（1）资源或物品的特性，如对农地资产的界定就比对山地和水资源产权的界定更加容易；（2）界定与实施产权的技术还没有被创新出来；（3）由于法律或政府的强制性规定，或由于一些非正规规则的制约，违反规定的成本太高。从演进的观点来看，前两点所导致的产权界定与实施的困难可能会随着这种资源经济价值的提高而使界定与实施的收益大于成本，社会中的某些团体就可能被诱致创新出一些用于解决这些困难的技术。而对于第三种因素，它是与一个社会对所有制选择的偏好相联系的，下面的讨论将主要集中于这一方面。

在不存在界定与实施产权困难的情况下，一个社会也会采取非排他性产权安排。这由我们前面提到的社会的可接受程度和对所有制的偏好所决定。社会的可接受程度是指一种产权规则所引起的人们之间的行为关系是否与一个社会或共同体已有的道德、习俗和伦理准则相符。如果这两者的吻合程度较高，它被接受的程度就较大，因而实施的成本就较低；如果两者的冲突较大，它被接受的程度就较低，实施的成本也可能较高。至于一个社会对所有制的偏好，已有的事实表明，国家对社会所有制的选择具有决定性的影响，而且这种选择在很大程度上是一国经济快速增长与衰退的根源。

国家为什么会选择非排他性的产权安排？在前面我们已揭示了国家作为一种界定产权的制度安排所具有的比较优势。为了回答这里的问题，我们必须了解国家被赋予的这些功能是如何实施的。由于安全、公正以及游戏规则是由统治者规定的，不仅如此，统治者所制定的这些规则还得由其所选择的代理人来实施，因此国家选择与界定产权的可能结果主要可以通过统治者的行为决策反映。这与一个企业家、一个消费者在行为决策上的差异只是效用函数中所包含的变量不同。统治者关心自己的生存、威望、权力、社会目前和历史对其的评价等。因此，国家在实现它的功能时的绩效如何，就取决于统治者及其代理人的行为决策。

按道格拉斯·诺思的分析，国家功能的实施具有以下三方面的本质特征：第一，国家是用一批服务如保护公正来换取收益的。由于它在提供这些服务时存在规模经济，由它对这些服务组织专门化，就使社会的总收益高于那些由每个人自己保护自己财产的社会的总收益。第二，国家企图像一个歧视性的垄断者一样行事，它会将每组社会成员分离开来，并设计每个人的产权，以使国家收益最大化。第三，由于常常存在潜在的竞争者来提供同样的服务，国家会受到不同社会成员的机会成本的制约，因此，国家垄断权力的程度是不同团体替代密切程度的函数。

国家之所以采取非排他性的产权安排，很大程度上可以从以上三个特征去寻找答案。

从第一个特征来看，国家在提供基本服务即游戏规则时，也可能造成已分群体或利益相关者获得的租金收入最大化。为了使这个目标得以实现，统治者会确定一些制度以降低交易费用，使国家所获得的总税收增加。这意味着统治者将提供一些服务以降低确定、谈判和实施合约的成本。但是只有在提供这些服务的结果与统治者的租金收益增加一致时，统治者才会这样做。当这两者不一致时，统治者宁愿保后者，从而导致有利于收税但不一定有利于产权更明确地界定。而且与非排他性产权相比，对统治者来讲，因为排他性产权要更仔细地监督和计量，其所必需的交易费用将更高。因此，如果在选择非排他性产权时，统治者并没有受到威胁，其将更倾向于采取非排他性产权安排。

从第二个特征来看，由于经济是由具有不同生产函数的经济活动组成的，为了获得制度租金，垄断租金最大化，必须对各种经济活动进行监督和计量，并确立不同经济活动的产权安排。但是，由于不同的经济活动具有不同的特性，因而界定与实施产权的难易程度也不同。另外，各类经济活动给统治者带来的租金也是不同的，因此，只有在那些不仅能使统治者收益增加，产权的排他性界定与实施不妨碍这一租金的获取，而且界定与实施成本不高的情况下，统治者才会对该经济活动采取排他性产权安排。

否则，统治者也宁愿选择非排他性的产权安排。

对于第三个特征，统治者由于有竞争者，因此也将采取措施以确保地位的稳固。在对统治者的威胁中，不同社会成员的机会成本是不同的，由于每个团体在界定产权中的谈判力量不同，及它们所承受的税收负担不同，统治者向它们提供的服务的配置就不可能相同。一般而言，统治者为了自己的利益，可能向那些谈判力量强的团体提供更多的服务，这样就导致统治者在界定产权时，使产权规则的确定更有利于这些团体，而不管它对效率的影响。

国家导致无效产权的因素除了上面所讨论的以外，还有两个也是至关重要的，一个是统治者的有界理性，也就是说，即便统治者的愿望是致力于国民财富与人民福利的增加，其在作出如何使这一目标实现的决策时，也会由于其知识局限性、对制度绩效的认识能力以及其个性特征，可能选择非排他性的产权安排。另一个是国家的功能在实施中所产生的代理问题。因为国家的功能是由统治者所选择的代理人来实施的，由于代理人的效用函数与统治者的效用函数不可能完全一致，统治者所确立的规则在由代理人实施时也可能会改变。尽管统治者会确立一些规则来约束代理人的行为，但由于过高的监察和实施成本，最终的实施结果也有可能偏离有效产权规则，从这一点来讲，一个国家规模越大，经济活动的种类越复杂，产权实施的成本就越高，实施集权时的代理问题就越严重，产权实施的结果与界定产权的初衷的偏差就越大。

四、产权安排与经济绩效的关系

到此为止，我们已初步给出了从经济学角度所理解的产权内涵，最后，我们将以前面的分析作为基础来探讨产权制度与经济绩效的关系。

经济绩效的好坏主要反映在人均所得水平的高低上，它已使世界上的不同国家明显地区分为富国和穷国，一个国家要谋求经济发展，可能也没有什么比提高本国国民的人均所得水平更为重要的了。遗憾的是，当一些落后国家在为此而努力时，经济学家所构建的经济模型对此帮助很小，而且这些模型所衍生出的政策建议在某些国家的政策形成与实施中已产生了有害的影响，原因就在于，这些模型都是以发达国家的制度（经济的和政治的）和发展水平为背景的，因而在这些模型中，制度被视为外生给定的，所有的纯工程性的生产函数只要将资本（物质资本和人力资本）及技术置入一个投入产出的箱子，产出就能如人们所需要的那样被生产出来。因此，由它们给落后国家开出的致富药方就是，只要高积累和高投资就能加速经济增长。但事实证明并非如此。无论是在一些引进了欧美国家制度的国家，还是在一些实行集权的国家，采取这种增长方式都没有取得成功，它们尤其在提高人均所得上不理想，原因就在于这种增长所依赖的基本前提在一些落后国家却很少存在，人们在从事经济活动时，时常面临高昂的交易费用的困扰。因此，同样一类经济活动，在一些发达国家可以用较低的成本进行，但到了这些国家有时会因为费用极高而无法实现。

因此，一个社会的经济增长绩效如何，其关键点不在于这个国家在政治上取了一个时髦的名称，而在于这个社会所设定的一些具体规则是否降低了人们从事经济活动的交易费用，是否能形成人们在与他人发生相互关系时的稳定预期，因为只有这些规则才是实实在在影响人们行为决策的因素。从这一角度来看，我们可以说，一个经济增长绩效较佳的社会，一定是所制定的制度规则能将人们更多地引向生产性活动的社会，反之，有些社会之所以经济增长绩效不佳，不在于这些社会资源不丰裕、人性懒惰、缺乏创新精神，而在于他们所设计的制度规则更多地将人们引向非生产性活动，这些社会所创新的制度往往在促进再分配方面极其发达；管制、垄断、许可证及配额等制度极其普遍，相反，它们向人们提供产权保障及降低交易费用的制度却极其缺乏，这样不仅产生了社会不公平，而且使大多数人失去了创造经济收入的机会，其结果是整个社会的经济增长绩效不佳。因此，一些落后国家在谋求经济发展时，这些国家的政府所要做的不是去强制限制人们能干什么，不能干什么，而是通过制定一些具体的制度规则来降低人们从事经济交易的成本。

五、简单的结论

作为本章的结尾，我们要附带指出的是我们对将产权变量引入经济学分析框架的意义以及它在现实经济活动中的重要性的强调，不等于说影响人们行为的其他变量就不重要。比如，只要有交易关系发生，价格作为一种向人们传递什么合算、什么不合算的信息的机制就总比其他机制灵敏，我们的意图不过是想表达：(1) 当人们在考虑一个社会怎样才能更有效率时，产权的功能是十分重要的。由于人们的交易关系中不可能没有摩擦，在解决这类冲突时，更明确地界定权利比其他任何方式都要公正、合理。(2) 产权不是一个空洞的口号或政治术语，而是一个很实在的东西。一方面，它通过确定人们在发生相互关系时如何受益，如何受损，及他们之间如何补偿的规则，使他们形成作出行为决定的合理预期。当这些规则明确、合理时，就能向人们提供更好地利用资源与努力劳动的激励，反之就会出现人们之间侵权、外部性以及不努力劳动的低激励。另一方面，产权的界定与实施也是有成本的。这些费用的高低会影响合约的具体形式与产权的具体安排，因此，只有当界定与实施产权的收益大于由此所致的成本时，人们才会寻求对它的排他性安排，否则，共有产权仍可能是一种可选安排。(3) 非排他性产权安排的存在有技术上的因素，但更多的是由制度安排所致。由一些管制规则所致的产权残缺导致了极大的外部性，使人们所付出的努力与报酬不一致。更为严重的是，这些管制规则使人们将精力和资源用于再分配性努力而不是去促进经济增长，其结果是造成社会不公。(4) 落后国家在谋求经济发展时，重要的不在于一种制度名称的改变，或一种简单的模仿，而在于它们所设定的规则是否降低了人们从事经济交易的费用，是否有利于人们稳定预期的形成，因此，对于这些国家来讲，只要改变一些制约人们机会的约束，也一定能取得令人瞩目的经济绩效。

第二章
认识土地产权的角度

无论是从理论还是政策来看，对土地问题的讨论都必须从产权谈起。但是在阅读文献时可以明显感到，在土地产权的讨论中，国内与国际的语境与关注点差异很大，前者仍然具有很强的所有制优劣论色彩，后者主要探究“什么样的产权是正当的，并且着力于对现存的关键性财产制度进行评估”（Munzer，1990）。这种分野不可简单化为阶段不同或初始制度的差异性，要害在于应当采取什么样的产权分析方法。土地问题研究的固有传统已妨碍我们对现实生活中的产权问题进行客观分析，影响到对实际发生的产权问题的解决。

一、土地产权是一个社会最基础的制度安排

在关于土地的言论中，一种倾向是有意忽视土地产权的重要性，认为产权问题没有那么重要，是人为造出来的，农民并不关心他有多大产权；还有一种倾向是批评完善土地产权的努力，比如认为“增人不增地、减人不减地”“长久不变”会造成农村不稳定，土地确权不仅成本高而且没有效果，等等。

对于后一种言论，有两点需要提醒注意。其一，农民心里怎么想的实际上不需要谁去代言，让农民自己说出来就是了。研究者应该做的不过是把农民怎么说的原封不动记录下来，这就功莫大焉，再多一点也就是分析

一下农民为什么如此说、如此想而已。其二，对于主观性议题的调查，怎么问也很关键。比如，明明知道所有制是确定的，一些问卷还在对农民明知故问："你希望土地国有、集体所有，还是私有？"你期待农民回答出什么惊世答案？还有的问农民"要不要调地"以及"要不要长久不变"，增加人口的家庭当然回答"要调整"，怎么能期待这些农民高风亮节地回答"要长久不变"呢？

关于土地产权的重要性，撇开意识形态，无论在什么政治制度下，稳定的财产制度都是一个社会最基本的制度条件之一，这是毋庸置疑的。道理也无须赘言，因为产权制度不解决好，一个社会难以构建有序的政治秩序，难以形成稳定的经济预期，难以建立规则的社会环境。因此，阿尔钦（Alchian，1965）指出："财产权的界定、配置和保护是任何社会都必须解决的最复杂和最困难的问题之一，必须以某种方式解决它。"

从法律安排来看，欧洲大陆一些国家规制土地的法律是从规制一般物的权利的法律派生出来的。它们有关于财产的一般法律，规制土地的法律是其中的一部分。在一些英语国家，土地权利在习惯法中考虑，必要的时候由法院实施。英格兰有关于土地财产的单独法律，独立后的美国也曾将土地与其他类型的财产区别对待，后来许多州采用了民法典，关于产权保护的宪法规则适用于所有物，土地当然也在其列。

在讨论土地产权时有一种说法，土地产权不同于一般物的产权，一般物的产权原则不适用于土地产权。就像每一种物都有其自己的特性一样，土地也是如此。但是，如果以此提出土地产权不遵循一般物的权利规则，则是一种误解。

从定义上讲，产权是以特定方式使用某物的权利，土地产权无非将"某物"具体到了一块土地，是一个社会所强制实施的如何使用土地的权利安排（Barrie Needham，2006）。一般意义的产权制度要求在赋予人与其物的关系时应该具有明晰性、确定性和稳定性。土地产权制度安排也不例外，必须有关于土地使用、收益与转让等的明确的、可实施的规则，从而给予使用它的人以稳定性。

土地权利的稳定性包括三层含义。一是不仅让使用者具有关于土地如何使用的稳定性，而且要有关于土地价值如何实现的稳定性。只有土地权利受到保护，可以交易，土地使用才会成为财富的来源。二是不仅给予土地使用者以稳定性，而且给予其他相关者以稳定性。其他人未拥有这块土地，但土地所有者如何使用会对他们产生影响。三是为社会秩序提供稳定的、可持续的规范。当土地财产的权利稳定时，社会关于土地利益的关系就是有规则可循的，土地的使用才是可持续性的。关于土地权利的决定不仅会影响今天的我们，也会影响我们孩子的明天，甚至我们孩子的孩子的未来。

二、土地产权是附着在土地上的权利与利益关系，而非土地作为“物”本身

在中国土地问题的讨论中，有一种长期的倾向是重“物”不重“权”。关心农民对土地的持有，但忽略了农民所持有的土地的权利。具体体现为：一方面不断强调不能让农民失地，另一方面部分地方政府却低价征走大片农民土地；一方面宣示要帮农民看住他的地，另一方面在地权上却设置诸多限制，如农民承包地不得抵押，宅基地只允许本村集体成员盖房居住，集体建设用地不得转让等。

盎格鲁-撒克逊法律传统明确宣示：一个人所拥有的不是资源，而是对该资源的权利，这些权利就是财产。门泽尔指出，产权不是土地持有者与土地之间的关系，而是土地持有者对土地的权利关系，以及土地权利持有者与所有其他人之间的关系（Munzer，1990）。阿尔钦和德姆塞茨（Alchian and Demsetz，1973）提醒：“土地权利不是自然赋予的，而是由社会创造的，如果没有对权利的保护，权利就不存在。”布罗姆利（Bromley，1998）更明确表示：“某物受保护使得它有这一权利，而不是因为它有这一权利使其受保护。”

如果使用土地的方式是一种权利，它就必须得到法律的承认与保护。如果没有对权利的保护与规制，有价的资源就有可能被滥用。如果土地权利没有得到有效保护，尽管人们以高价购得土地，土地权利的市场依然无法建立。

由于土地权利变异很大，土地权利安排非常复杂，土地利益会魔法般地变化，国家对土地权利采取界定、承认与保护就至关重要。对土地权利的承认与保护一般包括以下几类：（1）以某种特定方式使用一块土地的权利；（2）排他性使用一块土地的部分权利；（3）排他性使用一块土地的全部权利；（4）将部分权利分离出去的权利；（5）将部分或全部权利让渡给其他人、实现土地资本化的权利。

既然保护产权是国家最主要的职能之一，土地权利涉及复杂的政治、经济和社会等多个方面，中央权力机关就必须对在经济上有效、社会可接受的土地使用方式予以法律认定。部分对土地使用的人为限制造成土地权利残缺，加大了法律和政策实施的成本。

三、土地所有权是所有者对土地的所有可能权利，但在不同权利体制下必须分别处理

中国法律和政策有重视所有制和所有权的传统，这既与政治制度和意识形态的特殊性有关，也与改革后的法律建构以借鉴大陆法系为主有关。农村包产到户实行土地所有权与使用权的两权分离改革，在保留集体所有权的同时，不断做实、做强使用权。但是，在法律规定和政策实施中，对于所有权的主体、权利内容以及所有权与使用权之间的关系等重大问题并没有予以清晰说明。这一缺陷不仅造成现实中两种权利主体的尴尬，而且影响改革的深化与走向。

西方的大陆法系传统是从物的“完整所有权”开始的。所有权不是对该物的具体权利的有限列举，而是所有可能的权利。拥有完整所有权的人也被赋予了分离具体权利的权能，分离出的这些权利可以由其他人实施，但这些其他人并不拥有这些权利，仅仅是得到了所有者让他们实施这些权利的授权。

罗马法用“所有权”来描述一物的所有可能权利由一个（法律上的）人拥有，意即所有者能够使用某物，享用它并处置它。所有权的完整形式包括：（1）使用权；（2）收获权；（3）占有权。所有者可以分离出前两种权利，仍然保持对占有权的控制。《拿破仑法典》和德国法传统都是使用

完整所有权的概念。

奥诺雷（Honoré，1961）提出，完整所有权是“对一物的最大可能利益”。他对产权的权利束进行了列举，将其加总后构成“完整所有权”，分别为：(a) 占有权，即对所拥有物的排他性物质控制权。占有权可以被理解为排除其他人使用或排除其他人从物中获益的权利。(b) 使用权，即由个人享有和使用。(c) 管理权，即决定如何使用该物，以及谁应该使用该物。(d) 收入权，即由物的个人使用及允许他人使用派生的收益。(e) 资本得益权，即让渡物品的权利。(f) 稳定权，即免于被征收。(g) 可遗传性权，即无限期遗赠某物的权利。(h) 无期限的权利，即所有权的期限不设限。(i) 禁止损害性使用，即有责任克制自己使用该物时不伤害他人。(j) 履行债务，即可以将物拿去还债。(k) 剩余权特性，即一些对失效的所有权进行修改的规则。

对英国和美国产权思想产生重大影响的布莱克斯通（Blackstone，1776）也使用了“所有权”概念：“对财产的权利是唯一的、独占的所有权。”在习惯法传统中，“各种权利的加总就是所有权”（Denman，1978）。英格兰法律将其称为业主永久持有权，或对土地利益的绝对占有权（Sparkes，1999），尽管这一权利从未绝对过，因为英国的土地由女王最终所有。在美国法律中使用的词跟英国一样，业主持有的权利是绝对的。

在私权体制下，无论是大陆法系还是英美法系，以上关于所有权的定义及权利内涵都不会造成困扰，因为所有者就是土地所有权利的持有者和处置者。在公权体制下就不能止于此。中国土地权利结构的实际状况是所有权与使用权分离，法律在保持所有权前提下，赋予使用权具有实际经济含义的权利。如果简单套用西方的所有权定义，权利的赋权、持有和实施重心应该在所有者，这样，使用权是由所有权派生出来的，所有者对使用权产生的利益就有权主张。如果旨在进一步在权能上做实、做强、做完整土地使用权，使用权和所有权就是独立的两种权利，那就必须在法律上进一步明确所有权的内涵、所有权与使用权的关系，并赋予使用权完整的权利，建立“完整使用权”概念。

四、控制权及权利束的合约安排是评判土地产权有效性的核心

党的十八届三中全会提出在集体所有权与使用权分离的前提下，实行承包权与经营权的再一次分离，这一政策表述走在了近几年理论研究的前面。关于三权分离的试验早在20世纪80年代末90年代初就在温州的乐清县展开，那时坚持集体所有权、完善使用权、搞活经营权的主张比较流行。但是，近些年在忙于城乡统筹以后，已经没有几个人说这个事了。

近年来，随着市场交易活动增加和要素市场发展，土地权利的分割与转让已成事实。随着农村人口和劳动力的不断转移，土地承包权与经营权事实上的分离已成普遍之势。承包权与经营权的进一步分离是政策对现实的正确回应。但是，现有法律在土地权利的分割、转让及分项权利的赋权等方面，都留下了大量悬而未决的问题。要在这方面有所深化，首先必须摆脱长期存在的“重所有权、轻具体权利”的分析传统。

有意思的是，这一倾向在西方也同样存在。正如布罗姆利（Bromley，2004）所批评的：“关于产权的讨论常常限于许多可能权利中的一种，即所有权。这一简化常常造成讨论土地产权实际应用时的简化。”在许多社会里可以发现存在很多种类的权利，产权的变化很大，实践意义也很复杂和微妙。因此，他强调：“控制权是当代财产问题和冲突中最有趣的方面!”

幸运的是，盎格鲁-撒克逊法律传统更加重视“权利束”的经济意义。它认为一份财产就是一种可以由法律界定与保护的土地利益。只有君主是最终的、绝对的财产所有者，没有其他人拥有土地，但是其他人可以持有土地的利益。这一传统使英国法律更重视土地权利分割的合约规则以及由此产生的利益规则。

美国沿袭了英国看待土地权利的方式，尽管绝对的财产所有者变成了土地的永久持有者。雅各布斯（Jacobs，1998）描述了美国的情形：“一项法院记录表明，我是一块土地记录的所有者。当拥有土地时，我出售矿权给一家跨国矿业公司，将长成林的林木卖给一家纸业公司，将开发权赠送

给地方土地保护组织。我是该记录的所有者。……我拥有土壤，保护围栏，支付税收，但其他人拥有其中的一些关键权利，它们甚至比我保留的权利束中的部分权利更有价值。”

从重所有权转向重权利束，为分析权利合约及法律规定提供了便利。我与业主签订了一份对一幢建筑的租约，租约就是财产。这份租约表明我拥有了按合约使用它的权利，我甚至可以卖掉这份租约。

对土地分项权利的规定与实施会影响土地的使用方式与效果。租赁权在英国是可以交易的，但在荷兰不行。由此出现一个很有意思的现象，英国的商业使用者一般采取长租方式，因为即便他们不需要使用这一空间了，也可以通过租约租给其他使用者。而荷兰的商业使用者要么采取短租方式，以免因为长租的不灵活导致他无法将空间租给其他人而造成损失，要么为了寻求使用的稳定性以及获得资本增值，将办公空间的不动产买下来。其长远的影响是，荷兰比英国有更多的商业空间是以不动产形式持有，形成较小的建筑单位，缺乏整体管理的商业园区。

在土地权利的分割中，土地财产的权利包括附着在这块土地之上、之下及其间的各种物。对地上及地下空间使用的权利程度由法律决定。另外，对于地上可移动物的权利由法律进行规制，而非由这块土地的权利规制，因为可移动物并不“附着”在土地上。最后一点是，使用土地财产的特殊方式，只有在得到法律承认时，才成为一种权利。大陆法系的办法是对受到法律承认和保护的那些权利进行列举。一项权利实践一旦得到法律承认，就创造出了一项新的权利。通过列举和对新权利的承认，土地权利体系越来越清晰。但在习惯法传统中，采取这一办法会比较困难，因为双方可能签订一项合约，如果法院实施这一合约，它就变成了一项其他人也可以使用的权利。原权利所有者一旦发觉新的权利对他不利，他就会创造一项补充性权利来保护自己。因此，这一权利在任何时候都可以通过法律书写，但是它也可能第二天就发生变化，从而导致非常复杂的权利变化。

在中国，如何在集体所有权下实现三权分离，亟待政策实施和法律完善的进一步细化。农民土地承包权在进行权利的分割与转让时，到底是否还受土地所有权制约？土地经营权是一项从承包权中派生出来的权利，还是一项独立的权利？土地经营权的具体权利是由承包者与经营者自主议定，还是需要专门的法律规定？土地经营权是一项合约议定期限内的地上权，还是一项完整的财产权？

五、土地产权的强度以对责任和义务的履行为前提

与有意忽略产权或政府强权侵犯产权相对的是，把持有产权等同于想干什么就敢干什么，不顾及在通过产权获益的同时，还需要承担相应的责任与义务。一类表现是，在土地（包括承包地、宅基地和集体建设用地）上从事各类经济活动，不顾法律和规划管制的约束；利用集体建设用地获取租金收益，但不提供相应的公共产品；个人只追求产权利益最大化，造成其他人或主体利益受损；等等。这些现象反映的是一种不受约束的绝对自由的产权观。另一类表现是，对个人享有的权利缺乏尊重，无论是个人还是组织都缺乏对别人应该享有权利的责任，造成侵权成为司空见惯的现象。

一项权利是社会的创造，或者说是“社会对行为所承认的权利”（Alchian and Demsetz，1973）。在一个没有其他人的孤岛上，权利的观念是无关紧要的。一项权利是人与组织（更准确地说是法人）之间的相互关系。因此，当一个人享有一项权利时，另一个人则会承担连带责任（Hohfeld，1917）。如果我拥有以某种方式占有一幢建筑的权利，所有其他人就具有允许我这样做的责任。权利与责任之间的相互关系必须受到规制，否则权利就没有任何重要性。这一相互关系有些以不成文契约的方式存在，在现代社会则更经常以明确的成文方式写下来，并以法律的强制力加以保护。后一种方式的功能是，使得权利所有者有义务让所有其他人执行他们的责任，以让他享有他的权利。

一个人享受权利的前提是，他必须承担相应的责任。比如，荷兰法律规定，没有邻居的许可，在一块土地地界的 2 米内禁止种树。因此，地界另一边的土地所有者有权不让我在他地界 2 米内种树。如果我没得到他的许可就种下了树，就等于我没有完成对我邻居的责任。他可能不会因我的

树造成麻烦，在此情形下，他可能不会坚持主张我要执行我对他的责任。但是，如果他因此而受到困扰，他可以要求我将其移除。如果我拒绝这样做，他可能将我告到法庭，法庭让我执行移除它的义务。责任可能会以不同的方式影响不同的人。例如，假定我在一幢办公建筑里租了一个办公间，该空间的其他可能使用者就有搬出去的责任，楼主则有责任让我入住，前提是我遵守租约条款。责任常常按照容斥原理（inclusion and exclusion criteria）来表述。权利的规定会让一些人融入（他们可以享有它），而将其他所有人排除出去（他们不能享有它）。

土地权利的责任履行中有一项是特殊的，那就是规划管制的实施。由于要执行土地使用规划，就产生了对土地许多权利的排他性使用，因而影响土地所有者的权利和利益。地方政府一旦批准了土地使用规划，就表明对土地某一具体地块的使用方式有了法律约束力。如果所有者不想按照这一规定的使用方式去利用土地，他可能会采取排斥其他人去实现土地法定利用的方式。为了保证土地使用规划的实施，政府可能会采取对所有权进行征收的办法，来保证土地按规定的方式使用。

与前面陈述的土地产权特性相比，最后一点是最容易被忽视的。尤其在一个长期不重视产权的社会，关于土地权利的责任与义务的履行可能是最难且最漫长的。未来，不仅要不断形成对政府（行政权）和各种公权对私权的尊重与责任，而且要培养每个人对自己实现权利时的义务意识，以及对他人实施权利时的责任意识。

第三章
城乡中国的土地问题

经过四十多年的改革开放，中国的城乡关系发生了革命性跃迁，农民与土地的黏度发生变化，乡村的人地关系、农地权利、农业经营制度、农业发展方式、村庄演化、城乡关系等呈现新的特征，乡土中国转型为城乡中国。随着代际革命、农业转型、乡村分化、城乡互动，城乡中国的土地问题既不同于乡土中国，也有别于快速城市化阶段，土地功能因发展阶段转换而变化，城乡格局变化带来土地配置制度困境，农业历史转型带来农地权利与经营制度不适应，乡村分化凸显宅基地制度滞后。完成从城乡中国到城市中国的现代化转型，解决好城乡中国的土地问题是关键，必须推进以城乡中国阶段为背景的土地改革，重点是明确城乡中国阶段的土地功能定位，实行城乡互动的土地配置制度改革，适应农业转型的农地权利和经营体系重构，实施乡村振兴战略的宅基地制度改革。

一、问题的提出

土地问题在乡土中国的重要性显而易见，常被提及的理由有，大多数人以地为生，土地配置关乎农民生计；土地制度是影响国家治理与秩序的重要安排，是国家危机与王朝更替之源；土地制度既造就了悠久的农耕文明，也导致了超稳态的结构。① 一般认为，随着一个社会从农业经济向工业和城市经济转变，农地的经济重要性下降，增长的动力转向依靠人力资本和创新。② 令人困惑的是，中国经历了四十多年的增长奇迹与结构变革，实现了从乡土中国到城乡中国的历史转型③，但是，全社会对土地问题的关切度不减反增，土地在经济社会中的重要性不但没有降低，反而呈现对其更加依赖的情况，土地仍然是影响社会稳定与公平正义的重要因素，甚至在很大程度上关乎国家治理现代化。④

对中国结构变迁中土地问题的认识困惑，一方面源于对结构变迁中土地配置效应缺乏分析。基于传统结构分析的发展理论，仅仅注意到劳动力部门再配置对资本形成的作用，忽视了农地向非农用地配置的效应，事实上，土地在不同用途间的转换会产生巨大的级差收益，对经济增长、结构转变与收入分配的影响巨大。另一方面源于对土地制度安排与变迁对结构转变的影响缺乏理解。事实上，在从乡土社会向城市社会的转变中，土地制度是变化最大同时也举足轻重的一项安排。土地制度安排与变迁方式不同，对结构转变的方式、路径与速度的影响不一。⑤ 除了一般理论上的缺陷，背后更深层的原因是对中国从乡土中国抵达城市中国的认识偏误。长期以来，无论是理论还是公共政策，皆将城市中国作为现代化的归宿，并以牺牲和消灭乡土中国为前提，土地配置与制度变迁成为实现这一目标的工具。在 1949 年后的经济增长与结构变革中，不仅发生了土地从农业向非农用途的大规模配置，而且发生了农地制度、土地转用制度与非农用地使用制度的系列变革，土地的再配置效应与制度变迁效应成为推动经济增长、工业化与城市化的重要力量。无论是计划经济时期的集体所有制和农产品统购统销制度，还是改革后的城乡二元土地制度、强制低价的土地征

---

① 费孝通. 乡土中国. 北京：人民出版社，2013.

② T. W. Schultz. "The Declining Economic Importance of Agricultural Land," *The Economic Journal*, 1951, 61 (244): 725 - 740.

③ 刘守英，王一鸽. 从乡土中国到城乡中国：中国转型的乡村变迁视角. 管理世界，2018 (10).

④ 赵冈，陈钟毅. 中国土地制度史. 北京：新星出版社，2006.

⑤ 刘守英. 土地制度变革与中国经济转型. 中国土地科学，2018 (1).

收制度、地方政府独家垄断土地市场制度、土地资本化制度，都为中国的经济增长创造了巨额的资本，这也是乡土中国向城乡中国转变的发动机。[①]城乡中国这一特殊阶段由此而生，也导致这一阶段特殊的土地问题。

讨论城乡中国的土地问题具有重要的公共政策含义。土地问题的争论之所以持久不竭、势不两立，源于乡土中国和城市中国两种结构形态所形成的截然对立的土地观，前者固守乡土中国形态，视农民与土地的关系为不变，无视结构变革带来的农民与土地的关系已经发生的变化，以土地制度安排不能动、不许动应万变，导致改革机会的丧失，阻碍转型与发展。后者以作为结果的城市中国为对象，强调土地配置和利益的城市导向，单方面强调以土地资本化工具加速工业化和城市化进程，以牺牲农民的土地利益和乡村发展机会为代价，以为这种牺牲可以通过城市化来弥补。城乡中国的土地问题有别于乡土中国，也不等同于城市中国。认识城乡中国背景下土地问题的表征，对于防止两个极端的土地政策意义重大。

本章的结构如下：首先，重新审视了土地在乡土中国的表现；其次，分析土地制度安排与变迁如何推动中国从乡土中国向城乡中国转变；再次，分析城乡中国阶段的主要土地问题；最后，指出结论和相关政策建议。

二、乡土中国的土地黏度

“乡土中国”是费孝通基于对传统中国的基层抵近观察提炼出的一个广被接受的概念。[②]“土”是乡土中国的根，是建构传统政治、经济、社会与文化结构的基础，帝国秩序、人地关系、人人关系、乡土秩序既高度依赖于土，又牢牢被土束缚。乡土中国的成色以其经济活动、制度安排、治理秩序与土的黏度来衡量。

（一）自我强化的农本结构

从结构特征来看，乡土中国首先表现为超稳定的农业经济形态。农业

① 刘守英．中国土地制度改革：上半程与下半程．国际经济评论，2017（5）．

② 费孝通．乡土中国　生育制度．北京：北京大学出版社，1998．

既是国家攫取收入也是农民生计的主要来源。直到19世纪末，无论是产值、就业还是税收来源，农业都是国家的命门。① 所有可耕地主要用于粮食种植。人口不断增长不仅造成对土地的压力增加，也形成依靠过密劳动投入提高土地单产的农业生产方式。② 这种以地为生的农业文明保障了庞大人口规模的基本生计，也使以农为本的帝国秩序得以维系。但是，对土的过于依赖也造成一种无法从土中挣脱的结构。在顶层，由于国家的收入和秩序主要依靠土地，传统帝国政治便不断强化以农为本的结构，抑制非农经济活动、陌生人交易和权力自治的城市文明生长。③ 在底层，由于农民无法在农外觅得机会，只得通过更为过密的农业劳动和农工互补的手工业来维持农家生计，导致乡村经济活动的"内卷化"和"没有发展的增长"，单位土地产出不断增长，但单位劳动产出长期停滞甚至下降，无法走上通过提高劳动生产率实现农业资本化的发展道路。④

（二）产权清晰、激励有效的地权安排与经营制度

受制于可开垦耕地潜力挖尽和经验性技术进步缓慢，中国的传统农业依托有效的土地产权和经营制度支撑起人口不断增长的食物供给。一是界定清晰、权利完整的产权制度实现稀缺土地资源的有效配置。尽管中国的土地制度一直被习惯性地冠之为"溥天之下，莫非王土"，但是，在影响土地资源使用的制度安排上，中国的土地产权结构却十分清晰且明确。早在战国时期就承认了私田的合法性，允许土地自由买卖；自秦汉到唐代中叶，土地的私有份额不断上升，形成土地私有与土地国有并存的格局。自唐代中叶到明代中叶，国家放松私人占有土地的限制，以土地买卖和交易等经济手段取得土地成为主导，以授田、封地、赐田等政治手段取得土地减少，土地私有制得到进一步发展。从明代中叶到近代，土地买卖盛行、

① 安格斯·麦迪森. 中国经济的长期表现：公元960—2030年. 上海：上海人民出版社，2008.

② 安格斯·麦迪森. 中国经济的长期表现：公元960—2030年. 上海：上海人民出版社，2008；巴里·诺顿. 中国经济：转型与增长. 上海：上海人民出版社，2010.

③ 施坚雅. 中华帝国晚期的城市. 北京：中华书局，2000.

④ 黄宗智. 长江三角洲小农家庭与乡村发展. 北京：中华书局，1992.

市场交易活跃，土地契约复杂精细，土地私有制得到充分发展。[①] 这种排他、可交易、有保障的土地产权结构保证了乡土中国越来越稀缺土地的经济使用与有效配置。二是国家对土地权利的正式保障。为了保障以农立国下帝国的收入攫取与秩序维持，国家通过土地登记、确权等提供对土地产权的正式保护。从出土的西周青铜器彝器铭文中，就有了土田的数字记载；春秋中叶以后的鲁、楚、郑国已开展田赋和土地调查；唐中叶尤其是宋代以后，地籍与户籍平行成为国家治理的制度；明代中叶以后开展了全国统一的土地彻底清丈，鱼鳞图册成为征派赋役和地籍管理的主要依据。[②] 三是有利于保护耕作者权利的合约安排结构。在有保障的土地私有和发达的土地市场下，中国的土地权利结构衍生出非常复杂的合约安排形式，如“永佃制”、田底权与田面权分离的“一田两主”“一田三主”等，土地使用者和租赁者获得完整的土地产权，他们对所租赁土地不仅可以排他性使用，还可以再转租、交易、抵押、典当、继承等，这些权利既被民间非正式合约所遵守，也得到正式权利的保护。这种以耕作权为大的土地权利安排为小农经济提供了稳定、可预期的制度基础。[③] 四是小农经济的超强韧性与生命力。在经营制度上，以家庭为单位的小农经济是基本的农作制度，家庭不是仅进行独立的生产、投资和决策，以血缘和亲缘形成的扩大的家庭的劳动分工与合作[④]，地权保护下自耕农和租佃者对小块土地的精细利用[⑤]，使得以家庭为单位的小农经济与地权清晰且不断分割的土地制度支撑起前现代时期的中国农业增长。

（三）承载复杂功能的土地价值伦理

不断强化的以地为本政治经济结构以及不断演化的地权制度所强化的

① 方行. 中国封建经济发展阶段述略. 中国经济史研究，2000（4）.

② 梁方仲. 中国历代户口、田地、田赋统计. 北京：中华书局，2008.

③ 傅衣凌. 清代永安农村赔田约的研究//明清农村社会经济. 北京：生活·读书·新知三联书店，1961；梁治平. 清代习惯法：社会与国家. 北京：中国政法大学，1996；赵冈. 永佃制研究. 北京：中国农业出版社，2005；吴涛. 清代江南的一田两主制和驻点关系的新格局. 近代史研究，2004（5）；戴建国. 宋代的民田典卖与“一田两主制”. 历史研究，2011（6）.

④ 费孝通. 江村经济：中国农民的生活. 北京：商务印书馆，2002.

⑤ 赵冈. 历史上的土地制度与地权分配. 北京：中国农业出版社，2003.

超稳定家本位小农经济，积淀出附着于土的文化与价值观念。在乡土中国，土地不仅具有经济功能，还关乎个人的名誉、抱负、威望与社会评价[①]，这些非经济的考虑激励家庭成员不需要监督也会自觉在土地上辛勤劳作，激励其为家庭积累更多与土地相关的资产[②]。由于土地在乡土社会承担多重功能，每个成员也十分看重土地分配的公平性，因此这助长了一个家庭在分家时进行家庭成员不断细分土地的安排。土的厚重与家的归宿感使乡土社会的人们养成了“安土重迁”的观念和“故土难离”的习性，即便离开且无论在外有多大成就，最后仍然“落叶归根”与“魂归于土”。人和土地的桑梓情谊滋养起历久未衰的乡土文化伦理[③]，那些由“庙堂”而归隐“故乡”的士绅阶层成为维持乡土社会秩序与治理的精英。在历史的长河中，乡土中国人与土之间紧密而无法挣脱的土地黏度，塑造了乡土中国的经济、政治、制度与文化。

三、土地制度变革推动的结构变迁

中国的现代化一直被理解为一个古老农业国向工业国的结构转变。自近代以来的百余年间，中国先后历经近代国家官僚工业化、国家工业化、乡村工业化、沿海工业化，中国的结构形态发生重大跃迁。但是，如果以农民与土地的黏度变化来衡量转型的成色，结构变革的发生并不一定带来乡土中国的真正转型。结构变迁是否带来农民与土地黏度的变化，取决于国家赋予土地制度安排与变革在结构变迁中的功能，土地功能定位不同，带来工业化、城市化的推进方式不同，导致结构转变中农民与土地的松动程度不同。中国过去充分利用土地制度及其变革推动了结构转变，但并未同时降低农民与土地的黏度，由此也导致中国转型的困难与复杂性。

（一）土地产品提供资本积累的国家工业化

中华人民共和国成立不久，中国共产党便开启了从农业国向工业国的

① 费孝通．江村经济：中国农民的生活．北京：北京大学出版社，2012．

② 王曙光．中国农村：北大燕京学堂课堂讲录．北京：北京大学出版社，2017．

③ 费孝通．中国士绅：城乡关系论集．北京：外语教学与研究出版社，2011．

转变，并选择了重工业优先的国家工业化战略。[①] 基于以农业为主的经济基础和重工业发展对资本的巨额需求，农业充当了提供资本形成与积累的角色。三项制度安排——农产品统购统销制度、集体化与人民公社制度、城乡分割的户籍制度提供了重要支撑。农产品统购统销制度实现国家对农产品的强制定价权和低价获得权，集体化与人民公社制度实现国家对集体土地的所有、使用与收益控制权[②]，户籍制度实现国家将农民绑缚于集体土地提供低价农产品的功能。[③] 在以上制度的共同作用下，农民于1951—1978年间以税收形式向国家提供了978亿元贡赋，以工农产品价格剪刀差形式向国家提供了5 100亿元资本，而国家对农业的投资仅为1 760亿元。1952—1978年间，中国的工业产出年均增长率为11.5%，工业产出占GDP的份额由18%上升到44%。[④] 国家工业化时期虽然启动并推动了结构转变，但是由于其变迁方式是将农民牢牢绑缚于集体所有土地，因此剥夺了农民的自由迁徙权和参与工业化的权利。[⑤] 其实质是一个“不松动乡土的结构转变”，也无从撼动费孝通意义上的“乡土中国”。

（二）开放土地权利的乡村工业化

自1980年开始，中国的农村改革改变了结构转变的推进方式。一方面，农村土地制度改革在“交够国家的，留足集体的，剩下都是自己的”这一合约结构下，将集体所有土地分配给集体成员，农民获得承包土地的使用、收益和农地农用转让权，家庭经营成为农业基本经济制度。农地权

---

① 林毅夫，蔡昉，李周．中国的奇迹：发展战略与经济改革．香港：香港中文大学出版社，1995.

② Lin, J. Y. “Rural Reforms and Agricultural Growth in China,” *American Economic Review*, 1992, 82 (1): 34 - 51; Lin, J. Y. “Chinese Agriculture: Institutional Change and Performance,” In T. N. Srinivasan (ed.), *Agriculture and Trade in China and India*, San Francisco: ICS Press, 1994: 38 - 47; Wen, J. G. “Total Factor Productivity Change in China’s Farming Sector: 1952 - 89,” *Economic Development and Cultural Change*, 1993: 1 - 41.

③ 王海光．当代中国户籍制度形成与沿革的宏观分析．中共党史研究，2003（4）；王海光．移植与枳变：中国当代户籍制度的形成路径及其苏联因素的影响．党史研究与教学，2011（6）.

④ 巴里·诺顿．中国经济：转型与增长．上海：上海人民出版社，2010：52.

⑤ 周一星，曹广忠．改革开放20年来的中国城市化进程．城市规划，1999，23（12）.

利的重构不仅带来农民生产积极性的高涨，也使集体低效制度下的农村剩余劳动力显化，他们不得不到农业经济活动以外寻找就业机会，成为推动结构转变的原发力量。另一方面，受制于城乡隔绝以及国有体制的低效，农民参与非农经济活动只得在乡村突围，乡村工业化成为国家工业化之外的另一条道路。至关重要的是，乡镇企业的“异军突起”得益于国家向农民开放集体土地从事工业化的权利。与计划经济时期农村集体土地只能为国家工业化提供低价粮食的功能不同，为了解决农村剩余劳动力就业，这一时期的国家政策允许农民在集体土地上办企业，允许农民利用自己的土地建城镇，1985—1998 年期间，建设用地用于农村集体建设的增量远远大于城市，整个国家的结构转变主要由乡村工业化推动。1981—1994 年，乡镇企业职工从 2 969.85 万人增加到 11 329.97 万人，到 1992 年时，乡镇企业创造的产值已占到工业增加值的三分之一。

与将农民绑缚于土、排斥在国家工业化大门之外相比，集体土地上的乡村工业化开放了农民在农村地区参与工业化的权利，农村的分工分业带来农民的就业与收入对农业的依赖性降低。[①] 但是，无论是乡村工业化还是农民自主城市化，仍然被圈在本乡本土，并未带来农民与土地黏度的变化，他们没有“离乡”，也没有“离土”，就是那部分“自带口粮进城”者，无论从身份、公共服务分享还是基本权利的获得上，都并未改变农民的乡土成色。集体土地上的工业化、城市化确实改变了中国结构转变的推进方式，并且在就业和收入上使农民对土地的依赖有所降低，但是并未根本改变农民与土地的黏度，因而依然没有脱离费孝通意义上的“乡土中国”。

（三）“以地谋发展”的工业化、城市化

1995 年，特别是 1998 年以后，中国不仅推进结构转变的方式发生了重大变化，而且工业化、城市化进入快车道。一是园区工业化的兴起。开发区、工业区遍布全国各个行政层级，数量激增。开发区最高峰时达

---

① 秦晖.“离土不离乡”：中国现代化的独特模式？——也谈“乡土中国重建”问题. 东方，1994 (1).

6 866 家，规划面积 3.86×10^4 平方公里，2003 年国家对开发区进行清理整顿，保留下来的开发区仍有 1 568 家，规划面积 9 949 平方公里。“异军突起”的乡村工业化退场，尤其是中西部地区大部分乡镇企业“熄火”。由于体制环境和开放程度差异，以沿海为主的园区工业高速增长，中国成为“世界制造工厂”。二是城市化进程加速。1998—2016 年，中国的城市化率以每年 35.89％提速，城市建成区面积从 21 380 平方公里扩增到 54 331.47 平方公里，年均增长率达到 5.32％。

工业化方式从乡村工业化向园区工业化的转变以及政府主导城市化的加快，起因于 1994 年实行的分税制根本改变了地方政府的激励结构。一方面，由于制造业 75％的税收上交中央政府，地方政府发展乡镇企业的税收减少、风险加大，于是将工业发展转向园区土地的招商引资，既避开了以政府信用担保发展乡镇企业的风险，又通过低价征收的土地优惠招徕规模大、税收能力强的企业。另一方面，由于与城市发展相关的建筑业税、营业税及土地出让金划归地方，地方政府发展城市的积极性提高。更为根本性和持久性的动力还是来自 1998 年以后土地制度的几次关键变革。一是 1998 年《中华人民共和国土地管理法》的修订为地方政府“以地谋发展”提供制度保障。该法规定，农地转为建设用地必须实行征地，任何单位从事非农建设必须使用国有土地，国家对土地实行用途、规划和年度指标管制，政府获得垄断土地的权力。二是实行土地有偿使用制度，《中华人民共和国土地管理法》明确规定“土地使用权可以依法转让”，“国家依法实行国有土地有偿使用制度”，国家以土地所有者身份，由市县级人民政府作为代表，将国有土地使用权有偿出让给土地使用者，土地使用者按照出让合同的约定向国家支付土地使用权出让金。自 1999 年以来又不断加大土地有偿使用制度改革，减少划拨用地比重，增加有偿使用比重。三是自 2003 年开始实行经营性用地的招拍挂制度，土地资本化进程大大加快。由于商业、住宅、旅游、娱乐等经营性用地一律实行招拍挂，地方政府成为土地级差收入的主要获得者。2003—2008 年，地方政府招拍挂土地占出让土地比重从 27.78％增加到 81.91％，土地出让收入从 5 421.31 亿元增加到 10 259.8 亿元，增长了 89％。四是 2008 年之后为了应对国际金融危机，允许地方政府成立融资平台，以地抵押，实现土地的金融化。截至2017年6月30日，各地成立的各级政府投融资平台达11 740家。地方政府从以地生财阶段的以土地出让收入为依托、以新还旧的举债，转向土地抵押和质押为主的举债。2008—2015年，84个城市土地抵押面积从249万亩增加到736万亩，增加了1.95倍，土地抵押金额从13 300亿元增加到113 000亿元。[①] 土地成为融资工具，地方政府的融资行为与土地出让收入脱钩，而主要取决于土地能否融到资金，地方政府对土地的依赖变成对土地融资的依赖。地方政府无论是举债还是偿债，都高度依赖于土地抵押。

在园区工业化和以地生财、以地融资城市化的助力下，农民实现了真正的离土、出村。中国的流动人口总数在2000年前后达1.43亿人，其中跨省流动人口4 242万人，从乡村流出人口为8 840万人，占总流动人口的62%。[②] 到2010年前后，中国总迁移人口已达26 139万人，流动人口总数超过2.2亿人。[③] 根据农业普查以及历年农民工监测报告相关数据，1996—2010年，跨省流动农民工从2 330.9万人增加到7 717万人，占外出农民工的比重从32.5%提高到50.3%。[④] 中西部地区成为支撑出口导向工业化的廉价劳动力输出基地，中部地区跨省流动农民工所占比重高达69.1%，西部地区跨省流动农民工占56.9%。但是，农一代的跨区域流动不是向融入城市的市民化方向发展，而是形成了数量庞大的“两栖人口”或所谓“候鸟式迁移”，他们季节性往返于东部地区和内地农村之间。[⑤] 自

---

① 数据来源于历年《中国国土资源公报》。

② 参见国家统计局2000年人口普查数据表7-3。

③ 参见国家统计局发布的《2010年第六次全国人口普查主要数据公报（第1号）》。

④ 其中1996年数据参见《中国第一次农业普查资料综合提要》（全国农业普查办公室编，中国统计出版社，1998年）。2010年数据来自《2010年农民工监测报告》，载《2011中国发展报告》（中华人民共和国国家统计局编，北京，中国统计出版社，2011年）。

⑤ Zhao，Y. “Labor Migration and Earnings Differences：The Case of Rural China，” *Economic Development and Cultural Change*，1999，47（4）：767-782；Zhao，Y. “Rural-to-Urban Labor Migration in China：The Past and the Present，” In L. West and Y. Zhao (ed.)，*Rural Labor Flows in China*，Berkeley，CA：University of California Press，2000：15-33；Mullan K.，Grosjean P. and Kontoleon A. “Land Tenure Arrangements and Rural-Urban Migration in China，” *World Development*，2011，39（1）：123-133；Zhao L.，Liu S. and Zhang W. “New Trends in Internal Migration in China：Profiles of the New-generation Migrants，” *China & World Economy*，2018（1）：18-41.

20世纪90年代末开始迁移的农一代，在外经历了将近二十多年的艰苦打拼和漂泊之后，最终的归宿是返乡和回村。造成这一结局的主要原因是农民落脚城市的公共政策缺失与制度性歧视，在“以地谋发展”的经济增长模式和城市治理方式变革缓慢的共同影响下，农民工群体既无法享受与城市居民同等的公共服务，也难以落脚城市。进城农民工很难获取城市住房（包括租房）、子女教育、社会保障等各方面的公平对待。[①] 农一代很少有长期留在城市的期望，他们通常忍受更长的工作时间和相对艰苦的居住条件等，以便在尽可能短的时间积累更多的资金，攒足回家过日子的费用。很多流动人口选择居住在城中村或城乡接合部等成本低廉的城市社会边缘区域条件较差、违章搭建的房屋里。城乡居民的权利差距持续拉大。中国独特的土地制度与变迁方式推动了快速的结构转变，但是，由于进城农民城市权利的缺失，他们又重归家乡。从就业和收入看，农民与土地的关系本已发生根本松动，但是，由于进城农民的城市权利缺失，他们只是充当了城市的过客，重归乡土。

四、城乡中国的土地问题

21世纪10年代前后，中国的城乡关系发生了革命性跃迁。随着80后及90后成为劳动力迁移主力军，他们沿袭着上一代农民的离土、出村，但是大多数人选择了不回村、不返农，即便回村，其所从事的经济活动也发生了重大变化。农二代的经济和社会行为变化正在引发乡村经历一场历史转型，农民与土地的黏度发生变化，乡村的人地关系、农地权利、农业经营制度、农业发展方式、村庄演化、城乡关系等方方面面呈现新的特征，标志着一个与“乡土中国”不同的“城乡中国”的到来，这一阶段的土地问题也呈现出新的表征。城乡中国的土地问题既不能用乡土中国的土地观来看待和处理，也不能沿袭单向城市化阶段的土地观来对待，需要在城乡中国架构下来审视。

---

① 吴维平，王汉生．寄居大都市：京沪两地流动人口住房现状分析．社会学研究，2002（3）．

（一）城乡关系的历史性变迁

1. 代际革命

在城乡人口迁移中，80 后、90 后已经成为主力军。他们在经济社会等方面的行为特征呈现显著的代际分别，甚至具有不可逆性，成为引领中国城乡关系变革的重要力量。[①] 他们保留着农民身份，但已不再务农。农二代差不多进入劳动年龄就开始离开家乡，他们的初次外出务工平均年龄为 21.7 岁，与农业和土地的关系疏离，每年平均在外时间达 9 个月，不像他们的上一辈那样农忙时回家打理农事，他们之中 87.3%的人没有从事过任何农业生产劳动，平均每年花费在农业活动上的时间仅 0.7 个月。[②] 他们在城市的就业正在将擅长的建筑业抛弃，仅有 10%左右还从事这一行当，他们主要从事更为正式的制造业和服务业，两者各超过 40%[③]，从事机关、专业技术岗位的比例也在增加[④]，还有部分开始选择自营劳动或作为雇主生产经营。他们的受教育程度更高，平均受教育年限达到 9.515 年，90 后更高达 9.79 年，他们在城里也获得了比农一代更多的工作技能培训[⑤]，人力资本的提高更有利于他们在城市工作和生活。[⑥] 他们迁移的距离离家乡更远，跨省流动、前往东部地区以及大中城市务工经商是他们的主要选择。[⑦] 他们既看重在外挣钱，也在乎家庭团聚和孩子教育。自 2003 年以来，举家外出农民工的数量和占比不断增长，2014 年达到 21.27%。[⑧] 很大比例的家庭将孩子带在身边，在流入地接受教育到初中程度，高中期间由父母一方回县城陪读，直到孩子完成高考。他们的生活方式基本城市

---

① 这里简单界定一下“农一代”和“农二代”。国家统计局《2013 年农民工监测调查报告》定义“新生代农民工”是指 1980 年及以后出生的农民工。这个界定与较早研究所谓的“新生代农民工”或“第二代农民工”等的学者的界定基本一致。

②③ Zhao L., Liu S. and Zhang W. “New Trends in Internal Migration in China: Profiles of the New-generation Migrants,” *China & World Economy*, 2018.

④ 刘守英，纪竞垚. 农二代与结构革命，2018（内部稿）.

⑤ 参见 2010—2016 年国家统计局《农民工监测调查报告》系列有关农民工接受培训的相关数据；以及刘俊彦，等. 新生代：当代中国青年农民工研究报告. 北京：中国青年出版社，2007。

⑥⑦ 同②.

⑧ 参见国家统计局《2014 年农民工监测调查报告》。

化，农二代在城市的消费方式已经与城市同龄人趋同，乐于通过商场、公园等城市公共设施从事休闲娱乐活动，在外面挣得的收入70%在城市消费。[①] 他们不像农一代有钱就在农村盖房，而是选择将积累的资本在本地的县城和城镇买房，显示出未来“落叶归根”于城而非村的倾向，2016年农民工购房者占农民工总数的17.8%，其中购买商品房的为16.5%。[②] 农二代购房意愿比本地农业户籍居民高出很多。[③] 他们融入城市的意愿很强，农二代在工作地社保享有比例显著高于农一代[④]，但是由于城乡之间的隔离，他们对不被城市接纳的感受更强。[⑤] 他们与乡村的情感联结渐行渐远，不少人在春节返乡时住在县城或乡镇的酒店，再开车回到村里，经过短暂停留后又回城。农二代的“出村不回村”正在令乡土变“故土”，传统乡土社会的人际关系、礼治秩序、非正式规则等正面临严重冲击与挑战。[⑥]

2. *农业发展方式的历史转型*

由于人口迁移，尤其是代际变化，农业劳动机会成本上升，农业发展模式发生历史性转折。一是传统均质小农异质化。到2012年时，纯农业户占18.28%，非农业户占15.93%，农业兼业户占30.07%，非农兼业户占35.72%。二是在农业投入上机械替代劳动。农业同非农业用工竞争加剧，劳动力价格上涨，农作物劳动投入成本上升，1999—2015年间，主要作物用工成本上升、亩均用工减少，农民采取减少劳动力投入、增加机械和资

---

① Zhao L., Liu S. and Zhang W. “New Trends in Internal Migration in China: Profiles of the New-generation Migrants,” *China & World Economy*, 2018.

② 参见国家统计局《2016年农民工监测调查报告》。

③ 参见西南财经大学中国家庭金融调查与研究中心. 新市民住房问题研究报告，2017（内部稿）.

④ 刘守英，纪竞垚. 农二代与结构革命，2018（内部稿）.

⑤ 朱妍，李煜. “双重脱嵌”：农民工代际分化的政治经济学分析. 社会科学，2013（11）；田丰. 消费社会与“新生代打工妹”主体性再造. 社会学研究，2008（3）；余晓敏，潘毅. 逆成长：农民工社会经济地位的十年变化（2006—2015）. 社会学研究，2017（3）. 如上述研究指出的，尽管农民工事实上认同城市主流价值观，但在实践中这套农民工期望认同的价值观却似乎多方面地边缘化和阻碍他们真正融入。

⑥ 韩少功. 观察中国乡村的两个坐标. 天涯，2018（1）.

本投入的策略，带来各类农业机械使用量每年 6%左右的快速增长。① 三是农地经营制度变迁。土地流转加快，2003 年，东、中、西部土地流转率分别为 9%、11.6%和 3.86%，到 2013 年时分别达到 26%、31%和 20%，2015 年时的农户承包地流转率达到 33.29%，流转承包地规模为 4.47 亿亩，是 2010 年的 2.39 倍。② 土地经营规模有所扩大，农户户均耕地在 2004—2012 年间由 7.88 亩增加到 8.23 亩③；劳均耕地面积 2010—2016 年间由 6.54 亩增加到 9.42 亩。④ 农地流转在转包和出租基础上出现股份合作、互换和转让等形式。2015 年，五种流转模式所占比例分别为 47.03%、2.79%、5.39%、34.3%、6.08%。⑤ 2013 年东部地区的股份合作形式已超过 10%。⑥ 在土地流入主体中，2014 年流入专业合作社和企业的比例分别达到 21.8%和 9.68%，其他主体占到近 10.17%。⑦ 四是农业发展动能发生变化。自 2003 年以来，农业劳动生产率快速提升，其增速远远超过土地生产率。2000—2012 年间，农业劳动生产率年均增长 5.46%，农业人均产值年增长率高达 14.11%，同期亩均产量年增长率只有 1.73%。⑧ 长期依靠高劳动投入提高土地单产的传统农业发展模式正在转向提高劳动生产率的现代农业发展模式。五是农业功能与形态发生变化，休闲农业和乡村旅游业在 2010 年以后增长极其迅速，游客数量从 2008 年的 3 亿人次增加到 2010 年的 4 亿人次，2011 年跃升至 6 亿人次，并在 2014 年、2015 年继续保持快速增长，分别达到了 12 亿人次和 22 亿人次。

3. 乡村分化成不可逆之势

伴随城市化进程，中国的村庄缩减势成必然。1985 年全国行政村数量为 94.1 万个，到 2016 年减少到 52.6 万个；全国自然村数量从 1990 年的

---

①② S. Liu，R. Wang and G. Shi，"Historical Transformation of China's Agriculture：Productivity Changes and Other Key Features，" *China & World Economy*，2018，26 (1)：42 - 65.

③ 根据国家统计局 7 万农户抽样调查数据计算得出，具体参见脚注①文献。

④ 这里使用《中国统计年鉴 2010》和《中国统计年鉴 2017》中 2010 年和 2017 年的"全国耕地面积"与"一产就业人数"计算 2010 年和 2017 年的劳均耕地面积。

⑤⑥⑦ 2009—2010 年农村土地承包经营及管理情况统计数据，参见农业部《中国农业发展报告 2012》。2011—2015 年农村土地承包经营及管理情况统计数据，参见 2012—2016 年的《中国农业年鉴》。

⑧ 同①.

377 万个减少到 2016 年的 261 万个[①]；1997 年全国村民小组共 535.8 万个，到 2016 年减少到 447.8 万个。[②] 未来的村庄数量还会进一步减少，一方面是因为农作方式变化带来更大范围的村落与耕作半径；另一方面是因为村落人口减少后公共服务的供给需要适度规模。与此同时发生的是村庄的分化加剧，村落的活化与衰落并存。相当部分村庄由于农二代的归宿去村化趋向以及农三代的完全城市化而进一步衰落。还有一类村庄会在新的城乡关系中复活甚至兴旺，其中部分村庄会随着城市扩展直接融入城市，有一批村庄可能成为连接城乡的“驿站”，还有一些村庄则因为自身具有的独特性加上人力资本与企业家的努力而活化，这些村庄或者具有独特的历史和文化记忆；或者能够提供地方性、独特性、安全性的产品；或者有好的带头人；或者找到了可持续发展现代农业的路子；等等。另外，乡村制度与治理发生大变局。随着乡村经济活动与社会关系的变化，维系乡村社会的血缘、地缘以及人情关系发生变味、趋于淡漠，村民的集体意识降低，村庄共同体的向心力与凝聚力降低。[③] 代际革命带来的村里人成为陌生人，礼治秩序让位于经济权力，使村庄治理结构、规则与秩序进一步演变。

4. 城乡互动与两种文明的共生共存

中国在经历急速的城市化以后，城市与乡村之间的关系正在重塑。单向的城市化正在转向城乡互动。在城乡巨大差距、城乡二元体制和政府主导发展权的共同作用下，在上一轮的城市化进程中劳动力、资本和土地从乡村向城市单向配置。近年来，生产要素在城乡之间的双向配置与互动增强，资本下乡的速度和规模增加，劳动力流动出现一定比例的从沿海向内地的回流，乡村经济活动变化带来建设用地需求增加。城乡互动是中国经济从数量增长转向质量发展、人们消费需求变化的结果，具有阶段转换与

---

① 中华人民共和国住房和城乡建设部. 中国城乡建设统计年鉴 2016. 北京：中国统计出版社，2017.

② 中华人民共和国民政部. 中国民政统计年鉴 2017. 北京：中国统计出版社，2017.

③ 韩鹏云，刘祖云. 农村社区公共品供给：困境、根源及机制创新. 农村经济，2012 (3)；田毅鹏. “村落终结”与农民的再组织化. 人文杂志，2012 (1)；田毅鹏. 村落过疏化与乡土公共性的重建. 社会科学战线，2014 (6).

趋势变化的性质，将成为城乡中国的一个基本特征。与此同时，城、镇、村的功能分工更加明确。随着城乡互动的增强，市场和经济力量在城乡之间生产要素的配置主导性增强，更有利于大城市、城镇与乡村发挥各自的比较优势。大城市发挥其集聚、效率、创新、知识、产业、就业的优势，成为城乡人口就业和创造收入机会的场所；活化的村庄在满足城里人新的消费需求的同时，长出一批体现乡村特色、个性化、有地方风格的产业；在大城市和活化的乡村之间，部分乡镇成为连接城乡的“驿站”，承担转移城市部分产业等功能，也成为城乡人口互动的过渡地带。更为根本的是城市文明与乡村文明共融共生。我们在城市化过半以后才发现，不平等的城乡关系不仅没有消灭乡村文明，城市文明也出现大量病兆。在城市病困扰城里人的经济活动和生活后，他们开始主动到乡下去寻找另一种文明的慰藉。城市文明与乡村文明的共存与呼应是城乡中国阶段的基本特征。

（二）城乡中国的主要土地问题

中国现行的城乡二元、政府垄断、土地资本化的土地制度是一套适应和助推高速经济增长与快速工业化、城市化的体制安排，对中国成为“世界制造工厂”、矫正城市化滞后于工业化、实现乡土中国向城乡中国转型起到重要作用。但是，进入城乡中国阶段以后，经济发展阶段转换使得“以地谋发展”模式弊端凸显，产业转型升级与城市发展模式变化使得土地的发动机功能减退，保障单向城市化的土地制度安排已经不适应城乡互动后的城乡中国新格局。由于城乡中国阶段农民与土地、农民与村庄的关系已经和正在发生历史性改变，乡村现行的两大制度——农地制度与宅基地制度也显出不适应性。

1. 发展阶段转换与土地功能变化

从土地与增长的关系来看，2010 年以后，中国的经济增速出现趋势性回落，即从过去 30 多年 10%的高增长转向 6%～7%的中高速增长，增长的动力更多依靠全要素生产率提高和创新驱动，发展导向从数量扩增转向发展质量提升。[①] 随着经济发展阶段转换，土地的发动机功能减弱，继续加大土地供应也难以拉升 GDP 增长。为了应对 2008 年的全球金融危机，中国政府采取增加财政投入、宽松货币供应、加大土地供给的方式来保增长。令人遗憾的是，尽管土地宽供应一直持续到 2013 年，但经济增长率从 2009 年的 10.6％一直下滑到 7.8％。到 2013 年以后，由于经济继续下行，对土地的实际需求下降，建设用地的供应减少，土地供应与经济增长的关系从过去的供应创造需求转向需求引致供应。这表明，经济增长平台转换后，继续依靠土地宽供应促增长的方式已一去不复返。从土地与结构转变的关系来看，成就中国成为“世界制造工厂”的园区以地招商模式于 2004 年以后发生变化，东部地区的制造企业转向主要依赖转型升级和质量阶梯爬升，对土地低成本和土地抵押融资贷款的依赖降低，引致工业用地占比下降。差不多在同一时期，中西部地区开始模仿东部地区的园区以地招商引资及靠土地信贷提供基础设施模式，但是，由于内外部条件变化等因素的作用，这些地区园区招商引资绩效不佳，相反，以地招商引资造成政府债务高企、对土地抵押和银行贷款依赖增加。随着要素相对价格变化与制度成本上升，中国不可能继续依靠制度扭曲带来的土地低成本保住“世界制造工厂”地位。另外，许多城市随着用地从新增为主转向存量为主，土地上的附着物补偿不再是纯耕地的原用途补偿，加上农民权利意识的提高，征地拆迁的成本大幅上升。自 2008 年以来，政府土地出让成本大幅上升，很多地方征地成本占到土地出让收入的一半以上，中国的城市化已告别低成本时代。城乡中国阶段不仅无法再依赖“以地谋发展”模式，而且还要处理这一模式发动高增长阶段产生的大量问题，尤其是必须应对和解决“以地谋发展”和以地融资带来的政府债务和银行金融风险。2010—2015 年期间，地方政府承诺用土地出让收入偿还债务的平均占比达到 40％。2008 年全国各类城市成立平台公司以后，城市扩张资金来源主要转向以地抵押，在土地成本上升、土地净收益下降情况下，城市政府继续加

① 德怀特·珀金斯. 东亚发展：基础和战略. 北京：中信出版社，2015；刘世锦. 中国经济增长十年展望 2015—2024. 北京：中信出版社，2015.

大基础设施投资，一些地区的新城、新区建设不断扩张，土地抵押融资是政府建设资金的主要来源，自 2008 年以来，土地抵押面积和金额从 16.6 万公顷和 18 107 亿元上升到 2016 年的 49.08 万公顷和 113 300 亿元。许多城市的土地抵押价值在土地高价时评估，经济下行后土地需求下降，土地实际价值与评估价值的差拉大，一些城市的土地杠杆率过高。着力解决土地抵押融资还贷风险是迈向新发展阶段的关键。

在城乡中国阶段，提高土地配置效率对经济增长质量的意义要远远大于增加土地数量拉动经济增长。土地供应与配置方式如何因应这一经济增长阶段变化需求，是下一程土地与国民经济关系的重大问题。另外，以地招商引资和加大工业用地搞园区工业化的模式业已过时，建设用地结构的优化、工业用地的再配置、园区转型，以及供地方式与结构变化，将是下一程要面对的重大土地政策问题。

2. 城乡格局变化与土地配置制度困境

现行土地配置制度（农地转用一律实行征收、建设用地只能使用国有土地；土地用途、规划、年度计划指标和所有制管制；城市政府独家供应土地）是一套高效保证和促进土地向城市转换的组合，它将乡村用地权力关闭，形成城市用地一个通道。土地使用的城市偏向加剧了劳动力和资本流向城市的单向配置。从近年来的新变化和未来趋势看，城乡格局从单向转向城乡互动，人口和劳动力从乡村到城乡的单向流动转向城乡之间的对流，城里人对乡村的需求上升带来乡村产业的复活与发展，乡村机会的增加又引致资本下乡。人口和资本配置变化带来的乡村经济活动的变革，凸显土地制度的不适应。当下乡村的衰败与农业产业的竞争力缺乏，与这套制度有很大关系，在现行土地制度安排下，农民利用集体土地从事非农建设权利被剥夺，导致大多数乡村地区非农经济活动萎缩，农村产业单一，农民在乡村地区的发展机会受阻，造成乡村的凋敝和城乡差距的拉大。现行土地制度是阻碍城乡中国阶段城乡融合与平等发展的最大障碍。如果乡村不能获得平等的建设用地权利，乡村空间就无法实现与城市空间平等的发展权，乡村产业发展受阻，人口和劳动力就不可能持久地向乡村流动，资本下乡因没有获利前景而昙花一现，乡村振兴战略就找不到有效的实施路径。

3. 农业历史转型考验农地制度选择与变迁方向

在乡土中国阶段、计划经济时期、农村改革时期，农地制度的选择与变迁都是引起全社会关注的议题。随着集体所有、家庭承包制度被确立为农村基本经济制度，中国在快速城市化时期的城市土地问题更加突出，农地制度的改革被搁置一边。在城乡中国阶段，由于农业发展方式转型与农民高度分化，变革农地制度和经营制度的现实需求与呼声会使农地问题重新成为热点。这一阶段的农地问题既有遗留下来的悬而未决的难题，也有农业转型出现的新问题：

第一，集体所有制的政治与制度选择。中国共产党选择了公有制社会主义制度，集体所有制就是这一制度在乡村的基础制度安排。集体所有制的实现有不同的选择，集体化时期采取的是国家控制下集体组织代理行使土地权利的安排，农村改革时期采取的是集体所有下的成员权利安排，两种安排的制度绩效已有大量实证检验。在城乡中国阶段，改革时期作出的成员权集体所有制安排面临现实提出的挑战。比如，既然集体所有是成员所有，新出生人口作为集体成员如何享有成员土地权利？减少人口是否应该交出集体成员权？在集体成员不再从事土地经营以后，集体所有者是否有权主张将发包给集体成员的承包经营权收回？集体存在的大量未界定到农户的资源产权属于谁？这些资源在投入使用与再组合以后的利益属于谁？在城乡中国阶段，集体所有制如何安排是一个政治选择问题，且会对农地制度的稳定性与权利结构产生根本影响，进而影响农户行为和资源配置。

第二，农民成员权利的保障与处置方式。对农民土地权利的安排与保障是农地制度的基础。集体化时期的教训是剥夺了农民的土地权利，造成国家和农民利益双损；改革时期的经验是在集体地权下赋权于集体成员并对其权利予以政策和法律保障，给农民吃的定心丸也换来国家在乡村的稳定。在城乡中国阶段会不断出现变革农地制度的呼声，在求变时最容易针对的就是赋予农民的土地权利，列举的理由有：集体成员只是享有集体土地的承包经营权，一旦他不再依赖土地为生，土地权利应该还回集体所有者；小农持有土地不利于规模经营和农业现代化；土地不再是农民的命根子，过强保护农民土地权利会使中国农业失去变革的机会；等等。这些意识和倾向如果变成公共政策和制度，对政治、经济和社会的稳定性的危害无法估量。

但是，随着农民出村与非农经济活动增加，尤其是农二代对土地和农民的观念发生重大变化以后，农地制度安排与农业经营制度之间的匹配已经出现了不一致。尽管法律明确承包权是农民的财产权，但是它同时也是一个用益物权，农民承包土地与集体之间是承包发包关系，在人地分离趋势下，承包权与经营权分离呈不可逆之势，承包权的权利内涵会发生哪些变化？制度选择是朝向更强更完整的承包权保障的方向，还是在设置底线下朝向有利于强化经营权的方向？由于结构变迁及农民与土地关系变化，仅仅以不许动应对意识形态和偏激做法，又会延误实际变革需求的制度供给。

第三，经营权的权利地位与经营制度的演化。从农地制度与农业经营的关系来看，耕作权是影响最为直接的一项权利。随着人地的分离与农民的分化，城乡中国阶段的农业效率取决于经营者对土地利用的权利安排。从发展趋势来看，中国的农业经营制度必然朝向适度规模和经营主体多元化的方向演化，但是如何抵达这一目标？经营权如何从千万小农的承包权中分离出来？如何使经营权成为一种有保障的权利，赋予经营权的权利有多大？赋权的强度如何把握？这些都是目前已经遇到、未来会更加显化的亟待解决的问题。

第四，乡村分化与宅基地制度滞后。在中国的几项农村土地安排中，宅基地制度是最落后的一项制度安排。在现行宅基地制度下，农民对宅基地享有依成员资格无偿取得的分配权、占有权和房屋所有权，但宅基地的财产权利残缺，没有收益权、出租权、抵押权和转让权。宅基地制度安排的强成员权、弱财产权倾向，进一步强化农民以成员身份获得与占有宅基地的倾向，弱化了农户之间以财产权交易和市场方式配置宅基地的可能路径。被集体制度强化了的农民对宅基地的占有观念，使农民不会轻易放弃他们手中的宅基地，因为一旦放弃，其基本权利就失去了。既然无法通过交易获得宅基地财产权益，农户的理性选择当然是占着，哪怕宅基地的使用价值降低了。

结构变革事实上带来改革这套宅基地制度的可能性。一是一定比例的农户已经在城市（镇）购房，可以预期未来这一比例还会进一步上升。这意味着，农户随着经济活动的变化和收入水平的提高，他们的居住方式在逐步离开本土，宅基地的居住功能和安身立命之所的重要性在降低。二是以80后为主的农二代，其离土、出村、不回村的倾向明显，他们与农业和土地的黏度降低，其生活方式、就业特征与后代的教育选择都在城市，无偿分配和占有宅基地的效用降低，宅基地及其上的房屋已成故土，占有和居住的功能弱化。三是宅基地功能唯一不变的就是离土、出村、回村、返农的农一代，他们对农业和土地有着特殊的情感，宅基地就是祖业，祖屋就是他们的归宿，他们更看重宅基地的占有、居住、生活和福利配置。总体来看，如果宅基地制度有合理的安排，在农二代直至农三代身上有可能找寻到宅基地改革的突破口。未来一个时期农民与宅基地的关系取决于改革设计和分寸把握。代际不同，宅基地的功能不同，对他们宅基地权利的保障与实现也应不同。农一代决定宅基地改革的循序渐进，农二代决定改革的节奏和速度。

五、基本结论与政策建议

从历史变迁的角度来审视，改革开放四十多年的最伟大成就是使中国从乡土中国转型为城乡中国。一方面，中国的农民高度分化，不同类型的农民与乡村的经济和社会关系发生分野。伴随农民的离土出村，他们与土地和村庄的黏度松解，尤其是农二代不仅离土出村，而且不返农、不回村，在大城市、县城和镇就业成为归宿，乡土成故土、乡村变故乡，农业在告别过密化的同时也在多功能化。中国的结构形态已经告别费孝通意义上的“乡土中国”。另一方面，城市化从单向转向城乡互动，生产要素在城乡之间的配置活跃，城乡之间的分工与互联互通增强，乡村在分化的同时业态、产业、功能多样化，城乡两个文明彼此需要与共生共荣，这种新型的城乡关系与作为成熟形态的城市中国呈现独特的阶段性特征，城乡中国成为中国今后相当长时期的一个阶段。

城乡中国阶段的土地问题也呈现出阶段性特征，一方面，它既不同于乡土中国，土地不再是国家收入和农民生计的主要来源，农地的经济重要性下降，农二代与土地和农业的情感疏离，且不再以地为生、以农为业，到了从出生就已经城市化的农三代，他们更是与土地和农业的关系脱离，思考和处理城乡中国的土地问题必须摒弃乡土中国的土地观。另一方面，由于城乡中国阶段的经济增长模式和发展动能转换，产业转型升级和城市转向内生发展，城乡关系出现历史性转折，土地与国民经济和结构变革的关系改变，土地发动机功能衰竭，“以地谋发展”模式的成本收益结构变化，风险加大，因此，城乡中国的土地问题不能继续以快速城市化时期的土地公共政策来应对。中国下一程的重要使命是完成从城乡中国到城市中国的现代化转型，解决好城乡中国的土地问题是关键。

1. 明确城乡中国阶段的土地功能定位

中国十分幸运地利用土地的发动机功能创造了堪称奇迹的经济高增长和快速的工业化、城市化。土地在城乡中国阶段将扮演怎样的角色，取决于在客观把握这一阶段趋势性特征基础上对土地功能的正确定位。一是必须痛下决心告别“以地谋发展”模式。土地的发动机功能已经完成其快速推进工业化、城市化的历史使命，继续依赖土地发动增长的效力减退，风险加大，制度成本上升，收益下降。但是，由于体制和利益惯性，只要各类主体还可以依赖土地谋发展，中国经济就不会主动转向创新驱动的质量发展模式。中央政府在这方面应当主动作为，因为支撑这套模式的中枢（地方政府增长导向、土地指标控制与调控、货币与土币联动）都控制在中央政府手上，转变土地功能有利于中央政府从数量增长转向质量发展的目标。实际上，中央政府主动切断“以地谋发展”通道的收益是大于成本的，因为这套模式产生的风险（包括金融和社会风险）主要由中央政府承担，以地谋出的增长很大程度是数量型增长，切断“以地谋发展”机制，短期面临阵痛，但长期是受益的，由此可以换来更优的质量增长，解决国民经济长期存在的结构问题。二是土地从供给主导转为需求引致。土地发动机功能因土地供应由政府独家供给主导而生。由于土地供应由政府主导，独家供给的地方政府以土地投放拉增长，以土地低价供应招商引资，以土地出让和抵押融资推动基础设施和城市建设。在城乡中国阶段，经济发展阶段转换，工业化方式转变，土地供应转向需求引致，不仅不会损伤经济增长，相反能提高土地供给的质量，矫正扭曲的土地结构，使土地供应满足真实的土地需求，促进经济发展阶段转换与转型。三是从政府主导的配置转向规划与市场主导的配置。在快速城市化阶段，为了保护耕地和约束地方政府转地行为，中央政府对土地使用总量、结构与变化动态进行规划、审批和年度指标管制。在地方政府“以地谋发展”激励和规划约束力失效的现实下，这套管制安排对于实现中央政府耕地保护目标起到一定作用。在城乡中国阶段，经济发展不再依赖地方政府“以地谋发展”推动，2018年的中央机构改革方案将国土空间规划、城市规划、土地利用规划整合到新成立的自然资源部，为实现有效的规划管理创造了条件。中国未来的土地管理真正能够实现在规划和用途管制下，发挥市场在土地资源配置中的作用，促进土地集约节约利用，提高土地配置效率。

2. 城乡互动的土地配置制度改革

进入城乡中国阶段后，城乡互动的特征已经显现，人流和资本流已经在城乡之间对流，促进土地从乡村向城市单向配置的土地制度必须改革。城乡中国阶段的土地配置改革一方面要促进城市用地的高效配置助力城市转型升级，另一方面要通过土地配置制度改革实现乡村平等发展权。一是征地制度改革。中国的土地城市化阶段已经过去，城市框架已经搭建，没有必要继续沿袭低价征地城市化模式，这既因为不需要继续通过大面积征地为城市扩张提供大量新增建设用地，也因为存量建设用地继续沿用征地方式成本高昂。因此，城乡中国阶段有条件也有必要按照国际通行规则——公共目的、市场价补偿、程序公开透明——改革现行征地制度，这不仅不会给经济增长造成损伤，还有利于社会稳定与公平正义。二是城市土地结构改革。“以地谋发展”造成的土地结构扭曲是国民经济结构失衡的根源。在城乡中国阶段，通过优化土地结构解决结构失衡大有可为，重点是城市用地从增量为主转向存量为主，减少政府以地招商引资、降低工业用地比例，减少政府依靠增加基础设施用地保固定资产投资，严格控制新城、新区建设，控制地方政府新增办公用地比例，盘活政府存量公共用地，减少保障房等的供地，增加和多渠道保障住房用地供应。三是城中村改造与城市更新中的土地制度创新。城乡中国阶段必须解决二元土地制度形成的双轨城市化，包括改变单一征地模式造成的城市化成本抬升，借鉴市地重划经验，利用土地价值增值捕获实现城市更新中的资本平衡、土地所有权利益和土地增值收益的合理分配。允许城中村农民集体利用集体土地提供租赁房，解决进城农民在城市的体面落脚和居住问题。四是城乡建设用地的权利平等。在符合规划和用途管制前提下，农民集体建设用地与国有建设用地享有同等的权利，集体经济组织和农民可以利用集体建设用地从事非农建设，享有出租、转让、抵押建设用地的权利。

3. 适应农业转型的农地权利和经营体系重构

城乡中国阶段的农业发展迎来契机，农民对农地经济依赖性下降使农业告别生存农业，消费需求变化使农业告别吃饭农业，农业投入结构和发展方式变化使农业告别过密化农业。农业的内涵、功能、要素组合、经营和服务规模、可盈利性等等都呈现出了与乡土中国和快速城市化阶段的巨大变化。为此，农村土地制度和经营制度的变迁是势不可当的，在很大程度上，农地制度安排的选择与变迁方向决定农业转型的成败。一是集体所有制改革。农村最重大的改革是对集体化的集体所有制进行改革，并在法律上明确为“农民集体”，在新型集体所有制下，集体资源和资产是农民成员集体的集合，集体组织是这个集合委托的代理人。只有在产权清晰、归属明确、治理有效的前提下，集体经济才能壮大。因此，集体所有制改革首先在方向上必须明确不是重回集体化，不能搞归大堆，不能侵犯农民土地权利。界定集体所有资源产权，重点是上一轮未到户的集体资源产权的界定，以免以权侵公及以私侵公。产权界定清晰以后，允许集体资源资产集体经营、委托经营、合作经营，集体资源资产经营收益由成员按份共有。二是承包经营权的分割与合约保障。农村改革最重要的成果是赋予集体成员承包经营权，承认农民对土地的财产权利。农民拥有土地财产权并不妨碍农业转型、要素组合与其他经营主体使用土地，不能以任何理由动摇和损害已经赋予农民的土地财产权利。在城乡中国阶段，农民的离土出村和农二代、农三代对土地观念的变化，农地承包权与经营权的分离，是农业生产要素组合的重要部分。分割农地承包权与经营权是集体成员承包经营权的自然权利，承包农户是决定权利是否分割和如何分割的决策者，集体组织不得以集体所有者名义介入。从承包经营权分割出的经营权的内涵由承包者与经营者合约议定，双方都必须遵守，合约受法律保护。农地三权分置之所以还要由顶层政策和法律宣示，是因为集体所有制下承包权与经营权的权利分割合约容易受到权力侵犯，正式制度和法律保障更有利于界分三权的内涵与关系，更好地保障所有者、承包者与经营者各自的权利，对权利分割的正式安排不是为集体所有权削弱承包权、做大经营权提供方便。三是农业经营体系改革。农业经营体系是一个被严重窄化和误解的领域，长期在生产主体上打转转，理论讨论和公共政策的焦点就陷入是个体经营还是集体经营、是家庭经营还是合作或公司经营的两个极端。实际上，农业经营体系是围绕农业经营从田头到餐桌的产业、生产、组织、服务的完整体系。农业经营体系的改革既要提高农业经营者的效率，又要实现农业生产要素的有效组合和农业规模报酬，包括农业的多功能化和农产品价值链延伸，农产品增长从数量向质量转变；经营者在农业各个领域的进入，农民的改造与改变；农业经营制度变化，包括家庭经营的专业化，合作的演化，法人农业发展；以及以农业服务规模化、区域种植规模化、市场化实现农业规模经济。

4. 乡村振兴与宅基地制度改革

城乡中国阶段，乡村的分化还会加剧，部分乡村的复兴和大部分乡村的衰败总体来看是趋势使然。乡村振兴的公共政策是如何让有条件复兴的乡村能活得更好，让一些衰败的乡村相对体面，需要在乡村振兴战略背景下思考宅基地制度改革的内容和路径。一是改革宅基地的无偿分配制度。宅基地的无偿分配导致村庄成员大量超占村庄用地甚至耕地，村庄无序扩张，可以考虑时点划断办法，对原占用宅基地的农户沿用无偿使用办法，对时点以后享有成员资格的集体成员，可以有偿获得集体所有宅基地使用权。二是赋予农民宅基地财产权。在目前的制度安排下，农民对宅基地只有占有权、使用权、居住权，没有出租权、收益权、转让权、抵押权和继承权。农民不能有偿退出，他占着土地宁愿让其废弃、闲置也不可能还回集体，大量农村房屋破败与村庄空心化与此有关；农民不能出租、收益、处置，他进城就少了一块可变现的资本，农民不能抵押、转让，宅基地就无法资本化，乡村投资资金无从解决，因此，必须赋予宅基地财产权，农民宅基地可以有偿退出、出让、转让、交易，从事乡村相关产业。三是对外村人和外来资本的有序开放。没有外来人和外部资本进入就无法活村。四是宅基地权利与集体建设用地权利的同权。在目前的土地权利中，尽管宅基地也属于集体建设用地，但是在权利内涵上，宅基地只能建设用于农民居住的房屋，没有出租、转让和抵押权，随着集体建设改革到位以后，两者的权利差异会更大。因此，在实行集体建设用地与国有土地同地同权的同时，也要实行农村宅基地与集体建设用地的同地同权。五是乡村规划、管制和集体组织的权力。我国现行的宅基地管理在法理上是政府严格管制，但是面对如此多的乡村主体和农户，管理成本极其高昂，实施效力很差。城乡中国阶段的宅基地管制应该将村庄纳入国土空间规划范围，在村庄规划中，控制和锁定村庄宅基地总量，有关部门的宅基地管理就是总量和规划管制，村内宅基地如何使用和农户之间的宅基地处置交由村集体组织。

第四章
中国土地制度变革的基本逻辑

中国的土地制度改革一直是一个热门话题，同时又是争议很大、难以达成共识的议题。党的十八届三中全会通过的《中共中央关于全面深化改革若干重大问题的决定》出台后，社会各界对其中关于土地制度改革的内容总体反应不错，但也有一些不同的声音，这很正常。面对争议，中央确定了土地制度改革的原则，由中央定方案，地方试点，然后统一部署，法律先行。在我看来，在社会共识尚未完全达成的情况下，通过试点形成政策和制度，通过法律修改解决改革合法性问题，是适合这一领域的正确改革路径。

从研究角度讲，对于这一问题有很多争论的声音，有这么大的分歧是好事，更能激发我们进行更理性、全面的思考和更客观的分析。我最近一直在思考的是，对土地问题的求解需要认真清理一下党的十一届三中全会以来的土地制度改革策略和路径，也就是要反思中国土地制度变革的逻辑是什么，这套逻辑现在碰到了什么问题，是否还行得通。我的一个看法是，这些年来，改革的推进一直在寻找折中办法，现在可能已经触碰到根本问题。如果不在根本问题上下功夫，不在更深层问题上找突破口的话，土地制度改革可能很难有大的进展。

一、选择与变迁的两大约束

中国土地制度改革一直面临两大约束：一是制度制约，二是目标制约。这两个约束决定着整个土地制度的选择与变迁。

一是制度制约。中国土地制度是国家基本性制度，农村土地集体所有制和城市土地国有制是公有制的主要实现形式。从改革决策角度看，土地制度如何改革、改到哪里去，备选制度安排对公有制到底产生怎样的影响，是最令人在意的。

制度制约主要表现为三个方面。第一，执政的合法性。因为中国共产党是以改造所有制为执政基础的，所以坚持公有制决定了执政的合法性。农民的土地又是中国共产党领着农民从地主手上分来的，是取得政权的法宝，土地公有制也是执政合法性的基础。第二，中国特色社会主义。“特色”具体体现为中国共产党领导和坚持公有制。土地公有制是中国“特色”里面最独特的制度安排。第三，基本经济制度。“基本”体现为公有制主导、多种经济成分并存，土地制度是基本经济制度里面最基本的制度。

上面这几条制度制约基本上就决定了在土地制度改革中哪些是可选择的，哪些是不可选择的。

二是目标制约。在党的七届二中全会上，毛泽东提出把中国从农业国变成工业国。1949 年以后的中国共产党一直在为这个目标而努力。农业国变成工业国的核心是实现经济的现代化。无论是在计划经济时期还是在改革时期，不管有多大争议，面临多大困难和挫折，经济现代化一直是执政党达成的一个基本共识和目标。党的十八届三中全会提出“第五个现代化”，即国家治理体系和治理能力现代化，实际上是制度现代化。

要实现农业国向工业国的转变，一定程度上需要农业为工业服务，农村为城市服务。因此，中国土地制度选择与改革实际上一直面临两个制约：一是土地制度是公有制的最主要实现形式；二是土地利益分配要服务于农业国变工业国的目标。这两大约束也就决定了中国土地制度改革的基本逻辑：

第一，所有制是锁定的。土地公有制是被锁定的，其他制度形式是被排斥在外的。公有制的主要表现形式是城市土地国有制和农村土地集体所有制。这是不可被修改的。改革所能做的是探索土地公有制的实现形式。

第二，土地制度改革的基本主线是在所有权和使用权分离上做文章。土地制度结构的第一层次是所有制，第二层次是权利构成。由于第一层次是锁定的，改革只能在第二层次寻求突破，即通过两权分离，扩大使用权的权能，发挥产权的激励和稳定预期的功能，调动土地使用者的积极性，提高土地利用效率。

第三，土地成为发展的工具。从经济学上来讲，对土地的需求是派生性需求，它应该是引致性的，也就是经济发展需要土地扮演什么角色，土地才扮演什么角色。但是，从计划经济到改革时期再到现在，我们是倒过来的。在整个发展过程中，土地实际上充当的是发动机的角色，成为谋发展的工具。为了将中国从农业国转型为工业国，为了实现经济现代化的目标，土地充当发动机的角色，跑在最前面，然后拉动马车往前走。

土地制度改革实际上看三块地：一是分给农民的承包地；二是农民盖房子的宅基地；三是转用的农地，即由农用地变成的非农用地。这三块地在制度改革中基本就是在锁定所有制下，从“两权分离”的逻辑出发来推动整个改革进程，但是权利功能是级级弱化的。

怎么讲？对农地中的承包地，现行的逻辑是维持集体所有权，强化农民使用权。也就是强化产权，两权分离以后把产权做强，然后把所有制变成一个法律上的、名义上的所有权。“两权分离”，做强后者。这是承包地的改革逻辑。

宅基地不是这样。对宅基地虽然也是将集体所有权和使用权分离，但宅基地制度演化的结果是强化了前者，模糊了后者。在构建宅基地制度时，集体所有权越做越强，对农民使用权的保障在制度构架里面是缺乏的，宅基地的产权功能基本停滞。

转用的农地这一块就更差了。农地转用启动了城市国有和农村集体所有的架构，结果是“两权分离”实际上变成了两种所有制的分治，这种分治导致集体所有权和使用权基本上被取消。

二、土地制度的选择与变迁

（一）土地制度变革的努力一直未停息

土地领域的制度选择与变迁是被关注最多的。20 世纪 80 年代土地制度改革之前制度选择的结果可用四句话来概括：一是以农民所有制废除地主私有制。“土地改革”基本上是用农民所有制废除地主私有制，但继续保留私有制。二是用合作制取代农民所有制，即初级社。在初级社的时候土地还是私有的，但是用合作制取代了农民所有制。三是以集体所有制取代合作制。就是到了高级社、人民公社的时候用集体所有制取代合作制。四是“三级所有、队为基础”的体制。“三级所有”就是所有权的一级在生产队，但事实上其他几个所有权主体也在继续发挥作用，不过是以生产队为基础。

对于集体所有制下土地制度安排缺陷的研究已有定论，由于行政权替代产权功能，对生产者的激励低下，努力与报酬不对应，所以生产绩效很差，因而改革从底层事先发动，地方与中央改革者的支持与互动推动包产到户改革在全国普遍化，然后以法律形式制度化。

现在很多人批评土地制度改革在 20 世纪 80 年代中期就停滞了，在我看来批评得不是很恰当。其实问题不是没有改革，改革一直在做，自 20 世纪 80 年代中期以来一直在努力。问题的关键是在制度选择上做了框定，因此就只能做到这样，即不动所有制，强化使用权。怎么做的呢？

第一，从承包期着手。从产权来讲，最主要的是农民的预期要稳定，也就是把承包期不断延长，一直延长到农民与土地的关系稳定。从 1984 年明确 15 年承包期，到第二轮承包期延长到 30 年（在此期间又提出“增人不增地、减人不减地”，将贵州省湄潭县的试验上升成全国的政策和法律），一直到 2008 年提出“长久不变”，这套制度安排就是为了稳定预期。

对“增人不增地、减人不减地”的争议一直很大。这是 1987 年中央政府在贵州省湄潭县试点的基础上形成的制度安排。当时面临改革进行不下去的问题，杜润生先生提出建立改革试验区。农村土地制度方面有三个改革，其中就有贵州省湄潭县的“增人不增地、减人不减地”，这实际上是对整个集体所有制的一个根本改革。

集体所有制一个最重要的制度安排就是集体经济组织成员人人有份。既然是人人有份，那么增加的人也应该分一份，减少的人就应该拿出来，所以这套以成员权为基础的制度安排的结果是增人就得调地，减人也得调地，导致的结果就是影响农民的行为预期，再就是土地的细碎化。

湄潭县试点意味着未来农民与土地的关系就固定了，增人不再调地，减人也不再调地。从那个时候开始，地在谁手上就不再动了。

到了2008年，中央政府提出“长久不变”政策。“长久不变”作为一种制度安排，是将“增人不增地、减人不减地”变成一个基础性的制度安排。“长久不变”是什么意思？用中央文件的原话来说就是现有土地承包关系要保持稳定并长久不变。这意味着人跟土地完全对应上了。

当2008年提出“长久不变”时，改革的方案有几个：一种是将30年再延长一些，延长到跟国有一样的70年。当时反对的意见是，从30年变成70年仍然是一个有期限的土地制度。另外一种观点是实行“永佃制”。当时也有人反对说这是一个哲学概念，没有永久的东西。所以后来改革就叫作“长久不变”。

“长久不变”的制度安排实际上意味着从有期限的农村土地制度变成没有期限的农村土地制度，就是现在的地在谁手上，以后就由谁长期种。但是，这不意味着这个地就属于谁，否则就等于第一个底线被突破了。只能说这个地的承包经营权是谁的。

第二，完善产权权能。产权权能就是使用权、收益权和转让权。实际上农村改革在这方面做了很多努力，比如：首先是改革初期取消统购统销，把收益权给农民，完善收益权。2004年以后又取消农业税，土地收益完全归农民。其次是不断强调农民的主体地位，将产权交给家庭、农民。农民是产权的主体，这一点是从20世纪80年代以来一直强调的，到90年代以后又被不断重申，因为很多人觉得农民当主体规模太小，农民不懂市场。为了保住农民的主体地位，政策甚至将家庭承包经营制度确定为基本经营制度，将“家庭承包经营为基础、统分结合的双层经营体制”写入法律。另外，从 1984 年开始，允许农民流转土地，自那以后，不断完善土地流转规则，确立“依法、自愿、有偿”原则。

第三，法律化。把《中华人民共和国农村土地承包法》和《中华人民共和国民法典》规定的承包经营权作为一个财产权，使原来的发包和承包关系从一种合约关系变成农民对承包地的物权。

（二）“两权分离”改革逻辑的结果

很显然，按照所有权和使用权分离的逻辑，搞制度设计的人已经煞费苦心了。如果这套改革路径能够走下去，就继续走。现在看来，问题越来越多。“两权分离”改革逻辑的结果是什么？

第一，集体时不时出现。改革的初衷是把使用权做实，让产权发挥作用，让农民好好种地。但是事后证明，因为集体还是作为一级主体存在，所以有些集体组织会干预农民产权。

第二，依附于集体所长出来的东西说不清，道不明。这是现在农村治理中非常大的一件事。现在集体实力强的地方，主要靠先下手为强，集体强时人们自己把农地变成建设用地。华西村、北京周边的村都是这样。现在这些在集体上长出的东西由于先天没有明晰的产权安排，所以后患无穷。现在集体上长出的东西都离不开两个制度基因：一个是依托集体的土地，另外一个是依托集体成员权。但是，在集体的土地上长出来的算谁的呢？在一个说不清、道不明的母体上长出来的东西越大，大家就越去搅和这件事。这就导致在农村治理问题上出现困难。

第三，集体与农民之间的发包、承包关系以及农民土地财产权赋权的矛盾。农民现在手上的土地是在集体所有权不变的情况下，由集体经济组织发包到农民手上的。按法律上的这种安排，它是一种合约关系，也就是债权关系。但是，《中华人民共和国民法典》赋予农民土地财产权。从债权变成财产权，集体所有权下的承包发包关系如何去实现？

第四，成员权观念被强化，妨碍产权排他性功能的行使。在集体所有制不变的情况下，改革的结果是变成成员权所有制。中央政策试图切断这种纽带，但现在面临的问题是成员权被内部化了。在农民的观念里，集体所有制就是人人有份。“人人有份”与前面提及的两套制度即“增人不增地、减人不减地”和“长久不变”产生了非常大的冲突。农民会说：“不是集体所有制吗？那凭什么不给我家增加的人分地？减少的人的地为什么不拿掉？集体资产成长后为什么不给我分股份？”

这些事的根源在哪儿？根源在整个成员权观念被强化成农民根深蒂固的东西。农民现在认可的集体所有制就是份子权，但是承认份子权最后的结果就是产权要排他就很难。

比如南海一直在探索集体股份制改革，但在实施过程中困难重重。最初，农地变成集体建设用地时，集体说：“你的地就不种了，把它做成股份，以后大家就按股分红，土地集中起来经营。”这实际上是成员权继续延伸到非农用地上，农民说：“可以。”但是，往下走就面临很大的问题，即股权福利化，只要是集体成员，就不断地要有钱分，这样集体上面长出来的资产就没办法长大。因为如果分红相隔时间过长的话，农民不放心。后来尝试固化股权，即现在集体组织的成员按成员权分红，增加的人就按资购股。但增加的人不干，这个方式最后被推翻，现在变成以家庭为单位来固化股权，就是不在集体内部不断地分割而是在家庭内部分化。

第五，承包权与经营权合一保护，两者都没被保护。原有法律法规保护的是农民土地承包经营权。在承包者跟经营者合一的时候，承包经营权作为一种权利保护是没有问题的。在改革初期，农民基本上是自耕农。但是，后来承包者有可能不是经营者。比如现在 2.6 亿人离开农村，离开后还是有承包权，但是已经不种那块土地了，也就是说承包权跟经营权两者是分离的。合一保护的结果就是当拥有承包权者不再耕种这块土地时，就把经营权转出去，但农民又担心把经营权转出去以后回不来。在第二轮承包时就有这个问题。另外，集体经济组织有时为了做强经营权，可能削弱农民承包权。所以，承包权与经营权事实上分离，这两者在制度运行上现在面临很大的问题。

第六，承包经营权的赋权也存在很大的问题。承包经营权现在有占有权、使用权、收益权和流转权，但没有抵押权、担保权和继承权。抵押权、担保权在赋权时争议非常大，大家担心万一承包经营权抵押出现风险，会导致承包经营权的丧失。所以，党的十八届三中全会把承包权与经营权分离，给经营权设抵押权，承包权不设抵押权。但是，这个问题解决了没有？事实上没有。另外一个问题就是没有继承权，现在农村第一轮包地的农民中有的老两口都已经去世了，这些地是按承包发包关系交回集体，还是按财产权自动转给下一代？即便给下一代，是继续走家内均分制，还是像日本、欧洲那样走长子继承制？这些都没有制度安排。

三、宅基地制度选择与变迁

宅基地制度构建更为复杂。在改革前，宅基地制度跟承包地制度的逻辑不大一致。第一，宅基地的私有权一直保留到了高级社。这跟农地不一样，因为那时候农地要为工业化服务。第二，“三权分离”。宅基地集体所有权与农民使用权相分离，宅基地使用权与房屋私有权相分离。所有权是集体的，使用权给农民，房屋是私权所有。“三权分离”体制实际上是在改革前形成的。

这一套制度形成以后，改革以来在宅基地的构建上有如下特点：

第一，无偿取得宅基地。这是在改革以后确定的，但是在地被分给农民以后，农民盖房怎么办？

第二，成员身份在后续改革中很难实现。在改革前，对走出去的军人、教师、华侨等，当时有很多文件规定，这些人一旦回来，还可以分得宅基地。在改革后，成员身份在强化，只要是集体经济组织成员，就能获得宅基地。但是，一个村庄的宅基地是有限的，如何满足不断增加的成员对宅基地的分配需求？

第三，将宅基地作为建设用地是在改革以后。因为《中华人民共和国土地管理法》是在 1987 年才实施的，之前也没有“建设用地”一说。但是，对于宅基地的权利问题，《中华人民共和国土地管理法》并没有提及。在划为建设用地后，宅基地受指标管制，农民盖房要有建设用地指标。但事实上农民盖房基本上拿不到建设用地指标，指标到了县一级被用作建设开发的指标，怎么可能被分给农民用于盖房呢？所以宅基地划为建设用地在权利上没有体现，只是加强了管制，农民用建设用地就属于违法。

第四，政府规制增强。宅基地是一种特别的用益物权。一般用益物权有占有权、使用权和收益权，可宅基地只有占用权和使用权，没有收益权。所以，宅基地制度变成集体经济组织以成员权身份无偿获得居住权。

宅基地制度“三权分离”改革逻辑的后果是什么？

第一，宅基地的集体边界被锁定是弊大于利。宅基地的一个基本边界是只有集体经济组织成员才能获得宅基地，在这个边界被锁定后，非集体经济组织成员不能使用宅基地。但是，这个锁定有效吗？虽然法律上的边界被锁定，但事实上宅基地的集体边界在不断地被突破。尤其是在沿海地区、城市近郊地区，这些地区以成员身份来界定宅基地的法律和现实之间的分歧越来越大。

第二，跟承包地相比，宅基地的集体所有权被实化，使用权被弱化，这是宅基地制度改革面临的一个非常大的问题。到底朝哪个方向改？是把集体所有权做得更实，还是把宅基地使用权做得跟承包地使用权一样，把它做得更强？现在分歧非常大，一类人说要把前者做实，另一类人说要把后者做强。

第三，现在宅基地使用权与房屋所有权是分别赋权。宅基地使用权是集体的，是集体所有下的使用权，房屋是农民的私有产权。党的十八届三中全会的文件提到农民的住房财产权可以试点抵押、担保和转让，没有提及宅基地使用权，这就意味着未来想把房屋的所有权权能越做越大。但这个所有权是在宅基地的使用权基础上的，两者之间存在实物上的不可分割和权能上的分割。农民想出了很多办法，一些地方的农民现在基本上把宅基地使用权和房屋所有权打通了。

第四，宅基地作为建设用地的一类只是强化了用途管制权，但是没有给这一类建设用地赋权。宅基地的权利设置只有占有权、使用权，没有收益权。这种权利设置跟事实之间的差异越来越大：事实上农民宅基地交易大量发生，除了沿海地区，农村人口流动大的地区基本上都有发生。

四、农村土地转用制度的选择与变迁

第一，“八二宪法”规定的城市土地国有和农村土地集体所有是让农村土地在转用上受制最大的一套制度安排。起初设计两种制度并存是为了把集体这块权利保住，但是后来高速城市化到来以后，两种所有制就变成土地国有化的过程。

第二，农地转用一律采用征收方式，就是按原用途征收土地。

第三，所谓的借鉴西方现代国家的用途管制，事实上是“三重管制”：城市规划、土地用途管制与所有制管制。现在整个土地转用实际上就是城市规划从中心往外扩，城市规划是一个硬规划、硬约束。然后，土地用途管制是管什么呢？管农村土地变建设用地，它是一个土地转用的规模管制和土地用途的管制。在城市规划作为硬约束的情况下，土地用途管制实际上是一个软约束。

第四，市县政府垄断土地一级市场。

第五，土地资本化与土地抵押融资。

这套支撑整个农村土地转用的制度安排，好处是“快”，整个城市面貌焕然一新，工业化发展迅速，中国成为“世界制造工厂”和第二大经济体，但后果是：

第一，整个经济运行恶性循环：土地出让—地方政府信用担保—抵押土地和融资—以房地产作为出口。这四个环节现在都值得高度关注，土地出让、地方债务、土地抵押和融资平台、房地产都面临风险。首先，原来靠土地出让来支撑的低成本城市化时代已经结束，征地拆迁的成本非常高，地方政府土地出让的纯收益不断下降。其次，地方债务基本上也是靠土地出让支撑，借新还旧。再次，土地抵押和融资平台存在不少问题。最后，房地产现在也面临很大的问题，现在地价那么高，房地产商造那么多高价房卖得出去吗？

第二，现在提倡“新型城市化”，即高效、包容和可持续，旧城市化已经不高效、不包容、无法持续了。

第三，土地治理困境。党的十八届三中全会提出治理体系和治理能力现代化，如果土地治理问题不解决，这个现代化就很难实现。

第四，新农民问题。原来一直讲的农民问题是农村的农民问题，现在的新农民问题是农民土地的利益得不到分享，也就是增值收益分配问题。另外一个问题就是进城以后的农民跟土地之间的矛盾，这个矛盾很严重，要找到一个解决的办法。

五、土地制度改革需要动根子

总的来说，支撑这套制度的最主要的理论基础是：（1）公有制；（2）土地的特殊性；（3）用途管制制度；（4）土地增值收益主要归地方政府。以两权分离、不动所有权的制度安排对承包地、宅基地和农地转用进行改革，我们不可谓不努力，但是制度绩效不尽如人意是显然的。如果继续采用这套改革逻辑，就会面临非常大的困境，要有足够的智慧找出新的改革逻辑。

在我看来，现在应该反思两权分离的改革逻辑，在根子上动手术。这涉及如下问题：

一是集体所有制的改革。如果集体所有制的改革不往前推进，再继续走两权分离的改革模式是很难的。现在要改革的话，按什么路线走呢？在公有制下改革集体所有制是否可行？

第一是农地。除“长久不变”以外，另一个非常重要的制度设计是承包经营权制度改革，赋予承包权占有、使用、收益和流转的功能，也就是把承包权做实（使用权、收益权、流转权），然后将承包权流转给未来的经营者，赋予经营权更完整的权利。

第二是宅基地。宅基地改革现在分歧最大。因为大家担心农民把宅基地卖了会造成流离失所，现在对宅基地讲的是“保障农户宅基地用益物权，改革完善农村宅基地制度”，然后，“选择若干试点，慎重稳妥推进农民住房财产权抵押、担保、转让”，基本上还是按“三权分离”这套制度在设计。

宅基地的制度改革核心是什么呢？如果宅基地的用益物权还是只停留在保障占有权和使用权上，那等于不改革。宅基地的权能能扩大到什么程度是改革面临的重要问题。

我的建议是：最起码把宅基地的用益物权扩大到跟一般用益物权等同，即占有权、使用权、收益权，然后对宅基地的用益物权进行分类改革。比如在城乡接合部、沿海地区这些已经没有福利分配的地区，宅基地就直接按财产权制度来进行改革试点，占有权、使用权、收益权、流转权就按财产权来对待。传统地区可以先往后放一点。

宅基地的另外一个改革是怎样完善宅基地制度，核心是按成员权无偿分配的制度能改革到什么程度。

怎样完善？我的建议如下：一是无偿变有偿，改革按成员权获得宅基地制度。沿海地区和城市化地区现在已经没有福利分配一说了，可以顺应这些地区城市化的进程，将现在这套按集体成员边界来划界的宅基地制度打开，让宅基地进入土地市场。

二是两种所有制分治改革。城市土地国有和农村土地集体所有这套制度如果不改革，农转非用这套制度改革是无法取得进展的。现在最主要的问题是城市土地国有怎么解决。现在最矛盾的区域是在城市建成区和城市规划区中间的地段。这一地段很多都没有被征收到政府手上，但是规划控制不准私人使用了。这些集体所有土地未来是继续走征收的路子，还是走党的十八届三中全会讲的允许集体经营性建设用地进入市场的路子？改革的核心在这个问题上。

三是土地治理体系改革。其核心是处理政府和老百姓的关系，核心问题是土地增值收益的分配。分配原则、农民的份额、不同类型的农民在土地增值收益分配中的取得方式等，如果设计不好的话，就是未来的“火药桶”。

最后，要使土地问题回归常态，使土地从发动机回归为引致需求。回归常态就是改变现在地方政府土地出让模式，使地方政府从经营者退回到服务者的角色，在这个基础上，按现代土地制度来设计整个土地制度的安排才有可行性。

如果土地继续作为发动机来推动发展，集体所有制改革、土地城乡分治的改革、征地制度的改革都是不可能真正推进到位的。土地问题只有回归常态，其他土地制度改革才能向前推动，现代土地制度才能构建起来，社会才有可能正常运转。

第二部分

农村土地制度经验研究

第五章
农地制度的合约结构与产权残缺

中国农村发生的以包产到户为核心内容的制度变迁，自它发生之日起至今，一直是人们关注的核心。在本章中，我们拟侧重于经济学方法在具体分析中的意义。也就是说，我们不打算卷入“是私有制好，国有制好，还是集体所有制好”的争论，而是将注意力主要放在现行农地制度结构中存在哪些因素在制约着农户的投资、积累和长期预期。因此，本章所要表述的不是一个对我国现行农地制度应该朝什么样的方向迈进才有出路的药方，而是对有待改进的制度因素的刻画，而且在分析这些制约因素时将着眼点放在农户层次上。

一、对制度的经济分析方法

在具体描述中国现行农地制度特征前，让我们先谈谈对一般意义的“制度”（institution）的分析要点。著名的新制度经济学家道格拉斯·诺思指出，制度就是为人们发生相互关系而设定的一系列规则[①]，它们是对人们行为的一系列制约。人们正是根据这些规则来明确可以做什么，不可以

① 关于“制度”的定义，读者尤其要参读道格拉斯·诺思的著作《制度、制度变迁与经济绩效》（1990 年版）。

做什么，从而形成采取怎样的行动更为合算的合理预期。[①] 因此，制度的基本作用就是诱导人们作出行为决策，并通过人们的这些决策来影响一个社会的经济绩效。当从经济学意义上来探讨制度时，它并不对一项制度的好坏优劣作主观评判，而是去考察它作为一种现实的存在会对人的行为和经济绩效产生怎样的结果。在制度经济分析中的基本一点是：有什么样的制度，理性的人就会作什么样的行为反应；不同的行为反应会产生不同的经济后果。由于将制度的分析落实到具体的当事人身上，制度不再是玄妙莫测的、主观的、唯一的、不容置疑的，而是活生生的、客观的、在实际生活中能切身感受到的，因而是可以比较、选择和分析的。后一种意义上的制度分析正是本章所要强调和应用的。

那么，制度是怎样影响人的行为和经济绩效的呢？这取决于一项制度所内含的规则对人们努力的激励程度和激励导向[②]，对人们努力的激励程度取决于这一制度内含的报酬结构与人们努力供给量的一致性。如果一项制度安排能使人们付出的努力与其应得的报酬相一致，他们的努力供给量就大；反之，如果一项制度安排使人们付出的努力与其报酬之间是离散的，他们的努力供给量就小。但是，制度对努力供给量的激励并不表明它一定能诱致“有效的”经济增长。制度是否促进经济增长，还取决于它对人们行为的激励导向。如果一项制度安排能激励人们将资源（包括物质的和人力的）和努力更有效地配置于生产性活动，它就能促进经济增长，一个社会的经济绩效也就较佳；相反，如果一项制度安排在激励人们将资源和努力配置于非生产性活动方面更为“有效”，它就会妨碍经济增长，这是一个社会经济绩效不佳的重要根源。

在制度对行为的激励效应中，有两个方面是至关重要的：一个是制度内含的产权安排的完整性；另一个是经济组织对努力与报酬的计量能力。

---

① Yujiro Hayami，Masao Kikuchi. “Asian Village Economy at the Crossroads，” *Economic Geography*，1981，59（4）：456－457.

② 我认为从激励程度与激励导向角度来考察制度的作用将更有利于分析制度与经济绩效的关系，尤其是在分析不发达国家经济不发展的原因时，这种区分将更有针对性，因为在这些国家中，我们往往发现它们的制度对人们的激励并不是程度不够，而是其激励导向更多是朝着“顺生产性的”方向。

它们对努力的激励程度与导向关系甚大。产权安排是所有制度规则中对人们的行为影响最为重要的一种，按照定义，它是“一个社会所强制实施的对一种经济物品如何选择使用的权利”①，产权内含于一种资产或物品的实体中。我们说一个人（或组织）对一种资产或物品拥有产权，并不是指他对它拥有的实物存量有多大，而是指他对它拥有如何使用、如何获得收益以及如何转让的权利，所有权的实际内容正是通过这几项权利束的权利量大小来反映的。② 因此，一种资产或物品的价值量大小是由它所内含的这些权利量所决定的，人们之间关于物品的交换事实上是关于如何衡量这些权利量的合约谈判。正是物品中的权利价值决定了所交换的物品的价值。

很显然，产权的作用就是通过对资产或物品的这些具体权利束的界定来影响人们的生产、积累和投资决策。人们正是根据这些权利规则来决定在与他人进行经济交易时应采取怎样的合约形式（如是将产权全部转让还是部分转让，合约的期限定多长，等等）。在左右资产（或物品）拥有者的行为决定的因素中，他对资产（或物品）所享有的产权完整程度是最为重要的。所谓完整产权是指资产拥有者对它享有排他的使用权、独享的收益权和自由的转让权。其中，排他的使用权是指资产拥有者在被许可的范围内对该资产具有不受限制的使用选择权利，他可以采取任何方式使用他的资产，并能依法排斥其他人对他的资产的使用与限制；独享的收益权是指资产拥有者能完全享有他利用资产所产生的结果，对于他通过合法方式利用资产进行生产所获得的收益，政府或其他组织（个人）不仅不能通过强制手段夺取，而且不能通过其他手段进行侵蚀（比如人为压低价格或征收不公平的税收等）；自由的转让权则是指资产拥有者有权决定资产是否转让，转让给谁，以及采取什么样的产权转让形式。在一个经济交易越来越发达的社会，产权的可转让性也变得十分重要。因为人们对一种资产是否持有产权，是由他们对保持这一权利的期望来定的；不仅如此，由于人们在能力和知识上存在差异，使用资产的技能也存在差异，如果权利是可

① 参见《财产权利与制度变迁》（上海三联书店，1990年版）中阿尔钦对产权的注释。

② 将产权的内容概括为使用权、收益权和转让权，最早是由张五常教授在《合约的结构与非排他性资源的理论》中指出的，并已为后来的制度经济学者所接受。本书也采纳了这一归纳。

以自由转让的，资产就可以被投入最有价值的使用。[①]

与上面定义的完整产权相对，如果资产拥有者对其中一种权利或是全部权利的享有受到限制或侵蚀，我们就称之为“产权残缺”[②]。产权残缺或者表现为使用资产的选择权利受到限制，或者表现为利用资产生产的成果受到侵蚀，或者表现为对资产的转让权受到禁止或削弱，有时甚至表现为这几方面的总和。

在现实中，完整产权如同完整竞争市场一样是很少存在的，相反，产权残缺似乎更为普遍。在完整产权与完全残缺产权之间存在一个巨大的选择空间。当实际的产权安排趋近于完整产权的内涵时，人们努力生产的成果为自己所有的预期就比较稳定，他们将更具有找寻更有利的方式来使资源得到更有效使用的激励，因此，其经济绩效也较佳；反之，如果实际的产权安排远离完整产权的内涵，其中任何一项权利的受限都会破坏他们对努力生产的结果的预期，由于对努力生产的报酬预期不稳，人们在投资与积累上会产生短期行为，并将努力配置于生产性活动，由此带来的经济绩效也不佳。

从上面的讨论可以看出，产权的完整性对于人的行为和经济结果具有举足轻重的作用。在现实中我们也时常感到产权残缺对我们选择的影响，在产权残缺的原因上还有很多有待探讨的方面，但在诸多原因中，有一点是最值得引起重视的，即大量的产权残缺是由于制度规则的不当安排所致。[③] 因此，国家行为的调整将更有利于产权趋于明晰。制度变迁朝这方面的努力将会使经济增长步入良性的路径。

至于制度对行为的激励效应的第二个方面，它实际上更关注的是产权

---

① 关于资产转让的重要性，可参见张五常的《再论中国》，以及笔者在《产权，行为与经济绩效》（载《经济社会体制比较》，1992年第2期）中的论述。

② 就笔者涉猎的文章来看，“产权残缺”的概念最早是由 H. 德姆塞茨在他的论文集《所有权、控制与企业》的导言中指出的，他提出人们对管制的研究实际上是研究由这些方面导致的产权残缺，“所有权的残缺可以被理解为先对那些用来确定‘完整的’所有制的权利束中的一些私有权的删除”。参见《财产权利与制度变迁》中《一个研究所有制的框架》一文。

③ D. North. “A Neoclassical Theory of the State,” In *Structure and Change in Economic History*, New York: W. W. Norton and Company, 1981.

得以实现的经济组织的结构与效率问题。它之所以被提出，是因为一个人对资源的权利价值不可能都通过市场交换来实现。为了自己的目的，人们往往将其所拥有的资源权利组合在一个组织内来从事合作生产。合作生产的目的本来是利用各自的专业化比较优势，从而实现一个比在单独生产时更大的收益。但要实现这一收益碰到了一个致命的问题，即在组织内，每个成员劳动的投入和成果并不像在单独生产时那样容易直接关联，现在能够计量的只是一个组织的总产出，但无法确定每个成员对产出的贡献份额；对投入和产出计量的困难又使得无法准确地确定每个人应得的报酬，从而造成对合作成员努力的低激励。因此，这一问题直接引出了阿尔钦和德姆塞茨他们那篇著名论文《生产、信息费用与经济组织》中的命题，即一个经济组织的效率取决于它对每个人投入与报酬的计量能力。① 如果经济组织的计量能力很差，报酬与生产率之间只有松散的联系，生产率将较低；但如果经济组织的计量能力很强，生产率就较高。而一个经济组织的计量能力如何主要取决于：(1) 组织的规模。很显然，在一个较小规模的组织内，这类问题要比在大规模组织内相对容易解决。(2) 组织内的权利结构设置，即在经济组织内如何发展更具有监督能力的专家来监督合作成员，以使组织效率最大化的问题。这就牵涉到一个迄今为止最难解决的问题，即怎样既使监督人员具有努力监督成员的激励，同时又使他的行为不偏离企业所有者的目标。由于本章的主题不是这方面，我们在此就不进一步讨论了。

二、中国现行农地制度的合约结构与产权残缺

与前面的一般理论相对应，我们在展开这一分析时要考察的是它的行为意义方面，而不是仅仅停留于土地所有制的法律意义方面，以免卷入那些毫无实际意义的意识形态争论。按照之前概括的制度经济学要点，我们的分析将主要集中于：(1) 现行农地制度的合约结构；(2) 农地经营的组织特征；(3) 农地产权安排的具体内容，产权残缺的表现及其对农户行为

---

① 科斯，等. 财产权利与制度变迁. 上海：上海人民出版社，1994.

的影响。

20世纪70年代末发端于中国农村的“家庭联产承包责任制”（它的最普遍形式是“包干到户”）制度改革，从它起初在少数贫困地区因农民为摆脱生存危机而产生，到它后来在全国迅速普遍化，基本上是农民自主选择的结果。

在这场变革中，有一点是特别有意思的，即当这一制度被采用时，尽管各地施加的制约有些不同，但在制度安排上却在以下几方面十分一致：(1) 差不多都用家庭组织替代了原来的生产队来作为农业生产和经营的决策单位；(2) 差不多都选择了“交够国家的，留足集体的，剩下都是自己的”的承包合约；(3) 在将集体土地分包给单个农户时，都强调了要“坚持土地的集体所有制不变”。由此可见，这场制度改革尽管从事后来评价在某些方面还是有些仓促和粗糙，但在当时的政治和经济环境下，这一制度的创新主体农民还是作出了最理性的选择。对坚持土地的集体所有制不变的强调，减少了当时积习凝固的“一大二公”主流意识形态对这一变迁的阻挠，对“交够国家的，留足集体的”的承诺则保证了与原有农地制度结构（国家、城市居民、集体）有关的利益不因这场变革而受到实际经济利益的损失，因此，农民正是通过对这些制约的认可降低了包干到户制度变迁的成本，为此换来的是巨大的制度变迁收益：家庭这一更有利于努力与报酬关联的生产单位得以被承认，这一组织内部的计量和监督费用极低，而在外部家庭间的竞争力极强；不仅如此，这个新的农业经营主体在分户承包土地机制下还获得了对土地的使用与收益剩余权利（尽管这些权利如我们在后面要着力分析的，它们因现存的制度制约还存在残缺）。

中国农村从生产队体制变为家庭联产承包责任制的制度变迁效应是十分显著的。1979—1984年，中国农业产出年均增长7.7%，当然，对于这一高速增长，这一时期农村同时推出的其他几项改革也作出了贡献，包括农产品定购价格的大幅度提高、农产品市场的放开、农业投入的增加等。但在所有这些改革中，农业家庭联产承包责任制对农业产出的贡献还是最重要的。

但是，同样是在家庭联产承包责任制下，中国的农业增长却在1985年以后急剧减速，尤其是种植业产出增长出现了连续几年的徘徊波动，因而，这一制度的效力如何又成了政策界和舆论界的关注焦点，并在一些地方出现了借以“壮大集体经济”来动摇现行农地制度中的家庭经营的做法。撇开这些主张背后的政治和意识形态不谈，仅用我国和世界其他国家的经验就已证明，如果重新集体化，其结果只是又回到农业生产率的极度低下状态。蕴含在这一经验教训中的理论内涵我们已在前面给出，即只要农民还存在个人利益，集体经营中就存在难以克服的监督和计量困难，它并不会因为生产技术水平的提高和监督技术的改进而得到完全解决①，因此，家庭经营并不是一种“权宜之计”。但是，这并不是说我国现行的农地制度一点儿问题也没有了，相反，它确实还存在一些制约农民务农行为长期化的因素，不过与流行的观点不同的是，我认为这些制约不是由农地经营的组织所致，而是源自前面提到的家庭联产承包责任制合约结构中的制约因素，这导致了农户土地产权的残缺。下面让我们分别分析一下这些制约对农户行为的可能影响。

我们可以先看看“土地集体所有制”的实际内涵和后果。正如我在前面所指出的，坚持土地的集体所有制不变在有些层面上可能更多是从政治和意识形态角度体现出来的，但在本章关注的主体农户那里，它却并不仅仅表现为一个虚幻的所有制空壳，而是具有实际的内涵。在现实的运作中，它至少在以下两方面是实实在在存在的：

第一，在集体所有制框架下，往往出现一些“上级”以所有者的名义来侵蚀农户对土地的使用权和收益权。我们知道，中国农村的土地集体所有制从1958年建立人民公社到现在的家庭联产承包责任制，其内含的产权安排曾随生产决策与分配单位的变更而经历过几次变化。在家庭联产承包责任制改革以前农村土地集体所有制是“三级所有、队为基础”体制。在这一体制下，尽管生产队是土地使用与收益分配单位，但它的上级不仅实

---

① 这一观点为我们1991年秋对苏联农地制度改革的考察所证实，在那里，尽管人均耕地面积很大，机械化装备程度很高，但农场的生产效率却极其低下。当时中国农村的家庭责任制改革已引起那里的改革者的极大关注，在苏联正在进行的农地制度改革中，培养以家庭为单位的新的农业经营主体正成为一项主要内容，有兴趣的读者可参见《苏联农地制度的改革：方向与可能性》（载《经济社会体制比较》，1992年第3期）。

际上控制着作物种植的权利，而且可以抽取收益剩余。[①] 在实行家庭联产承包责任制以后，尽管农户在土地使用与收益剩余的支配方面比生产队在这些权利方面的主动性大大增强，但事实上，个别上级以一些名目对农民的摊派已成为影响农民从事农业积极性的重要因素。

第二，土地的集体所有制还实实在在地体现在农民对土地的分配规则上。在生产队体制时期，“土地的集体所有制”在农民那里表现为，每个属于这一集体的成员都有权分享集体土地的收益，而在变为家庭联产承包责任制后，土地的集体所有制又表现为每个生长在这个集体地域内的成员都有权分享对土地的使用权，这是集体所有制内含的基本权利法则。因此，当中国农村的每个集体单位在推行家庭联产承包责任制时，它们差不多都采取了按人（或按劳）均分土地使用权的分配规则。不仅如此，既然土地是集体所有的，这就意味着每个在这一集体地域内新出生的合法成员都应有权分享同原有成员相同的土地权利，这样就在我国出现了一种矛盾的结果，即中央政策文件讲要保持“土地承包期 15 年不变”，而在大多数地方却又不得不采取随人口增减而重新调整和分配土地的办法。根据中国土地课题组对全国 300 个村的抽样调查，按其中 253 个有效样本村的结果汇总得出，自实行家庭联产承包责任制以来，有 65.2%的村对承包土地实行过再调整，而且重调土地的压力有 80%左右的村回答是由人口增减所致[②]，从而形成了我国历史上最独特的一种土地分配制度[③]。但是，这种制度安排的运作和实施费用是十分高昂的：（1）由于土地每隔几年就随人口变化而进行再调整，而且每次新的调整都是根据变化后的全部人口、耕地数量和质量来进行的，因此农户在现期使用的土地就很难在下一期仍旧被分给他，因而无法形成对土地投资的长期预期。（2）既然每个集体成员对集体土地的权利是均等的，这就意味着他们在土地数量、质量以及土地负

① 刘守英. 产权，行为与经济绩效. 经济社会体制比较，1992（2）.

② 参见何道峰执笔的《中国村级土地制度的改革》，载国务院发展研究中心农村部中国土地课题组《土地研究报告》。

③ 中国历史上的土地均分有两种：一种是如赵冈先生所研究得出的，因战争导致人口死亡太多，战后土地大量荒芜，国家将这些土地均分给老百姓。在这样均分后，土地私有权是有保障的，很少出现像在我国目前的集体所有制下如此频繁的土地再均分。另一种是家内子嗣之间的平分。

担的分摊上应是均等的，这样，在每次再分配土地时，集体土地就必须根据这些条件在全体人口之间被分割，从而使每户农民拥有的地块极其零碎、分散，造成农民对土地投资的规模不经济。（3）从实施的角度来看，由于每次重新调地时都需要重新核查人口、土地和地块，并找到全体成员可以接受的办法，因此其实施的成本也是极高的。（4）集体土地按人口的均分无法考虑每个农户在经营农业方面的人力资本差异。事实上，在实行家庭联产承包责任制后，农民之间在农业经营上的能力差异不仅存在，而且在逐渐拉大。但在集体所有的人均分地制度安排下，农户之间就无法根据各自的人力资本大小来自发地找到与其对应的农地数量，这显然不利于我国稀缺农地更经济有效地利用。①

除了上面分析的土地的集体所有制安排对农户行为的影响外，家庭联产承包责任制合约结构中的另一项制约是承包农户对应交国家部分和集体义务的承诺，它是否也对农户行为产生了影响呢？在我看来，这一制约也对农户行为产生了影响。在上交义务中，“留足集体的”一项从规定的账目来看包括所在社区的基层干部和民办教师的工资、日常开支以及兴办地方事业的费用。农民目前之所以对这类费用不满，在很大程度上是由于某些账目不清和某些干部胡吃胡花，因此它更多地具有公正方面的意义，而在行为方面的意义便相对较少。但另一项，即“交够国家的”则对农民行为产生了重大影响。在实行家庭联产承包责任制后，每个承包农户上交国家的义务实际上是对原来生产队所应承担的国家粮食征购任务的分摊。在农民那里，他们倒不在乎应不应该有上交义务（从古至今，中国农民就有“皇粮国税”不可不交的传统），而在乎上交义务的性质。从这一角度来看，农民上交的国家粮食征购任务是国家工业化的产物，它的目的是满足城市居民的低价定量食品供给。因此农民必须按国家要求上交一定数量的规定品种（粮食、棉花）。不仅如此，农民向国家交售的这部分粮食只能由国家规定价格，他们对此并没有谈判地位。在实行家庭联产承包责任制

① 关于集体所有制的人均分地制度的第（1）、（2）、（3）点，可参见国家“七五”农地课题组的研究报告《湄潭：一个传统农区的土地制度变迁》，第（4）点可参见该课题组的研究报告《两田制变迁与政府行为》，载中国土地课题组《土地研究报告》。

以后，农民上交任务的性质也并没有因此而改变，导致的结果是：(1) 由于农民必须完成所规定的上交品种数量的任务，他们就不得不划出相应的农地来种植这些规定作物以完成任务。不仅如此，在一些地方为了完成粮食征购任务，地方政府还利用行政手段来保证所规定品种的种植数量，而不管这些品种是否能盈利。由此可见，农民对种植作物的选择和土地的使用权利还受到很大限制。(2) 由于作物的销售价格是国家的规定价格，农民对此没有谈判地位，但是在粮食双轨制下，国家的规定价格又一般低于农产品集市价格，这样就等于国家又征了一些“暗税”，从农民那里抽走了一笔收入。

三、简短的结论

本章是用制度经济学的观点来分析我国现行农地制度的一个初步尝试。制度被赋予了更实实在在的经济意义，即制度的存在只有在表现为对人的行为的影响时才具有可分析的价值。我们强调对制度进行经济分析绝不是为了回避“所有制优劣”这样的热门话题，而是因为在我看来，对所有制问题的政治敏锐性已严重妨碍了人们去关注制度的现实作用。事实上，所有制本身是有实际的经济内容的，对制度的经济分析正好可以弥补这方面的不足。

通过将制度经济方法用于分析中国现行农地制度，我们得出了一些有别于流行观点的说法。第一，我们不同意那种认为家庭经营的潜力已尽的说法，一种经济组织是否有效是由它对该组织内人们的努力与报酬的计量能力决定的，从这一点来看，现在还没有其他更有效的组织来替代家庭作为生产和经营的单位。如果凭主观意志随意进行经济组织的升级，必然酿成我们过去已尝到的不良后果。第二，我们也不同意十分流行的盲目“壮大集体经济”的过于带有感情色彩的说法，因为在我看来，产权的真正内涵不是一种资产存量，而是将所拥有的这些资产作何使用，以及采用什么样的权利规则来分配收益。如果不顾各地的实际情况，硬性从农民这些公共积累的资产中提出一块来搞所谓的壮大集体经济，这不仅不能达到发挥集体优越性的预期效果，相反还会造成农民产权受侵蚀，影响农户的经营积极性。第三，我们的产权观是要研究我国现行农地制度的实际产权内容（使用权、收益权和转让权）以及这些权利的完整程度对农户行为的影响。我们得出的结论是，在现行农地制度下还存在一些制度制约（如集体所有制下的人均分地安排、粮食征购政策）影响了农户对土地的产权权能，从而也制约了他们经营农业的积极性。农地制度的进一步改革应该从改善现行制度安排对农户的约束入手。

第六章
中国农村土地集体所有制结构与变迁

一、所研究区域的基本特征

为了研究包产到户以后中国农村土地制度的变化动态及其影响因素，我们选取了有一定代表性的8个样本研究区域作为研究对象。它们是：浙江省的鄞县（10个村）、乐清市（10个村）与绍兴县（10个村）；河南省的卫辉市（10个村）；江西省的安福县（6个村）和南城县（10个村）；吉林省的公主岭市（13个村）和德惠县（13个村）。样本区域的选择主要考虑了这些县（市）在经济结构、农民收入、生活水平、作物类型、地理位置及土地资源禀赋等方面的差异性。这些样本研究区域的基本特征见表6－1和表6－2。其中表6－1列出了各样本研究区域在实行包产到户时的经济和资源禀赋状况，表6－2列出了它们在调查年度（1993年）的情况。

表6－1　1981年8个样本研究区域的主要社会经济特征

	鄞县	乐清市	绍兴县	卫辉市	德惠县	公主岭市	安福县	南城县
人均耕地（亩）	1.18	0.61	0.82	1.8	4.85	4.13	2.5	1.87
农户土地规模（亩）	2.89	4.22	3.75	4.6	4.5	4.4	5.4	5.1
粮食亩产（公斤）	645	674	690	218	270	429	304	485

续表

	鄞县	乐清市	绍兴县	卫辉市	德惠县	公主岭市	安福县	南城县
人均纯收入（元）	532	206	396	206	408	471	118	251
村均固定资产（千元）	30	1.7	17.1	19.2	7	10.6	0.99	6.59

表 6－2　1993 年 8 个样本研究区域的主要社会经济特征

	鄞县	乐清市	绍兴县	卫辉市	德惠县	公主岭市	安福县	南城县
人均耕地（亩）	0.89	0.44	0.66	1.56	4.47	3.81	2.25	1.66
农户土地规模（亩）	2.65	3.8	3.45	4.14	4.53	4.1	4.7	4.9
粮食亩产（公斤）	733	682.8	897.7	575.7	373.1	544.6	458.5	557.5
亩均定购（公斤）	18.4	165.5	116.7	81.8	142.7	185.7	126	212
人均纯收入（元）	1 687	1 184	2 340	959	759	929	866	973
非农收入份额（%）	59	64	78	22	11	16	17	9
村均固定资产（千元）	2 150	23.3	437.8	51.1	10.3	6.9	1.7	11.7

浙江省的 30 个村子位于我国东部，是传统的粮食高产而土地资源却极其稀缺的地区，它们同时又是改革以后结构变革最为显著的地区。在推行包产到户之初，这 3 个县（市）的粮食亩产就超过 600 公斤。当时在鄞县和绍兴县就已积累起一定数量的集体资产，1981 年，这两县的村均固定资产已分别达近 3 万元和 1.7 万元，人均收入也大大高于全国平均水平，分别为 532 元和 396 元。改革十几年来，浙江省的这些村子尽管仍然维持着粮食的高产，到 1993 年时，粮食亩产分别为 733 公斤、682.8 公斤和 897.7 公斤，但是它们的人口同土地资源之间的紧张状况更加突出。1993 年，鄞县、乐清市和绍兴县的人均耕地分别仅为 0.89 亩、0.44 亩和 0.66 亩，人均耕地分别比 1981 年时减少了 0.29 亩、0.17 亩和 0.16 亩。耕地资源的稀缺使这几个区域不得不加快结构变革的速度，并使非农收入成为农民收入的主要来源。到 1993 年，这 3 个县（市）农民的非农收入份额分别达到 59%、64%和 78%。非农产业的发展使农民收入水平大幅度提高，

到1993年时，这3个县（市）农民人均纯收入分别高达1 687元、1 184元和2 340元，是1981年的3.17倍、5.75倍和5.91倍。

与浙江省的30个村子形成鲜明对照，选自东北吉林省的德惠县和公主岭市的26个村子的农民可以说从过去到现在都是以其相对宽松的土地资源作为其立身之本的。这两个地区在刚开始包产到户时的人均耕地就分别高达4.85亩和4.13亩，到1993年时，尽管人均耕地有所减少，但也仍高达4.47亩和3.81亩。由于有丰裕的土地资源作后盾，它们在集体化时期的日子就比其他地区好过，1981年时它们的农民人均纯收入也分别高达408元和471元。但是，改革以后，土地资源的优势变成了一个负担。一方面对社区农民来说，由于人地资源相对宽松，他们在结构变革方面的动力就不像土地资源稀缺地区的农民那样迫切，因此，到1993年时，他们的农业收入分别仍占农户收入的89%和84%；另一方面，作为产粮大户，农民向国家上交粮食的义务更大，以1993年为例，德惠县和公主岭市亩均定购占粮食亩产的比例分别高达38%和34%。

而选自江西省安福县、南城县和河南省卫辉市的26个村子的基本特征则介于以上两类地区之间。江西省安福县、南城县的作物类型与浙江省相近，是典型的双季稻种植区，好在它们的土地资源要比浙江省的几个县相对丰裕一些，1993年，两县的人均耕地分别为2.25亩和1.66亩。但它们从改革至今仍然保持着典型传统农区的特征：农业收益仍是农民收益的主要来源。到1993年，两县非农收入份额分别为17%和9%。结构变革的缓慢影响了农民收入的提高，到1993年时，农民人均纯收入分别为866元和973元。但它们却背着粮产区的沉重包袱。亩均定购占粮食亩产的比例分别高达27.5%和38%。与这两个县相比，河南省卫辉市的日子要相对好过一些。农民非农收入份额为22%，亩均定购也较低，为81.8公斤。

由此可见，这几个研究区域在结构特征、资源状况和制度制约上的差异性为我们研究改革以来中国土地制度的演进及其影响因素提供了方便。

二、土地集体所有包产到户制度的性质

从土地制度改革到集体化的历次制度改造，我国村社与外部的关系及村社内部的财产和合约关系都发生了根本改变。一方面，由于在制度改造上的强有力推动，国家的利益已深深扎根在村社的土地上，村社与国家的关系已不简单是一个只要履行缴纳税收等义务后就相安无事的社区共同体了。经过集体化改造以后的村庄领导，尽管不占有国家编制，却承担着中国政权结构中最基层的自上而下的联系，并在很大程度上充当着国家和政府利益的实施者。另一方面，经由国家行动所建立起来的集体化所有制结构也大大不同于在经济理论中所讨论的“共有制”的含义。按照后者的含义，作为一个“社区”，它在内部应该是每个社区的成员享有对社区资源使用的排他权。在经历过多次制度改造并在传统集体制度下生活了十几年以后，中国农民也已不再是那种农民学意义上的靠拥有（或租赁）小块土地为生的“生计性”小农了。经由集体化的改造，所有的农民都变成了享有集体成果在完成上交以后的剩余分配权的集体成员。在这一制度安排下，每个集体的成员都享有作为其成员的基本生存权（口粮人人有份）和依其性别、年龄和农活性质分享收益的权利（工分制）。

因此，对于这些在集体制下生活的“公社社员”来讲，当他们在20世纪70年代末80年代初企图通过改变集体农作的制度安排来改变自己的生活境况时，他们首先要面对的是在变更制度时国家和集体的利益如何得到保护的问题，其次就是如何在一个集体内部进行权利和义务的公平再分配。

国家利益的保障是新制度安排合法化的前提。在推行包产到户时，集体继续保留了土地所有权主体的地位，这个主体尽管与原来生产队时期相比没有那么大的权力了，但它仍然享有土地所有权的法律权利，并对全村土地的分地、调地、土地用途的转换及土地负担的调整享有决定权。另外，在土地分配中也保证了国家利益的实现，具体实施办法是根据各户分得土地量的大小和土地的性质来分摊原来由集体承担的粮食征购任务。它们所不同的是，根据各自的资源禀赋状况和经济发展情况采取略为不同的

任务分配方式。从样本村庄的具体实施来看，当我们问及在包产到户时如何分摊粮食任务时，浙江省和吉林省的大多数村子选择了只按责任田来均摊粮食定购任务的方式，占比分别为56.7%和92.3%；而在河南省和江西省的大多数村子（分别为60%和90.9%）则选择按所有的土地来均摊粮食定购任务的方式。区域之间对国家任务的分摊方式的差异可能反映了村庄对其资源禀赋和农民对土地的依赖程度的差异所作的理性调整。

与对国家利益的保障相比，村庄对集体利益的保障与实现方式则表现出更大的灵活性。一方面，在农村组织与产权安排的构造上，继续保留了村作为农村基层政权的一级载体，同时赋予它行使对土地的所有权功能，这就为村民委员会向农民征收费用提供了合法性。另一方面，尽管包产到户要求农民必须“交够国家的，留足集体的”，但“集体”应该留多少，留了干什么，从一开始就不是很清楚，而且保障集体利益的手段也不像对国家利益的保障那样具有很强的强制性。因此，在保障集体利益的方式上，村庄之间在推行包产到户时就显示了很大的差异。其中，在社队企业已有一定规模的浙江省，只有36.7%的村子从土地上获得集体公共资金，而多半用以支付公共开支的收益则来自土地以外的其他途径（36.7%来自村办企业，还有26.6%来自其他途径）；在吉林省，有60%的村庄依赖于土地以外的其他途径。只有河南省和江西省的绝大部分村庄仍然依靠从土地上获得收益来支付公共开支（见表6-3）。由此可见，农民在包产到户初期为保障集体利益所持的灵活性，可能是为减少改革阻力所采取的一种权宜之计，但它也预示着改革以后中国农村基层财政关系的深刻变化。这种变化从改革一开始在村庄一级就朝向两个极端，一个极端可能是部分村里的领导已将精力转向非农领域，其结果是使社区资源配置的结构效率提高，也使土地的负担水平降低；与之相对的另一个极端可能是部分村里的领导无力开辟其他财源，为了支付维持一级组织所需的基本费用，村庄不得不向农民征收费用。但在将土地的使用权和收益权下放给农户以后，一旦村委会向农民的收取与农民所需的公共产品的供给不一致，就会带来村级基层组织与农民利益关系的紧张。

表 6-3　包产到户时样本区域分配国家和集体利益的方式（%）

		浙江	河南	吉林	江西
国家任务	按人口	3	20	0	9
	按全部土地	40	60	8	91
	按责任田	57	20	92	0
集体公共资金	按人口	0	20	4	0
	按土地	36.7	80	36	91
	村办企业	36.7	0	0	0
	其他	26.6	0	60	9

从村庄一级来看，与国家、集体以及农户之间在土地利益上的再调整相比，在村庄内部农户之间如何再分配土地权利就是一个更为关键而又困难的事情了。问题的关键是：在村庄内部如何确定谁对集体的土地有多大的权利。确定这一问题的难度来自如何确定和对待每个成员原来在集体体制下的权利量，同时还要对社区现有资源禀赋和人地关系的可能变化作出通盘的考虑。集体产权在生产队内部表现为：每个属于生产队的一员都享有成员权（生产队中的每个成员不论男女老幼及是否参加集体劳动，都可以分得一份口粮）；以及每个集体中的劳动力都按其年龄、性别及农活类型享有对生产成果的收益权。由原来的以生产队为生产与收入分配单位的集体产权安排向以农户为单位的集体产权安排的变迁，则是要将原来生产队下每个成员作为集体中一分子的权利显化（或者说具体化）到以农户为单位的每个人。从理论上来讲，作为一种集体所有制的演进，在土地权利在村庄农户之间的再分配中，一种可能的方式是，将村庄集体的土地分成两种类型：一种是口粮田，让每个在村庄中对土地享有成员权的人都分得一份均等的土地；一种是责任田，这部分田由村子里的每个进入劳动力年龄的人享有。但在具体实施时，各个村子原有的利益分配不同，以及其资源禀赋和结构条件不同，会影响它们在分割土地权利时的交易费用。因此，在对每个成员进行土地的权利量的再分配中，或者说在协议每个人对土地有多大的权利的具体安排上，村庄之间可能会有所不同。为了分析村

庄农户在成员权的权利量的决定上的选择机理，我们下面将从成员土地权利量的决定以及集体土地的分割方式两方面来展示。

关于成员土地权利量的决定，存在三种可能的安排：

（1）土地按全村所有人口均分。

（2）口粮田按人口均分，责任田按劳动力均分。

（3）所有土地都按劳动力均分。

不难得出，在农户层次上，土地权利的再分配在以上三种安排下都具有人们已广泛评论过的平均主义色彩。但事实上，在以上三种权利安排下，村庄成员之间对土地的权利量是不一样的。第一种可以说是每个村庄里的成员对土地有绝对均等的一份权利；而在第二种和第三种安排下，就不是这样的了。第二种安排是每个成员只对口粮田有绝对均等的权利，而对责任田则是每个达到劳动力年龄的人才有一份均等的权利。第三种安排则是只有在达到劳动力年龄后，作为村庄里的一员才有对土地的权利。由此可见，以上三种安排的均分程度的顺序依次为：第一种最平均，其次为第二种，再次为第三种。表 6-4 展示了我们的调查结果。

表 6-4　成员权与农民土地权利的实现方式（%）

	浙江省	河南省	吉林省	江西省
人地对应关系				
按总人口	16.7	100	3.8	36
人劳比例	53.3	0	92	64
按劳动力	26.7	0	0	0
其他	3.3	0	4.2	0
土地再分配方式				
对不同质量的土地分别进行均分	60	70	92	91
土地先均，质再抓阄	3	20	0	0
只均分中等质量的土地，其他抓阄	20	0	0	9
先按地质论价，得好地户补贴得坏地户	7	10	4	0
其他	10	0	4	0

至于不同质量的土地的分配方式，在社区集体里也存在四种不同的可选方式：

（1）对不同质量的土地分别进行均分。通常的做法是，将社区的土地先按不同的质量（好、中、差）及离村的远近进行再分，然后每个农户按他们在集体中应该享有的成员权来分得这些土地。

（2）只对中等质量的土地进行均分，好地和坏地在农户间进行抓阄。

（3）将所有的土地先全部折成标准面积，然后在村子的农户间进行随机分配。

（4）所有的土地按其质量折价后随机分给农户，但与（3）不同的是，分得好地的农户要支付一个好地与坏地的价差给分得坏地的农户，分得坏地的农户相应获得一个补差。

从农民得地的概率来看，以上几种安排的平均主义程度顺序依次为：（1）＞（2）＞（3）＞（4）。不过采取这几种方式的成本却正好相反。与成员权的决定相类似，江西省和河南省的大多数村庄（91%和70%）选择绝对的土地均分方式；在浙江省，60%的村庄选择绝对土地均分方式，40%的村子选择欠均分的土地再分配方式。不像成员权的决定情形，吉林省的大多数村庄也选择了绝对的土地再分配方式，这可能是由于该省的土地质量比较均匀的缘故。

通过对村庄一级包产到户实施过程的分析，我们发现，20 世纪 70 年代末 80 年代初发生于中国农村的包产到户，其意义和深远的影响已远远超出了农民基于生存动机而进行的“均分田地”，它实质上是中国农民在经过 20 多年的集体化以后，在村社内部实行的一场重构土地资源产权合约的革命。改革所形成的集体所有的土地制度安排结构可概括为以下几点：

第一，通过农户对生产队组织的替代，重建了农户作为农业生产与收益分配等经济决策的基本单位的地位。

第二，农户通过“交够国家的，留足集体的”利益承诺交换农户对土地的使用权和收益的剩余权，既保障了原来的利益方在新的制度安排下的利益，也使剩余权机制在生产中的激励作用得以实现。

第三，在集体社区内部，农户通过法定村社成员对集体资源使用权利和义务的分摊，来实现每个成员在集体所有制下的成员权。与原来由国家控制的土地所有制结构相比，改革以后的集体所有制的“社区导向”得到强化。

第四，由于国家对农业生产组织和具体产权安排控制程度的放松，村社一级有了更大的根据自身资源特征来安排土地制度的自主权，从而为中国农村基层在今后的经济发展中随着结构和资源条件的变化自主调整土地制度安排的形式打下了合法化的制度基础。

三、后包产到户阶段农地产权的演进

对中国农村在20世纪80年代初所发生的农地制度变革的内在机理、约束条件及制度安排有一个比较切合实际的了解以后，我们就相对容易把握在这一制度改革以后中国农地制度安排的进一步变化了。本章如下部分将继续利用此次调查的村庄资料来分析决定这一变迁的因素以及这一变迁的脉络。

（一）决定制度变迁的因素

同中国在社会主义时期的历次农村制度变革甚至包产到户在中国农村的普遍化相比，在包产到户以后农地制度变迁的动力源中，来自上级政府（特别是中央政府）的强制性影响力相对减弱，而在作出具体制度安排选择和变迁时社区导向增强。制度变迁力量对比的这种变化，实质上也是包产到户制度改革的结果。正如以上所论及的，这一改革本身从其制度安排来看，尽管中央政府在当时有一系列指导改革实施的文件，但落实到每个村子具体实施时，它们在不违背政府总体精神的前提下，都充分考虑了各个村子的实际情况。另外，也许更为重要的一点是，这一改革已将土地的使用权和收益权下放到了单个农户，而且这种权利的下放带来了相关利益团体的增益。因此，对于上级政府来讲，只要它们的利益不会因为这一制度的实施而受到挑战，它们就不会有很强的调整农地制度的动力。何况在土地的权利已经被下放到单个农户手上以后，重调土地制度的成本和风险也大大提高了。比如，这一企图会带来农户地权的不稳和对预期的破坏，相反会损害农业生产率，使国家和相关团体的利益受损。

但正因为地权安排的社区导向增强，包产到户以后农地制度将更加朝向与社区资源禀赋和结构特征相适应的方向变化。因此，我们对包产到户以后农地制度进一步变革的考察，也将追随村庄结构特征的变化是如何引致农地制度安排变化的。

从前文有关样本区域特征的描述中，我们已领略到了改革至今中国村庄之间异质性的加大。这种异质性一方面表现为各个村庄内部人地资源紧张程度的差异，另一方面更加表现为它们在结构变革程度上的差异。根据这两个指标，我们可以将样本研究区域区分为以下几种类型：第一类是人地资源更趋紧张但结构变革程度已经很大的地区。浙江省的 30 个村子即属此列。1993 年它们的人均耕地分别为 0.89 亩、0.44 亩和 0.66 亩，非农收入份额已分别达到 59%、64%和 78%。第二类是资源存量少结构变化也小的地区，河南省卫辉市、江西省安福县和南城县可归入此列。它们的人均耕地分别为 1.56 亩、2.25 亩和 1.66 亩，非农收入份额分别仅为 22%、17%和 9%。第三类是资源存量大但结构变化小的地区，如吉林省公主岭市和德惠县可归入此列。这两个县（市）的人均耕地分别高达 3.81 亩和 4.47 亩，但它们的非农收入份额分别只有 16%和 11%。村庄之间异质性的加大必然带来村庄里的主要当事人——村委会和农民——在土地观念、土地制度安排的实施能力等方面发生变化，因而会对包产到户时所建立起来的土地制度作出与其村庄资源禀赋和经济结构相匹配的制度安排调整。

村庄结构变动与现行土地制度变迁的关系主要表现在两个方面：一方面是村庄资源禀赋和经济结构的变动是否和如何影响农民对土地成员权的观念的变化及相应的土地制度安排的调整；另一方面是一个村庄资源禀赋和经济结构的变化是否会影响上文提到的农地合约结构的变化，以及由这种合约结构的变化所引起的土地制度安排的调整。

（二）成员权观念的变化与土地制度安排的调整

正如所预期的，自包产到户以来，集体所有的土地成员权制度确实成为村庄内部土地再调整的重要因素。在所调查的有效样本的 78 个村庄中，有70%的村庄进行过土地再调整，而且土地再调整基本考虑的是村庄人口对土地成员权的要求，其中有32%的村庄是对村庄里的全部土地进行重分，还有55%的村庄是根据农户人口变化进行土地再调整。

同时，我们也发现，村庄之间结构条件的变化确实也导致农民对土地成员权观念的变化，在所调查的有效样本的78个村庄中，浙江省的样本村庄由于非农收入份额较高，进行土地再调整的频率最低，46.7%的村庄没有进行过土地再调整，30%的村庄只调整了一次；与其相比，在另外两个地区，江西省和河南省，它们的非农收入份额还很低，其土地再调整的频率较高。在样本村庄中，自包产到户以来，江西省有36.4%的村庄调整过一次，45.4%的村庄调整过两次；在河南省，30%的村庄调整过一次，70%的村庄调整过两次。同时，村庄的资源禀赋程度也对土地再调整的频率产生影响，具体表现为，同样为农区的吉林省，由于其拥有较高的人地比例，农户要求调整土地的意愿相对较低，30.8%的村庄没有调过地，69.2%的村庄只调整过一次。

值得注意的是，我们的调查还发现，结构变化所带来的只是土地成员权对村庄农民的功能和内容的影响，即在农民的收入转向非农收入以后，土地成员权收益的重要性下降了，但是它并不必然导致每个村庄的合法成员对土地“人人有份”的权利的放弃。当我们问及当农民的经济和社会地位改变时他们的土地是否会被收回时，从农民非农收入的稳定性与承包权能否保住的关系来看，我们考虑了以下三种情形：(1) 离村，在城市就业并得到户口；(2) 离村住城，但没有获得与城里人同等的权利；(3) 在城里做工但仍住在村里。从这几种情形来看，第(3)种情形对土地的依赖性最大，第(1)种情形最低，第(2)种情形介于两者之间。调查结果显示，在第(1)种情形下，粮产区的大多数村庄（在江西省为100%，在河南省为60%）会将土地收回；吉林省的比例要低一些，为42.3%；而在浙江省，大多数村庄不收回。在第(3)种情形下，在江西省，18.2%的村庄收回土地，18.2%的村庄强制他们转出；吉林省和浙江省的强制程度次之；只有河南省没有任何限制。第(2)种情形介于以上两者之间。农民对土地成员权的重视还可以从笔者1995年对浙江省乐清市港沿村（此次抽样调查的村庄之一）的实地考察上得到验证。该村在1994年年底曾对全村的土地制度进行过一次大的调整，即集体保留所有权，每个农户保有占有权，承包土地者拥有使用权。它与原来的制度不同的是，只要是该村的成员，就可以在名分上保留一份成员权，而不管成员是否使用。在村里将这一决定通过各种方式转达给在各地做买卖的村里人以后，没有一个人肯放弃他对土地的这份权利，甚至有一户为了这份权利专门坐飞机从意大利赶回来。因此，当我们考虑土地制度的效率时，农民的这一心态是必须引起我们重视的。农民社会身份的变化对土地成员权的影响如表6－5所示。

表6－5　农民社会身份的变化及其对土地成员权的影响（%）

	鄞县	乐清市	绍兴县	卫辉市	德惠县	公主岭市	安福县	南城县
1. 农民外出打工								
所有土地收回	20	0	0	0	13	0	0	40
只收回承包地	10	0	0	0	13	0	0	0
强制将地转出	10	10	20	0	13	20	33	0
强制种好	40	30	70	0	0	20	0	0
无任何规定	20	60	10	100	61	60	67	60
2. 农民转为城里人								
所有土地收回	30	30	20	60	44	20	100	100
只收回承包地	0	0	0	0	0	20	0	0
强制将地转出	50	60	70	10	25	20	0	0
强制种好	20	10	0	30	25	20	0	0
无任何规定	0	0	10	0	6	20	0	0

（三）合约结构与产权安排的变化

同样，正如所预期的，资源比例和结构变化还影响包产到户合约的实施，进而对农地产权安排产生影响。为了反映结构变化的程度对包产到户合约的实施进而对农民土地使用权的影响，我们选取了两个指标来反映，一个是有关国家义务的保证，其指标是当农民的承包地被荒置不种时村政府的态度；另一个是当村子里的人违反了有关村规时，村委会是否会将其承包地收回，以反映集体利益的实现。结果我们发现，针对第一种情况，大多数村庄都不会置之不顾，有 62.3%的村子会对这种行为进行干预，并对之施以处罚。但在不同地区程度不一。在经济发达的地区，村委会对土地荒置行为的干预更强。如在浙江省，农民非农收入份额较高，90%的样本村庄都对农民施加干预，其他省顺次是：吉林省为 60%，江西省为 54.5%，河南省为 10%。不同地区对农民土地权利的这种处置上的差异是与它们完成国家义务的难易相关的，越是在发达地区，农民靠承诺国家义务来换取种地收益的意愿越低，因此，这里村一级完成国家任务的难度也越大。但国家任务的完成对村一级来说又是不可谈判的，因此，势必造成政府对农民土地使用的干预更强。这一点也由我们对浙江省乐清市的调查所证实。在那里，地方政府为了防止农民荒置土地，规定农民每荒置 1 亩地，要被处以 1 500 元的罚金。相比之下，在保障集体利益时，在土地产权上的约束就要弱得多。对于第二个指标即对村子里的人违反村规的处置，除江西省和吉林省的部分村庄外，大多数村庄不能轻易将农民的承包权收回。国家、集体利益的保障对土地产权的影响见表 6-6。

表 6-6　国家、集体利益的保障对土地产权的影响（%）

	鄞县	乐清市	绍兴县	卫辉市	德惠县	公主岭市	安福县	南城县
1. 土地荒置								
不管	0	0	0	10	0	0	17	0
只管承包田	0	0	0	10	6	0	0	0
管所有地	100	70	100	80	44	80	33	80
没规定	0	30	0	0	50	20	50	20
2. 村民违反村规								
制止这种行为	60	40	50	70	13	40	17	0
停止村民福利	10	0	20	0	0	0	0	0
收回农民土地	10	0	0	0	19	40	0	80

续表

	鄞县	乐清市	绍兴县	卫辉市	德惠县	公主岭市	安福县	南城县
其他	20	60	30	30	68	20	83	20
3. 土地继承								
允许	40	80	60	30	69	30	66	53
允许，要村同意	20	10	20	30	19	10	17	20
只允许口粮地	0	0	0	0	0	10	0	1
不允许	0	0	20	20	0	20	17	9
其他	40	10	0	20	12	30	0	17
4. 土地转让								
1）土地有偿转让								
允许	30	90	60	50	63	40	33	100
允许，要村同意	50	10	40	0	13	40	0	0
不允许	10	0	0	20	6	0	33	0
其他	10	0	0	30	18	20	34	0
2）免费转出								
允许	30	0	70	50	63	40	33	100
允许，要村同意	70	50	30	40	13	40	0	0
不允许	0	10	0	0	6	0	33	0
其他	0	40	0	10	18	20	34	0
3）永久转让								
允许	20	50	20	20	6	60	17	40
允许，要村同意	50	20	40	10	13	30	0	20
不允许	20	20	20	20	19	0	83	20
其他	10	10	20	50	62	10	0	20

由于村委会对农民土地处置行为的干预主要基于完成国家义务，因此，对于那些不会危及村委会履行这一义务的产权安排及产权演化，村委

会一般不会进行很强的干预。具体而言，对于农民在承包期内的土地继承，53.2%的村庄允许其自然继承，另有19.5%的村子则要求其在村委会备案后可自然继承。同样，在对待农民的土地转让方面，我们的调查结果显示，当农民以无偿或有偿方式转让土地时，大多数村庄也是“允许”，只要完成粮食任务即可，或者要求在村委会备案；只是在农民以一定价格出让土地时，大多数村庄的态度才变得严厉起来。因此，与中国农经学家的惯常观点不一样，即认为包产到户以后的土地转让率低是由于对土地转让所施加的限制所致，我们的分析不支持这一判断，对于中国在包产到户以后土地转让率低的原因，更应该从其他方面来寻找。

四、结论和政策意义

本章的第一个结论是，经过20世纪70年代末80年代初的包产到户改革，支配中国农村产权制度变迁的力量已发生了重大变化。传统体制下中央政府对土地所有制构造的控制与利益格局的支配，让位于社区结构（包括各个利益主体的实际力量和利益）的影响。因此，在改革以后，农村社区经济结构差异的拉大以及社区整合能力的强弱不一，势必导致农村土地产权安排结构变化的多样化。

第二个结论是，在制度安排演进中社区的力量增强以后，土地制度的演进就取决于这些结构因素的变化对包产到户所形成的新集体土地权利结构的影响。具体而言，经济结构的变化会影响土地对农民收益的重要性，从而势必引起农民对集体土地成员权观念的变化。这种变化将构成中国集体所有制变化路径的主线。也就是说，中国集体所有制的归宿到底是什么样的，将取决于未来经济和社会结构的变化所引起的农民土地成员权的观念的变化和行动。因此，这留下了一个让我们观察一种具有共同所有权性质的资源如何进一步演化的极有意义的个案。

第七章
中国农地制度的特征与问题

一、农地承包经营权制度的特征与问题

（一）农地承包经营权制度的形成

1. 家庭承包制的确立

中共十一届三中全会拉开了中国改革开放的大幕，农地承包制度改革成为先导。这场对中国几亿农民乃至整个国家命运产生重大影响的制度变革，最初在贫困地区发轫，后得到有改革意识的地方及中央领导人的赞许，再经由政策推动，得以在全国普遍化，最终通过法律在制度上予以确立。

1980 年 9 月中共中央印发《关于进一步加强和完善农业生产责任制的几个问题》通知，受到当时制度环境和意识形态的制约，只能在强调“集体经济是我国农业向现代化前进的不可动摇的基础”的同时要求“应从实际需要和实际情况出发，允许有多种经营形式、多种劳动组织、多种计酬办法同时存在”。对于包产到户（包括包干到户）也只得做差别化处理，主要限于边远山区和贫困落后地区长期“吃粮靠返销，生产靠贷款，生活靠救济”、群众对集体丧失信心的生产队。

到 1982 年时，决策者对推行改革的意志更为坚定，这一年的中央 1 号

文件就是专门谈农业生产责任制问题。这份文件在强调“我国农业必须坚持社会主义集体化的道路，土地等基本生产资料公有制是长期不变的”的同时明确提出“集体经济要建立生产责任制也是长期不变的”，明确肯定了分户经营、自负盈亏的包干到户经营方式是建立在土地公有制基础上的。农户和集体保持着承包关系，不同于合作化以前的小私有个体经济，集体经济是社会主义农业经济的组成部分。在理论上论证农业生产责任制与主流意识形态的关系，消除了意识形态对农业生产责任制改革的阻挠。

1983年中共中央发布《当前农村经济政策的若干问题》，全面论证了联产承包责任制的合理性：“它以农户或小组为承包单位，扩大了农民的自主权，发挥了小规模经营的长处，克服了管理过分集中、劳动‘大呼隆’和平均主义的弊病，又继承了以往合作化的积极成果，坚持了土地等基本生产资料的公有制和某些统一经营的职能，使多年来新形成的生产力更好地发挥作用。这种分散经营和统一经营相结合的经营方式具有广泛的适应性，既可适应当前手工劳动为主的状况和农业生产的特点，又能适应农业现代化进程中生产力发展的需要。在这种经营方式下，分户承包的家庭经营只不过是合作经济中一个经营层次，是一种新型的家庭经济。它和过去小私有的个体经济有着本质的区别，不应混同。”自此，决策层关于农村基本制度的争论告一段落，家庭联产承包责任制在全国普遍化。到1984年年底，全国已有99％的生产队、96.6％的农户实行了包干到户。

2. 家庭承包制权利体系的形成

随着农地家庭承包制的确立，在农村制度上的政策导向主要是致力于使农地承包经营权制度物权化、长期化、法律化和制度化。

一是不断延长土地承包期，稳定农民与土地的关系。1984年的中央农村工作1号文件提出：“延长土地承包期，鼓励农民增加投资，培养地力，实行集约经营。土地承包期一般应在十五年以上。”20世纪90年代初、中期二轮承包时又将土地承包经营期限延长至三十年。2008年党的十七届三中全会提出：“现有土地承包关系要保持稳定并长久不变。”

二是将家庭承包制确立为中国农村的基本经济制度。1991年《中共中央关于进一步加强农业和农村工作的决定》首次提出“把以家庭联产承包为主的责任制、统分结合的双层经营体制，作为我国乡村集体经济组织的一项基本制度长期稳定下来，并不断充实完善”。1993 年《中共中央、国务院关于当前农业和农村经济发展的若干政策措施》、1998 年党的十五届三中全会予以进一步强调。1999 年《中华人民共和国宪法》明确提出“农村集体经济组织实行家庭承包经营为基础、统分结合的双层经营体制”。2002 年《中华人民共和国农村土地承包法》明确提出“国家实行农村土地承包经营制度”。2003 年党的十六届三中全会更加强化了这一表达：“土地家庭承包经营是农村基本经营制度的核心。”2007 年《中华人民共和国物权法》规定：“农村集体经济组织实行家庭承包经营为基础、统分结合的双层经营体制。农民集体所有和国家所有由农民集体使用的耕地、林地、草地以及其他用于农业的土地，依法实行土地承包经营制度。”2020 年通过的《中华人民共和国民法典》第三百三十条与《中华人民共和国物权法》上述规定一致。

在这一制度不断受到质疑时，2008 年党的十七届三中全会对这一制度的地位和作用予以了态度非常明确的充分肯定：“以家庭承包经营为基础、统分结合的双层经营体制，是适应社会主义市场经济体制、符合农业生产特点的农村基本经营制度，是党的农村政策的基石，必须毫不动摇地坚持。”

三是明确家庭承包制权利的内涵，完善土地承包经营权能。

（1）宣示农地的公有特性。改革初就明确承包地不准买卖，不准出租，不准转作宅基地和其他非农业用地。2002 年《中华人民共和国农村土地承包法》更是在法律上明确：“农村土地承包后，土地的所有权性质不变。承包地不得买卖。”

（2）明确集体所有者与承包者关系。1998 年《中华人民共和国土地管理法》的表述为：“农民集体所有的土地由本集体经济组织的成员承包经营……发包方和承包方应当订立承包合同，约定双方的权利和义务。”2002 年《中华人民共和国农村土地承包法》规定：“农村集体经济组织成员有权依法承包由本集体经济组织发包的农村土地。任何组织和个人不得剥夺和非法限制农村集体经济组织成员承包土地的权利。”

（3）对农民承包经营权实行物权保护。历年政策和相关法律皆规定，在法定承包期内，任何组织和个人不得干预农民的生产经营自主权，不得违法调整和收回承包地，不得违背农民意愿强行流转承包地，不得非法侵占农民承包地。

（4）完善土地承包经营权权能，依法保障农民土地产权。1998 年党的十五届三中全会和 2008 年党的十七届三中全会提出，依法保障农民对承包土地的占有、使用、收益等权利，赋予农民长期而有保障的土地使用权。2002 年《中华人民共和国农村土地承包法》更是对承包户的权利予以列示，即依法享有承包地使用、收益和土地承包经营权流转的权利，有权自主组织生产经营和处置产品；承包地被依法征用、占用的，有权依法获得相应的补偿。承包期内，发包方不得收回承包地，不得调整承包地。

（5）对外出务工人员承包权益保障作出专门规定。针对二轮承包后许多地方出现的外出务工农民承包权丧失及纠纷增加现象，2004 年《国务院办公厅关于妥善解决当前农村土地承包纠纷的紧急通知》明确规定："法定承包期内，任何组织和个人不得干预农民的生产经营自主权，不得违法调整和收回承包地，不得违背农民意愿强行流转承包地，不得非法侵占农民承包地……要尊重和保障外出务工农民的土地承包权和经营自主权……承包期内，除承包方全家迁入设区的市转为非农业户口的，不得收回农户的土地承包经营权。对外出农民回乡务农，只要在土地二轮延包中获得了承包权，就必须将承包地还给原承包农户继续耕作。乡村组织已经将外出农民的承包地发包给别的农户耕作的，如果是短期合同，应当将承包收益支付给拥有土地承包权的农户，合同到期后，将土地还给原承包农户耕作。如果是长期合同，可以修订合同，将承包地及时还给原承包农户；或者在协商一致的基础上，通过给予或提高原承包农户补偿的方式解决。对外出农户中少数没有参加二轮延包、现在返乡要求承包土地的，要区别不同情况，通过民主协商，妥善处理。如果该农户的户口仍在农村，原则上应同意继续参加土地承包，有条件的应在机动地中调剂解决，没有机动地的可通过土地流转等办法解决。"

2002 年《中华人民共和国农村土地承包法》又对农民外出后的承包地处置作出法律规定："承包期内，承包方全家迁入小城镇落户的，应当按照承包方的意愿，保留其土地承包经营权或者允许其依法进行土地承包经营权流转。承包期内，承包方全家迁入设区的市，转为非农业户口的，应当将承包的耕地和草地交回发包方。承包方不交回的，发包方可以收回承包的耕地和草地。承包期内，承包方交回承包地或者发包方依法收回承包地时，承包方对其在承包地上投入而提高土地生产能力的，有权获得相应的补偿。”

（6）建立土地承包经营权登记制度。2004 年《中华人民共和国农村土地承包经营权证管理办法》要求由县级以上地方人民政府颁发农村土地承包经营权证。2007 年《中华人民共和国物权法》规定：“土地承包经营权自土地承包经营权合同生效时设立。县级以上地方人民政府应当向土地承包经营权人发放土地承包经营权证、林权证、草原使用权证，并登记造册，确认土地承包经营权。”2008 年 1 号文件要求要确保农村土地承包经营权证到户。2009 年 1 号文件要求稳步开展土地承包经营权登记试点，把承包地块的面积、空间位置和权属证书落实到农户。2010 年 1 号文件重申全面落实承包地块、面积、合同、证书“四到户”，扩大农村土地承包经营权登记试点范围。2012 年 1 号文件要求加快推进农村地籍调查，2012 年基本完成覆盖农村集体各类土地的所有权确权登记颁证。

（7）完善土地承包经营权流转体系。早在 1984 年 1 号文件就规定，社员在承包期内，因无力耕种或转营他业而要求不包或少包土地的，可以将土地交给集体统一安排，也可以经集体同意，由社员自找对象协商转包，但不能擅自改变向集体承包合同的内容。转包条件可以根据当地情况，由双方商定，对农民向土地的投资应予合理补偿。可以通过社员民主协商制定一些具体办法，例如给土地定等定级或定等估价，作为土地使用权转移时实行投资补偿的参考。对因掠夺经营而降低地力的，也应规定合理的赔偿办法。

1993 年党的十四届三中全会文件规定，在坚持土地集体所有的前提下，延长耕地承包期，允许继承开发性生产项目的承包经营权，允许土地使用权依法有偿转让。少数经济比较发达的地方，本着群众自愿原则，可以采取转包、入股等多种形式发展适度规模经营。

1998年党的十五届三中全会规定，土地使用权的合理流转，要坚持自愿、有偿的原则依法进行，不得以任何理由强制农户转让。少数确实具备条件的地方，可以在提高农业集约化程度和群众自愿的基础上，发展多种形式的土地适度规模经营。

到2008年党的十七届三中全会有了更新的内容：加强土地承包经营权流转管理和服务，建立健全土地承包经营权流转市场，按照依法自愿有偿原则，允许农民以转包、出租、互换、转让、股份合作等形式流转土地承包经营权，发展多种形式的适度规模经营。有条件的地方可以发展专业大户、家庭农场、农民专业合作社等规模经营主体。土地承包经营权流转，不得改变土地集体所有性质，不得改变土地用途，不得损害农民土地承包权益。

2009年1号文件规定：坚持依法自愿有偿原则，尊重农民的土地流转主体地位，任何组织和个人不得强迫流转，也不能妨碍自主流转。

2013年1号文件规定：坚持依法自愿有偿原则，引导农村土地承包经营权有序流转，鼓励和支持承包土地向专业大户、家庭农场、农民合作社流转，发展多种形式的适度规模经营。结合农田基本建设，鼓励农民采取互利互换方式，解决承包地块细碎化问题。土地流转不得搞强迫命令，确保不损害农民权益、不改变土地用途、不破坏农业综合生产能力。探索建立严格的工商企业租赁农户承包耕地（林地、草原）准入和监管制度。规范土地流转程序，逐步健全县乡村三级服务网络，强化信息沟通、政策咨询、合同签订、价格评估等流转服务。

（二）现行土地承包经营权制度的特征与问题

1. 坚持土地集体所有制

土地集体所有制是中国农村合作化运动留下的最主要的制度遗产，是中国社会主义基本经济制度的主要组成部分，也是中国农村制度有别于世界其他国家和地区的最为独特的制度安排。坚持土地集体所有制是中国共产党执政的前提和基础，也是中国农村制度变迁的不变量。因此，集体化时期即便遇到挫折，农村制度的底线也只是退回到“三级所有、队为基础”的集体所有制；在 20 世纪 80 年代汹涌澎湃的改革浪潮中，改革者在推动家庭经营和还地权于农民的制度变革时，也再三强调家庭责任制改革是在集体所有制不变前提下进行的；在 90 年代明确农村基本经营制度时，也必须强调“统分结合”，而集体所有制是农业经营体制中“统”的最主要的合法性来源。改革以后的土地集体所有制的内涵如下：农户与集体保持承包关系，集体组织拥有土地发包权和处置权，土地使用者不得买卖土地。每个集体成员平等享有集体土地的使用权，集体所有制演化为成员权集体所有制。集体的每个成员享有土地非农化带来的土地增值收益的分配权。

2. 农户成为土地产权的拥有者

农村改革的最重要制度内涵是赋予承包农户土地产权，通过产权的保护与实施解决农业生产激励低下和制度预期不稳定问题。在集体所有制下，农户替代生产队成为农业生产和经济活动的决策主体，拥有合约期内农地的承包经营权、收益权和转包权。近年来，通过不断完善土地产权，包括明确和巩固农户的主体地位，稳定土地承包关系（承包期从 15 年变到 30 年再变到长久不变），以及明确以农户为主体的土地流转，农户拥有了物权化的土地产权。同时，在产权赋予上，承包农户获得的土地权利是承包权和经营权合一的土地承包经营权。

3. 家庭经营是农业生产的主要经营和组织形式

家庭经营替代集体化时期的生产队经营，是农村制度改革的重要成果之一。家庭经营成为农业生产的最主要组织和经营形式，是由农业生产的自然特性和农业劳动的特点决定的，前者要求生产者对农业生产各环节精心呵护，后者要求努力与回报直接对应。因此，只要农业的自然风险得不到消除，农业投入仍然依赖农业劳动投入，家庭经营就是最合适的农业经营组织的形式。目前在对农村基本经营制度的争论中，非议最大的是家庭经营，否定家庭经营的声音越来越大，需要加以认真对待。在我们看来，农业经营形式变革要做的不是否定家庭组织作为农业经营组织的形式，而是要赋予家庭经营新的内涵和权能。

但是，现行农地承包经营权制度在运行中也暴露出其制度缺陷，尤其是在城市化加速、农村人口与劳动力非农化后，这套制度安排的不适应性渐显。

一是成员权集体所有制不断自我强化。1998 年，一份 800 户的调查表明，针对中央政府提出的承包期延长到 30 年的政策，有 62%的被访农户不赞成 30 年内不再调地，而且越是在传统农区比例越高；81%的被访农户不接受新增人口不再配给土地的做法。到了 2003 年，正值《中华人民共和国农村土地承包法》实施之时，一份针对 2 000 多户的调查表明，尽管赞成延长承包期到 30 年的农户的比例上升到 62.9%，但是还有 20.6%的农户明确主张要缩短承包期。赞成承包期内不再调地的比例上升到 51.1%，但是还有 36.8%的农户仍然认为在承包期内可以调地。到 2008 年，一份针对 2 200 户的调查表明，认为农地承包期内 30 年完全不调地不合理的被访者高达 62.79%。认为“增人不增地”和“减人不减地”不合理的被访者比例分别高达 61.98%和 59.95%。

二是土地承包权与经营权分离后的权利保护问题。中国现行法律明确保护农民土地承包经营权。但土地承包经营权在权利设置上是合一的。在高速工业化和城市化背景之下，农村人口和劳动力流动加速，农村土地承包权和经营权的分离趋势愈加明显。从全国来看，目前出外打工六个月以上的农民工达到 2.5 亿人，这些人继续拥有土地承包权，但土地经营权已由留守在家的老人和妇女支配，甚至以很低的价格无偿托付给邻里、亲戚经营。在一些地方的实地调研发现，承包权与经营权分离的情况更加明显。上海市松江区 2011 年从事农业的劳动力占比仅为 2.9%，农村户籍人口近 2/3 迁到城镇居住，表示在城市近郊地区土地经营权已基本分离出去。在广东、浙江、江苏等高度工业化地区，本地农村劳动力从事农业的比例不到 10%，代表了发达农区土地承包权与经营权的大量分离现状。即便在中部农区，这种趋势也十分明显，2000—2010 年，安徽乡村居住人口减少 930 万人，农民到城镇居住的比例提高，在肥东县近两年的房屋销售中，农村购房者占 67%。

农村人口和劳动力配置的巨大变化带来农民土地承包权与经营权事实上的分离，长年出外打工者以及在城镇购房的农民继续拥有承包权，但已不再经营土地。拥有承包权的农民不继续经营土地的现象也越来越普遍，这样在法律上笼统提出的承包经营权的概念和内涵在现实中面临执行的困难。具体表现为：一方面，为了保护承包权，可能导致经营权的弱化，这样便不利于农村土地的流转以及土地经营规模的适度扩大；另一方面，一旦强调经营权，政策导向为加大农村土地流转，这样又容易导致原农村集体组织成员承包权的丧失。如何做到既切实保障原农村集体组织成员的土地承包权，同时又在法律上保护土地经营权，以达到依法保障农民的土地权利、促进农村土地流转和实现农业现代化的目标，是当前和今后一段时期农村政策面临的巨大挑战。

三是对承包地的权利设置存在权能残缺。从家庭承包制的确立与赋权来看，迄今为止的政策和法律在对农民土地承包经营权的赋权上，主要着力于完善保护农户耕作者的权利，即强化了农民农地使用权、收益权的赋权与保障，但是，对于其他权能的赋权重视不够。

一是处置权。在土地集体所有制前提下，无论怎么强调承包地的物权性质，承包农户对承包地都是不能买卖的。随着人口城市化和农业劳动者非农化，一部分进城农民对承包地的处置问题就浮出水面，进城落户农民的增加会使这一问题更加突出。现行法律规定，农民到设市以上的城市落户，就得向集体交回承包地，这一规定显然与将土地作为物权保护原则相背离。因此，在土地集体所有下，如果不设置承包地处置权，就会导致农民土地权能被侵犯。

二是抵押权和担保权。土地承包权作为一种物权，应该是一束完整的权利。但是，在前面提到的承包经营权合一保护的制度设置下，对承包经营权赋予抵押权和担保权在实施中会有较大风险。如果对承包经营权设抵押权和担保权，在承包者就是经营者的情况下，承包者用承包土地担保获得金融支持，其权责是对等的，银行在操作上也不会有问题。但是，在承包者将经营权流转给新的经营者后，后者只有经营权没有承包权，一旦他用经营权抵押、担保获得金融支持，当出现经营问题无法偿还贷款时，银行就得将土地收走，而无法只收走经营权，由此将产生原承包户丧失承包权的风险。因此，承包经营权本身在权能设置上的缺陷导致了承包经营权在抵押权和担保权赋权上的滞后。

三是继承权。在实行“增人不增地、减人不减地”及土地承包关系长久不变后，土地承包制度成为一种未来无期限的土地制度，农户手上的承包地就作为物权固定下来了。在实行“长久不变”以后，要面对的一个问题是：将来家庭内部出现代际人口变动，如何处置承包地？目前的政策和法律还没有触及该问题，但必须面对。具体而言，现在的承包地拥有者一旦去世，其承包地是转给下一代还是回到集体手中？即便转给下一代，是继续实行子女平分，还是如日本等国一样，实行长子继承制，避免土地细分？中国目前的承包者中第一代已经接近平均寿命，承包地继承权的问题已经迫在眉睫，需要有制度应对。

二、农村宅基地制度的特征与问题

（一）农村宅基地制度的形成

宅基地制度是中国土地制度中非常独特的一项制度安排。在传统大陆法系国家，只有地上权之规定，但没有宅基地之说。在中国，民间有史以来一般以“宅”“宅子”“房宅”指称宅基地，既包括一家所盖的房子，理所当然也包括房子所占用的那块地。自中华人民共和国成立以来，当中国农村历经土地制度改革—合作化运动—人民公社—家庭联产承包责任制的频繁制度变迁时，宅基地制度变迁经历了与农地承包经营权制度变迁基本类似但制度安排相异的历程，彰显了宅基地制度的更为复杂性和改革的繁难。

1. 土地改革和农业合作社时期：宅基地私有

在中华人民共和国成立后的土地改革时期，我国旨在有步骤地将封建半封建的土地所有制改变为农民的土地所有制，明确提出保护包括农民财产在内的私有财产。在土地改革完成后，人民政府对土地改革后农民获得的土地专门颁发了土地所有证。1954 年中华人民共和国成立后的第一部《中华人民共和国宪法》明确提出国家依照法律保护农民的土地所有权和其他生产资料所有权，以及国家保护公民的合法收入、储蓄、房屋和各种生活资料的所有权。宅基地作为农民私有土地的一部分，自然受到平等、合法保护。

从1953年开始，中国农村进入社会主义改造时期。在初级社阶段，农民土地采取入股统一经营的方式，但仍保留私有。而对于农民宅基地，按照1956年《高级农业生产合作社示范章程》的规定，社员原有的坟地、房屋地基不入社。社员新修房屋需用的地基和需用的坟地由合作社统筹解决，在必要的时候，合作社可以申请乡人民委员会协助解决。在这一时期尽管土地经历了农民私有向合作社集体所有的转变，但是农民的房屋仍然保持了私有属性。这一时期的法律中并未直接出现“宅基地”一词，也未对宅基地和宅基地上的房屋及其他附着物严格区分。因此，农民在拥有房屋所有权的同时也拥有宅基地的所有权。同时农民买卖、抵押、租赁房屋的权利受到保护。

2. 人民公社化时期：宅基地集体所有、由农民使用与房屋私有

1961年出台的《农村人民公社工作条例（修正草案）》规定社员的宅基地一律不准出租和买卖。对于农民房屋权利的规定则非常详细，且极具排他性：社员的房屋，永远归社员所有。社员有买卖或者租赁房屋的权利。社员出租或者出卖房屋，可以经过中间人评议公平合理的租金或者房价，由买卖或者租赁的双方订立契约。任何组织、任何人，都不准强迫社员搬家。任何机关、组织、团体和单位，都不得占用社员的房屋。如果因为建设的需要，必须征用社员的房屋，应该严格执行国务院有关征用民房的规定，给予补偿，并且对迁移户作妥善的安置。《农村人民公社工作条例（修正草案）》不仅在中国政策文件和法律中第一次使用“宅基地”一词，而且开创了宅基地与其上的房屋相分离的制度安排。

1963年，《中共中央关于各地对社员宅基地问题作一些补充规定的通知》（以下简称《通知》）出台，除了强调社员的宅基地归生产队集体所有、一律不准出租和买卖以外，同时明确宅基地使用权归各户长期使用、长期不变，生产队应保护社员的使用权，不能想收就收、想调剂就调剂。对宅基地上的附着物，包括房屋、树木、厂棚、猪圈、厕所等，强调永远归社员所有，社员有买卖或租赁房屋的权利。《通知》还进一步规定：房屋出卖以后，宅基地的使用权即随之转移给新房主，但宅基地的所有权仍归生产队所有。《通知》还第一次提出了农民宅基地的取得方式：社员需

新建房又没有宅基地时，由本户申请，经社员大会讨论同意，由生产队统一规划，帮助解决……社员新建住宅占地无论是否耕地，一律不收地价。由此可见，《通知》在确认房地分离的同时，也第一次明确了宅基地所有权与使用权的分离和宅基地的申请与无偿取得的方式。

同年，《最高人民法院关于贯彻执行民事政策几个问题的意见（修正稿）》对农民房屋交易权利进行了更明确的规定：凡是依法准许买卖的房屋，经过正当合法手续确定了房屋买卖关系的，应保护双方的权利，一方不能反悔废除买卖契约。公民个人依法有权出租属于个人所有的房屋，并收取公平合理的租金。劳动人民之间的房屋典当权，除土改中已经解决者不再变动外，应当予以承认，在典期届满时准予回赎。

最高人民法院的以上修正稿在 1979 年以《最高人民法院关于贯彻执行民事政策法律的意见》出台，对社员宅基地使用权等纠纷处置办法作出了具体安排，包括：宅基地使用权坚持土地归国家或集体所有，一律不准出租和买卖的原则；凡是当地仍按土改时所确定的宅基地的所有权，改变为使用权的，该宅基地的使用权不变；凡是当地宅基地已经统一规划过的，按所规划后确定的社员宅基地的使用权处理；凡是经过合法手续已进行调整的，按调整的决定处理。如宅基地使用权确有必要变更的，人民法院应根据党和国家的政策法律规定，与有关部门共同研究，妥善处理。社员在宅基地上种植的果树和竹木等，均应归社员所有。

至此，中国宅基地制度的雏形基本形成。第一，宅基地的所有权归生产队集体所有，社员禁止出租和买卖。第二，宅基地所有权与使用权相分离，农户拥有宅基地长期使用权，并受法律保护。第三，宅基地与其上的房屋权利安排相分离。第四，农户对房屋有排他性所有权，可以买卖、租赁、抵押、典当。第五，宅基地使用权随着房屋的买卖和租赁而转移。第六，确立了宅基地的依成员资格申请可无偿取得制度。

3. 改革时期：宅基地权利体系的构建

改革开放以后，中国宅基地管理工作步入正轨，相继出台了一系列加强农村宅基地管理的法律和指导文件，建立起了完善的管理机关，形成了比较明晰的管理办法，基本形成了现行的比较独特的宅基地权利体系。

第一，宅基地的归属与权利限制。1981 年《国务院关于制止农村建房侵占耕地的紧急通知》明确规定：分配给社员的宅基地、自留地（自留山）和承包的耕地，社员只有使用权，既不准出租、买卖和擅自转让，也不准在承包地和自留地上建房、葬坟、开矿、烧砖瓦等。1982 年《村镇建房用地管理条例》重申社员对宅基地、自留地、自留山、饲料地和承包的土地，只有按照规定用途使用的使用权，没有所有权。不得在自留地、自留山、饲料地和承包的土地上建房、葬坟、开矿和毁田打坯、烧砖瓦等。严禁买卖、出租和违法转让建房用地。1982 年《中华人民共和国宪法》和 1986 年《中华人民共和国土地管理法》皆规定宅基地属于集体所有，出卖、出租住房后再申请宅基地的，不予批准。

第二，宅基地的取得。1997 年《中共中央、国务院关于进一步加强土地管理切实保护耕地的通知》提出：农村居民建住宅要严格按照所在的省、自治区、直辖市规定的标准，依法取得宅基地。农村居民每户只能有一处不超过标准的宅基地，多出的宅基地，要依法收归集体所有。2004 年国土资源部印发的《关于加强农村宅基地管理的意见》规定：严格宅基地申请条件。坚决贯彻“一户一宅”的法律规定。农村村民一户只能拥有一处宅基地，面积不得超过省（区、市）规定的标准。各地应结合本地实际，制定统一的农村宅基地面积标准和宅基地申请条件。不符合申请条件的不得批准宅基地。农村村民将原有住房出卖、出租或赠与他人后，再申请宅基地的，不得批准。

第三，房地关系与宅基地使用权认定。1989 年《国家土地管理局关于确定土地权属问题的若干意见》规定：房产所有者享有土地所属集体其他成员同等的土地使用权。非农业户口居民原在农村的宅基地，凡房屋产权没有变化的，可依法确定其集体土地建设用地使用权。通过房屋继承取得的宅基地，继承者拥有使用权。若继承者已有宅基地，合计面积超过规定标准的，可以暂时按实际使用面积确定其集体土地建设用地使用权。接受转让或购买房屋取得的宅基地，与原有宅基地合计面积超过当地政府规定标准的，按有关规定处理后再予确定集体土地建设用地使用权。农村专业户宅基地以外的非农业建设用地与宅基地分别确定集体土地建设用地使用权。农村居民宅基地的集体土地建设用地使用权，凡超过当地政府规定面积标准的，以后房屋拆迁、改建、翻建时，按当地政府规定的面积标准重新确定使用权，其超过部分退还集体。

第四，宅基地的权利结构。经过不断完善，到2007年《中华人民共和国物权法》颁布时，对宅基地权利的制度安排形成体系。具体而言就是，宅基地使用权人依法对集体所有的土地享有占有和使用的权利，有权依法利用该土地建造住宅及其附属设施。宅基地因自然灾害等原因灭失的，宅基地使用权消灭。对失去宅基地的村民，应当重新分配宅基地。已经登记的宅基地使用权转让或者消灭的，应当及时办理变更登记或者注销登记。宅基地使用权不得抵押。2008年党的十七届三中全会通过的《中共中央关于推进农村改革发展若干重大问题的决定》提出：完善农村宅基地制度，严格宅基地管理，依法保障农户宅基地用益物权。2013年1号文件提出：改革和完善农村宅基地制度，加强管理，依法保障农户宅基地使用权。2019年修订的《中华人民共和国土地管理法》规定：国家允许进城落户的农村村民依法自愿有偿退出宅基地，鼓励农村集体经济组织及其成员盘活利用闲置宅基地和闲置住宅。

第五，对非成员资格者宅基地的处置。1982年《村镇建房用地管理条例》规定，农村社员，回乡落户的离休、退休、退职职工和军人，回乡定居的华侨，建房需要宅基地的，应向所在生产队申请，经社员大会讨论通过，生产大队审核同意，报公社管理委员会批准；确实需要占用耕地、园地的，必须报经县级人民政府批准。批准后，由批准机关发给宅基地使用证明。

1986年《中华人民共和国土地管理法》规定，城镇非农业户口居民建住宅，需要使用集体所有的土地的，必须经县级人民政府批准，其用地面积不得超过省、自治区、直辖市规定的标准，并参照国家建设征用土地的标准支付补偿费和安置补助费。

1991年《中华人民共和国土地管理法实施条例》规定："城镇非农业户口居民建住宅需要使用集体所有的土地的，应当经其所在单位或者居民委员会同意后，向土地所在的村农业集体经济组织或者村民委员会或者乡

（镇）农民集体经济组织提出用地申请。使用的土地属于村农民集体所有的，由村民代表会或者村民大会讨论通过，经乡（镇）人民政府审查同意后，报县级人民政府批准；使用的土地属于乡（镇）农民集体所有的，由乡（镇）农民集体经济组织讨论通过，经乡（镇）人民政府审查同意后，报县级人民政府批准……回原籍乡村落户的职工、退伍军人和离、退休干部，以及回家乡定居的华侨、港澳台同胞，需要使用集体所有的土地建住宅的，依照《土地管理法》第三十八条和本条例第二十五条的规定办理。”

1995 年原国家土地管理局出台的《确定土地所有权和使用权的若干规定》规定：非农业户口居民（含华侨）原在农村的宅基地，房屋产权没有变化的，可依法确定其集体土地建设用地使用权。房屋拆除后没有批准重建的，土地使用权由集体收回。

1999 年《国务院办公厅关于加强土地转让管理严禁炒卖土地的通知》规定：农民的住宅不得向城市居民出售，也不得批准城市居民占用农民集体土地建住宅，有关部门不得为违法建造和购买的住宅发放土地使用证和房产证。

第六，宅基地的管制。从 1982 年《村镇建房用地管理条例》到 1998 年《中华人民共和国土地管理法》，关于宅基地及其建房管制的安排不断成形。2004 年国土资源部颁发《关于加强农村宅基地管理的意见》，形成现行的管制体系：一是严格实施规划，从严控制村镇建设用地规模。加强农村宅基地用地计划管理。农村宅基地占用农用地应纳入年度计划。省（区、市）在下达给各县（市）用于城乡建设占用农用地的年度计划指标中，可增设农村宅基地占用农用地的计划指标。农村宅基地占用农用地的计划指标应和农村建设用地整理新增加的耕地面积挂钩。县（市）国土资源管理部门对新增耕地面积检查、核定后，应在总的年度计划指标中优先分配等量的农用地转用指标用于农民住宅建设。二是改革和完善宅基地审批制度，规范审批程序。各县（市）可根据省（区、市）下达的农村宅基地占用农用地的计划指标和农村村民住宅建设的实际需要，于每年年初一次性向省（区、市）或设区的市、自治州申请办理农用地转用审批手续，经依法批准后由县（市）按户逐宗批准供应宅基地。对农村村民住宅建设利用村内空闲地、老宅基地和未利用土地的，由村、乡（镇）逐级审核，批量报县（市）批准后，由乡（镇）逐宗落实到户。

（二）农村宅基地制度的主要特征与问题

1. 农村宅基地制度的主要特征

第一，集体拥有宅基地所有权。与承包地的权利关系相比，宅基地显然更为复杂，也更加让人难以理解。如果说集体对宅基地的所有权主要体现在发包主体上的话，它对宅基地的所有权特征则要强得多，主要表现为：农户宅基地使用权的获得必须经过村委会；当农户不再使用宅基地时，集体可以将其收回；在宅基地的整理或指标交易中，主体也是村委会，因此，在宅基地的所有与使用关系上，集体组织绝不是一个仅仅具有法律意义的一级，而是拥有实实在在的支配和控制权力。

第二，农户拥有宅基地使用权。相比之下，农民对宅基地的使用权事实上是被隐在集体所有权之下的权利，只要农民不变更房屋所有权，这个权利就容易被忽视，农民自己也不在意。从权利的实际效力来看，尽管《中华人民共和国民法典》将宅基地列为用益物权，中央政策文件一再强调保障农民宅基地用益物权，但是《中华人民共和国民法典》对用益物权的赋权是占有权、使用权和收益权，而对作为用益物权的宅基地只在法律上予以占有权和使用权的赋权，少了收益权一项，这样宅基地的财产属性就大打折扣，基本上就只有居住功能了。

第三，农户拥有住房所有权。自中国共产党执政以来，在农户住房财产权问题上从来没有出现波折，即一直坚持农村房屋为农户所有，充分保障农户对房屋的买卖、出租、抵押、典权、转让等权利，而且不断阻止基层政府或集体组织对农户房屋财产权的侵犯。因此，在农村，农户也形成根深蒂固的理念，即房屋是自家的，无论发生什么，农户都不担心会失去其房屋。

第四，宅基地的成员身份性和无偿性。从合作化以来，宅基地一直采取按集体经济组织成分身份取得。也就是说，只有拥有集体经济组织成分身份，才有资格申请和得到宅基地，非集体经济组织成员无法获得宅基地。由于宅基地只赋予了占有权和使用权，非集体经济组织成员也就无法通过宅基地的交易和转让获得宅基地。由于实行“一户一宅”，农民将房屋转让以后，就不能再申请和获得宅基地，这就将农民把宅基地使用权转给非集体经济组织成员的路给堵死了。同时，只要是集体经济组织成员，就可以无偿取得宅基地，也就是说，在现行宅基地制度下，宅基地不是商品，更不是资本。

2. 宅基地制度运行中存在的问题

第一，宅基地大量入市。尽管在法律上没有赋予宅基地出租、转让和交易的权利，但事实上，农户宅基地进入市场已呈普遍化趋势，具体表现为：在广大沿海地区，农户将宅基地盖成多层住宅，用于出租，满足快速工业化下大量外地农民工的居住问题；在大中小城市（镇）的城乡接合部地区，政府在征用农户耕地后，将宅基地留下来，农户利用宅基地盖房出租，解决了快速城市化进程中进城流动人口的居住问题；在广大农区，一些举家进城的农户在城镇有稳定的工作和居所后，将宅基地私下出让或租赁给需要宅基地盖房的农户。宅基地在不同类型地区大量入市的现状，不仅解决了工业化、城市化进程中原住民的财产收入增长问题，同时也解决了进城人口的居住问题，并降低了城市化的成本。但是，这种自发入市与现行法律直接冲突。

第二，宅基地的无偿取得和“一户一宅”难以实施。一是无偿取得宅基地被认为是政府给农户的福利，体现了制度自信，但是在沿海地区和广大城乡接合部地区，随着城市化进程中土地级差收益的大幅提高，城镇建设用地也越来越紧张，无偿分配宅基地与土地资本化背道而驰，这些地区在 20 世纪 90 年代中后期以后就不再无偿分配宅基地了。二是“一户一宅”在城市化地区也很难管理。随着宅基地在这些地区的价值显化，农民充分利用现有宅基地，纷纷加盖房屋，有的突破了原来分配的宅基地面积，有的突破了各省宅基地上盖的住房面积的规定。三是在传统农区，宅基地无偿分配不利于保护耕地。在传统农区仍然实行宅基地无偿分配，但是近些年农民出外打工收入提高，他们纷纷回村盖更大的房，原有宅基地不够，就占用承包地，导致耕地在农区尤其是平原农区的大量流失。

第三，宅基地的无序扩张不利于城市健康发展。由于宅基地使用现状与法律严重冲突，地方政府对宅基地使用的管理基本处于缺位状态，规划和用途管制无法实施。在地方政府管制缺位的情况下，农民宅基地的扩张和盖房更是处于无序状态，甚至有蔓延之势，造成城中村私搭乱建、毫无规划，基础设施和公共服务设施不足、治理无组织，治安问题严重，与城市形成完全的两张皮，加大了城市管理成本和未来更新的难度。

三、农村集体建设用地制度的特征与问题

（一）农村集体建设用地制度的形成

改革开放初期，农村是使用建设用地的大头。一方面，随着包产到户的推行，农民收入增加，农村出现第一轮农民建房高潮。另一方面，到1984年以后，农村剩余劳动力大量显化，国家政策鼓励农民大力发展乡镇企业，进行结构变革来增加农民收入和非农就业，1981—1985年，农村宅基地和社队企业建设用地的增长连续五年超过国家建设用地，成为占用耕地的大头。起初，农民需要宅基地只需向生产队队长或党支部书记提出要求，经同意即可无偿取得一块宅基地。生产队办企业只需调整一下社员承包地即可兴办。公社、大队办企业只需调整一下生产队的土地，或仅吸收生产队若干劳动力、支付少量青苗等地上物补偿费，即可取得生产队的土地。1981年国务院发出《国务院关于制止农村建房侵占耕地的紧急通知》，1982年国务院制定和发布《村镇建房用地管理条例》，但并未遏制这种局面。另外，党的十一届三中全会把发展社队企业（人民公社解体后改为乡镇企业）作为振兴农村经济的重要举措。苏州地区1978—1980年三年耕地减少21万亩，其中国家占用8.7%，社队企业占用34.7%，农民建房占用25.2%。1978年全国乡镇企业用地估计为235.5万亩，到1985年估计为844.5万亩。1978—1979年全国农村建房约4亿平方米，1980年约5亿平方米，1981—1985年新建农民住宅平均每年在6亿平方米以上，1978—1980年江苏农民建房占地0.36万公顷。据建设部1985年统计，全国农民建房占用耕地6.03万公顷。1985年全国集镇用地197.7万公顷。乡镇企

业和农民建房占用耕地情况为：1982年7.7万公顷，1984年13.6万公顷，1985年18.9万公顷。1982年全国农村集体与个人建房占用耕地115.5万亩，1983年为129万亩，1984年为204万亩，1985年为283.5万亩。

1986年，针对农村耕地被大量占用的严峻形势，国家出台《中华人民共和国土地管理法》对集体建设用地进行规范。尽管如此，乡镇企业用地和农民建房用地这两个通道一直还开着。因此，这一时期的集体建设用地仍占建设用地总量的半壁江山。从各年的集体建设用地量来看，1988年的集体建设用地为69万亩，1989年为51.2万亩，1990年为57.6万亩，1991年为71.3万亩，1992年为93.5万亩，1994年为71.3万亩。农民建房用地，1988年为82.1万亩，1989年为63万亩，1990年为55.5万亩，1991年为49.1万亩，1992年为46.2万亩，1994年为43.1万亩。

1998年《中华人民共和国土地管理法》修订，这是中国集体建设用地市场变化的转折点。该法规定，农地转为建设用地必须实行征地；建设需要用地必须使用国有土地。农村集体建设用地的使用权利仅限于农民集体兴办企业或者与其他单位、个人以土地使用权入股、联营等形式共同兴办企业，以及集体兴办公共设施和公益事业，再加上指标管制等，农地合法进入集体建设用地市场的通道已越来越窄。其原因是：第一，法律认可农民集体以土地自办或联营的形式办企业，但1998年以后随着乡镇企业改制，农民集体已不具备按法律的规定用土地办企业的条件。第二，1997年以后，实行用地规模控制和用地指标审批管理制度，省级政府自然将紧缺的用地指标用于省会城市和其他中心城市，大多数县域经济发展很少分配到用地指标。由此造成的结果是：（1）集体建设用地量大大缩减，1998—2007年，真正用于建设的合法集体建设用地与1980—1997年相比不可同日而语。在许多县市，能分配到的建设用地指标就只有300～500亩，县政府用这一点儿指标招商引资都不够，更不可能分给农民集体以集体建设用地的方式进行非农建设了。（2）非法用地蔓延。在得不到建设用地指标的情况下，有些地方为了发展经济，不得不冒违法违规的风险先行用地。农民集体为了增加农民收入和发展集体经济，也冒着风险自发将集体土地用于非农建设，农民盖房也成为集体建设用地的主体，2017年中国农村居民点用地超过 17 万平方公里。由于没有建设用地指标，更没有经过审批，这些建设用地很多处于违法违规状态。

（二）集体建设用地的增长效应

1. 集体建设用地存量巨大，可以为下一轮增长提供空间

在中国各类城市及周边，以旧村庄、旧厂房、旧城镇（即“三旧”）等形式存在的集体建设用地规模庞大。从一些先行先试地区的经验来看，激活这部分存量能够突破制约中国经济发展的土地瓶颈，腾出产业发展和城市化的新空间。这些土地靠近人口和生产高度聚集的地段，级差收益潜力显著。但由于现有集体建设用地流转和抵押受到限制，其土地价值得不到充分体现，同时也造成大量土地资源的浪费。根据广东“三旧改造”的经验，原有集体建设用地经改造能够腾退出约 40%用来重新开发。按此比例估算，如果广东全省现存的 300 多万亩“三旧”用地全部改造完成，可以节约出的土地将超过 100 万亩，而广东到 2020 年的新增建设用地规模才 260 多万亩，节约出来的 100 多万亩土地大致相当于广东未来 10 年新增建设用地规模的 40%。

2. 提高土地利用集约程度，实现土地效益倍增

相对于国有建设用地，集体建设用地的利用因缺乏法律保障，建设以农民自发为主，开发相对无序化、碎片化和零星化，产业也相对低端，土地低效配置现象十分突出。完善集体建设用地制度，可以激发村民的积极性，将以前零星分散的土地集中起来进行统一开发，实现土地单位面积产出大幅跃升。比如，在广东省佛山市南海区，20 世纪 90 年代农村工业化初期兴建的厂区或者贸易集散地范围内的建筑占地较大，但容积率很低，一般只有 0.3，土地利用率明显偏低。近年来，通过拆除或者改造旧有建筑，将不同集体经济单位的地块连接起来，实行统一规划并引进新项目，土地利用集约度显著提高，集体租金收益明显增加。其中，南海区大沥镇凤池村木材市场通过改造，商铺从过去的平均月租金为 12 元/平方米涨至 40 元/平方米以上。

3. 加快城市更新，促进产业转型

改革开放以来，伴随着产业结构的不断升级，城市及周边集体建设用地上的经济形态已经发生了翻天覆地的变化，集体经济也从“无农不稳”，到“无工不兴”，再到“无商不旺”。在集体土地上实施城市更新和产业提升项目正是顺应了新时期经济增长阶段转换、城市化质量提升以及产业结构调整的要求，有助于实现城市化和产业的协调发展。

一方面，集体建设用地改造可以通过改变建筑密度、容积率和完善配套设施、增加绿地面积等方式进一步挖掘城市资源潜力，丰富城市社区内涵，重新调整和优化城市功能布局，实现建筑与人、产业、文化、生态的充分融合，为吸引人才、发挥城市的聚集效应提供良好的环境。广东珠三角、北京城乡接合部等先行试点地区，通过对存量集体建设土地进行统一规划、整体开发，一改过去低矮简陋、杂乱无章的状况，环境面貌焕然一新，有效地美化了城市形象。

另一方面，可以因地制宜，淘汰落后产能，腾出空间引进档次更高的项目或者企业，就地实现产业结构的优化升级。比如，北京的郑各庄就在集体建设用地上建立了以建筑为龙头，集文化旅游、科技工业、教育科研、文化创意及房地产开发为一体的产业链，近几年，又陆续培育了医疗养老、总部经济、产业孵化器等新型产业，完成了产业转型。河北省高碑店市则利用集体产业用地和宅基地，引入了古典家具商业街、古文化住宅、休闲旅游等产业，未来还计划建立中医药园和国际名粹街，促进产业结构不断升级。珠三角地区通过“三旧改造”实现了产业升级，也为城市服务业腾出巨大空间，产业结构和城市结构更加优化。

4. 拓展投资渠道，优化投资模式

集体建设用地上展开的城市更新和产业升级，是提升城市化质量的具体体现。在城市更新中，无论是公共基础设施还是社会领域，都蕴藏着大量的投资机会。2008 年至 2010 年 9 月底，广东省用于“三旧改造”的投资接近 1 766 亿元，占同期广东省固定资产投资的 5.03%，2010 年前三季度更是提高到 6.01%，呈现上升的发展态势，为广东省应对国际金融危机冲击、扩内需保增长作出了积极贡献。如果广东省的 300 多万亩可用于

“三旧改造”的土地可以腾出 100 万亩进行重新开发，按照 300 万元/亩的投资密度粗略估算，那么投资总规模将达到 3 万亿元，相当于广东省 2012 年城镇固定资产投资规模的 1.6 倍。

集体建设用地上的城市更新将在很大程度上优化现有的投资模式，有效缓解城市政府面临的债务风险，促进城市均衡和可持续发展。原来的城市基础设施投资基本由政府主导，导致目前很多地方政府背负了大量的债务。而且在原有的建设模式下，政府为了权衡城市建设的成本和收益，往往选择城市外扩的模式，以降低征地拆迁成本。加上城乡二元体制制约，城市政府往往将一些大型基础设施设置在城市中心区域，难以顾及城乡接合部等地区，导致城市发展不均衡。比如，北京城乡接合部的基础设施就覆盖不到位，基本由农村集体和个人来建设维护，而政府只提供少部分补助资金。如果能够用活集体建设土地存量，允许土地用于抵押，城乡接合部农村集体将有更大的财力或者以更灵活的方式来增加部分基础设施领域的投入。基础设施投资主体的多元化也可以缓解城市政府作为单一投资者带来的资金压力，减少城市政府支出，同时又因地制宜地完成城市公共设施的升级。

5. 增加农民收入，扩大消费需求

集体建设用地上展开的工业化、城市化实际上创造了不同于政府主导的征地城市化模式的利益分配机制。农村集体建设用地直接进入非农使用所创造的土地级差收益将被保留在村庄内部，而且由于农民集体保有土地集体所有权，他们能长久享有土地级差收入。例如，广东省佛山市南海区的农民集体土地入市，使得集体土地租金收入从 2008 年的 22.6 亿元增加到 2012 年的 30.2 亿元。村组两级分红从 2008 年的 16.8 亿元增加到 2012 年的 26.7 亿元，两级人均分红从 2008 年的 2 347 元增加到 2013 年的 3 516 元。2012 年时社员股东总数为 75.9 万人，占农村居民的 99.4%。南海区农村居民人均纯收入从 2008 年的 11 158 元增加到 2012 年的 16 673 元，城乡收入比从 2008 年的 2.33∶1 缩小到 2012 年的 2.18∶1。

（三）集体建设用地制度利用的制度困境

1. 农村集体建设用地利用大量处于法外状态

根据第二次土地调查的结果，南海区建设用地面积为 79.75 万亩，其中农村集体建设用地面积为 56.55 万亩，占全区建设用地总量的 70.91%；宅基地面积超过 17 万亩，接近建设用地总面积的 22%。在北京城乡接合部地区保留的农民集体自用土地有 300 多万亩，涉及 77 个街道乡镇、1 673 个村（社区）。深圳市 2012 年建设用地面积为 917.77 平方公里，原农村集体经济组织共占用约 390 平方公里，其中仅有 95 平方公里为合法用地。广州“三旧”用地为 494.1 平方公里，其中 356.7 平方公里属于集体建设用地，占“三旧”用地总量的 72.2%。

2. 缺乏抵押融资功能，极大限制了集体建设用地的产出水平和农民财产性收入

《中华人民共和国土地管理法》不允许集体建设用地抵押、融资，限制了集体土地的资本化能力，因为所有投资项目都必须由自有资金支付，没有金融杠杆作用，大幅提高了集体土地上产业进入的门槛。另外，缺乏抵押融资功能的集体建设用地，市场估值会大大降低，利用效率难以真正提升。从广东省佛山市南海区的情况看，土地开发强度已接近 50%，集体建设用地占全部建设用地的 71%。如果允许集体建设用地抵押融资，即使按照目前国有建设用地抵押价值的一半来计算，整个南海区的全部融资规模也将提高 120%，集体建设用地的流转价格可增长 1～2 倍，单位 GDP 产出将增加 2～4 倍。

但只有少部分的集体建设用地使用权能够顺利抵押，并且从事抵押业务的金融机构主要是农村信用社和农村商业银行等地方金融机构。在调研中，农民和集体组织领导人反映，一旦允许集体土地抵押融资，能够获得正规金融支持，集体土地的工业化和城市化就可以上一个大台阶，这些地区的面貌会发生根本改变。农民的集体资产股权也可以通过证券化，使个人财富成倍上升，大幅增加农民收入。

3. 没有将村庄纳入城乡规划，抑制了集体建设用地的总体经济效益

现行的土地和城市规划相关法律规定，只有先通过征地，把集体土地变成国有土地，才能将村庄纳入城乡规划中，各项市政基础设施才能延伸到村庄。这导致了在集体建设用地上搞产业、造房子，没有正式的规划编制，普遍存在“村民私搭乱建住房”等现象，集体建设用地的“碎片化”利用大大降低了集体建设用地利用的规模效应。另外，村庄自主设计的各类规划又不被政府承认，结果是市政基础设施的建设成本主要由村集体来支付，加大了村集体组织的财政压力。

从北京城乡接合部的村庄来看，不少村庄由于缺乏规划，造成村民盲目扩大自家宅基地面积和楼高，占用村庄交通用地等公共用地面积，村庄布局较混乱。可以说，由于这些村庄的集体建设用地缺乏土地利用规划（包括产业规划），可供重新规划的土地空间已没有了，未来村庄的发展空间被大大压缩。

4. 集体建设用地粗放式利用，产业结构难以升级

尽管集体建设用地使用权流转早已开始，但在产权登记、分割转让、税费缴纳等方面国家都没有作出具体规定。为规避法律和政策风险，集体组织只得进行变通，私下出租集体建设用地，或者盖厂房出租，造成建设用地的低效利用，只是从事低端的产业，布局分散，难以形成有规模、上档次的产业园区或产业带。

集体建设用地的这种粗放式利用模式的不良后果主要有：一是经济效益低。厂房出让的签约期限一般都是10～20年，集体组织只能获取每年相对固定的租金（即使有递增，也不高）。二是产业结构难以升级。在集体建设用地上培育或引入更高层次的产业（如科技创新产业等），最大的变化是需要集体组织承受产业甄别、经营和管理的风险，这对习惯于拿固定分红的村民而言，短期内很难接受。另外，若当初签约租期过长，在租期未满前引入新产业，集体组织需要支付一大笔违约金，这也影响了产业升级改造的意愿。

5. 集体组织治理结构改革滞后，阻碍了集体建设用地的高效配置

集体经济产权具有天然的模糊性，即使是在农村集体土地、厂房等资

产转为股权后，“资产变资本、农民变股农”，但农村集体组织内部的矛盾仍然十分突出，这一现象在经济发达地区表现得尤其明显。以广东省佛山市南海区为例，现有股东为维护既得利益，反对出嫁女、退伍军人等 10 多种有争议群体参与股权分配，引发了村内群体利益对立。

从长远看，“只分红、不分债”的集体经济组织治理结构不利于集体建设用地的产业调整和升级，也从根本上制约了土地利用效率的提升。例如，广东省佛山市南海区的几个经济联合社欠下历史债务 50 多亿元，但社员股东只考虑眼前利益，仍要求把当年集体收入用于分红，从不考虑通过盘活集体建设用地、优化产业结构来增加集体收入，也不考虑债务分担问题。南海区的洲村在 2005 年成立新型股份合作社，通过村民入股的方式，另外成立了一个公司，租了集体经济组织 200 亩地，当时全村 2 420 人中有 2 020 人参加该合作社，每年收入 1 500 多万元，除去 300 多万元的租地收入，盈利 1 200 万元左右。但截至 2012 年，该合作社没有扩大租地规模，其中一个原因是，当初没有入股的 400 个村民也想参与利润分红，理由是这些地都是集体的。可见，集体经济组织治理结构改革滞后，极大地影响了集体建设用地利用的灵活性和高效性。

第八章
农村土地承包经营权流转与市场发展

一、农村土地承包经营权流转的政策演进

（一）农村土地承包经营权流转的政策演进

家庭联产承包责任制改革于20世纪70年代末80年代初从贫困地区发轫，1982年中央1号文件予以认可，1984年在全国普遍化，到该年年底，全国已有99％的生产队、96.6％的农户实行了包干到户。

随着土地承包到户，农民自发的土地流转相继出现。为此，1984年中央1号文件明确规定：在延长承包期以前，群众有调整土地要求的，可以本着“大稳定，小调整”的原则，经过充分商量，由集体统一调整。同时，鼓励土地逐步向种田能手集中。社员在承包期内，因无力耕种或转营他业而要求不包或少包土地的，可以将土地交由集体统一安排，也可以经集体同意，由社员自找对象协商转包。1986年中央1号文件明确规定：随着农民向非农产业转移，鼓励耕地向种田能手集中，发展适度规模的种植专业户。

20世纪80年代中期以后，乡镇企业在发达农区和大城市郊区勃兴，这些地区有相当比例的农村劳动力“离土不离乡”，出现一部分农民舍不得放弃土地但又不好好种地、另一部分农民想多种地又得不到土地的状

况。1987 年中央政治局在《把农村改革引向深入》中提出，在京、津、沪郊区，苏南地区和珠江三角洲，可分别选择一两个县，有计划地兴办具有适度规模的家庭农场或合作农场，也可以组织其他形式的专业承包，以便探索土地集约经营的经验。同年国务院作出建立农村改革试验区的决定，并允许在江苏的苏锡常都市圈、北京的顺义区、广东的南海区进行适度规模经营，以及山东的平度市进行两田制试验。在这一时期的中央和国务院文件中，也提出了在稳定和完善家庭联产承包责任制的基础上，在发达地区的农村和大城市郊区进行适度规模经营。

20 世纪 90 年代初以后，对家庭联产承包责任制缺陷的讨论和推进集体经济规模经营的主张不断升温，在一些地方出现集体以多留机动地、搞两田制，以及农业结构调整名义减少甚至收回农户承包地的现象。尽管如此，中央关于土地流转和发展适度规模经营的政策一直没有改变过。1993 年 11 月，中央明确规定：耕地承包期再延长 30 年，提倡“增人不增地、减人不减地”。在坚持土地集体所有和不改变用途的前提下，经发包方同意，允许土地使用权依法有偿转让。允许少数第二、第三产业比较发达，大部分劳动力转向非农产业并有稳定收入的地方，可以从实际出发，尊重农民意愿，对土地作必要的调整，实行适度规模经营。

党的十四届三中全会《关于建立社会主义市场经济体制若干问题的决议》提出，在坚持土地集体所有的前提下，延长耕地承包期，允许继承开发性生产项目的承包经营权，允许土地使用权依法有偿转让，也允许少数经济比较发达的地方，本着群众自愿原则，采取转包、入股等多种形式发展适度规模经营。

为了防止地方政府和集体经济组织以两田制和规模经营的名义侵犯农民的承包经营权，1995 年国务院文件强调，在进行土地调整时，严禁强行改变土地权属关系，不得将已经属于村组级集体经济组织所有的土地收归村有。严禁发包方借调整土地之机多留机动地。要求原则上不留机动地，确需留的，不得占耕地总面积的 5%。建立农村土地承包经营权流转机制，在坚持土地集体所有和不改变土地农业用途的前提下，经发包方同意，允许承包方在承包期内，对承包标的依法转包、转让、互换、入股。针对有的地方发展适度规模经营操之过急的苗头，中央领导明确表示，土地使用权的流动最终会形成土地的适度规模经营，但这是一个长期的发展过程。1997 年中央文件提出，在根据实际需要，进行“大稳定、小调整”时，“小调整”只限于人地矛盾突出的个别农户，不能对所有的农户进行普遍调整；绝不能用行政命令的办法硬性规定在全村范围内几年重新调整一次承包地。中央不提倡两田制，对预留机动地必须严格控制。1997 年中央领导同志在中央农村工作会议上指出，强调稳定土地承包关系，并不是不让流转，而是说流转一定要建立在农民自愿的基础上。发展适度规模经营，必须坚持有条件、适度、多样、引导和服务的原则。8 月，针对有的地方第一轮土地承包期到期后没有及时开展延长土地承包期的工作，有的地方以各种名义随意改变土地承包关系，强行收回或部分收回农民的承包地，有的地方违背农民意愿，强行推行土地规模经营等问题，中央提出了进一步稳定和完善农村土地承包关系的指导意见，要求认真整顿两田制，明确提出不提倡实行两田制，严格控制和管理机动地等。

2001 年，中央发 18 号文件对土地流转的主体、原则进行了更严格的规定，明确提出：农户承包土地使用权流转的主体是农户，土地流转必须坚持“自愿、依法、有偿”的原则，并且明确提出不准搞两田制，对农村集体留机动地的比例进行了严格限定，为防止企业到农村圈地，还提出了不提倡企业到农村大规模包地。这一文件关于土地流转的规定又被写入 2002 年《中华人民共和国农村土地承包法》，明确规定：通过家庭承包取得的土地承包经营权可以依法采取转包、出租、互换、转让或者其他方式流转。土地承包经营权流转应当遵循“平等协商、自愿、有偿”的原则，任何组织和个人不得强迫或者阻碍承包方进行土地承包经营权流转。土地承包经营权流转的主体是承包方。承包方有权依法自主决定土地承包经营权是否流转和流转的方式。

2005 年 1 月农业部颁布《农村土地承包经营权流转管理办法》，对农村土地承包经营权流转的原则、当事人权利、流转方式、流转合同、流转管理等进行了可操作性规定，从此，农村土地承包经营权流转进入规范和法治轨道。

2008 年党的十七届三中全会文件对土地承包经营权流转市场进行了更系统的规范。在保留“依法自愿有偿原则”和“允许农民以转包、出租、互换、转让、股份合作等形式流转土地承包经营权，发展多种形式的适度规模经营”基础上，提出要加强土地承包经营权流转管理和服务，建立健全土地承包经营权流转市场，有条件的地方可以发展专业大户、家庭农场、农民专业合作社等规模经营主体，并且强调了土地承包经营权的流转要做到三个“不得”，即不得改变土地集体所有性质，不得改变土地用途，不得损害农民土地承包权益。

（二）农村土地承包经营权流转的阶段性和区域性特征

过去几十年，由于经济发展的不平衡性，农村土地承包经营权市场的发展具有明显的区域性和阶段性。

第一阶段是改革初期。随着包产到户制度的激励效应释放完毕，农村剩余劳动力开始显现，部分剩余劳动力到农业以外寻找就业机会，农村内部也涌现出一些种植专业大户，农地的自发转包开始在全国各地农村出现。这个时期的农地流转具有自发、非正规、短期性和政策不明朗的特点。

第二阶段始于 20 世纪 80 年代中期，结束于 90 年代初期。土地流转主要发生在沿海发达地区和大城市郊区。随着乡镇企业的发展壮大，这些地区的大部分农村劳动力转向乡镇企业做工，但是由于国家粮食定购任务继续存在，村集体仍承担完成国家粮食定额上缴的任务，于是出现村集体将农民承包地集中并辅之以一定补贴的规模经营，一般村集体集中村庄 80% 以上的土地承包给几十个大户经营，每个大户种植的土地面积为 50～100 亩不等。合约条件是：村集体免租为种田大户提供土地，免费或低额收取农机、农技服务费，外加一定量的生产资料补贴，种田大户则必须替村集体完成全村的国家粮食上缴任务。这一阶段土地流转的特点是：农户因承包土地变成负担而使村集体收地交易成本低，村集体组织是土地集中和流转的主体，规模经营户因靠补贴维持而难以为继。

第三阶段始于20世纪90年代中期，结束于21世纪初的农村税费改革前的时期。这一时期土地流转的总体规模仍然不是很大。农业部抽样调查显示，1992年全国共有473.3万承包农户转包、转让农地774千公顷，分别占当年承包农户总数和承包地总面积的2.3%和0.9%。农业部农研中心对近3万户农户的抽样调查结果为，4.09%的农户将自己承包的部分土地转包，只有1.99%的农户全部转出承包地，10.68%的农户转包给他人耕地。

在这一时期，中西部粮产区和农业劳动力外出多的地区与沿海及大城市郊区呈现完全不同的特点。在传统农区，一方面，由于土地负担越来越重，一些地区出现土地税负过高致使土地净收益甚至为负的现象，导致农民种地的积极性大大下降。另一方面，由于除沿海以外的农村地区乡镇企业大量倒闭，“离土不离乡”的兼业模式难以为继，大量农村剩余劳动力到位于珠三角或长三角的企业做工或到大城市打工，于是出现土地大量抛荒。在中部一些农区，土地抛荒率达到30%以上。在这一时期，这些地区的土地流转出现多样化的特征，一种是农民自发流转，其合约形式为，租出户不收任何地租将承包地交由租入户使用，租入户上缴土地负担；或是租出户不收任何地租将承包地交由租入户使用，并且替租入户承担部分土地负担。另一种是村集体组织将这些抛荒的土地收回（有些向原承包户打招呼，大多不打招呼），再转包给其他承租人，承租人直接交地租给村集体组织。两田制和反租倒包在这些地区十分普遍，其中以推行两田制最为普遍。从1986年开始，两田制已成为全国分布最广的形式。1992年全国170万个村组实行两田制，占村社总数的32.3%，比1990年增长了42.6%；实行两田制的面积为39 597千公顷，比1990年增长了7.3%。

在沿海和大城市郊区，由于高速的工业化和城市化，当地农业产值和就业份额大大下降，农业已成为副业，一般农户或村集体将土地承租给外地人经营，规模经营户逐步形成，且以种植高价值的经济作物和服务城市的作物为主。自1987年中央第一次明确提出在有条件的地方有计划地探索土地集约经营以来，土地适度规模经营的推进分为两个阶段：1991年以前进展一直缓慢，1992年以来，土地流转和适度规模经营速度明显加快，特别是在沿海地区。到1993年，无锡县、常熟市和吴县劳均经营土地面积1公顷以上的土地规模经营单位已发展到2 816个，经营面积达15 000公顷，占责任田总面积的比重从1988年的1.1%提高到22.4%。

第四阶段为农村税费改革以后至今。由于2002年《中华人民共和国农村土地承包法》的制定，农民的土地承包经营权进入被法律保护阶段，2003年国家决定取消农业税后，承包农户从此不再缴纳农业税，县乡两级的搭车收费没有依托了，土地负担取消，加上这之后实施的直接发放到农户的各项惠农补贴政策，使得种地变得有利可图，因而出现原来因土地负担重放弃土地的农民纷纷回到村里重新要回承包地的现象。这一阶段的农村承包地流转在不同农区也表现出不同的特征。在大多数传统农区，承包地流转仍以农户之间的自发流转为主，但与前一阶段相比，租出户一般除获得种粮补贴外，还从租入户收取一定量的租金。这一阶段的另一个重要现象是，在劳动力流出较多的农区以及在沿海发达农村和大城市郊区，出现企业到农村大面积包地的现象，少则几百亩，多则上千亩。企业大面积包地获得土地的途径有直接和一家一户农民签合同的，但大多数是村集体组织在中间扮演重要角色，有的村集体组织提供土地信息平台，充当农户和企业之间的桥梁，收取一定的中介服务费，更多的村集体组织是以行政力量将承包给农户的土地集中，由企业与村集体组织直接签订合同，租给企业使用，这些企业一般将地租交给村集体组织，村集体组织再将一部分地租发放给各承包农户，村集体组织自身还留一部分用于公共使用。

二、《中华人民共和国农村土地承包法》实施以来的土地流转状况

2000年以后，影响中国农村土地流转的政策和制度因素发生了很大变化，特别是由于税费改革和《中华人民共和国农村土地承包法》的实施，中国农村土地流转出现了一些新的趋势。由于官方没有进行全国土地流转的统计，我们只能对2000—2006年主要报纸、杂志有关农村土地流转的资讯进行检索和初步分析。

（一）土地流转的区域特征

第一，全国农村土地流转的比例约为10%。这一比例要高于官方统计的4%～5%。

第二，地区之间农村土地流转差异拉大，呈东高西低的特点。参看东部地区的几个个案，宁波和苏州土地流转比例分别达到27%和23%，福建几个个案低的为12%，高的达到23%，大多在15%以上。在中部地区搜集到的个案的土地流转比例要低得多，大多在7%～8%。西部地区更低，一般在4%～5%。

第三，土地流转形式在地区之间和个案之间呈现很大差异。在东部地区的苏州和宁波，反租倒包是主要形式，其中苏州以此形式流转的土地占86%，宁波为49.1%，北京以租赁和反租倒包形式流转的土地占82%，天津北辰区反租倒包的比例也很高。另外，土地入股形式也在东部地区出现，如苏州、宁波、北京、广东、福建、辽宁等。中部地区和西部地区仍以农户之间的转包、租赁为主，但转让形式在中部个案中频繁出现。

（二）土地流转的几种形式与制度特征

1. 土地转包

土地转包是指在承包期内，承包方（农户）将承包期内的部分或全部土地的使用权，以一定条件转给第三方从事农业经营，原承包方与发包方（集体）的权利和义务关系不变。但是，在农村税费改革之前，由于各种税费加重负担、摊派附着在承包地上，所以土地净收益下降，甚至为负。这样，出外打工的农民或者无偿甚至倒贴将土地转给本村人或亲戚耕种，或者干脆弃耕撂荒。于是，村委会将这些外出户的承包地集中转包：(1) 请本村大户经营（见案例1）；(2) 请外村人来承包（见案例2）；(3) 转给企业经营（见案例3）。随着税费改革的进行，土地务农收入上升。《中华人民共和国农村土地承包法》的实施对农民土地承包权益的法律保护增强。随着各种惠农政策的实施，保有土地的农民可以得到很多实惠。于是，在传统农区，广大农民又重燃种田热情。部分外出的农民甚至卷起铺盖回家，打算重操旧业，重新种田，因而出现“要田种”乃至“抢田种”的现象。但承包户的田地早已被村委会转包给别的农户经营，现在种田预期收益增加了，谁也不肯主动把地交出来。这就使过去隐藏的、未被理会的土地经营权归属问题从幕后走到台前，成为各村村务工作中的“火药包”，发生大量纠纷。

案例 1：湖北省监利县白螺镇的一起土地纠纷

L 村人口共有 1 147 人，224 户，耕地 1 619 亩，其中计税面积 1 169 亩，机动田 450 亩，出外打工人员 500 人左右（约有 100 户在外面）。2001 年监利县白螺镇 L 村村民 D 某承包了 L 村土地 1 070 亩，占全村总耕地的 66%，其中 D 某自有的承包地有 22 亩，D 某承包的 1 070 亩都于 2001 年与村委会签订了合同，合同到期时间为 2010 年。与 D 某大量承包土地相对应的却是全村 223 户只耕种 549 亩，占总耕地的 34%。这个落差是很惊人的。在税费改革之前，由于农业税费负担沉重，土地对于农民而言只是一种负担，谁承包多少土地他们并不关心。但是随着农村税费改革，农民又重新看到了土地的价值，因此 L 村村民纷纷回乡要求村集体重新分田。但是 D 某却认为自己在土地抛荒严重的时候承包大片土地完成国家税收，这些年来又花费了大量的人力和财力去改善农田的生产环境和条件，如果退田，他的损失又怎么办？因此 D 某坚决要求按照与村委会原来签订的承包合同执行。

案例 2：湖南省涟源市枫坪镇金家村的“编外村民”

金家村有 15 个村民小组，312 户、1 208 人，人均耕地 0.72 亩，人均水田 0.65 亩。自 1996 年开始，该村许多农民出外打工、经商，劳动力大量转移导致耕地大量抛荒。到 1998 年，全村 312 户有 15 户举家外出，130 亩水田撂荒，其上交款只得由村干部垫交，几位村干部一年就垫交了 12 000 多元。面对这个形势，1998 年年底，村支两委会分别召开党员会和组长会。大家认为，农民不愿种田而去从事第二、第三产业，这并没有错，但上交不能不交，土地不能荒芜，唯一的办法是请人来种。于是他们决定采取优惠措施到人多地少、生活比较贫困、地域比较偏僻的新化山区请人来种田；同时规定，这些人来后，由村里统一安排，免费提供住房、家具、农具；每亩田只要向原户主交纳 30 元水费或 40 公斤稻谷，其他费用如农业税、三提五统均由原户主承担，新来种田人家的抗旱放水、小孩入学等与当地村民享受同等待遇。村支两委会的决定很快付诸实施，新化县炉观镇云溪村的 38 岁农民阳安伯首先带着全家老少到金家村安家落户。到 1999 年年底，共有 18 户、32 人来到金家村，成了金家村的“编外村民”。

金家村的社会结构随之发生了变化，村里有了三个层次的村民：一是“在编不在岗”的“名誉村民”，他们常年在外打工经商，原承包的土地已由他人耕种，其收入水平比较高，约占全村总收入的 70%；二是“在编又在岗”的“基本村民”，其主要成员是老人、小孩和年龄偏大的妇女，他们大约耕种着全村 60%的土地，其收入约占全村总收入的 20%；三是“在岗不在编”的“编外村民”，包括集体和农户自发请来的外地农民，他们大约耕种着全村 40%的土地，其收入约占全村总收入的 10%。

案例 3：土地转包给企业

湖北省监利县龚场镇迎风村有 8 个组，共 1 960 人，耕地面积为 2 929 亩，陈盛洪是龚场镇迎风村 2002 年 12 月底招商引资进来的老板，陈盛洪承包了该村一、二、四组 435 亩低湖田 4 年，每亩承包价为 140 元，双方签订合同，作了公证，陈盛洪投资 30 多万元改造低湖田，改成回型鱼池。头一年，陈盛洪因投资较大，亏了本，2004 年持平，准备后两年回本赚钱，但是从 2004 年年底该村村民开始找陈盛洪要田种，陈盛洪当然不给。2004 年 12 月，该村村民态度坚决，行为过激，坚持要“赶走陈盛洪，要回责任田”。陈盛洪无奈，只好退出来，但是要求村民赔偿。但是除四组农民答应赔偿给陈盛洪 10 万元以外，一组、二组的农民不答应给予赔偿，并且强烈要求陈盛洪恢复农田原貌，否则不允许陈盛洪撤走，个别群众睡在陈盛洪的车子前面，死活不让路。

从案例 1、案例 2 和案例 3 我们可以发现，在土地转包关系发生时，

有如下几个特征：(1) 承包地农户在出外打工弃耕时，原来附着在土地上的义务也没有了着落，导致村集体难以完成任务，自身的利益也受损，这也成为集体集中回收农户土地的诱因。(2) 承包农户在离开村庄时，没有和村委会就土地转包和任务上缴签订任何委托-代理关系。(3) 转包户在接包土地时，与村委会签订了土地转包合同，而当外出农民回来要田时，纠纷也恰恰集中于这几点：第一，一个没有承担土地义务的农户的承包地，村委会是否有权将其收回？第二，在没有征得原承包农户同意的情况下，村委会是否有权将其承包地转予第三方？第三，村委会与转包户签订的土地转包合同是否具有法律效力？由案例 1 引出的政策含义是：第一，在农村税改之前，L 村放弃承包地经营的农民将土地抛荒，在需要上缴农村税负的情况下，是否应追究其责任？第二，在这些农民出外打工，将土地抛荒又不承担土地义务的情况下，村委会是否有权将这些外出村民的承包地收回？第三，村委会是否有权将收回的承包地再发包？村委会与承包大户签订的土地转包合同是否具有法律效力？第四，在农村税改后，土地价值提高，原承包户是否有权继续主张其原有的承包权？如果有权主张，承包大户的土地相关投资由谁来补偿？按照《中华人民共和国农村土地承包法》，村委会无权代替农民与 D 某签订土地流转协议。如果坚持向法院起诉的话，种田大户肯定会败诉，不得不归还承包田。但随之就会引起另一场官司——种田大户和村委会之间的官司，而村委会十有八九都会败诉。

外出打工的农民回乡要田，其直接行为对象是村委会，因此也就导致村民与村委会之间的利益博弈。村委会认为出外打工人员长期弃田外出，不负担农村公粮税费，也不参加村中的公益事业，导致村中形成巨额债务，没有尽到作为村民的义务，那么也就没有权利回乡种田。但是土地二轮延包的政策却明确规定任何组织和个人都不能以欠缴税费和土地撂荒为由收回农户的承包地，因此农户认为村委会侵犯了自己合法承包土地的权益，要求村委会按照法律分田给自己，由此导致了制定政策和执行政策的两难处境。

2. 反租倒包

反租倒包是由乡镇政府或村集体经济组织将农民手中的责任田以一定的租金反租过来，再倒包给农业大户或农业企业从事规模经营的土地流转和农业经营行为。

案例4：公司包地建基地

1997年福建省惠安县走马埭进行了近1 000公顷的农田保护区首期工程建设，村委会向农民承租土地117公顷，然后与中绿（福建）农业综合开发有限公司签订合同，以每公顷年租金1.2万～1.5万元和年提供3 000个工日（每个工日不低于12元）的条件成片出租，由企业集中经营，建设农产品出口基地。

案例5：公司在租村里的地后再反租给农民

安徽省润禾棉业有限公司与安徽省灵璧县的镇、村联合通过土地流转模式推动棉种产业化工程。该公司在该县制种基地冯庙镇沟涯村实现了5 000亩的土地流转。其做法是，村里先召开村民代表会议、村民大会、一事一议会议等，进行广泛宣传动员，将5 000亩农民零散承包地的经营权流转到润禾公司，用于发展棉花杂交制种；润禾公司实行集中租赁、农民返租的方式，以300元/亩集中租赁农民的土地，由润禾公司与村委会将租赁的土地按250元/亩返租给农民，每亩50元的差价作为扶持资金。返租对象原则上以该县冯庙镇沟涯村村民为主，其他单位和个人也可参与返租。每户租地面积不得超过15亩。

案例6：农技部门租地改造后再租给农民

云南省宣威市老堡村由村委会将农户承包的土地反租过来，村委会只负责每年付给农户每亩400元的租地费，不履行原土地承包合同的权利和义务。村委会共集中连片面积6.67公顷，随之投入150万元进行基础设施建设，共建钢架大棚8个，竹架大棚92个，做到水、电、路通达每一块土地、每一个大棚。村委会在建好基础设施后，向大棚能手、科技能手、种地能手出租发展蔬菜产业，将92个竹架大棚分别以每个500元的价格倒包给 6 户种植，并将 8 个钢架大棚留由镇农机站和村委会作新科技、新品种实验基地，指导其他农户种植蔬菜。

案例 7：江西省永丰县“反包倒租”的几种主要模式

一是“培植大户”模式。一户或数户农户与村委会签订承租协议，向村集体承担较大面积的耕地，形成少数农户经营的规模经营方式。该县潭头村村民郭训则等 4 人按每亩 100 元的价格合伙租赁了本村 30 多亩耕地，用于种西瓜和蔬菜。规模较大的一例是该县梅溪村村民李作仁与潭头村村委会签订了 100 亩耕地的承租协议，租期为三年，承租方式是村委会选择相对集中连片的 100 亩耕地，分别与农户签订承租协议，按照第一年每亩 100 元，第二、第三年每亩 150 元的租价租出，另负担每亩 40 元的农业税、村提留款、水费三项费用。

二是“乡镇示范基地”模式。某乡镇政府统一从农民手中承租一定面积的连片土地，然后倒包给部分村民统一耕作，实行统一规划、统一管理、统一耕种、统一销售的工厂化管理模式，建成乡镇示范基地。如沙溪镇政府按每年 180 元的价格与村民签订租赁合同，在该镇拱江背村城南村小组承租集中连片的 23 亩耕地，再按照“一人一亩示范田”的模式，倒包给乡镇全部统一耕作。由镇领导负总责，采取工厂化的管理方式，实行统一经营，对每个人承包的田块，根据品种下达指标。

三是“科技示范园”模式。由乡级农技部门向村集体承租一定面积的耕地，运用农业科技对耕地进行改造，形成科技示范园，再以一定的价格倒包给农户。如瑶田乡农技站在该乡三龙村按 150 元/亩的价格承租 3.5 亩耕地，投资 1.1 万元，建成 5 座高标准轻质骨架大棚。在完成相关设施后，按 250 元/亩的价格再倒包给农户。大棚与四周蔬菜及瓜果连成一片，形成相对集中的乡农业科技示范园。目前，棚内已种植了 10 多个蔬菜及瓜果品种。种植的蔬菜普遍比一般的大棚蔬菜提前上市，产出效益十分突出。

从以上反租倒包的土地流转形式中，我们可以总结出以下几个特点：第一，不再是农户直接面对第三者承包方，而是由乡村集体行政组织直接

介入。第二，乡村集体行政组织甚至乡镇政府在反租农民的土地过程中，很难达成以自愿为基础的合约。第三，反租倒包目前主要是为了搞规模经营或现代农业，农业经营规模一般较大，农业经营主体发生了很大变化，企业、农业科技单位等开始介入农业。第四，乡镇政府或村级组织在中间不是简单的中介角色，而是扮演了土地出租者的角色。它们不仅是土地流转合同中转包土地的一方，而且获得地租（即它们直接向转包者收取地租，并获得在支付原承包农户租金后的差额部分）。第五，租出土地承包权的农业经营者还得向倒包方再租地从事农业。这样，在反租倒包过程中，集体组织或政府将农民手中的土地反租回去，也就是将农民手中的土地使用权反租回集体组织手中，形成土地使用权和所有权在集体组织手中的合一。这种土地流转形式容易造成农民失去土地承包经营权，造成土地收益权的流失。尤其是当新农业经营主体出现经营困难，无力支付租金时，村或乡政府也无法支付农民的地租，形成农民与集体或政府的利益纠纷，侵犯农民土地承包经营权和收益权。

3. 土地股份制

土地股份制是指在承包期内，承包方将土地承包经营权量化为股权，农民凭股权组成合作社或股份有限公司，合作社或股份有限公司对土地实行招标承包，或对外租赁，或直接开发，农民按股分红。这种模式按股份合作形式管理，经营利润按股分配，股权可以继承、转让或抵押。

案例 8：陈埭镇洋埭村的耕地股份合作董事会

福建省晋江市陈埭镇洋埭村早在 1994 年就成立了耕地股份合作董事会。该村 95%以上的耕地由董事会管理，248 公顷的耕地集中于 42 户种田能手手中，经营 0.67 公顷以上的有 91 户，户均 2.67 公顷，有 2 个大户承包规模达 66 公顷以上，每年为国家提供商品粮达 20 万～25 万千克。

案例 9：江苏省邳州市将农民土地承包经营权变成准土地股权

江苏省邳州市把家庭联产承包责任制所规定的农户拥有的集体土地承包经营权作为一种特殊的财产权利赋予农户，有偿转让土地使用权或以土地使用权入股，组建股份制农场企业。这种特殊的财产权利在当地被称为“准土地股权”。

农民转让准土地股权的方式有两种：一种是根据股数的多少（一般666.7平方米土地折为1股）事先确定好年收益，到年底由股份组织按事先确定的方法分配其收益，农户对股份组织的经营不予干涉，类似于企业中的优先股；另一种是事先不确定收益，到年底根据股份组织的经营情况确定每股收益，再根据股数的多少分配其收益。在后一种方式下，农户对股份组织的经营有干涉权，尤其对股份组织的经营方向有决定权，当然平时的经营管理由股份组织负责。

案例10：苏州市吴中区的土地股份合作社

在苏州市吴中区横泾街道上林村，农户过去采取各家单干的形式，每亩土地年均纯收益仅为250元左右。2006年，上林村180户农户将240亩土地承包经营权作价入股，作价原则是将前3年每亩平均产值（250元）乘以土地承包经营权证上的剩余年限（20年），最终确定了每亩土地5 000元的作价标准。经会计师事务所验资，工商部门确认上林村土地合作社的注册资本为120万元，全部由入股社员的土地承包经营权构成。现在，土地股份合作社将240亩土地统一承包给种田能手，农户每年可获取每亩保底600元的土地收益分红，出工劳动的农民另有每天25元的雇用费，从而大大提高了农民的经济收入。2006年7月，上林村土地股份合作社率先办妥注册登记手续，领取了江苏省颁发的首张土地股份合作社执照。

案例11：延安市的土地股份制

延安市形成了一套新的农村基本经营制度。以人定股，解决公私问题；以股定地，解决地块分散问题；以地定权，解决产权不清问题；以权定心，解决承包权不稳定问题。重建利害分配制度，全面推行村民变股民、分光不吃尽的股份合作政策。

这项工作包括以下改革步骤：

以户籍为依据，确定股民资格，量化股民的经济地位。在限定的人口入户注册之日内，凡具有该村正式户口的村民，都可以由原来集体经济组织的村民身份，转为现在股份合作经济组织的股民身份。股份合作社只设A型原始股和B型商品股，不设集体公共股。每位出生在本村的股民，每两岁享有一股A型股权；正常迁入本村的股民，从正式入户注册之日算起，每两年享有一股A型股权。对年龄超过70周岁的股民，以35股A型股权封顶，最后，集体以农户为单位，根据每户股民享有的总股份，颁“×××村股份合作社股权证”和通过《×××村股份合作社章程》。以每200股为一票表决权，选举产生董事会和监事会组织。

以股权为依据，明确股民权利和义务。“×××村股份合作社股权证”是农户在共有经济组织当中的地位象征。它既是股民分地、分物、分钱的受益凭证，也是缴税、纳费、出工的法定依据。新安户通过购买B型商品股即可入社，价格由股民民主讨论决定。按股明确到股民名下的资产、地产占有权，依法受到保护。股民可以继承转让。

以股权为依据，公平合理地分配农村土地。一是地分上、中、下三等，并按一种主要农作物在不同等级耕地上的亩产值，计算出全村一年的总产值；二是用全年的总产值除以全村总股份，求出每股原始股股值；三是农户根据自己全家的总股值和今后生产需要，只得认领一个等级的一块耕地；四是签约发证、依法稳定承包权，长期“增人不增地、减人不减地”。这种土地制度安排有利于家庭小农场、小林场、小牧场的规模经营。

案例12：杭州市萧山区的土地股份合作制

潘山村在推行土地股份合作制中坚持了三条原则：一是坚持家庭联产承包责任制30年不变的原则，以每个农民拥有的土地承包权入股，切实维护农民的承包权益。二是坚持土地“三权”分离的原则，在明确土地所有权是集体的前提条件下，采用农户承包权或使用权入股的办法，承诺每年每亩土地分红不低于200元。三是坚持群众自愿的原则，并允许部分农户留存一定比例的土地自行经营。潘山村农业股份发展公司独立核算、自负盈亏，每半年预分一次，年终决算分红。公司在初创时期由村经济合作社采用补农、贴农的办法实行保底分红；在效益稳定时期按照净收入分红，净收入包括土地发包收入、土地经营收入等。

案例13：浙江省温岭市的土地股份合作制

温岭市有14个村实行了土地股份合作制，按照股份量化依据和分红方式的不同，分为三种类型：

一是以在册农业人口的基分为基础进行股份量化的原始型土地股份合作制。松门镇远景村根据本村在册农业人口的性别、年龄测算出农户基分，以100基分为1股量化到人，全村人口计股1 450股。再按基分确定各户的土地承包面积，以农户的土地承包经营权入股，组建农业发展股份合作公司。公司可以按基分的变化调整股份，该村土地资产由公司统一经营管理开发，所得的净收入50%用作集体积累，50%用作股东分红。

二是以集体土地承包经营权为基础进行股份量化的单纯型土地股份合作制。泽国镇牧南村以土地承包经营权为基础，0.1亩为1股，把农户的第二轮土地承包面积折成股份，全村入股土地面积202.65亩，折成股本2 027股，并建立牧南村土地股份合作公司。入股的土地由公司统一经营管理开发，经营的净收入50%用作集体积累，50%用作股东分红。

三是以村集体财产和土地为基础进行股份量化的综合型土地股份合作制。大溪镇郎村将全部集体资产（固定资产、货币资产、土地资产和其他资产）经清产核资后量化折股，组建村集体资产股份合作公司。农户的承包土地根据当年土地征用价格以货币形式来体现，按承包面积测算折成个人分配股；固定资产、货币资产、其他资产折成集体积累股和机动调节股，经民主评估后公司的净资产为661.5万元，总股本为18 000股，其中集体积累股为9 600股，占53.33%，个人分配股为7 600股，占42.22%，机动调节股为800股，占4.44%，每股股值为367.5元。全村的集体资产由公司经营、管理、开发，公司经营的净收入提取资本公积金和公益金后按股份进行分红，公司股份每5年用机动股微调。

案例14：江苏省绍兴县新风村的土地股份合作社

江苏省绍兴县新风村从2001年开始组建了村级土地股份合作社。在股权上，设置了三种股份，即农户承包权股、村集体所有权股和现金股三种。农户承包权股根据农户入股申请和土地承包权证的承包面积（每人0.4亩）折算，每0.4亩为一股，全村的土地共折合成882股；村集体所有权股参照当地土地征用办法，为农户承包权股的两倍，共 1 764 股；现金股以现金投入计股，按照农田基础设施现有水平和追加投资预计尚需投入的资金，每 100 元为一股，共7 354 股，这部分由村集体和欲投资的工商企业提供现金入股，三种股份相加刚好是 10 000 股。由村级农地股份合作社集中起来的土地，通过向社会公开招标高效农业开发项目的形式，与各农业经营大户签订合同，进行效益农业的建设。

案例 15：苏州市胥口镇的土地股份合作社

苏州市胥口镇经过多次研究和讨论出台了《胥口镇土地股份制试点方案》《胥口镇土地股份合作社章程》《胥口镇农村土地流转中心实施办法》，召开了苏州市吴中区胥口镇土地股份合作社首届股东代表大会。

《胥口镇土地股份合作社章程》规定成为股东的两种情况：一是本镇农民以土地承包经营权入股本社者；二是镇、村集体经济组织向本社入股者。在股权设置上分为个人股和集体股，每股 1 万元人民币。其中，以农户入股的土地每亩初始作价为 1 万元人民币，不足 1 亩的同比例折算。个人股可继承、馈赠，经镇相关部门批准可转让，但不得退股提取现金。

合作社的资本来源，一是镇、村集体经济组织投入的货币资本，二是农民入股的土地开发后转为土地补偿金充入的货币资本。

在分配方面，合作社实行保底红利分配和视效益再浮动红利分配的两段分配办法，个股每年每股的保底分红为 500 元，集体股 3 年内暂不参加红利分配。

首期确定入股的有 1 360 亩农田、农民自留地和山坡地，并已同 9 个村的 883 户农户签订了土地入股协议。胥口镇也从镇有资金中拿出 100 万元作为启动资金。此后合作社建立土地发展基金，实行市场化运作，具体包括投资建造、购买经营性房产，获得出让、出租收益；委托证券公司、保险公司等机构进行资本运作，获取可靠收益；采取其他投资方式获取收益。

从以上案例可以总结出股份合作制的如下特点：第一，通过土地股份

制，原来承包给每个农户的承包经营权转化成股权。第二，在土地股份制中，土地由村委会转包给公司从事大规模的附加值更高的农业生产，农民获得保底收入。第三，在大多数土地股份制中，村庄一般为了进行以非农为主的土地经营，入股资产除了村庄土地，还有其他集体资产，分红的主要来源是土地非农经营以后的收入。因此，土地股份制只是整个村级股份制的一部分，有的甚至只是兑现股权的形式。

4. 土地流转信托

土地流转信托是指土地流转信托服务组织受理土地承包者的委托，在土地所有权和承包权不变的前提下，按照土地经营权（使用权）市场化的要求，通过一定程序，将其土地经营权在一定期限内依法有偿转让给其他个人或单位的行为。

案例 16：湖南省浏阳市的土地流转信托

湖南省浏阳市土地流转信托主要采取以下土地流转办法：

一是股田式，即将土地折股到户，农民变股民，无论外出打工与否，均可享受土地收益，降低打工风险。种田大户或涉农企业通过适度规模经营，获得长期稳定收益。淳口镇鸭头村与湖南省烟草公司合股创办浏阳市金叶农业开发有限责任公司，422 户农户以 76 公顷承包地 5 年经营权入股。农民成股民后，分别按其特长从事专业育苗、机械操作等。

二是转包式，转包费为每亩每年 200 元或稻谷 200 公斤，期限为 1～15 年。淳口镇南冲村所有耕地转给 129 户农户进行烤烟立体开发，80%的劳动力转向非农产业，全部农地田园化并带动周边村组 3 556 户农户连片发展烤烟 1 793 公顷。

三是租赁式。镇头镇涌现西满、良田等 6 个花卉专业村，发展花卉 1 720 公顷，其中外地人租地开发占八成。

四是拍卖式。荒山、荒沟、荒丘、荒滩等闲散土地资源，适宜公开拍卖承包。大瑶镇通过拍卖荒地，建成三纵四横的农民街，集镇区扩至 3 平方公里。

土地流转信托在湖南省浏阳市已较为成熟。以市级为土地流转信托服务中心，40 个乡镇办事处全部建立土地流转信托服务站，746 个村的流转信托服务由村级合作经济组织或村委会承担。土地流转信托为有形组织、无形实体，具有非营利性，所有人员均兼职，不收任何费用，完全为农民提供无偿服务。

案例 17：宁夏平罗县土地信用社

2006 年 5 月 19 日，宁夏回族自治区平罗县启动了土地信用社试点工作。当地的农户按照自愿的原则，在保留土地承包权的基础上，将土地像银行存款一样存入土地信用社，土地信用社根据土地的地理位置、肥沃程度、升值潜力等确定级差性，定期向农民发放“存地租金”。由“储蓄”集中起来的土地经过土地信用社的整理和公开招标竞争，出租给种田大户或乡镇企业进行规模经营，用于办企业、建市场、搞规模化种植和养殖等，这些用地大户要按照所贷土地的地质地力差异和期限的长短缴纳贷地租金。贷地租金高于土地信用社向存地农民支付的“存地租金”。土地存贷租金的差额归村镇集体支配，一部分用于土地信用社的日常运营开支，一部分作为集体的公共基金用于村镇的基础设施建设或其他公益项目开支。

案例 18：绍兴的土地信托中心

绍兴柯桥镇的土地信托运作有三大环节：一是土地流转前的土地使用权供求登记和信息发布。登记、汇集可流转土地的数量、区位、类别等情况，接受土地供求双方的咨询，多渠道、多形式向辖区内外及时发布土地储备和可开发土地资源的信息，推荐可开发项目。二是土地流转中的中介协调和公证。协调流转双方提出的有关事宜，在平等协商并取得一致的基础上，落实契约关系，办理合同公证手续。柯桥镇通过信托服务，已有 3 548 户农户的 10 840 亩土地进行了土地流转，占全镇可流转土地的 53%。三是土地流转后的跟踪服务和纠纷调处。主动帮助土地经营者进行开发项目的可行性论证，在信贷、技术、物资等方面开展横向联系，并在法律和政策范围内协助调处土地经营引起的纠纷，维护土地所有者、承包者、经营者三方的合法权益。不过在实际操作过程中仍然存在一些“钉子户”不愿意进行土地流转。对于这种情况一般是通过村干部做工作的方式来处理的，如果农户实在不愿意放弃土地，就通过强制置换的方式，用规划流转区以外的土地与农户的土地进行置换。

从以上几个案例可以看出，第一，土地流转信托服务组织实际上是一个中介和服务平台，其功能包括：一是流转前的土地经营权供求登记和信息发布；二是流转中的中介协调和指导鉴证；三是流转后的跟踪服务和纠纷调处；四是流转期满实施评估，对培肥或降低地力的分别予以奖惩，确保农民承包地复耕能力和地力持续提高。第二，土地流转信托的目的是推行土地的规模经营，为土地的股田经营、土地转包制和租赁提供方便。希望借用政府和基层组织的权威为土地流转确立可信的仲裁机构和流转中的各种标准。但事实上，它不可能不影响农户土地使用权和承包经营权的行使。由于其明显的行政色彩，它很难仅仅保持土地流转中的中立角色，难免有行政的强制。

三、土地流转的现状与存在的问题

2007 年，我们对浙江、湖南、湖北、四川、安徽、重庆、黑龙江和辽宁进行了调查。我们发现：

（一）农户土地承包经营权朝物权化方向发展

经过 1994 年的二轮延包、1997 年的土地延包完善和 2003 年《中华人民共和国农村土地承包法》的实施，农民与土地的承包关系进一步稳定和长期化。

自 2003 年《中华人民共和国农村土地承包法》实施以来，地方政府采取了一系列措施来稳定农民与土地的承包关系，明确农民对土地的权利，归纳各地的做法，包括：（1）规定在农户承包期内的土地，发包方除了《中华人民共和国农村土地承包法》所允许的情形外，不得随意收回或调整承包地。（2）完善和规范了土地承包合同。各地对于未签订合同的，重新签订了承包合同；对于合同内容不完善的，采取了签订补充合同的补救办法，确保合同全面签订到户。(3) 颁发农村土地承包经营权证书。

到2007年，各省市已获得农村土地承包经营权证书的户数占总农户数的比例分别为：四川92%，重庆95%，湖南86%，湖北95%，黑龙江98%，辽宁98%，浙江93.5%，安徽绩溪99.6%。

（二）农村土地流转仍以自发为主，但地方政府和集体经济组织介入流转的倾向明显增强，业主和企业包地的数量和规模有加大之势

以土地承包经营权流转面积占总承包耕地面积的比重计，浙江省是所调查省市中最高的，达19.8%，其次分别为：重庆10.84%，四川10%，湖北10%，黑龙江8.9%，湖南6%，辽宁2%。农户自发的流转仍然是主要形式，农户以转包、出租、互换、转让等形式流转的土地占80%以上。

近几年，地方政府或集体经济组织主动介入土地流转的倾向有所强化。浙江省建立土地流转信托中心，县、乡镇一级设立土地流转信托（托管）中心，村一级具体负责土地流转信托服务。全省有254个乡镇、4 344个村建立了这种土地流转服务组织。2006年绍兴县土地流转面积为72 500亩，其中通过土地流转信托实现流转的土地面积达49 200亩。四川的成都、绵阳、遂宁、南充、内江等地成立了各种形式的中介组织或农村土地流转服务中心，主要功能是集中农户土地，选择业主，谈判承包合同和价格，整体招商引资。重庆也在积极发展土地流转服务的中介组织，该市九龙坡区村社集体组织流转面积16 229亩，占88%。湖北在前几年搞结构调整强迫农民流转，在二轮延包时被纠正后，现在改为股份制形式，在流转形式中，入股比例提高了71.4%。

由于集体组织和地方政府的主动介入，土地出租也有向业主和企业方向发展之势。浙江通过流转，全省形成10亩以上规模的有292.1万亩，占总流转土地面积的74.3%，其中10～50亩规模的有170.42万亩，50～200亩规模的有86.7万亩，200亩规模以上的有35万亩。绍兴的规模经营大户有652户，面积达4.91万亩，占总流转面积的67.72%，户均75.43

亩，100 亩规模以上的有 63 户。在自贡市，部分乡镇对农户待转包土地实行竞标承包，或集中部分土地进行农业招商，或将农民土地入股与业主合作。该省的富顺县也推行了业主租赁搞规模经营，2007 年，全县租赁面积达 1.24 万亩，占流转面积的 12.5%，占流转农户数的 14.4%。重庆九龙坡区的业主租赁土地面积普遍较大，如重庆腾翔实业有限公司兴建体育休闲中心涉及两个镇的土地，租地面积达 4 000 多亩。在重庆的忠县，土地流转中心集中的土地也以公司租赁、大户承包、农民公司等形式出租，实现土地流转 19.4 万亩，占全县耕地面积的 24.3%。在湖南也出现了越来越多的种田大户、工商企业和行政事业单位，租用农户的成片土地集中规模经营。

（三）影响农村土地市场化流转的因素仍然存在

从实地调研中我们发现，尽管有《中华人民共和国农村土地承包法》对农户土地承包经营权实施物权保护，但是到了村社内部，农民对集体所有制下的成员权观念根深蒂固，他们认为，既然土地是集体所有的，每个村社成员就应享有土地承包经营权，由此带来土地纠纷增加，影响农村土地承包关系的稳定和土地承包经营权的市场化流转。

其一是根深蒂固的集体成员权成为土地行政性调整的动力机制，妨碍土地承包经营权的市场化流转。

一是已弃耕的外出务工人员要求重新索回土地承包经营权。这种现象主要发生在传统农区。20 世纪 90 年代末以后，大量农村劳动力外出打工，当时由于农业负担重，土地收益为负，这些务工人员有一部分人将承包地委托给亲戚或邻里经营，或者干脆弃耕撂荒，被村组织收回。随着农业税费的取消以及各种惠农补贴直接到户，农地效益提高，他们又回到村里要求索回原来的承包地。襄樊市 2007 年时有 15 249 户村民就属于这种情形，他们绝大部分未获得二轮承包权，现在又要求集体组织分地。

二是小城镇落户户回村要承包地。近几年，各地相继进行了小城镇户籍制度改革，农民在小城镇购房或投资就可以落户，由此吸引部分农民在小城镇落户，并放弃了原来的承包地。在土地效益提高后，他们也回村要求索回原来的承包地或承包经营权。

三是人口增加户要求调整承包地。按照《中华人民共和国农村土地承包法》的规定，在承包期内，不得因人口变动调整承包地。但是，在村社内部，人口增加户仍然要求调整承包地，造成与人口减少户之间的矛盾。

四是土地征占引发承包地调整和利益分配纠纷。在一些已发生土地征占的地方，有的村社将土地补偿款在村社成员内分配，同时对全村土地进行再分配，有的将土地补偿款直补给被征占户，不再进行土地调整，前一种情形因与相关法律冲突，引发未被征占土地户上访，后一种情形导致农户之间土地占有不均，引发被征占土地户向村委会要地，因而引起纠纷。

五是城郊村的出嫁女问题。在城郊村，出让土地的收益很大，妇女出嫁后仍然住在娘家，这虽然符合分地的国家政策，但是城郊村的乡规民约却不给这些妇女土地承包经营权以及其他社会福利收益权。这种问题解决起来难度较大。

其二是集体组织介入流转，存在侵犯农户土地承包经营权现象，也成为妨碍土地承包经营权市场化流转的因素。

集体经济组织的主动介入提高了土地流转的效率，为土地规模经营提供了载体，但也出现了流转农村土地不尊重农民意愿的情形，如有的村社集体组织或村社干部直接与业主签订土地承包经营权流转合同，或者以村民代表多数通过的办法代村民签订流转合同，有的集体经济组织还把农民的承包地收回，由村委会或村民小组代农民对外出租，例如四川省三台县由集体代签合同的流转面积达 2 855 亩。中央 2001 年 18 号文件已明确提出，土地流转的主体是农户，土地承包经营权流转必须建立在农户自愿的基础上，任何组织和个人都不得强迫农户流转土地，也不得阻碍农户依法流转土地。《中华人民共和国农村土地承包法》也明文规定，土地承包经营权流转应当遵循平等协商、自愿、有偿原则，任何组织和个人都不得强迫或者阻碍承包方进行土地承包经营权的流转。但近几年来，无论是发达地区还是内陆地区的一些农村，都出现了集体经济组织甚至乡镇政府出面，为推进规模化农业经营，强迫或半强迫农户流出土地的现象。这类情形与 20 世纪 90 年代中后期农民弃耕撂荒后村组织集中土地再包有本质差别，中央应当出台文件，对这种情形予以制止，尤其强调不能以城乡统筹试验的名义搞土地的集中和公司经营。

四、土地流转与规模经营的几个政策问题

在农村承包经营权市场发育过程中，土地经营规模过小一直广受诟病，对家庭承包经营制度的批评阶段性出现，农村承包地流转速度一直被认为过慢。关于土地承包经营权流转问题，必须在政策上有更加明确清晰的界定与澄清，以免引起混乱，尤其要防止地方和基层误读中央政策，借机侵犯农民土地承包经营权，削弱农民的承包土地收益权。为此，我们提出如下政策建议。

（一）落实农民土地承包经营权长久不变，是保证土地流转的制度前提

党的十七届三中全会提出农村土地承包关系长久不变具有重要的政治经济意义，它有助于制约地方政府和基层组织借承包期和发包权动农民的承包地，稳定农民对土地的预期。土地承包关系的长久化是进行土地流转的前提，必须在制度上尽快落实：

第一，明确成员权时点。既然承包关系已经长久，在集体经济组织内部，农民会就成员权时点进行讨论，建议农业部门出台农村集体经济组织成员权界定办法。

第二，明确集体土地所有权主体、边界，并确权发证，以保护集体土地的所有权。鉴于农村土地的90%为过去的小队所有的情况，所有权边界和权能行使一直以队为基础，建议明确集体土地所有权为自然村，并进行以自然村为单位的包括四至、土地面积、权属状况、成员人口等的确权发证试点。

第三，进行以地块（而非农户）为单位的农村土地确权、发证。

（二）完善农民土地承包经营权权能，切实保护土地流转中承包农户的主体地位

第一，在推进土地流转的过程中，坚持农户是土地流转的主体。中央政策文件明确强调农村土地承包经营权流转的主体是承包农户，之所以强调这是土地流转的前提，是因为《中华人民共和国农村土地承包法》已经赋予承包农户长期而有保障的土地使用权，土地的流转权是这个权利束中最重要的权利，只有坚持了农户土地流转的主体地位，才能形成稳定有序的承包权流转市场，才能既保护土地承包者的权益，又稳定承租户的投资预期和合约关系。

第二，必须由农户与土地转包者签订合同。既然土地承包经营权属于农户，党的十七届三中全会提出，要完善土地承包经营权权能，依法保障农民对承包土地的占有、使用、收益等权利，而产权权能中最重要的两项权能就是使用主体的排他权和转让权，赋予农民排他性的转让权是完善农民土地承包经营权权能的最重要内容。而土地流转中排他性的最主要体现就是，土地的流转必须由承包农户与土地接包者直接签订合同，村委会甚至乡镇政府切不可为了土地流转的便利和效率，替代承包农户与接包者签订合同，也不可由村委会先与承包农户签订反租合同以后，再倒包给接包的农业经营者。

第三，土地流转的地租归农户。地方政府对转包农户的长期地租收益负有保护责任。由于土地承包经营权属于承包农户，《中华人民共和国农村土地承包法》规定的土地流转的有偿原则就应该明确是承包农户有收租的权利，土地出租的地租只能由农户与承租者协商决定，而且地租只能归属土地出租农户。不仅承包农户对转出土地有足额收租权，而且未来地价提升以后，原承包农户有权按一个合同期限和地价上升幅度获取一定比例的级差地租。鉴于小农在谈判和合约执行中的弱势地位，地方政府负有保护承包农户公平合理地获取长期地租的责任。

（三）关于集体经济组织的角色定位

之所以在不同时期出现集体经济组织收地替代农户出租土地，很重要的一个制度原因是对土地集体所有制中集体经济组织的权利限定还不明确和严格，尽管《中华人民共和国农村土地承包法》规定了集体经济组织不能收农民土地，但在实际操作中往往很难实施。应该在法律上明确集体经济组织在土地流转中只是起中介服务作用，不得收地转租，不得代替农户与承租者直接签订土地流转合同，不得截留属于承包农户的地租。

（四）正确对待规模经营和公司进入农业

很多人认为是家庭联产承包责任制妨碍了土地流转和规模经营，事实上早在 1984 年中央政策就鼓励农户承包地流转，土地流转面积之所以未能如愿扩大，一个重要的原因是目前阶段承包农户还不能完全脱离土地，主要是我们缺乏让农户离开土地的制度条件，如他们即使进城了，村集体也不能对承包地进行处置，还有就是我们也没有设置让农民在城市永久落地的制度。这样，在农民无法主动割断与土地的关系的情况下，土地只能以短期出租的方式流转，这无疑形成了土地规模经营的高昂制度费用。应该承认，我国大城市郊区和沿海一些已经高度工业化及城市化的地区已经具备规模经营的条件，规模经营户或农业企业通过从事高价值作物生产和加工可以获得丰厚的回报，因此，可以在这些地区出台促进土地流转和规模经营的政策。但是，由于小农的弱势，规模经营的推进，尤其是公司进入农业，还是要采取谨慎的态度，政府不能只热衷于同资本的联合而忽视了小农的权益，切不可剥夺和侵犯农户的土地承包经营权。在小农与公司或规模户的关系中，地方政府负有保护小农的责任。

（五）建立土地承包经营权流转市场，促进土地承包经营权规范流转

第一，进行农村土地承包经营权流转市场试点。试行以区县或镇为单位，建立农村承包地流转交易平台（交易机构），制定交易规则。

第二，建立第三方的、有土地评估经验和能力、有独立资质的土地评估机构。

第三，允许除农户以外的其他组织包括合作社、农产品营销户、农业企业等经营农业。但对在农地上从事非农经营、变相囤地或进行土地投机的行为要依法惩处。

第九章
中国农村土地权属及其经营方式的变化*

一、农村土地权属状况与变化

中国农村土地制度改革后的土地产权结构特点可以概括为以下三点：一是继续保持集体所有制不变，即维持“三级所有、队为基础”的所有权架构。二是实行产权归农户，即农户拥有农村土地的使用权、收益权和转包权。三是实行村社成员权共有制，即村民小组边界内的每个成员拥有平等的土地产权。人口增减变化，调地；土地被征用后，平分土地补偿款，重分土地；土地非农开发的租金成员分红。在这一基本框架下，农村土地产权在政策和法律上不断完善。一是延长土地承包期，从 15 年延长到 30 年，再到农民与承包土地的关系长久不变，形成农民与土地关系的稳定预期。二是在合约结构上，从改革初达成的“交够国家的，留足集体的，剩下都是自己的”的合约安排，到实行承包人与承包地块对应，承包期内“增人不增地、减人不减地”，再到提出长期而有保障的土地使用权，以明确农户对土地的利益归属，实现土地产权权能。在此基础上，通过《中华人民共和国农村土地承包法》和《中华人民共和国物权法》对产权予以合法保护。在实施层面，农村土地产权演变出现了几个值得注意的特征。

---

* 合作者为李青、王瑞民。

（一）集体土地所有权主体变更与上收

在中国农村制度改革中，尽管将农村土地产权下放到了农户，但是，“三级所有、队为基础”的架构一直保留。随着工业化、城市化的加速推进，发达地区的村庄被卷入这股洪流，传统农村劳动力和人口不断离开村庄，由此带来村庄治理结构的变化。

一是村庄归并加剧。自改革以来，在经济力量和行政力量的双重推动下，各地并村、并组势头加快。第一，行政村数量锐减。根据《中国统计年鉴》的数据，1985 年时，全国行政村数量为 94.1 万个。到 1994 年，减少到 80.2 万个。到 2004 年，又减少到 65.3 万个。到 2014 年时已经减少到 58.4 万个。[①] 在不到 30 年的时间里，全国行政村数量减少 35.7 万个，减少了 37.9%。第二，村民小组数量大幅缩减。根据相关统计数据，1997 年全国农村村民小组 535.8 万个，到 2004 年减少为 507.9 万个，到 2013 年进一步减少到 497.2 万个。在 16 年的时间里，村民小组减少了 38.6 万个，减少了 7.2%。拆村并组的推行更多是出自变化环境下农村治理成本的考虑。但是在中国现行土地集体所有制下，无论是拆村还是并组，都意味着其土地所有权边界的改变，村与村之间、组与组之间的人口规模不同、土地数量各异，对应的权利和利益也不一样，大量村组归并中的纠纷大多因此而起。

二是集体土地所有权主体上收。由于“三级所有、队为基础”的模糊性，村庄治理结构的变化事实上又加剧了集体土地所有权主体的上收。在改革初实施包产到户时，除了少数地区的土地所有权在行政村以外，绝大多数村庄的土地分配单位在生产队（即自然村）一级，但是按照农业部经管司的统计（见表 9 - 1），2013 年，全国集体所有耕地 14.13 亿亩，归村所有的面积达 5.81 亿亩，超过耕地总面积的四成，归组所有的耕地为 7.28 亿亩，占 51.52%，归乡镇集体经济组织所有的耕地仍有 1.04 亿亩，占全国集体所有耕地的 7.36%。从近年来的变化趋势来看，归村所有的比

① 2014 年数据来自农业部经管司《2014 年村级集体经济组织收支情况》。

例仍在快速上升，从 2010 年的 37.78%上升到 2013 年的 41.12%，增长了 3.34 个百分点；归乡镇集体经济组织所有的耕地呈现下降趋势，从 2010 年的 11.33%下降到 2013 年的 7.36%，下降了 3.97 个百分点。

表 9-1　2010—2013 年耕地所有权状况与变化

年份		2010	2011	2012	2013
归村所有	面积（亿亩）	5.1	5.21	5.34	5.81
	比例	37.78%	37.86%	38.44%	41.12%
归组所有	面积（亿亩）	6.87	6.95	7.02	7.28
	比例	50.89%	50.51%	50.54%	51.52%
归乡镇集体经济组织所有	面积（亿亩）	1.53	1.6	1.53	1.04
	比例	11.33%	11.63%	11.02%	7.36%
总计（亿亩）		13.5	13.76	13.89	14.13

从表 9-2 可以看出，分地区来看，东部地区归村所有的比例最高，2013 年近半数土地归村所有，超过了归组所有的比例，而中西部地区归村所有的比例均在 40%以下，归组所有的耕地仍占半数以上。从耕地权属的变化趋势来看，东部地区土地所有权上收的速度最快，中部次之，西部最慢。2011—2013 年，东部地区归村所有的耕地增长得最快，从 42.78%增加到 49.50%，增加了 6.72 个百分点，归组所有的耕地从 41.96%增加到 43.39%，增加了 1.43 个百分点，归乡镇集体经济组织所有的耕地则从 15.26%下降到 7.11%，下降了 8.15 个百分点。中部地区归村所有的耕地从 35.80%增加到 38.65%，增加了 2.85 个百分点，归组所有的耕地从 53.54%增加到 54.10%，增加了 0.56 个百分点，而归乡镇集体经济组织所有的耕地从 10.66%下降到了 7.25%，下降了 3.41 个百分点。西部地区归村所有的耕地从 36.31%增加到 37.47%，增加了 1.16 个百分点，归组所有的耕地从 53.67%增加到 54.79%，增加了 1.12 个百分点，归乡镇集体经济组织所有的耕地则从 10.01%下降到了 7.74%，下降了 2.27 个百分点。

表 9-2　2011 年与 2013 年三大区域耕地所有权状况与变化

年份		2011			2013		
地区		东部	中部	西部	东部	中部	西部
耕地面积（亿亩）		3.67	5.46	4.62	3.68	5.53	4.91
归村所有	面积（亿亩）	1.57	1.96	1.68	1.82	2.14	1.84
	比例	42.78%	35.80%	36.31%	49.50%	38.65%	37.47%
归组所有	面积（亿亩）	1.54	2.92	2.48	1.6	2.99	2.69
	比例	41.96%	53.54%	53.67%	43.39%	54.10%	54.79%
归乡镇集体经济组织所有	面积（亿亩）	0.56	0.58	0.46	0.26	0.4	0.38
	比例	15.26%	10.66%	10.01%	7.11%	7.25%	7.74%

很显然，原本作为土地集体所有权主体的村民小组（即原生产队）在村庄治理结构变革中越来越失去土地的所有权。我们在基层调查时，当向部分地方干部问及此种做法时，他们都觉得理所当然，理由是村民小组已经不承担什么职能了，生产功能被农户家庭取代，公共产品的提供和行政事务主要由村委会负责，土地所有权主体的土地发包、证书签发等权利的行使也就自然到了村委会一级，村民小组作为土地所有权的单位也就被视为可有可无了。

（二）成员权集体所有制不断自我强化

1998 年，正值中央强调和落实延长承包期到 30 年的政策，针对这一政策，有 62%的被访农户不赞成 30 年内不再调地，而且越是在传统农区比例越高；81%的被访农户不接受新增人口不再配给土地的做法（8 县 800 农户调查，刘守英、龚启圣，1998）。到了 2003 年，正值《中华人民共和国农村土地承包法》实施，尽管赞成延长承包期到 30 年的农户比例上升到 62.9%，但是仍有 20.6%的农户明确主张要缩短承包期。赞成承包期内不再调地的比例上升到 51.1%，但是仍有 36.8%的农户认为在承包期内可以调地（6 省 12 县 2 114 农户调查，赵阳，2003）。到 2008 年，认为农村土地承包期 30 年内完全不调整不合理的被访者比例高达 62.79%，认为“增人不增地、减人不减地”不合理的被访者比例分别高达 61.98%和 59.95%（6 省 30 县 2 200 农户调查，陶然等，2008）。中国人民大学和美国发展研究所的 5 次 17 省调查显示，2001—2010 年，支持“增人不增地、减人不减地”的农户比例从 42.0%下降到 38.2%，反对该项政策的农户比例从 42%下降到 28.6%，持中立态度的农户比例则从 15.9%上升到 33.2%（丰雷等，2013）。

（三）土地承包经营权的保障与丧失

根据农业部经管司的统计（见表 9-3），2013 年全国集体所有农用地总面积为 63.03 亿亩，其中耕地 14.13 亿亩，园地 1.21 亿亩，林地 19.44 亿亩，草地 23.71 亿亩，养殖水面 0.75 亿亩，其他土地 3.79 亿亩。其中实行家庭承包经营制度的耕地 13.27 亿亩、园地 0.61 亿亩、林地 9.98 亿亩、草地 17.28 亿亩、养殖水面 0.29 亿亩，合计为 41.43 亿亩，占农用地总面积的 65.73%。2010—2013 年，农用地家庭承包的比例增加了 5.16 个百分点，主要是林地和草地的家庭承包比例有所上升，耕地的家庭承包比例则稍微下降了 0.39 个百分点。

表 9-3　2010—2013 年农用地面积及其家庭承包情况　　单位：亿亩

年份		2010	2011	2012	2013
耕地	总面积	13.5	13.76	13.92	14.13
	家庭承包	12.73	12.77	13.1	13.27
园地	总面积	1.16	1.21	1.21	1.21
	家庭承包	0.58	0.59	0.61	0.61
林地	总面积	17.91	18.43	18.76	19.44
	家庭承包	8.62	9.1	9.55	9.98
草地	总面积	21.7	22.89	23.81	23.71
	家庭承包	13.5	15.71	17.02	17.28
养殖水面	总面积	0.81	0.79	0.76	0.75
	家庭承包	0.29	0.29	0.29	0.29

续表

年份	2010	2011	2012	2013
其他土地	3.89	3.52	3.53	3.79

但是，在结构快速变化和相关政策的作用下，失去农村土地承包经营权的农民在增加。

一是征地引发农民土地承包经营权丧失。1987—2001 年，国务院发展研究中心课题组研究数据表明，中国非农建设占用耕地 3 394.6 万亩，其中 70%以上是征地，约有 3 400 万农民因征地失去或减少了土地，年均 242.9 万人失去或减少了土地。到 2013 年，若按照农民人均耕地 1.46 亩计算[①]，农户因征地失去承包地 323.2 万亩。2013 年全国因征地而失去或减少耕地的农村人口多达 221.4 万人。按照 2002—2013 年年均失地人口 232.1 万人[②]推算，11 年间失地人口达到 2 553.1 万人。据此估计，中国 1987—2013 年共征占农民土地超过 7 100 万亩（2002—2013 年按照人均 1.46 亩计算），共有超过 5 900 万名农民失去或减少土地承包经营权。

二是因实施“增人不增地、减人不减地”导致无地人口增加。根据对贵州省湄潭县实施 25 年“增人不增地、减人不减地”政策结果的调查，1987—2010 年，该县新增人口 12 万，在实行“增人不增地、减人不减地”后，这些人口就没有再分到土地，到 2010 年，无地人口占总人口的比例高达 25%。目前，这一政策已经成为全国性政策，如果得到完全实施，中国 1998—2013 年新增人口约为 1.13 亿，按照农村户口占比 71.3%计算（按照农村人口 9.7 亿，全国人口 13.6 亿计算），约有 8 060 万农村人口成了无地人口。

三是因实施计划生育政策后超生产生的无地人口。计划外超生人口因为违反了计划生育政策而未能分得土地，成了无地农民。根据全国第六次人口普查数据，我国无户籍人员大约为 1 300 万人，绝大多数为超生人员。据此估计，因实施计划生育政策而产生的无地人口约为 1 300 万人。其中由于罚

① 按照农村集体所有耕地 14.13 亿亩，农村人口 9.69 亿人计算。这一推算得出的结果是偏低的，农业部经管司提供的数据表明，2013 年征用集体土地共涉及 212.7 万农户，761.6 万人口。

② 按照 2001 年 242.9 万人与 2013 年 221.4 万人的平均值 232.1 万人计算。

款等措施，一部分超生人口分到了土地，导致实际的无地人口数应该略小。

四是流动人口承包权与经营权分离。根据国家统计局的抽样调查结果，2014 年全国农民工总数达 2.74 亿，其中外出农民工总数达 1.68 亿。流动人口的土地权利的处理不仅关系到现有农村留驻人口是否能够适当扩大经营规模，也关系到流动人口是否能够通过处置农村的土地权益覆盖一部分城市定居成本的问题。

（四）土地确权与实施

2001 年年底，国土资源部下发了《关于依法加快集体土地所有权登记发证工作的通知》和《集体土地所有权调查技术规定》，农村土地确权工作才得以继续推进。2008 年《中共中央关于推进农村改革发展若干重大问题的决定》提出，搞好农村土地确权、登记、颁证工作，以进一步完善农村土地管理制度。2010 年中央 1 号文件指出，扩大农村土地承包经营权登记试点范围，保障必要的工作经费，并要求力争用 3 年时间把农村集体土地所有权证确认到每个具有所有权的农民集体经济组织。2015 年中央 1 号文件再次强调，对土地等资源性资产，重点是抓紧抓实土地承包经营权确权登记颁证工作，扩大整省推进试点范围，总体上要确地到户。并且，每年中央政策文件出台之后，国土资源部、农业部等部门出台相应的文件，各个相关部委，部分省（区、市）成立工作领导小组，落实或基本落实的经费达 20 多亿元，加快推进了农村土地确权工作。

自 2008 年《中共中央关于推进农村改革发展若干重大问题的决定》发布以来，我国农村集体土地确权登记发证工作取得积极进展。根据国土资源部统计数据，截至 2012 年 10 月，全国农村集体土地的确权颁证覆盖率已达 86%。其中广西、天津、海南、安徽等省市的确权颁证覆盖率已超 95%。近几年来，按照中央政府对集体土地确权的要求，土地承包经营权保障程度提高。据农业部统计，截至 2013 年，签订家庭承包合同的 2.23 亿户约占家庭承包经营的 2.30 亿户的 96.96%；颁发了土地承包经营权证的为 2.07 亿户，若以一份合同对应一份权证来算，约有 90%的农户拿到证书。

到 2015 年 2 月，全国开展土地承包经营权确权的县有 1 988 个，约占全国2 856个县的三分之二，涉及1.3万个乡镇、19.5万个村、3.3亿亩承包耕地。

二、土地流转与规模经营的进展

土地规模过小、细碎化程度高一直被认为是妨碍农业现代化的突出问题。土地流转不畅、制度不健全被认为是妨碍土地规模经营的重要因素。事实上，中央关于土地流转的政策一直是鼓励农户层次土地自愿、依法、有偿流转的。近年来，随着农村人口与劳动力非农化进程加快，农村土地流转也呈加快之势，并出现一些新特征。

（一）土地流转的特征

1. 土地流转明显提速

20世纪80年代初到90年代初，全国土地流转比例很小。根据农业部农村固定观察点调查资料，1984—1992年间完全没有转让过耕地的农户比例达93.8%，转让一部分耕地的农户比例仅为1.99%。到2003年时，土地流转比例有所提高。农业部农村固定观察点对全国东、中、西部20 842户的抽样调查显示，全国土地流转面积占总耕地面积的9.1%，其中，东、中、西部三大区域分别为9%、11.6%、3.86%。

2010年以来，全国土地流转面积呈现较快增长趋势，土地流转面积明显增加（见表9-4）。截至2014年年底，全国家庭承包耕地土地流转面积达到4.03亿亩，是2010年的2.16倍。土地流转面积占家庭承包耕地面积的30.32%，比2010年提高了15.65个百分点。分地区来看（见表9-5），中部地区的土地流转率最高，增长速度也最快，东部次之，西部最低，增长速度也最慢。到2013年年底，东部地区土地流转率达到26.06%，中部地区为30.64%，西部地区为19.53%，分别比2011年提高7.5%、10.44%、5.28%。土地流转率最高的几个省份分别是：上海65.81%，江苏56.96%，北京48.79%，浙江45.32%。

表 9－4　2010—2014 年土地流转率的变化

年份	2010	2011	2012	2013	2014
家庭承包耕地面积（亿亩）	12.73	12.77	13.1	13.27	13.29
土地流转面积（亿亩）	1.87	2.28	2.78	3.41	4.03
土地流转率	14.67%	17.85%	21.25%	25.70%	30.32%

表 9－5　2011 年与 2013 年东、中、西部土地流转率的变化

年份	2011			2013		
地区	东部	中部	西部	东部	中部	西部
家庭承包耕地面积（亿亩）	3.55	5.15	4.08	3.59	5.25	4.43
土地流转面积（亿亩）	0.66	1.04	0.58	0.94	1.61	0.86
土地流转率	18.56%	20.20%	14.25%	26.06%	30.64%	19.53%

2. 转包和出租仍是土地流转的主要形式

按照农业部的相关政策规定，耕地流转主要有转包、出租、股份合作、互换、转让和其他形式。2014 年，这五种类型的流转比例分别为 46.53%、33.17%、6.68%、5.94%、2.97%和 4.70%（见表 9－6）。以转包和出租形式流转的土地占流转耕地总面积的 79.7%，以这两种形式流转的耕地面积比 2010 年分别增长了 95.83%和 173.47%。

表 9－6　2010—2014 年土地流转形式的变化

年份		2010	2011	2012	2013	2014
转包	面积（亿亩）	0.96	1.16	1.37	1.6	1.88
	比例	51.61%	50.88%	49.28%	46.92%	46.53%
转让	面积（亿亩）	0.09	0.1	0.11	0.11	0.12
	比例	4.84%	4.39%	3.96%	3.23%	2.97%
互换	面积（亿亩）	0.1	0.15	0.18	0.21	0.24
	比例	5.38%	6.58%	6.47%	6.16%	5.94%
出租	面积（亿亩）	0.49	0.62	0.8	1.08	1.34
	比例	26.34%	27.19%	28.78%	31.67%	33.17%

续表

年份		2010	2011	2012	2013	2014
股份合作	面积（亿亩）	0.11	0.13	0.17	0.24	0.27
	比例	5.91%	5.70%	6.12%	7.04%	6.68%
其他形式	面积（亿亩）	0.11	0.12	0.15	0.17	0.19
	比例	5.91%	5.26%	5.40%	4.99%	4.70%

分地区来看（见表 9－7），无论是东部还是中、西部地区，转包和出租均是最主要的两种土地流转形式，2013 年以这两种形式流转的耕地分别占东、中、西部地区流转耕地的 75.69%、79.46%、79.93%，但中部地区的转包比例高，2011 年时超过土地流转面积的六成，2013 年时仍然占土地流转面积的一半以上，东部和西部地区转包的耕地仅占土地流转面积的不到四成；与此对应，中部地区以出租形式流转的耕地比例明显低于东部和西部地区，但从 2011 年到 2013 年，这一比例有所增加。值得注意的是，东部地区以股份合作形式流转的比例较高，超过土地流转面积的 10%，2013 年为 11.26%，而中、西部地区仅为 6.11%、3.81%。

表 9－7　2011 年与 2013 年东、中、西部流转形式的变化

年份		2011			2013		
地区		东部	中部	西部	东部	中部	西部
转包	面积（亿亩）	0.26	0.66	0.25	0.37	0.88	0.34
	比例	38.99%	63.29%	42.82%	39.77%	54.80%	39.81%
转让	面积（亿亩）	0.02	0.04	0.04	0.03	0.04	0.04
	比例	3.48%	3.62%	6.93%	2.80%	2.54%	5.11%
互换	面积（亿亩）	0.03	0.08	0.04	0.04	0.12	0.05
	比例	5.03%	7.48%	6.06%	4.63%	7.16%	6.05%
出租	面积（亿亩）	0.22	0.19	0.21	0.34	0.40	0.35
	比例	33.25%	18.33%	35.70%	35.92%	24.66%	40.12%
股份合作	面积（亿亩）	0.08	0.03	0.02	0.11	0.10	0.03
	比例	11.67%	2.99%	3.31%	11.26%	6.11%	3.81%

续表

年份		2011			2013		
地区		东部	中部	西部	东部	中部	西部
其他形式	面积（亿亩）	0.05	0.04	0.03	0.05	0.08	0.04
	比例	7.58%	4.28%	5.18%	5.62%	4.73%	5.09%

3. 流转耕地用于种植粮食作物的比例基本稳定但区域差异较大

2010—2014年，农户流转出的承包耕地中用于种植粮食作物的面积从1.03亿亩增加到2.29亿亩，占粮食作物比例从55.06%增加到56.82%（见表9-8）。在土地非粮化方面，各省程度不一。2013年，吉林和黑龙江的流转土地仍然主要用于粮食生产，分别高达91.23%和86.98%，主要产粮区的土地流转用于粮食生产的面积高于全国平均数，内蒙古为74.03%，江西为65.30%，安徽为69.21%，河南为65.08%。部分产粮区流转土地非粮化明显，流转土地用于非粮作物种植的比例，北京为88.83%，贵州为76.99%，海南为76.31%，广东为74.67%，云南为73.76%。

表9-8　2010—2014年流转土地用于粮食种植的面积与比例

年份	2010	2011	2012	2013	2014
粮食作物面积（亿亩）	1.03	1.25	1.56	1.93	2.29
粮食作物比例	55.06%	54.82%	56.12%	56.60%	56.82%

不同区域流转耕地用于粮食种植的比例差异较大（见表9-9）。中部地区流转的耕地主要用于粮食种植，超过土地流转面积的七成，而东部和西部地区流转土地非粮化情况较为严重，用于粮食种植的比例仅占土地流转面积的四成左右。

表9-9　2011年与2013年东、中、西部用于粮食种植的比例

年份	2011			2013		
地区	东部	中部	西部	东部	中部	西部
面积（亿亩）	0.24	0.74	0.27	0.38	1.17	0.38
比例	36.82%	71.20%	45.60%	40.29%	72.62%	44.11%

4. 土地流转合同签订率提高

由于土地流转向非农户等其他主体的情况增加，农户在土地流转时更加重视签订合同。截至 2014 年年底，全国流转出承包耕地的农户达 5 833 多万户，占家庭承包农户数的 25.34%，比 2010 年上升 10.82 个百分点；签订流转合同 0.42 亿份，涉及流转耕地面积为 2.69 亿亩，分别比 2010 年增长 108.10%和 154.49%；签订流转合同的占流转总面积的 66.75%，比 2010 年增加 10.14 个百分点。

（二）农户经营规模变化

伴随土地流转加快，农户经营土地的规模也在扩大。截至 2013 年年底，经营耕地 10 亩以下的农户有 2.26 亿户，占家庭承包户总数的 85.96%。经营耕地在 10 亩以上的农户已经占到 14.04%。在经营规模扩大的类别中，10～30 亩和 30～50 亩两个组别的比例最高，分别达到 10.28%和 2.55%，到 2014 年，经营 50 亩以下的农户仍占绝大多数（98.71%），与农区人地关系、技术条件及农民经营能力比较相称（见表 9-10）。

表 9-10　2010—2014 年农户经营耕地规模情况

年份		2010	2011	2012	2013	2014
10 亩以下	户数（万户）	22 390.6	22 659.3	22 531.2	22 666.4	26 210.5 万户（98.71%）
	比例	85.80%	85.94%	86.11%	85.96%	
10～30 亩	户数（万户）	2 824.9	2 819.3	2 742	2 711.8	
	比例	10.82%	10.69%	10.48%	10.28%	
30～50 亩	户数（万户）	609	611.4	603.6	673.6	
	比例	2.33%	2.32%	2.31%	2.55%	
50～100 亩	户数（万户）	201.1	197.1	204.9	225.8	235.4
	比例	0.77%	0.75%	0.78%	0.86%	0.89%
100～200 亩	户数（万户）	48.8	53.2	56.9	62.9	75
	比例	0.19%	0.20%	0.22%	0.24%	0.28%
200 亩以上	户数（万户）	23.3	25.7	25.7	28.9	31
	比例	0.09%	0.10%	0.10%	0.11%	0.12%

除此之外，另外几个经营规模较大的类别尽管占比不高，但农户数也不少，2014 年，经营耕地 50～100 亩的农户有 235.4 万户，经营规模在 100～200 亩的农户有 75 万户，经营规模在 200 亩以上的农户有 31 万户，在中国这样长期处于过小规模农业经营的国家出现如此多的适度规模农户，其对未来农业效率及收入分配的影响值得关注。

分地区来看（见表 9－11），2013 年东部和西部地区户均经营规模在 10 亩以上的占 10%～15%，中部地区接近 20%，其中，无论是东部还是中、西部，10 亩以上的户均经营规模均主要集中在 10～30 亩一组，分别占农户数的 8.46%、13.62%和 8.91%。

表 9－11　2011 年与 2013 年东、中、西部户均经营规模的变化

年份		2011			2013		
地区		东部	中部	西部	东部	中部	西部
10 亩以下	户数（万户）	8 911.2	6 896.5	6 851.6	9 565.1	7 026.1	6 075.2
	比例	89.30%	80.81%	87.25%	89.91%	80.69%	86.49%
10～30 亩	户数（万户）	892.2	1 240	687.1	900.1	1 186	625.8
	比例	8.94%	14.53%	8.75%	8.46%	13.62%	8.91%
30～50 亩	户数（万户）	141.6	246.5	223.3	122.5	327.4	223.8
	比例	1.42%	2.89%	2.84%	1.15%	3.76%	3.19%
50～100 亩	户数（万户）	21.8	108.9	66.4	34.1	116.8	74.8
	比例	0.22%	1.28%	0.85%	0.32%	1.34%	1.06%
100～200 亩	户数（万户）	6.1	27.2	19.9	10.4	33.7	18.7
	比例	0.06%	0.32%	0.25%	0.10%	0.39%	0.27%
200 亩以上	户数（万户）	6.2	14.7	4.8	6	17.2	5.6
	比例	0.06%	0.17%	0.06%	0.06%	0.20%	0.08%

（三）农村土地经营主体的变化

近年来，伴随着农村土地流转的迅速增长，农村土地的经营主体发生了巨大的变化。

从流转土地来看，农户仍是土地转入的主体（见表 9－12），但接包主体趋于多元化。2014 年，在全部流转耕地中，流入农户的耕地比例占 58.31%，农户仍然是接包土地的主体。但土地向其他主体流转的现象也大量存在，流入农民专业合作社的耕地占 21.84%，流入企业的耕地占 9.68%，流入其他主体的耕地占 10.17%。值得注意的是，与 2010 年相比，流入农户的耕地下降了 11.04 个百分点；流入农民专业合作社的耕地上升了 10.01 个百分点；流入企业的耕地上升了 1.62 个百分点；流入其他主体的耕地降低了 0.58 个百分点。

分地区来看，东部地区转入农户的耕地比例要低于中、西部地区，（见表 9－13）。2011—2013 年，中、西部地区流入农户的耕地比例也迅速下降，流入农民专业合作社与企业的耕地比例有所增加，其中，流入农民专业合作社的耕地比例分别增加了 9.69%和 5.34%。

表 9－12　2010—2014 年耕地流转转入主体

年份		2010	2011	2012	2013	2014
农户	面积（亿亩）	1.29	1.54	1.8	2.06	2.35
	比例	69.35%	67.54%	64.75%	60.41%	58.31%
农民专业合作社	面积（亿亩）	0.22	0.31	0.44	0.69	0.88
	比例	11.83%	13.60%	15.83%	20.23%	21.84%
企业	面积（亿亩）	0.15	0.19	0.25	0.32	0.39
	比例	8.06%	8.33%	8.99%	9.38%	9.68%
其他主体	面积（亿亩）	0.2	0.24	0.29	0.34	0.41
	比例	10.75%	10.53%	10.43%	9.97%	10.17%

表 9－13　2011 年与 2013 年东、中、西部耕地流转转入主体

年份		2011			2013		
地区		东部	中部	西部	东部	中部	西部
农户	面积（亿亩）	0.37	0.8	0.37	0.51	1.05	0.5
	比例	56.61%	76.51%	64.23%	54.31%	64.98%	58.01%
农民专业合作社	面积（亿亩）	0.11	0.14	0.05	0.2	0.37	0.13
	比例	17.38%	13.12%	9.41%	21.34%	22.81%	14.75%

续表

年份		2011			2013		
地区		东部	中部	西部	东部	中部	西部
企业	面积（亿亩）	0.06	0.05	0.07	0.1	0.1	0.12
	比例	9.86%	5.09%	12.55%	10.39%	6.27%	14.32%
其他主体	面积（亿亩）	0.11	0.05	0.08	0.13	0.1	0.11
	比例	16.16%	5.28%	13.81%	13.96%	5.93%	12.92%

从耕地的整体经营格局来看，农业经营的显著特征是从农户单一主体向农民专业合作社与企业等多主体转变。农户虽然仍然占据主导地位，但近年来农户的经营面积与比例都有所下降（见表 9－14），2010—2014 年，农户的耕地经营面积由 12.15 亿亩下降到 11.61 亿亩，下降了 0.54 亿亩，农户经营的比例则从 95.44%下降到 87.36%，下降了 8.08 个百分点。由农民专业合作社经营的耕地面积与比例均在快速上升，合作社经营的耕地面积从 2010 年的 0.22 亿亩增加到 2014 年的 0.88 亿亩，是原来的 4 倍，农民专业合作社经营的耕地面积比例则从 1.73%上升到 6.62%，上升了 4.89 个百分点。同一时期，由企业和其他主体经营的耕地面积也翻了一倍，由企业经营的耕地面积从 2010 年的 0.15 亿亩增加到 2014 年的 0.39 亿亩，占比则从 1.18%提高到了 2.93%，增长了 1.75 个百分点；由其他主体经营的耕地面积从 0.2 亿亩增加到 0.41 亿亩，占比则从 1.57%提高到 3.09%，增长了 1.52 个百分点。

表 9－14　2010—2014 年不同主体耕地经营面积与比例

年份		2010	2011	2012	2013	2014
农户	面积（亿亩）	12.15	12.03	12.12	11.92	11.61
	比例	95.44%	94.21%	92.52%	89.83%	87.36%
农民专业合作社	面积（亿亩）	0.22	0.31	0.44	0.69	0.88
	比例	1.73%	2.43%	3.36%	5.20%	6.62%
企业	面积（亿亩）	0.15	0.19	0.25	0.32	0.39
	比例	1.18%	1.49%	1.91%	2.41%	2.93%

续表

年份		2010	2011	2012	2013	2014
其他主体	面积（亿亩）	0.2	0.24	0.29	0.34	0.41
	比例	1.57%	1.88%	2.21%	2.56%	3.09%

分地区来看（见表 9－15），2013 年东部地区由农户经营的比例最低，中部次之，西部最高；东、中、西部都呈现农户经营比例下降，农民专业合作社、企业、其他主体经营比例上升的趋势。2011—2013 年，东部地区由农户经营的耕地比例从 91.83%下降到 88.02%，下降了 3.81 个百分点；由农民专业合作社经营的耕地比例从 3.10%上升到 5.57%，上升了 2.47 个百分点；由企业经营的耕地比例从 1.69%上升到 2.79%，上升了 1.1 个百分点；由其他主体经营的面积则从 3.10%上升到 3.62%，上升了 0.52 个百分点。中部地区由农户经营的耕地比例从 95.34%下降到 89.33%，下降了 6.01 个百分点；由农民专业合作社经营的比例则从 2.72%上升到 7.05%，上升了 4.33 个百分点；由企业和其他主体经营的比例都从 0.97%上升到 1.90%，上升了 0.93 个百分点。西部地区由农户经营的比例从 94.85%下降到 91.87%，下降了 2.98 个百分点；由农民专业合作社经营的耕地比例从 1.23%上升到 2.93%，上升了 1.7 个百分点；由企业经营的比例从 1.72%上升到 2.71%，上升了 0.99 个百分点；由其他主体经营的比例则从 1.96%上升到 2.48%，上升了 0.52 个百分点。

表 9－15　2011 年和 2013 年东、中、西部不同主体经营规模与比例

年份		2011			2013		
地区		东部	中部	西部	东部	中部	西部
农户	面积（亿亩）	3.26	4.91	3.87	3.16	4.69	4.07
	比例	91.83%	95.34%	94.85%	88.02%	89.33%	91.87%
农民专业合作社	面积（亿亩）	0.11	0.14	0.05	0.2	0.37	0.13
	比例	3.10%	2.72%	1.23%	5.57%	7.05%	2.93%
企业	面积（亿亩）	0.06	0.05	0.07	0.1	0.1	0.12
	比例	1.69%	0.97%	1.72%	2.79%	1.90%	2.71%

续表

年份		2011			2013		
地区		东部	中部	西部	东部	中部	西部
其他主体	面积（亿亩）	0.11	0.05	0.08	0.13	0.1	0.11
	比例	3.10%	0.97%	1.96%	3.62%	1.90%	2.48%

（四）土地流转与规模经营中存在的问题

一是土地流转不规范。土地流转市场尚未建立起来，土地流转大多是农户间自发进行的，采取口头协议进行土地流转的仍然占很大比例，流转过程不规范。流转地价的评定缺乏科学合理的标准，流转价格难以真实反映土地价值。有些农户之间的土地流转只有口头协商，没有签订书面合同。有的流转合同的转出方多是村或村土地合作社，而有经营权的农民没有书面委托，造成流转双方主体资格不明确。土地流转不规范使每年产生大量纠纷。据表 9－16 所示，2014 年产生土地流转纠纷 9.17 万件，比 2010 年上升 42.39%。在 2014 年的流转纠纷中，农户与农户之间的纠纷有 7.25 万件，比 2010 年增加 51.67%，占流转纠纷的 79.06%，这个占比比 2010 年增加 4.9 个百分点；农户与村组之间的纠纷有 1.02 万件，比 2010 年增加 2%，占流转纠纷的 11.12%，这个占比比 2010 年减少 4.34 个百分点；农户与其他主体间发生的流转纠纷有 0.89 万件，比 2010 年增加 32.84%，占流转纠纷的 9.71%，这个占比比 2010 年下降 0.69 个百分点。

表 9－16　2010—2014 年土地流转纠纷情况

年份		2010	2011	2012	2013	2014
农户与农户	数量（万件）	4.78	5.03	5.35	5.61	7.25
	比例	74.16%	74.30%	74.35%	75.50%	79.06%
农户与村组	数量（万件）	1	0.96	1.02	1.02	1.02
	比例	15.46%	14.18%	14.13%	13.73%	11.12%
农户与其他主体	数量（万件）	0.67	0.78	0.83	0.8	0.89
	比例	10.40%	11.52%	11.51%	10.77%	9.71%

续表

年份	2010	2011	2012	2013	2014
流转纠纷总计（万件）	6.44	6.77	7.2	7.43	9.17

二是部分土地流转后“非粮化”。近年来，随着土地承包经营权流转规模扩大、速度加快、流转对象和利益关系日趋多元，土地流转过程中逐步出现土地“非粮化”现象。在东部发达省份，土地流转后“非粮化”倾向更为明显。从目前农业生产效益情况看，粮食作物生产是农业生产经济效益较低的产品，流入土地的经营主体要承担流转土地租金成本，所以选择经济效益较高的生产经营项目才能实现其流转土地生产经济效益。因此，“非粮化”成为土地流转的基本动因和趋势。

三是土地经营规模不是越大越好。湖南省的调研表明，种粮大户除了普通农户面临的生产资料价格上涨困扰外，还要应对一些特殊困难。其一是地租快速上涨。2011 年与 2010 年的亩租金相比，珠江县松子社区从 400 斤谷价涨到 600 斤谷价；零陵区从 176 元涨到 233 元；新化县曹家镇从 160 元涨到 500 元；赫山区兰溪镇从 200 元涨到 580 元。桃源县深水港乡种粮大户黄爱军 2009 年以 145 元/亩租金租赁长湖村的 100 多亩水田，之后租金年年上涨，2010 年和 2011 年分别为 177 元和 240 元。其二是雇工费用高、请工难。从 5 县区 50 个种植 100～120 亩大户的情况看，2010 年户平均请工支出达到 37 180 元，2011 年早稻请工支出高达 20 129 元。株洲县种粮大户彭满珍租赁 3 380 亩种植水稻，请长工 30 多人，每月工资 1 400 元，在农忙时请工 60 多人，每日工资 120 元/人。近几年种粮大户在农忙时“请工难”极为普遍。5 县区种粮大户在晚稻栽插时因请不到工至少导致 5 000 亩水稻错过农时。工价上涨也是种粮大户的一块心病。2010 年请一天工 80 元左右，2011 年和 2012 年分别提高到 100 元和 120 元。规模经营的“度”很重要。在湖南的调查表明，一户 2 个劳动力经营规模为 30～100 亩较为适当，不但基本不用请工，还可以做到精耕细作，土地生产率和利用率大于 100 亩以上的大户。

我们基于国家统计局对抽样农户的调查的测算表明，在我国现行农业生产条件下，过度扩大农业经营规模反而不利于提高农业单产。根据土地播种面积将农户区分为大规模户和小规模户两类，播种面积大于中位数7.96亩的农户是大规模户，结果显示，大规模户的土地生产率为714.17元/亩，远低于小规模户的2 614.42元/亩（见表9-17）。

表9-17　不同经营规模农户的土地生产率

规模	平均值（元/亩）	标准差	频数
小规模户	2 614.42	40 578.05	171 697
大规模户	714.17	589.11	200 648
样本总计	1 590.42	27 574.58	372 345

大规模户的土地生产率更低至少有三方面的原因。一是大规模户土地面积是小规模户的5倍左右，而劳动力投入仅为1.5倍左右，大规模户单位土地的劳动力投入明显低于小规模户，大规模户人地比例更低。二是大规模户农业机械原值是小规模户的4倍左右，不足以完全弥补劳动力投入，这说明在农业机械化程度没有足够高的情况下，经营面积过大会摊薄单位土地上的劳动力投入。三是从种植结构来看，大规模户主要是产粮户，种植粮食的土地比例更高，78%的播种面积用于种植粮食，小规模户种植经济作物的土地比例更高，经济作物的附加值更高。

第三部分

农村土地转用的制度分析

第十章
中国土地管理制度的历史演进

土地是人类赖以生存和发展的最重要资源。两千多年前，孟子曾说：“诸侯之宝有三：土地，人民，政事。”《大学》说：“有人此有土，有土此有财，有财此有用。”被称为英国政治经济学之父的威廉·配第在300多年前也提出“土地为财富之母”的著名论断。土地制度是国家最基础的制度，是构成生产关系和一切经济关系的基础。一个好的土地制度具有稳定与发展的双重功能，通过维护土地占有与分配的公平，实现政治稳定与社会和谐；通过保护土地财产权，促进经济发展。自有人类社会以来，建立和完善与生产力发展相适应的土地制度就成为国家政治经济制度变迁的重要内容，并推动着社会的演化与发展。

一、中国土地管理制度的历史演变

（一）历史演变的基本脉络

与世界其他国家相比，中国的土地制度历史悠久而独特。我们的先人早在原始氏族公社时期，就已懂得利用土地种植谷物解决衣食问题。进入文明社会以后，随着国家的出现，氏族土地公有制演变为国有制，《诗经·小雅·北山》中所说的“溥天之下，莫非王土；率土之滨，莫非王臣”，就是这一时期土地制度的本质特征。西周时期，中国的土地制度是

“井田制”。土地所有权属于天子，诸侯大夫使用分封的土地，即所谓“溥天之下，莫非王土”。战国时期，商鞅变法，废井田，开阡陌，承认人民拥有私田，允许自由买卖，中国成为世界上最早出现土地私有制的国家。从秦汉至唐朝中叶，中国土地制度呈现国家均田与贵族占田并行即土地国家所有和私人所有并行的格局。西汉中期，朝廷采纳董仲舒的建议，对贵族豪强按照爵位等级限制其拥有的最高田亩数，以防止土地兼并。北魏和唐朝初期，推行均田制，农户按每个男性劳动力分得土地百亩，保证了土地较为平均地分配。以唐中叶的“两税法”为标志，中国土地制度进入新阶段。此后的王朝不再进行均田，国家土地所有制衰落，土地私有制占据支配地位。到宋代，中国已经进入了完全的土地私有制时期。国家税赋制度经“一条鞭法”和“摊丁入亩”改革后，变成完全的地亩税，国家仅靠赋税制度调整农民与地主、国家与地主的关系。土地市场高度发达，租佃关系日益发展，为近代资本主义因素的发育打下基础。

1911 年辛亥革命后，解决土地问题被作为仁人志士打开中国迈向现代化的钥匙，但没有如愿。19 世纪末 20 世纪初，中国民主革命的先驱孙中山先生提出了“三民主义”，其中民生主义的核心之一就是土地国有、耕者有其田和平均地权。国民党自建立国民政府后，也曾颁布《土地法》《土地法施行法》，着手进行土地制度改革，但其作为大地主大资产阶级利益的代表，为维护自身利益而未实行彻底的土地制度改革。直到 1949 年，平均地权的主张非但没能实现，土地问题反而比任何时期都严重。

中国共产党从一开始就把解决土地问题作为中国革命的中心问题。大革命失败后，中国共产党建立了农村根据地，在各根据地开展了以消灭封建地主土地所有制为主要内容的土地革命运动。在土地革命时期，提出“依靠贫雇农，联合中农，限制富农，保护中小工商业者，消灭地主阶级，变封建半封建的土地所有制为农民的土地所有制”的主张。在抗日战争时期，提出“地主减租减息、农民交租交息”，巩固了抗日民族统一战线。在解放战争时期，制定了《中国土地法大纲》，没收地主土地，废除封建剥削土地制度，实行耕者有其田的土地政策。中国共产党在解决土地问题上的成功成为取得政权的法宝，正如毛泽东 1936 年在延安回答美国记者埃德加·斯诺提问时所说："谁赢得了农民，谁就会赢得中国，谁能解决土地问题，谁就会赢得农民。"

（二）中华人民共和国成立以来土地管理制度的变迁

1949 年 10 月中华人民共和国成立后，党和政府始终把土地问题放在稳定与发展的重要位置，尤其重视土地立法及制度建设。在过去的几十年里，中国的土地管理制度的演进与国家经济社会发展变迁的脉络是一致的，在探索和实践中不断完善，在改革和创新中不断发展，形成了既适合中国国情又充分吸收世界文明成果的现代土地管理制度框架。

1. 1949—1952 年的国民经济恢复时期

在这一时期，中国颁布了具有宪法性质的《中国人民政治协商会议共同纲领》（1949 年）以及《中华人民共和国土地改革法》（1950 年）等重要法规。土地管理制度的核心是解决土地所有权问题。

通过这两部法律的实施，对旧中国的国有土地予以继受，对官僚、买办资产阶级拥有的土地予以没收，仅用三年时间就完成了现代史上人口规模最大的土地改革，废除了地主土地私有制，建立了农民土地所有制。3 亿多无地、少地农民获得了 7 亿多亩土地和其他生产资料，极大地调动了农民的生产积极性，农村生产水平与农民生活水平明显提高。

2. 1953—1977 年的社会主义改造和社会主义探索时期

在这一时期，中国颁布了第一部《中华人民共和国宪法》（1954 年），制定了《农业生产合作社示范章程草案》（1955 年）、《高级农业生产合作社示范章程》（1956 年）和《农村人民公社工作条例（修正草案）》（1961 年），出台了《国家建设征用土地办法》（1953 年）。土地管理制度的重点是确立农村集体土地所有制和建立国家建设征用土地制度。

在农村，中国 1954 年的宪法明确了国家依照法律保护农民的土地所有权和其他生产资料所有权。不久就经由互助组—初级社—高级社的农业合作化运动，基本完成了农村的社会主义改造，实现了农村土地私有制向公有制的转变。1958 年发动"一大、二公、三拉平"的人民公社化运动，推行土地所有制和农村生产与生活方式的冒进。1961 年后，退回到"三级所有、队为基础”的农村集体土地所有制，并由《农村人民公社工作条例（修正草案）》予以确立。与此同时，中国展开了大规模经济建设，推进国家工业化，国家建设征用土地问题凸显。《国家建设征用土地办法》明确了国家征用农民土地的目的和补偿安置原则。“国家为了公共利益的需要，可以依照法律规定的条件，对城乡土地和其他生产资料实行征购、征用或者收归国有”第一次被写入宪法。

3. 1978 年至今的改革开放时期

在这一时期，中国曾多次修订《中华人民共和国宪法》，颁布了中华人民共和国成立后的第一部《中华人民共和国土地管理法》，后又进行了全面修订，出台了《中华人民共和国城镇国有土地使用权出让和转让暂行条例》《中华人民共和国城市房地产管理法》《中华人民共和国物权法》《中华人民共和国农村土地承包法》《中华人民共和国民法典》等一系列法律、法规。中国土地管理进入制度化和法制化轨道，重点是形成和逐步完善了中国的现代土地管理制度。

1978—1986 年，中国形成了几项重大的土地管理制度。在农村废除了“政社合一”的人民公社体制，实行集体所有制下的农户家庭承包经营制度。1982 年修订的宪法第一次明确了城市土地属于国家所有、农村土地属于农民集体所有的两种所有制并存的法律架构；1986 年颁布的第一部《中华人民共和国土地管理法》进一步明确了“城市市区的土地属于全民所有即国家所有。农村和城市郊区的土地，除法律规定属于国家所有的以外，属于集体所有；宅基地和自留地、自留山，属于集体所有”的土地所有权基本架构，规定了国家建设用地和农村建设用地的取得和使用方式，明确了全国土地的集中统一管理和依靠土地利用总体规划管理建设用地的原则。

1987—1997 年，土地管理制度的重点是建立与社会主义市场经济相适应的城镇国有土地有偿出让制度。中国在计划经济时期长期实行的是无偿、无限期、不准转让的国有土地使用制度。深圳等城市国有土地使用权有偿出让试点取得成功，为推进城镇国有土地有偿使用制度提供了契机。1988 年修订的《中华人民共和国宪法》和《中华人民共和国土地管理法》

取消了土地不得出租的条款，明确土地的使用权可以依照法律的规定转让。继农村实行集体所有制下的土地承包使用制度改革后，中国城镇国有土地也实行了所有权与使用权相分离的制度。1990 年颁布的《中华人民共和国城镇国有土地使用权出让和转让暂行条例》和 1994 年颁布的《中华人民共和国城市房地产管理法》以及 1998 年修订的《中华人民共和国土地管理法》标志着中国城镇国有土地使用权出让、转让、出租、抵押的市场交易制度正式确立。城镇国有土地有偿使用制度的改革为实现土地所有者权益、显化国有土地资产价值、促进城市建设等发挥了重要作用。

1998 年至今，中国土地管理制度进入进一步完善时期。1998 年新修订的《中华人民共和国土地管理法》对土地管理和利用方式进行了重大改革。根据中国人多地少的基本国情，借鉴国外先进国家的土地管理经验，明确了以耕地保护为目标、以用途管制为手段、以土地利用总体规划为龙头的现代土地管理制度基本框架；建立了基本农田保护制度、建设占用耕地占补平衡制度和建设用地农转用审批制度，严格控制建设用地转用，切实保护耕地。进入 21 世纪，党中央又针对土地管理中出现的新情况、新问题，陆续出台相关文件，如《中共中央、国务院关于进一步加强土地管理切实保护耕地的通知》(中发〔1997〕11 号)、《国务院关于深化改革严格土地管理的决定》(国发〔2004〕28 号)、《国务院关于加强土地调控有关问题的通知》(国发〔2006〕31 号)、《国务院办公厅关于建立国家土地督察制度有关问题的通知》(国办发〔2006〕50 号)、《国务院关于促进节约集约用地的通知》(国发〔2008〕3 号)、《国务院办公厅关于严格执行有关农村集体建设用地法律和政策的通知》(国办发〔2007〕71 号)，强化严格依法管理，启动土地参与宏观调控，建立国家土地监察制度，提出实行“两个最严格”的土地制度（最严格的耕地保护制度和最严格的节约用地制度)，从而使中国的土地管理制度日趋完善。

在这一时期，中国土地权利法律建设也取得了历史性进展。2002 年出台的《中华人民共和国农村土地承包法》标志着对农村土地权利依法保护的实现；2007 年出台的《中华人民共和国物权法》标志着中国以土地等不动产为主的物权保障体系正式创立，中国的土地权利保障进入法制轨道。

总之，经过多年的努力，中国已建立起一套以宪法、民法典、土地管理法、森林法、草原法、环境保护法等法律法规组成的完整的土地法律体系；适合中国社会主义初级阶段和中国特色社会主义市场经济体制的现代土地管理制度框架基本形成；所确立的各项基本制度应当继续坚持，并在实践中不断丰富、完善和创新其实现形式。

二、中国现代土地管理制度的主要特点

（一）实行土地社会主义公有制为基础、两种所有制并存、所有权与使用权相分离的土地权利制度

土地制度是一个国家基本经济制度的重要组成部分，其制度特点受国家基本制度规制。例如，美国是实行私有制和联邦制的国家，58%的土地是私有土地，绝大部分森林、草地、保护地和沼泽等由联邦政府和州政府所有（分别为31%和10%），另外，城市政府拥有约1%的土地。按照中国宪法的规定，社会主义制度是中国的根本制度，生产资料的社会主义公有制是中国社会主义经济制度的基础，坚持公有制为主体、多种所有制经济共同发展是国家在社会主义初级阶段的基本经济制度。作为国家基本经济制度的重要组成部分，中国土地制度架构表现为：

第一，实行社会主义土地公有制。任何组织或者个人都不得侵占、买卖或者以其他形式非法转让土地。

第二，土地国有制和土地集体所有制并存。矿藏、水流、森林、山岭、草原、荒地、滩涂等自然资源属于国家所有；城市土地属于国家所有。农村和城市郊区的土地，除由法律规定属于国家所有的以外，属于集体所有；宅基地和自留地、自留山，属于集体所有；由法律规定属于集体所有的森林、山岭、草原、荒地、滩涂，属于集体所有。

第三，土地所有权与土地使用权相分离。农村土地（指农民集体所有和国家所有依法由农民集体使用的耕地、林地、草地，以及其他依法用于农业的土地）采取农村土地承包经营制度，赋予农民长期而有保障的土地使用权。国有土地实行在国家保留所有权前提下将土地使用权以一定年期

和租金出让给土地使用者的有偿使用制度。

第四，尊重和保护土地财产权。土地权利制度是土地制度的核心内容。对土地权利的合法保护能增进权利人使用土地的长期预期，促进经济发展和资源优化配置。长期以来，由于受计划经济体制和传统意识形态的束缚，中国对财产权保护不够，计划经济时期甚至不承认个人财产权，影响社会经济健康发展。改革开放以后，随着体制改革的深化和市场配置资源程度的加大，产权对经济发展的作用越来越大，人们的权利意识也不断觉醒和强化，完善社会主义市场经济体制也呼唤对权利的保障与保护。中国土地权利立法取得了巨大进展，构建起了宪法、民法典、农村土地承包法、土地管理法等规范土地权利的法律体系，在土地所有权不变的条件下，通过强化和保障土地用益物权（如土地承包经营权、宅基地使用权、建设用地使用权），保护了土地使用者的权利。

（二）耕地保护是中国土地管理制度的首要目标

在土地管理目标的确立上，中国与西方的历程不一样。西方市场经济国家的土地资源配置在经济发展和工业化、城市化进程中主要服从效率原则，政府对土地使用的干预很弱。到了 20 世纪 70 年代，随着生态保护主义的兴起，世界各国开始实行农村土地特别是耕地等自然资源的保护。中国由于人多地少、优质耕地不足、水土不匹配的基本国情，在工业化、城市化加速阶段就确立将粮食安全和耕地保护放在经济发展的首要地位。1998 年《中华人民共和国土地管理法》明确了土地管理的目标就是要加强土地管理，维护土地的社会主义公有制，保护、开发土地资源，合理利用土地，切实保护耕地，促进社会经济的可持续发展，提出十分珍惜、合理利用土地和切实保护耕地是我国的基本国策。通过基本农田保护制度、占用耕地补偿制度、土地开发整理复垦和落实耕地保护责任制度等一系列制度安排，中国实行了世界上最严格的耕地保护制度。2008 年中国提出 2020 年前全国耕地总量不得少于 18 亿亩的红线目标。

（三）建立了以土地用途管制为核心的土地管理体系

土地用途管制是世界土地管理制度较为完善的国家所采用的一种土地利用管理制度。日本、美国、加拿大等国家称之为“土地使用分区管制”，瑞典称之为“土地使用管制”，英国称之为“土地规划许可制”，法国、韩国称之为“建设开发许可制”。从这些国家的情况看，土地用途管制在合理利用土地资源，特别是耕地保护方面取得了良好效果。在计划经济时期和改革开放初期，中国土地管理主要依从所有制管制，国家为了经济建设，无偿调拨或以很低的补偿征用农民土地并将其转为国有。当1998年修订《中华人民共和国土地管理法》时，中国将西方证明行之有效的土地用途管制引进并写入法律。中国的土地用途管制是通过编制土地利用总体规划划定土地用途区域，确定土地使用限制条件，土地所有者、使用者严格按照国家确定的用途利用土地的制度。以土地用途管制为核心的土地管理体系主要包括四个内容：一是国家编制土地利用总体规划，规定土地用途，将土地分为农用地、建设用地和未利用地；二是规定土地利用总体规划的地位、作用及审批程序；三是严格限制农用地转为建设用地，控制建设用地总量，对耕地实行特殊保护；四是明确规定农用地转为建设用地的批准权限，适当集中征地审批权。

（四）实行土地集中统一为主的管理体制

纵观世界各国的土地管理体制，其演进都经历了一个由分权、分散多头管理向集权、集中统一管理转变的过程。中国的土地管理体制也是如此。1986年以前，中国的土地由多个行政主管部门分散、多头管理。在实行市场经济以后，“以块为主”的土地管理体制的弊端日益突出，造成土地管理失控，耕地锐减。由于特殊的国情和资源稀缺，中国于1986年确立了国务院土地管理部门主管全国土地的统一管理工作，县以上地方人民政府土地管理部门主管本行政区域内的土地统一管理工作，乡级人民政府负责本行政区域内的土地管理工作的全国城乡地政统一管理体制。1998年以后，又将全国土地统一管理扩展到矿产和海洋资源。2006年建立了国家土地总督察制度。至此，中国已经形成了对土地相对集中管理、自上而下监督的土地统一管理模式。但农地、林地、草原等仍由相关部门依照相关法律分别进行管理。

三、历史的重要启示

从中国两千多年土地制度的历史演变过程，我们得出以下几点启示：

（一）土地问题事关国家政治和社会稳定

土地问题始终与江山社稷和人民福祉息息相关，与社会安定和王朝更替紧密相连。以土地分配为核心的土地制度往往对一个国家的政治和社会稳定起着至关重要的作用。从史书记载来看，历代统治者无不关心小农的土地问题，他们看到只要农民有饭吃，社会就会稳定。在两千多年封建社会的发展过程中，国家十分注重利用土地政策维持政治稳定。战国时期，秦国采用商鞅的主张，推行以“开阡陌”为标志的授田制，使农业生产迅速发展，为秦国的崛起和统一六国奠定了基础。唐建朝初期，为了恢复隋末以来由于苛政和战乱受到严重破坏的农业生产力，政府大力推行均田制，从而带来了经济的复苏和繁荣。在隋至唐前期短短 100 多年间，先后出现过历史上少有的几个治国盛世，如开皇之治、贞观之治、开元之治等，这与当时的封建政府出台抑制兼并、轻徭薄赋、休养生息的土地政策分不开。在中国历史上也有不少因忽视土地问题或土地政策失误而导致的灾难性后果，历代王朝的中晚期总伴有较大规模的农民起义，这些农民军的主力几乎都是流民，而大批流民的产生恰恰缘于土地问题。当土地兼并加剧造成生计线下的流民增加时，一旦有什么风吹草动，如兵变、外患、自然灾难发生，流民参与反抗就成为压垮骆驼的最后一根稻草，致使王朝走向灭亡。中华人民共和国成立以后，我们在土地问题上也有成功经验和失败教训。中华人民共和国成立初期的土地制度改革和 20 世纪 70 年代末的农村土地承包责任制改革都带来了农业生产力的解放；而 20 世纪 50 年代末的人民公社化运动则造成了农业生产力的破坏。总之，土地问题事关国家政治和社会稳定，土地制度对社会稳定和发展起着重要的促进或制约作用，必须引起高度重视。

（二）处理好土地利益分配关系是事关社会稳定与发展的重大问题

土地问题极其复杂，其中一项重要内容就是土地利益分配问题，它是导致历朝更替的一个重要因素。从历史来看，土地利益分配问题一是土地本身的分配，即地权问题；二是土地所产生的农产品的分配，即地租问题。从基本关系来看，一方面，国家的统治依赖豪族地主的支持，但是豪族地主与国家之间的利益也存在冲突；另一方面，国家和地主的开支依靠农民的赋税，当农民的负担超过自身的承受力时，又会形成政治不稳定因素。历史上，豪族地主的特权是法律明文规定的。但是，豪族地主一般将大量的地产及人口隐匿于私门，造成国家税收减少，利益受损。不仅如此，豪族地主往往还利用其强势地位剥夺农民的利益，进行土地兼并，将负担转嫁给自耕农。自耕农在无力负担时变成流民，反过来又加重了国家维持秩序的负担。因此，中国历史上的有为之君都善于处理好土地利益分配关系，在抑制豪族地主的同时，也会对农民实行安抚，达到利益均衡。曹魏屯田时朝堂上的语言表述就是“宜顺其意”；北魏实行均田制时君臣议政，则曰“因民之欲”。“民惟邦本，本固邦宁”是中国古代政治哲学中最早也是最精彩的表述，这种精神也贯穿于土地法制之中。自中华人民共和国成立以来，中国政府在处理国家与农民土地利益关系上也有值得总结的经验和教训。在传统计划经济时期，国家通过实行统购统销和农产品价格“剪刀差”，为国家工业化提供积累。进入 21 世纪以后，中国政府取消了中国存在了几千年的“皇粮国税”，农民收入增加，促进了农村社会的稳定。随着工业化、城市化的加速，土地增值收益增加带来新的土地利益分配问题，必须予以高度重视。

（三）土地管理制度对经济发展起重要支撑作用

中华民族是一个悠久、独立的农业文明国家。在农业文明时期，中国曾是世界上少数几个先进、发达的国家之一。而农业文明的发达又与中国的土地管理制度密切相关。中国是世界上最早进行土地登记、产权保护和实施土地管理立法的国家。早在公元前 2 000 多年的夏禹时代，就已有“九州”各地的土地调查；至西周时在青铜器彝器铭文中，便有土田的数字可稽；春秋中叶以后，鲁、楚、郑三国先后进行过田赋和土地调查；从战国开始，土地私有制通过法律确定下来；自秦汉开始，一家一户的小农经济作为中国农业的基本单位，在法律上得到确认，并逐步占据主导地位；唐中叶尤其是宋代以后，私有土地日益发达，地籍逐渐取得和户籍平行的地位；从明代中叶“一条鞭法”以后，鱼鳞图册成为征派赋役和地籍管理的主要根据。历代王朝编户籍和地籍的直接目的是征兵、征税，地籍也起到了保护土地产权的作用。在当时的历史条件下，这种以家庭为基础、产权明晰的土地制度，有利于保护农民的生产积极性，也有利于优化资源配置，与西欧封建社会的领主制经济形成了鲜明对照。从宋代到清中叶是中国农业经济发展的顶峰，经济总量和人民生活水平一直位于世界前列。20 世纪 80 年代初实行农村家庭联产承包责任制拉开了中国改革开放的大幕，在法律上将家庭承包经营制度确立为中国的基本经营制度。依法保护农民土地产权为促进中国农村经济发展和社会稳定起到了基础作用。

（四）人地矛盾是制约中国土地管理制度与经济发展的长期因素

中国国土面积虽然广阔，但可利用地缺乏和人口过快增长，导致人均耕地少，人地矛盾始终存在。先秦韩非子就发现“今人有五子不为多，子又有五子，大父未死而有二十五孙”，导致“人民众而货财寡，事力劳而供养薄”。中国 2 000 多年的农业文明刺激了人口增长。春秋战国时期人口即突破 2 000 万；西汉年间人口曾达到 6 000 万；从唐中叶开始，其间尽管因大动乱或改朝换代出现人口增减循环，但人口增长导致中国人均耕地面积的总体变化趋势是下降的；北宋时期人口突破 1 亿；明代人口达到 1.4 亿；清代人口突破 4 亿大关。自清乾隆六年（1741 年）以后，中国人口即以每隔 25～45 年递增 1 倍的速度持续高速增长；人口对土地的压力，自民国初年开始更加严重。中国自明清以来因为各主要河流流域的核心地区人口已经基本饱和，人口的持续增加要么导致向边缘地区移民，要么导致核心地区在报酬递减的情况下农业生产进一步劳动密集化。前者导致过度垦荒，造成资源过度开发和生态问题。后者造成一个个家庭农场为生存需要而在土地上继续投入劳动力，直到边际报酬下降至近乎为零，造成农民贫困。另外，在中国历史上，由于长期实行重农抑商政策，国家也失去了通过现代工业文明化解人口压力的机会。在传统农业的视角下解决农民问题，只能是陷入人地之间的恶性循环，使中国在近代以后与世界发展的差距加大。在集体化时期，由于人口被束缚在土地上，农业内卷化加重，农民陷入贫困。改革开放以来，随着工业化、城市化的加速推进，农业劳动者非农化进程的加快，以及中国人口生育率的变化，中国正逢化解人口压力阻滞现代化的难得机遇。但是，工业化、城市化加速和人口大量非农化也带来资源功能性矛盾加大，并成为中国在全面建设小康社会过程中面临的突出问题。

第十一章
中国的二元土地权利制度与土地市场残缺

中国实行的是城乡分治、政府垄断城市土地一级市场的土地制度。这种独特的二元土地制度为20世纪90年代末以来的高速工业化和快速城市化作出了重大贡献，但也带来土地市场发育不完善、农民土地财产权利被侵犯和土地利益矛盾加剧等问题。本章将回顾这种二元土地制度框架的形成过程及主要特征。

一、土地制度变革对中国经济增长的贡献

改革开放以来，中国经济保持了连续的高速增长，被称为“中国奇迹”。是哪些因素创造了“中国奇迹”？理论界可以从不同角度来分析，可以有各种假说和检验。在我们看来，国民经济格局所发生的每一次重大变化，土地制度变革都功不可没，在其中扮演了重要角色，它是中国经济高速增长的发动机。

20世纪70年代末至80年代中期，以包产到户为特征的农村土地制度改革在贫困地区发轫，由农民和基层主动创造，地方及中央政府倡导改革的领导人予以支持，短短几年时间在全国普遍化。包产到户改革在保持集体所有权的前提下，由农户替代生产队成为农业生产和收入分配的基本单位；形成“交够国家的，留足集体的，剩下都是自己的”合约结构，让农民获得剩余索取权，彻底改变了传统集体所有制激励低下、

分配上的平均主义挫伤农民积极性的状况，带来了农业生产超常规增长和农民收入大幅提高，带来了农民命运的改变和农业经济社会结构的根本变化。农村土地制度改革拉开了中国改革的序幕，开启了中国经济增长的闸门，也引发了中国经济、社会和政治结构的深刻变革。

20 世纪 80 年代中期至 90 年代末期，面对包产到户制度效应减弱和大量剩余劳动力从农业中释放出来的局面，中央政策鼓励农民利用集体土地创办乡镇企业。1985—1997 年，集体建设用地每年使用量超过同期国有建设用地使用量。农民集体土地主动进入非农用地市场，创造了乡镇企业异军突起的奇迹，使中国的工业化进程进入快速道。农村工业化成为这一时期国民经济成长的主要力量，根本改变了国民经济以国有经济为主、工业化以国家工业化为主导的发展格局。

自 1998 年以来，中国经济的高增长靠高速的工业化和快速的城市化两个引擎拉动，土地更是成为这两个引擎的发动机。地方政府通过低价征用农民土地，以创办园区、土地的协议出让（地价成本甚至为零）推进了高速的工业化；利用对土地一级市场的垄断和经营性用地的市场化出让，依靠土地出让收入和土地抵押融资推动了快速的城市化。

另外，随着出口导向战略的实施，中国经济全面融入全球经济。沿海发达地区（尤其珠三角和长三角）成为中国经济高速成长的主角。这些地区大量集体建设用地进入市场，支持中国成为“世界制造工厂”。在 1998 年《中华人民共和国土地管理法》颁布后，在国家对土地用途的管制和严格保护耕地的政策下，珠三角和长三角能形成“世界制造工厂”，正是得益于将近一半的集体存量建设用地投进市场。

二、改革以来中国二元土地制度的形成与强化

（一）中国农村土地产权与市场发展：朝向物权化

1. 农村土地政策和法律的演进

对中国的农村土地政策自 20 世纪 80 年代初实行家庭联产承包责任制以来的政策演进，2007 年的中央 1 号文件用四句话进行了最准确的概括，

那就是："坚持农村基本经营制度，稳定土地承包关系，规范土地承包经营权流转，加快征地制度改革。"第一，强调和强化农户的主体地位。1982 年的中央 1 号文件明确肯定了包产到户、包干到户不同于合作化以前的小私有的个体经济，而是社会主义农业经济的组成部分。《中华人民共和国宪法》规定，农村集体经济组织实行家庭承包经营为基础、统分结合的双层经营体制，这是农村的基本经营体制。中央的历次 1 号文件再三表明了这一点。自进入 21 世纪以来，中央政策文件更是明确了确权到户和保护农户产权，如 2000 年中央政策文件就强调要加强土地承包管理，重点是建立健全承包合同的各项管理制度，建立合同档案，土地承包经营权证书尽快发放到户。2002 年中央政策文件的提法更为明确，即承包地面积、地块全部落实到户，为期 30 年的承包经营合同全部签订到户，土地承包经营权证书全部发放到户。按照依法、自愿、有偿的原则，加强对农村土地流转的引导和管理，严禁强行收回农户承包地搞土地集中。而 2002 年通过并于 2003 年起实施的《中华人民共和国农村土地承包法》则以法律的形式将农民的土地权利确立下来，该法总则开宗明义："为稳定和完善以家庭承包经营为基础、统分结合的双层经营体制，赋予农民长期而有保障的土地使用权"。党的十七届三中全会提出要完善土地承包经营权权能，更加充分地保障农民对土地的占有、使用、收益等权利。

第二，延长土地承包期，稳定农户对土地的预期。1984 年的中央 1 号文件确定了承包给农民的土地 15 年不变，到 1993 年的 11 号文件，又提出将承包期延长到 30 年不变，稳定了农户对土地的预期。2002 年通过的《中华人民共和国农村土地承包法》则在法律上明确了"耕地的承包期为三十年，草地的承包期为三十年至五十年。林地的承包期为三十年至七十年"。这个法律的另一个重要内容是规定"承包期内，发包方不得收回承包地"，这就在法律上明确了承包期 30 年不变不仅仅是指家庭联产承包责任制这一制度 30 年不变，而且包含承包期内农户所承包的地块不变。党的十七届三中全会提出现有土地承包关系要保持稳定并长久不变，将长期改为长久，意味着土地承包制度从一种有期限的土地制度变为无期限的土地制度。

第三，形成农地承包经营权流转的基本规范。1984 年的中央 1 号文件就明确了允许农户承包地可以自愿转包。2001 年的中央 18 号文件更是对土地流转的主体和原则作了明确规定。这份文件重申了农户承包地使用权流转要在长期稳定家庭承包经营制度的前提下进行，提出了农户承包地使用权流转必须坚持依法、自愿、有偿的原则，强调土地流转要按照有关法律法规和中央的政策进行。在承包期内，村集体经济组织无权单方面解除土地承包合同，也不能用少数服从多数的办法强迫农户放弃承包权或改变承包合同。不准收回农户的承包地搞招标承包，不准将农户的承包地收回抵顶欠款，不准借土地流转改变土地所有权和农业用途。流转期限不得超过农户承包土地的剩余承包期。土地流转的主体是农户，土地使用权流转必须建立在农户自愿的基础上。在承包期内，农户对承包的土地有自主的使用权、收益权和流转权，有权依法自主决定承包地是否流转和流转的形式。这是农民拥有长期而有保障的土地使用权的具体体现。任何组织和个人不得强迫农户流转土地，也不得阻碍农户依法流转土地。由乡镇政府或村级组织出面租赁农户的承包地再进行转租或发包的"反租倒包"，不符合家庭承包经营制度，应予制止。《中华人民共和国农村土地承包法》则明文规定，通过家庭承包取得的土地承包经营权可以依法采取转包、出租、互换、转让或者其他方式流转。土地承包经营权流转应当遵循平等协商、自愿、有偿的原则，任何组织和个人都不得强迫或者阻碍承包方进行土地承包经营权流转。党的十七届三中全会明确提出要建立土地承包经营权流转市场，完善服务和中介管理，搭建流转平台。

2. 农村土地制度的基本框架和权利体系

中国的农村土地产权制度改革被公认为世界上成功的土地制度改革典范。它通过农户替代生产队成为生产、经营决策的基本单位，以及在不改变土地集体所有制属性下，赋予农户对农地的使用权、收益权和转让权，为农业生产、农民收入增长和农村稳定打下了制度基础。自 20 世纪 80 年代以来，中央政府通过历年关于农村工作的 1 号文件、几份强化农民土地承包经营权和自主权的文件、《中华人民共和国农村土地承包法》、《中华人民共和国物权法》以及后来通过的《中华人民共和国民法典》，形成中国农村土地产权和农村土地市场发展的如下基本政策和法律规范：

（1）承包经营权从债权到明确为物权。在《中华人民共和国农村土地承包法》颁布实施之前，土地承包权是使用权，即佃权，在《中华人民共和国土地管理法》中就将其作为债权对待。《中华人民共和国农村土地承包法》《中华人民共和国物权法》《中华人民共和国民法典》对农民土地权利的认定取得了实质性进展，承包经营权具有了物权的性质。

（2）通过不断延长承包期限，稳定农民土地预期。在刚开始实行家庭承包时，很多地方规定为 5 年，到 1984 年明确提出为 15 年，1997 年又从 15 年延长到 30 年。《中华人民共和国民法典》第三百三十二条规定："耕地的承包期为三十年。草地的承包期为三十年至五十年。林地的承包期为三十年至七十年。前款规定的承包期限届满，由土地承包经营权人依照农村土地承包的法律规定继续承包。"

（3）对承、发包方的权利和义务作出了明确规定，直到其立法意向明确为限制发包方的权利，保证承包方的权利。在《中华人民共和国农村土地承包法》之前，地方政府和集体经济组织往往以各种名目干预农户承包经营权，如为推行农业产业化收回农民承包地，"大稳定、小调整"等。《中华人民共和国农村土地承包法》和《中华人民共和国民法典》都明确规定，承包期内发包方不得收回承包地和不得调整承包地。

（4）确立了承包经营的实施程序，启动了土地承包经营权的登记发证程序。《中华人民共和国民法典》第三百三十三条对土地承包经营权的设立以及通过发放土地承包经营权证等证书并登记造册进行确认等内容进行了规定，促进了建立土地产权的基础设施的完善。

（5）明确了承包方享有农村土地农用范围内的土地经营权流转权利，明确了土地经营权的权利内涵。20 世纪 80 年代中期以后的中央历次文件就强调要加强农村土地经营权的流转，2001 年的中央 18 号文件更是明确了农户承包地使用权流转要在自愿、有偿的基础上由农户自主进行。《中华人民共和国民法典》第三百三十九条明确规定"土地承包经营权人可以自主决定依法采取出租、入股或者其他方式向他人流转土地经营权"，第三百四十条明确了土地经营权包含对土地的占有、使用和收益权等内容，

第三百四十二条强调了土地经营权可以通过出租、入股、抵押等方式进行再次流转。

（二）中国农村土地非农化市场发展：朝向地方政府利益最大化

与农村土地物权化方向相比，农村土地的非农化则朝向另一个方向，即地方政府利益最大化的方向。

1. 农村土地非农化的政策制约

第一，严格控制耕地转为非耕地，实行严格的耕地保护制度。1998 年通过的《中华人民共和国土地管理法》，旨在通过土地用途管制，制定土地利用总体规划，以及上收基本农田审批权和实行“占一补一”的耕地动态总量平衡制度，来落实最严格的耕地保护制度。2004 年，国务院又发 28 号文件，重申严格执行土地管理法律法规；严格依照法定权限审批土地；严格执行占用耕地补偿制度；加强土地利用总体规划、城市总体规划、村庄和集镇规划的实施管理。2006 年国务院又在 28 号文件基础上发布 31 号文件，进一步明确土地管理和耕地保护的责任，提出地方各级人民政府主要负责人应对本行政区域内耕地保有量、基本农田保护面积、土地利用总体规划和年度计划执行情况负总责。

第二，形成农村土地非农化的政府垄断。1998 年修订的《中华人民共和国土地管理法》旨在：（1）对农地转用实行指令性计划管理；（2）严格土地的转用审批；（3）征地成为农村土地转为建设用地的唯一方式；（4）对农民土地按原用途的倍数补偿。

第三，农村集体建设用地市场从敞开进入转为灰色领域。20 世纪 80 年代中期以前政府鼓励农民使用集体建设用地从事非农产业，90 年代初政府开始关闭集体建设用地市场，1998 年《中华人民共和国土地管理法》规定了农民使用集体建设用地作为国家征用以外的一个途径。

2. 农村土地非农化政策的基本框架

从 1982 年发布的《国家建设征用土地条例》，到 1998 年修订的《中华人民共和国土地管理法》及其实施条例，再到近几年出台的相关政策，基本精神越来越强化以下两点：一是农村土地转为非农地的决策者和操控者是各级政府机构，而不是农地权属的主体；二是严格控制农村土地转为非农用地。在2003年提出土地参与宏观调控后，政府对土地市场的控制更是到了全面实施严格计划控制的地步。农村土地转为非农地的政策主要有以下几个方面：

（1）对农村土地转用实行指令性计划管理。编制土地利用总体规划，对土地转用实现总量控制，把村庄和集镇的土地转用纳入规划管理，发布和实施《土地利用年度计划管理办法》，对农用地转用计划指标实行指令性管理，不得突破。没有农用地转用计划指标的，不得批准农用地转用。

（2）严格土地转用的行政审批。1998年《中华人民共和国土地管理法》第四十四条第一款规定："建设占用土地，涉及农用地转为建设用地的，应当办理农用地转用审批手续。"关于审批的权限，有如下规定：省、自治区、直辖市政府批准的道路、管线工程和大型基础设施建设项目、国务院批准的建设项目，涉及农用地转为建设用地的，由国务院批准。在土地利用总体规划确定的城市和村庄、集镇建设用地规模范围内，为实施该规划而将农用地转为建设用地的，按土地利用年度计划分批次由原批准土地利用总体规划的机关批准。在批准的农用地转用范围内，具体建设项目用地可以由市、县政府批准。对于征收基本农田超过35公顷、基本农田以外的耕地超过70公顷的，由国务院批准。此外，我国还颁布实施了《建设项目用地预审管理办法》，未经预审或者预审未通过的，不得批准农用地转用、土地征收，不得办理供地手续。

（3）农村土地转为非农业用地的国家唯一征用倾向。1998年《中华人民共和国土地管理法》第四十三条规定，"任何单位和个人进行建设，需要使用土地的，必须依法申请使用国有土地"，"依法申请使用的国有土地包括国家所有的土地和国家征用的原属于农民集体所有的土地"。这就是说，农村土地转为非农业用地必须经过国家征用，先进行土地变性，由集体地权变为国有产权，方能用于非农业建设。这一规定的实质就是通过土地转用缩小集体地权，扩大和实现土地的国有化。

（4）农民对集体建设用地的使用保留在狭小的空间内。1998年《中华人民共和国土地管理法》第四十三条设置了例外条款，规定“兴办乡镇企业和村民建设住宅经依法批准使用本集体经济组织农民集体所有的土地的，或者乡（镇）村公共设施和公益事业建设经依法批准使用农民集体所有的土地的除外”。但与此同时，对这个例外条款也作了严格限定：“农民集体所有的土地的使用权不得出让、转让或者出租用于非农业建设；但是，符合土地利用总体规划并依法取得建设用地的企业，因破产、兼并等情形致使土地使用权依法发生转移的除外。”近几年，由于担心集体建设用地的流转影响耕地保护，所以将“以租代征”① 视作违法，严加禁止。

（5）建设用地的供给差异化政策。农地转用后的供地方式有划拨和出让两种，采取划拨方式的有，国家机关用地和军事用地，城市基础设施用地和公益事业用地，国家重点建设的能源、交通、水利等基础设施用地和法律、行政法规规定的其他用地。除此以外，其他建设用地均采取出让等有偿使用方式。

（6）土地增值收益归政府。国家依法实施土地有偿使用制度，建设单位需交纳土地使用权出让金等土地有偿使用费和其他费用。鉴于土地使用费较低造成土地的无效使用，2006 年国家把土地有偿使用费的标准提高了 1 倍，同时把城镇土地使用税提高了 2 倍，并将外资企业纳入城镇土地使用税的征税范围。新增建设用地土地有偿使用费由中央和地方分享，30％上缴中央财政，70％留给有关地方政府，都专项用于耕地开发。城镇土地使用税 50％上缴中央财政，50％留给地方分配。

3. 国有建设用地市场的演进

由于二元土地制度和权利体系的存在，中国土地市场的发展也被分割成完全隔离的两个市场。国有建设用地使用市场从无偿到有偿。改革之前，中国实行的是土地供应无偿、无限期流动的制度，1986 年的《中华人

---

① 见 2006 年 8 月 31 日颁发的《国务院关于加强土地调控有关问题的通知》。另据新华社 2007 年 3 月 20 日讯，国土资源部执法监察局局长张新宝指出，地方政府主导、“以租代征”仍是当前主要的土地违法形式。“村组集体非法出租土地、变相买卖土地现象增多，有村组集体自己出租，有企业到村组租赁，也有政府从农民那里租地后再出租给企业。”据张新宝介绍，2006 年，全国共查处村组集体土地违法案件 7 316 件，涉及土地面积 9 100 多公顷，同比分别上升 51.1％和 119.8％。

民共和国土地管理法》规定了行政划拨和有偿出让两种形式并行的土地使用模式。1987 年 11 月，国务院批准确定在深圳、上海、天津、广州、厦门、福州进行土地使用改革试点。1987 年 12 月 1 日，深圳市首次公开拍卖一个 8 588 平方米地块 50 年的使用权，土地使用权在中国第一次作为资产进入市场，并且首开国有土地使用权招标拍卖的先河。1988 年 4 月，全国人大对《中华人民共和国宪法》进行了修订，在删除土地不得出租规定的同时，增加了土地的使用权可以依法转让的规定。1990 年 5 月国务院发布了《中华人民共和国城镇国有土地使用权出让和转让暂行条例》，明确规定土地使用权出让可以采用协议、招标和拍卖三种方式。1998 年 8 月颁布了修订后的《中华人民共和国土地管理法》，从此，全国多数城市和地区的土地都采取了有偿出让的方式。自那以后，广东、江苏、浙江等市场经济发育程度较高的地区对土地市场建设展开了积极探索，广东、浙江等省确定了经营性用地一律招标拍卖的制度，这些做法得到了国土资源部的充分支持，1998 年国土资源部转发了《广东省城镇国有土地使用权公开招标拍卖管理办法》，1999 年 1 月，国土资源部下发了《关于进一步推行招标拍卖出让国有土地使用权的通知》。2000 年 1 月 6 日，国土资源部颁布了《国土资源部关于建立土地有形市场促进土地使用权规范交易的通知》，建立健全了土地交易管理制度，规范了有形市场运作。2001 年，国务院发布 15 号文件《国务院关于加强国有土地资产管理的通知》，有针对性地从严格控制建设用地供应总量、严格实行国有土地有偿使用制度、大力推行招标拍卖、加强土地使用权转让管理、加强地价管理和规范土地审批的行政行为等六个方面提出了具体的要求，土地有形市场、土地基准地价、信息公开制度等，也开始在全国许多县（市）建立起来。2002 年 5 月国土资源部出台 11 号令，大力推行招拍挂制度，规定商业、旅游、娱乐和商品住宅等各类经营性用地必须以招标、拍卖或者挂牌方式出让，严禁这类土地协议出让。这项变革被业内外称为一项重大的“土地革命”。通过招标拍卖挂牌出让土地使用权制度的确立，一个公开、公平、公正的土地市场大环境形成并迅速成熟。土地交易从“桌下”转到“桌上”，阳光交易更加公平，防止了国有资产流失，预防了土地交易中可能出现的腐败，还为政府赢得了大量建设资金。全国招拍挂出让土地的面积和价款分别从 2001 年的 0.66 万公顷、492 亿元，提高到 2006 年的 6.65 万公顷、5 492 亿元。自 2004 年 8 月起，从严查处协议出让经营性土地的行为。2006 年 9 月，规定工业用地必须以招拍挂方式进行出让，出让价格不得低于公布的最低价标准。2007 年 10 月，国土资源部出台 39 号令，对国有建设用地使用权出让的一些重要环节作了新的规定，这些规定更加符合物权法等有关法律法规的精神，更加精确，旨在引导建设用地市场更规范、更健康地发展。由此带来土地出让收入飞涨。

4. 探索征地制度改革

面对土地征用制度带来的大量弊端，2003 年中央政策文件提出，要加强土地利用总体规划和城镇建设规划的管制，禁止随意修改规划，滥占耕地。要区分公益性用地和经营性用地，合理确定补偿标准，妥善安置农民。有关部门在调查研究的基础上，进一步完善农村土地征用办法，逐步建立符合社会主义市场经济要求，有利于经济社会协调发展，有利于保护耕地、保护农民利益的土地征用制度。

2004 年的中央 1 号文件则更明确提出要“加快土地征用制度改革。各级政府要切实落实最严格的耕地保护制度，按照保障农民权益、控制征地规模的原则，严格遵守对非农占地的审批权限和审批程序，严格执行土地利用总体规划。要严格区分公益性用地和经营性用地，明确界定政府土地征用权和征用范围。完善土地征用程序和补偿机制，提高补偿标准，改进分配办法，妥善安置失地农民，并为他们提供社会保障。积极探索集体非农建设用地进入市场的途径和办法”。

党的十七届三中全会又提出了一些新的改革举措，包括：明确提出了要严格界定公益性和经营性建设用地，这就为缩小征地范围，真正实现按公益性目的征地提供了前提；提出了对失地农民权利补偿原则，依法征收农村集体土地，按照同地同价原则及时足额给农村集体组织和农民合理补偿，这意味着下一步征地制度改革将迈出重要一步，即对失地农民的补偿从现行的按农业用途的产值补偿转向按权益补偿，以及对失地农民的安置转向包括就业、住房、社保等的全面保障。

三、简短的评论与结论

从以上的梳理来看，农村土地政策越来越朝向强化产权保护和农村土地市场化的方向演进，明确了土地承包经营权的物权性质，强化了承包农户的市场流转主体地位，并对地方政府和集体经济组织施加了许多干预农户产权的限制。但是，由于土地用于非农业经营的权利受到现行法律限制，政策和法律对农村土地产权的保护和市场化的方向也局限在农村土地农用范围之内。相比之下，中国的农村土地非农化政策是一种国家高度垄断和政府全面管制的计划经济政策。农村集体建设用地需要纳入国家计划，并经有关政府部门审批。城镇建设使用农村土地由政府划拨和征用，征用来的土地由政府出让给建设单位。划拨和征用的土地均按农村土地原用途进行补偿，有偿出让土地的收入全部归政府所有，在不同层级政府间分配。可见，同是土地，仅仅由于农用和非农用的用途不同，其所蕴含的权益完全不同，其运作的规则也完全两样。农民基本被排在农村土地的非农用用途之外，或者说，对于农村土地的非农业使用，村集体和农民的决策权受到很大的限制，其收益权也无法得到保障。

中国经济社会发展正处于关键期，土地政策的改革对于中国经济的可持续发展和社会和谐起着关键作用，必须根本改革现行土地制度，着力推行土地的市场化。核心是改变土地政策二元分割格局，实行集体土地和国有土地“同地、同权、同价”。具体而言：

第一，农村土地产权在政策和法律上朝农户承包权物权化方向进行了不懈努力，但在产权的实施中，始终面对集体所有制的挑战。

第二，从农村土地产权完善的策略来看，强化了农户使用权的权能，但对于土地转让的权能安排滞后。农村土地转非农用地实行征收，农民失去了土地转让权；农村集体建设用地（包括集体存量用地和宅基地）不得进入市场，农民不得以土地参与工业化、城市化。转让权权能的不完整成为农民实现土地财产权的根本制度性障碍。

第三，最为根本的是，随着二元土地制度的强化，农民土地权利的保障和实现仅限于农村土地农用，农民土地被排斥在工业化、城市化进程之外。

在农村发展和城市化进程中，二元土地制度保障了中国自 20 世纪 90 年代末以来高速工业化和快速城市化的进程，成为中国现行发展方式中最内生的、不可或缺的制度安排，但它带来的问题也是显然的，表现为地方政府财政和基础设施投资高度依赖土地出让和土地抵押，加大了政府财政和银行金融风险；征地补偿的低价和土地出让的高价，加上政府任期制，激励现任地方政府多征多卖土地，导致土地利用的浪费和不集约。部分农民的土地财产权利受到侵犯。农民对低价补偿不满，造成群体性事件，成为社会不稳定的主因。作为补救的以社保换土地也带来更大更长期的社会问题。土地供应独家垄断，造成以地设租，以地寻租，成为土地腐败的制度性根源，也造成土地囤积和土地投机。

第十二章
中国征地制度的历史演变、特征与问题

任何国家和地区，无论私有制还是公有制，在土地非农化使用中，征地制度都是其重要制度之一。由于制度不同，发展阶段各异，各国在征地目的与范围、征地程序、征地补偿办法上存在巨大差异，对经济发展的影响也不一样。

改革开放几十年来，中国经济保持了强劲的高增长。经济成长率每年保持在10%以上。到2011年，工业化率达到46.8%，城市化率达到51.3%。伴随工业化、城市化进程，土地大量非农化。与其他经济体高速工业化、城市化阶段的特征相比，土地在中国经济发展中扮演的角色非常独特、举足轻重。尤其是自1998年以来，中国经济的高速增长靠高速的工业化和快速的城市化两个引擎拉动，土地更是这两个引擎的发动机。以征地制度为核心的独特的土地制度是支撑经济高速增长的重要制度。地方政府通过低价征用农民土地，以创办园区、通过土地协议出让（地价成本甚至为零），推进了高速工业化；利用低价征得的土地在垄断的土地一级市场上从事经营性用地的招拍挂出让和抵押融资，推动了快速的城市化。

本章将对中国征地制度的形成与主要特征进行梳理，分析征地制度在中国经济增长中的作用，揭示现行征地制度存在的主要问题，并在此基础上提出改革现行征地制度的思路和政策建议。

一、中国征地制度的形成与主要特征

土地征收是国家行使土地最高所有权，基于公共利益的需要，由代表国家行使行政权的行政机关，依法定程序取得人民的财产权，并给予财产权人相当补偿的行政行为。从各国政府行使征地权的情况来看，它有四个最重要的条件：一是所拟兴办的公共事业或征收目的需存在足以收回私人财产权的公共利益，而此项公共利益必须是经过选择的重大且特别的公共利益。二是征收必须具有法律基础，必须在既定法律基础上才可以实行征收。三是征收必须符合比例原则，即应选择对利害关系人损失最小的处所与办法，征收以必要范围为限，不得恣意扩张，以免过度侵犯人民财产权。四是征收必须给予公正、合理的补偿。

各国土地征收基本依照以上要件执行，但是在不同阶段，这些要件的内涵差别较大。在中国过去的经济发展历程中，由于社会主义制度的独特性以及工业化、城市化的快速发展，土地征收制度的目标、内涵与特征也十分独特，且处于不断演进之中。

（一）中国征地制度的形成与演变

以与土地征收相关法律制度的颁布、实施为依据，我们将中国征地制度的形成与演变划分为三个时期：第一个时期是1953—1981年，这一时期国家颁布1954年《中华人民共和国宪法》，出台《国家建设征用土地办法》（1953年），并依此办法保障计划经济时期的建设供地；第二个时期是1982—1997年，这一时期颁布了1982年《中华人民共和国宪法》，1986年出台了中华人民共和国成立后的第一部《中华人民共和国土地管理法》，这部法律一直沿用至1997年；第三个时期是1998—2018年，在这一时期，1998年修订了《中华人民共和国土地管理法》，形成了中国现行土地征收制度体系的基本框架，这部法律的实施时期正好伴随中国20世纪90年代末以来的高速工业化和城市化阶段。

1. 1953—1981年

中国共产党于1954年颁布了中华人民共和国成立后的第一部宪法。当时由于土地仍然主要实行私有，该部宪法在强调国家依照法律保护农民的土地所有权和其他生产资料所有权的同时，还第一次明确了国家为了公共利益的需要，可以依照法律规定的条件，对城乡土地和其他生产资料实行征购、征用或者收归国有。这一表述向我们提供了三个十分重要的信息：一是只有为了公共利益的需要，才能实施土地征收；二是征地的对象不只是农村土地，也包括城市土地；三是征地的方式不只是征用一种，还包括征购。

随着进入第一个五年计划时期，大规模的建设项目开始展开，中国于1953年出台《国家建设征用土地办法》。对于实施土地征收的最重要的要件，该法没有采用《中华人民共和国宪法》中“公共利益”的表述，而是采用了“适应国家建设的需要”的表述。对于征地的范围和用途采取了列举法，即“兴建厂矿、铁路、交通、水利、国防等工程，进行文化教育卫生建设、市政建设和其他建设”。至于征地的补偿安置，该法有几个特点：一是将安置前置。在征地前，“必须对被征用土地者的生产和生活有妥善的安置。如果对被征用土地者一时无法安置，应该等待安置妥善后再行征用，或者另行择地征用”。这是迄今中国土地征收法律法规中对土地征收要件规定最严格、最明确的一次。二是规定在实施补偿时，“应该尽量用国有、公有土地调剂”，只是对无法调剂或者调剂后对被征用土地者的生产、生活造成影响的，再发给补偿费或者补助费。三是土地补偿以最近2～4年的原用途产量总值为标准；房屋补偿在保证原来住户有房屋居住的原则下给房屋所有人相当的房屋，或按公平合理原则发给补偿费；附着物按公平合理原则发给补偿费。

2. 1982—1997年

1978年召开的党的十一届三中全会拉开了中国改革开放的大幕，国家治理逐渐步入法制轨道。1982年修订的改革开放后的第一部《中华人民共和国宪法》恢复了1954年《中华人民共和国宪法》将“公共利益”作为征地的前提要件，明确国家为了公共利益的需要，可以依照法律规定对土地实行征用。但是，该法第一次提出城市的土地属于国家所有。农村和城市郊区的土地，除由法律规定属于国家所有的以外，属于集体所有；宅基地和自留地、自留山，也属于集体所有。由此形成城市土地国有、农村土地集体所有两种所有制并存的土地所有权结构，成为中国独特征地制度的最重要制度安排之一。

在 1982 年《中华人民共和国宪法》原则下，中国于 1986 年出台了中华人民共和国成立后的第一部《中华人民共和国土地管理法》，其特点如下：

一是坚持法律名义上的土地征用公共利益原则，明确国家为了公共利益的需要，可以依法对集体所有的土地实行征用。1986 年的《中华人民共和国土地管理法》没有对公共利益用途进行明确界定，采取了比 1953 年的《国家建设征用土地办法》更加宽泛的用途表述，即国家进行经济、文化、国防建设以及兴办社会公共事业皆可实行征地。值得注意的是，对比 1986 年的《中华人民共和国土地管理法》与 1982 年的《中华人民共和国宪法》，我们还发现，前者将后者规定的“对土地实行征用”改成了“对集体所有的土地实行征用”，其中的缘由我们没有考证，但这无疑是中华人民共和国法律史上第一次明确征地针对的只是农村集体所有土地。

二是依循城乡分治原则。1986 年的《中华人民共和国土地管理法》依照 1982 年的《中华人民共和国宪法》中两种所有制并存的结构，采取城市土地国有、农村和城市郊区土地集体所有的城乡土地分治。有意义的一点是，对比 1986 年的《中华人民共和国土地管理法》与 1982 年的《中华人民共和国宪法》，在关于土地国有的边界上，后者的表述为“城市的土地属于国家所有”，前者的表述为“城市市区的土地属于全民所有即国家所有”。研究城市土地问题的学者十分清楚，中国对城市的表述十分不同，如“城市建成区”“城市规划区”“城市市区”，由此导致的城市范围差别极大，城乡分治的范围也就大不一样。我们尽管无法考证《中华人民共和国土地管理法》为何对《中华人民共和国宪法》进行这种改动，但是，联系中国城市化进程，在城市土地国有的条件下，通过不断调整城市规划，将农村土地以征收方式划入城市版图的土地国有化趋势的现实使我们不得不说，当时的立法者对城市内涵作出限定还是颇具匠心的。

三是以政府权力界定征地审批权限。在制定 1986 年的《中华人民共和国土地管理法》时，中国还没有采用国际通行的规划和用途管制，仍然沿袭计划经济时期的以审批来管地的做法。为了保护耕地，中国采取了界定各级政府审批土地征用权限的办法，具体而言，征用耕地 1 000 亩以上、其他土地 2 000 亩以上的，由国务院批准；征用耕地 3 亩以下、其他土地 10 亩以下的，由县级人民政府批准；两个界限之间的，其批准权限在省辖市、自治州人民政府，不过要由省、自治区人民代表大会常务委员会决定。

四是进一步明确以耕地年产值为基础的补偿安置办法。与 1953 年的《国家建设征用土地办法》相比，1986 年的《中华人民共和国土地管理法》提高了补偿倍数，将征用耕地的补偿费提高到该耕地被征用前三年平均年产值的三至六倍。安置补助费也按耕地产值倍数补偿，即征用耕地的安置补助费，按照需要安置的农业人口数计算。需要安置的农业人口数，按照被征用的耕地数量除以征地前被征地单位平均每人占有耕地的数量计算。每一个需要安置的农业人口的安置补助费标准，为该耕地被征用前三年平均每亩年产值的二至三倍。限定土地补偿费和安置补助费两项总和不得超过土地被征用前三年平均年产值的二十倍。在补偿费的支付上，只是将附着物和青苗补偿费付给被征地者本人，而土地补偿费和安置补助费则是由被征地单位保留，用于发展生产和安排因土地被征用而造成的多余劳动力的就业和不能就业人员的生活补助。

五是对被征地农民实行就业安置。1986 年的《中华人民共和国土地管理法》除了实施土地和安置补偿外，还对被征地者采取了就业和转换身份的安置。其一是安排部分被征地农民进用地单位或者其他集体所有制单位、全民所有制单位就业。其二是如果被征地单位的土地被全部征用，原有农业户口转为非农业户口。在改革前期，由于全民和集体所有制单位的优势明显，就业和转换身份的安置对被征地农民的吸引力还比较大。但是，随着多种所有制经济，尤其是非公经济和外资经济的发展，大多数集体和全民单位在竞争中处于劣势，被征地农民被安置进这些单位，他们往往成为首先被裁员的对象，这种安置办法对被征地农民的吸引力越来越小。

3. 1998—2018 年

自 20 世纪 90 年代末以来，随着中国的工业化、城市化进程的加快，土地非农化进程也大大加快，耕地保护和国家粮食安全受到的威胁越来越大。为此，中国于 1998 年启动了旨在保护耕地的《中华人民共和国土地管理法》的修订工作，改革土地征收办法是其中的重要内容之一。

1998 年的《中华人民共和国土地管理法》在一些基本原则上对 1986 年的《中华人民共和国土地管理法》予以保留和完善。比如，它沿袭了法律意义上的征地公共利益原则。城乡分治原则不仅继续坚持，而且进一步强化。在征地补偿安置上仍然沿着在原用途补偿原则下提高标准的路径，具体而言就是，将征用耕地的土地补偿费提高到该耕地被征用前三年平均年产值的六至十倍，安置补助费提高到该耕地被征用前三年平均年产值的四至六倍，并限定以上两项之和不得超过土地被征用前三年平均年产值的三十倍。在征地审批沿袭计划和审批管理的同时，还上收了征地审批权限，即征用基本农田、基本农田以外的耕地超过三十五公顷、其他土地超过七十公顷的，由国务院审批。

除此之外，1998 年的《中华人民共和国土地管理法》在以下三方面作出的重大改变，对中国的土地管理、土地转用和土地收益分配产生了重大影响。

一是确立土地用途管制制度。国家编制土地利用总体规划，规定土地用途，将土地分为农用地、建设用地和未利用地。严格限制农用地转为建设用地，控制建设用地总量，对耕地实行特殊保护。使用土地的单位和个人必须严格按照土地利用总体规划确定的用途使用土地。在土地用途管制制度中，土地利用总体规划具有法定约束力。通过土地利用总体规划的分级审批，由上级控制下级耕地保有量、建设用地规模以及各类用地量。以土地利用总体规划来约束城市总体规划、村庄和集镇规划的建设用地规模。以土地利用年度计划实行建设用地总量控制和年度用地量控制。

二是规定了建设用地使用的对象和得地方式。第一，任何单位和个人进行建设，需要使用土地的，必须依法申请使用国有土地，包括国家所有的土地和国家征用的原属于农民集体所有的土地。第二，建设占用土地，涉及农用地转为建设用地的，应当办理农用地转用审批手续。征用农用地的，先行办理农用地转用审批手续。

三是实行国有土地有偿使用制度。1988 年《中华人民共和国宪法修正案》将“任何组织或者个人不得侵占、买卖、出租或者以其他形式非法转让土地”修改为“任何组织或个人不得侵占、买卖或者以其他形式非法转让土地。土地的使用权可以依照法律的规定转让”。1998 年的《中华人民共和国土地管理法》也明确规定“土地使用权可以依法转让”，以及“国家依法实行国有土地有偿使用制度”。国家以土地所有者的身份，将国有土地使用权在一定年限内以协议、招标、拍卖方式让与土地使用者使用，由土地使用者按照出让合同的约定向国家支付土地使用权出让金。

（二）现行征地制度的特征与评论

中国的征地制度经过不断演变，形成了具有自己特色的制度安排。我们将其归纳如下：

1. 公共利益原则下的征地泛化

在过去几十年间，除了 1953 年的《国家建设征用土地办法》以外，各个时期的宪法及修正案和土地管理法及其修改都开宗明义：征地必须是为了公共利益的需要。但是，迄今为止，没有任何一部法律给出其所指的公共利益的内涵，也没有一部法律明确界定公共利益征地的用途和范围。不仅如此，中国关于通过征地手段获得土地的规定反而越来越宽泛。1953 年的《国家建设征用土地办法》还比较详细地列举了征地的用途：兴建厂矿、铁路、交通、水利、国防等工程，进行文化教育卫生建设、市政建设和其他建设。从列举项目来看，除了兴建厂矿外，其他各项基本上还具有公共利益的特征。到 1986 年《中华人民共和国土地管理法》规定“国家进行经济、文化、国防建设以及兴办社会公共事业”皆可实施征地，这显然比 1953 年的《国家建设征用土地办法》的法定征地范围要宽泛得多。到 1998 年的《中华人民共和国土地管理法》时，连比较笼统的征地范围都不列举了，而是变成了“任何单位和个人进行建设，需要使用土地的，必须依法申请使用国有土地”。可供建设的土地除了原国有土地外，就是征用的农民集体土地。也就是说，从1998年的《中华人民共和国土地管理法》颁布并实施以来，事实上所有建设都必须使用通过征地获得的国有土地，且随着工业化、城市化进程的推进，这种趋势越来越明显。由此可见，尽管中国在法律上一直宣示只有为了公共利益的需要才能实施征地，但是迄今为止没有任何一部法律就公共利益的内涵和征地用途进行明确界定。在中国征地的法律规定和实际操作中，从事的非农经济活动差不多就等同于出于公共利益需要。正是这种对征地的公共利益的泛化处理，为政府和用地者以征地手段获得农民集体土地提供了方便。在计划经济时代，由于经济建设都是为了国家利益，将建设征地等同于公共利益还能说得过去。但是，随着中国特色社会主义市场经济体制的建立和完善，用地主体和利益结构越来越多元化，仍然将一切建设与公共利益画等号，这就为公权合法侵犯私权打开了方便之门。这既违背法理，也不符合社会公平正义，且与市场经济的基本原则不相符合。

2. 两种所有制下的城乡分治

1982年的《中华人民共和国宪法》将土地分成城市土地国有和农村土地集体所有，这是中国的土地制度有别于世界其他国家和地区土地制度的最重要的制度安排。为了实施城乡分割的土地所有制架构，中国的城乡土地也采取两套不同的法律治理结构，农村土地受《中华人民共和国农村土地承包法》规制，农民集体的农村土地的使用、收益和流转受该法律规范；土地转用和城市国有土地受《中华人民共和国土地管理法》规制，农村土地转为非农用，以及土地转用后的使用、收益和转让受该法律保护。由此也形成城乡土地完全不同的权利体系，农村土地拥有者享有农村土地农用范围的土地使用权、收益权和流转权。一旦发生农村土地的转用，原农村土地所有者不仅失去土地所有权，也丧失土地非农用后的土地使用权、收益权、转让权和发展权。农民对农村土地非农用的权利，仅限于1998年《中华人民共和国土地管理法》第四十三条的那个除外，即“兴办乡镇企业和村民建设住宅经依法批准使用本集体经济组织农民集体所有的土地的，或者乡（镇）村公共设施和公益事业建设经依法批准使用农民集体所有的土地的”。

3. 多重管制下的农村土地转用

从世界各国和地区土地管理的经验来看，农村土地转为非农用地必须服从规划和用途管制。但是，中国的土地转用比这要复杂得多，面临以下三重管制：

一是规划和用途管制。1998 年在修订《中华人民共和国土地管理法》时，中国借鉴市场经济国家的土地管理办法，实行用途管制制度，通过土地利用总体规划实施。与此同时，土地非农化后的建设使用受城市总体规划制约。从两个规划的功能划分和衔接关系来看，土地利用总体规划的功能是制约农村土地转为建设用地，落实耕地保护，用于框定用地边界及落实用途管制，城市总体规划的功能是在城市边界框定后对区内每块土地在功能上予以实施。但是，由于中国处于急速的工业化、城市化进程中，城市规模和数量均处于快速增长中，城市边界也处于不断的外扩状态。城市政府通过行政区划调整和城市规划修编来扩展城市发展空间成为常态。由于城市的不断扩张和边界外移，土地利用总体规划对城市边界的约束力削弱，城市蔓延和农村土地非农化呈难阻之势。

二是土地所有制管制。按照城乡土地分治原则，农村土地属于农民集体所有，城市土地属于国家所有，农村土地要变为建设用地必须实行征用，进入城市版图的土地，也就要将原来的农村集体所有土地变性为国有土地。由此形成中国在土地转用上与主要市场经济国家的很大差别：后者只要服从规划和用途管制，土地所有人不仅可以利用土地进行非农建设，而且能对土地进行处置和转让，并从中获取土地非农化的级差收益。但是，在中国，由于施加了所有制管制，就在不同所有者之间在土地使用权和土地利益分配上出现制度性差异，对于农民集体来讲，即便其土地在规划和用途管制上属于非农建设区域，他们也无权使用和获得收益，而是要将其土地调到城市规划范围和转为国有后，由地方政府出让给其他用地者。

三是土地年度计划指标和审批管理。由于用途管制失灵以及土地利用总体规划对城市扩张的软约束，加上低价征地制度激励地方政府多征、多占及多将农村土地转化为城市土地，中央政府不得不强化年度指标和建设用地转用的审批管理，制约地方政府的用地规模和城市扩张。但是，由于指标管理和审批管理具有很强的计划色彩，这种自上而下的指标分配不仅难以使其建设用地指标供给与经济发展需求相适应，难以真正起到约束地方政府用地的作用，而且分配效率不高，同时也造成寻租问题。

4. 征地安置的原用途补偿

在经济发展进程中，市场经济国家和地区不仅征地量会不断下降，而且征地补偿不断朝向市场化和财产性补偿的方向。在中国，由于缺乏土地产权市场，不存在土地所有权价格，因此政府在征用农民土地时，一直没法采取土地财产价值补偿办法。尽管如此，中国政府的征地不断面临土地价值上升和农民权利意识觉醒的问题。为了应对农民诉求提高的趋势，中国政府在不同时期的土地补偿中主要采取在农业产值基础上的倍数补偿和不断提高补偿标准的办法。1953 年的《国家建设征用土地办法》对土地的补偿以最近二至四年的规定的农作物产量的总值为标准；1986 年的《中华人民共和国土地管理法》以耕地年产值为基础，征用耕地的补偿费为该耕地被征用前三年平均年产值的三至六倍。到 1998 年的《中华人民共和国土地管理法》时，征地补偿安置仍然坚持原用途补偿，但提高了补偿标准，即征用耕地的土地补偿费为该耕地被征用前三年平均年产值的六至十倍。

由于土地财产补偿一直没有启动，中国在土地征用中不得不将安置和安排就业作为补救手段。1953 年的征地办法是将安置前置，即不安置不得征地；1986 年的《中华人民共和国土地管理法》是按产值倍数对农业人口进行货币安置，每一个需要安置的农业人口的安置补助费标准为该耕地被征用前三年平均每亩年产值的二至三倍。1998 年的《中华人民共和国土地管理法》提高了安置标准，每一个需要安置的农业人口的安置补助费为该耕地被征用前三年平均年产值的四至六倍。但是这种按耕地产值倍数进行的劳动力安置无法保障失地农民的长远生计。

除了安置补救以外，国家还在征地中采取了就业和转身份安置的补救办法。在计划经济时期，因征地而失地的农民由国家予以安置。一是“农转非”，农业户籍转为城市户籍；二是把农业劳动力安排到城市企事业单位就业，使其成为职工。在当时的二元体制下，这种转变使农民身份发生根本性变化，失地农民及其子女能够享受城里人的一切就业机会和福利，征地引起的社会矛盾并不普遍、尖锐，多数农民还欢迎甚至盼望国家征地，把征地当作改变自身命运的机遇。进入 20 世纪 90 年代以后，中国逐步建立起社会主义市场经济体制，国营企事业单位逐步改制，非公经济占经济的半壁江山，采取就业安置对失地农民已失去保障意义，对因征地而失地的农民，国家不再安置，改为提高安置补助费标准，且一律实行货币补偿，安置补助费也是按农业年产值的倍数来估算的。但事实上，农民一旦完全失地就不可能务农，而在农业之外就业会有一个或长或短的过程，其间的生活成本会提高，靠农业劳动力的补偿费用难以维持其正常生活，被征地农民的生活水平事实上降低了，因征地而引发的社会矛盾逐渐突出。在征地引发的社会矛盾越来越激烈的情况下，一些地方进行探索，实行对失地农民提供最低生活保障的办法，国土部与人社部联合发文要求地方建立对被征地农民的社会保障制度，但是截至 2010 年已经建立这一制度的地方只有 42%。即便如此，这一制度也因保障水平低，难以和农民失去的土地发展权相匹配。

5. 土地增值收益归政府

在以上土地制度安排下，中国建立起一套非常独特的土地制度。第一，农村土地属于农民集体所有，农民集体拥有农村土地农用时的土地使用权、收益权和转让权，在农村土地转为非农用时，农民的土地权利在获得原用途的倍数补偿后即告丧失。城市土地属于国有，地方政府享有建设用地的处置权、出让权和收益权。第二，政府垄断，地方政府成为农地转为建设用地的唯一合法通道。第三，非市场配置，耕地占用实行审批制度，地方建设用地实行指标控制，建设用地的划拨和协议出让仍占相当比重，地方政府介入和控制经营性用地的出让和定价。第四，管经合一。地方政府既是土地的管理者，又是土地的经营者。在这套独特的土地制度安排结构中，低价的征地制度和政府垄断下的国有土地有偿使用制度是两项最核心的制度安排。在这种制度规定下，征地成为农地非农化的唯一通道，国有土地成为非农建设的唯一合法用地。

二、征地制度与经济发展

（一）以低价征地推动经济增长

改革开放以来，中国经济保持了强劲的高增长。经济增长率和工业增加值增长率保持在两位数以上，城市化过半程。中国成为世界第二大经济体、世界第一大出口国。与其他经济体高速工业化、城市化阶段的特征相比，土地在中国上一轮经济发展中扮演的角色非常独特、举足轻重。中国这一时期实行的独特的土地制度是实现这一经济高速增长的秘密之一。

中国经济的高速增长依靠高投资和高出口以及政府主导下的地区竞争来支撑，土地制度是保障这一增长模式的重要因素。第一，在中国上一个高速发展阶段，由于内需不足、缺乏创新，经济增长主要依靠高投资和高出口拉动，以及依赖增加投入和扩大规模推动，这种发展方式也就只能以资源的高消耗来支撑。在要素投入中，由于有巨量农村剩余劳动力作为蓄水池，劳动力的低成本供应是一大优势；土地作为另一个重要的投入要素，尽管中国土地资源少，土地稀缺是基本国情，但是城乡不平等的二元土地制度、低价的征地制度和土地供应的非市场制度使中国避开了土地稀缺而可能导致的土地高价，反而靠土地的宽松供应保障和支撑了经济的增长。第二，在地方政府主导的地区之间的经济竞争中，地方政府出面招商引资和打造政策环境是赢得竞争的两大法宝。由于土地是地方政府可以支配的最有价值的资源，以地招商引资便成为主要手段，土地收益和土地税费上的优惠成为地方政府留住企业的主要工具。土地的宽供应和高耗费保证了高投资；压低地价的低成本供地保障了高出口；以土地招商引资保障了工业化和城市化的快速推进，推动了地方经济的高增长。

在上一轮经济增长中，土地的宽供应起到了基础性保障作用。1996—2010 年，全国建设用地面积从 43 771 万亩增加到 51 181 万亩，增加了 7 410 万亩，增幅为 16.9%，年均增加 529.3 万亩。尤其是 2006 年以来，中国建设用地规模增长更为迅猛，2010 年全国土地供应总量达 645 万亩，比 2006 年增长了 83.8%，其间每年新增建设用地量平均在 714 万亩以上。

到2010年，全国新增建设用地量高达1 068万亩。不仅建设用地总量大幅增长，各类用地供应增长也十分显著（参见表12-1）。

表12-1　2003—2010年各类用地供应增长情况　　单位：公顷

年份	工矿仓储用地	商业用地	住宅用地	公共管理与公共服务用地	特殊用地	交通运输用地	水域及水利设施用地
2003	116 379.4	53 676.46	63 751.63	35 145.51	3 552.02	10 398.81	3 532.8
2004	106 756.7	43 831.1	59 689.78	27 189.5	2 697.05	13 456.98	4 298.58
2005	109 813.8	29 591.38	55 144.85	23 481.34	4 123.94	14 779.49	7 334.64
2006	154 635.3	32 124.51	65 153.68	29 582.6	2 239.51	18 135.89	4 934.41
2007	141 723.4	57 751.08	80 174.84	33 248.17	1 945.48	20 258.82	6 872.11
2008	92 918.1	26 532.02	62 030.09	26 573.24	2 623.58	17 004.19	6 503.5
2009	141 486.5	27 570.86	81 548.17	43 763.85	1 761.48	45 613.76	19 436.83
2010	153 977.6	38 905.15	115 272.5	52 945.57	2 522.37	48 795.49	19 490.72

从表12-2可见，土地供应量与GDP增长率有很高的相关性，2003—2010年，土地供应量大的年份，该年的GDP增长率也较高；土地供应量小的年份，该年的GDP增长率也较低。

表12-2　2003—2010年土地供应量和GDP增长率

年份	土地供应量（公顷）	GDP增长率（%）
2003	286 436.66	10.6
2004	257 919.7	10.4
2005	244 269.47	10.7
2006	306 805.89	13.3
2007	341 973.95	14.6
2008	234 184.68	9.8
2009	361 648.75	8.9
2010	432 561.42	10.8

随着城市的扩张，城市圈不断外移，农村土地被纳入城市版图，也就

意味着，在土地非农化过程中，农村集体所有土地被政府征用转性为城市国有土地。事实上，2000 年以来，城市建设所占用的土地主要靠征用获得。如表 12－3 所示，1999—2008 年，新增城市建设用地 18 632.86 平方公里，年均 1 863.3 平方公里。同一时期，征用农民土地 13 925.49 平方公里，年均 1 392.5 平方公里，征地面积占新增城市建设用地面积的 74.74％。由此可见，中国尽管实行世界上最严格的耕地保护制度，但是并没有因此而减少土地供应，尤其是征地对建设用地的保障成了推动经济增长的重要因素。

表 12－3　1999—2008 年全国征地面积占新增城市建设用地面积的比重

年份	城市建设用地面积（平方公里）	新增城市建设用地面积（平方公里）	征地面积（平方公里）	征地面积占新增城市建设用地面积的比重（％）
1999	20 877	369.4	340.64	92.21
2000	22 113.7	1 236.7	447.49	36.18
2001	24 192.7	2 079	1 813.11	87.21
2002	26 832.6	2 639.9	2 881.31	109.14
2003	28 971.9	2 139.3	1 606.40	75.09
2004	30 781.3	1 809.4	1 613.34	89.16
2005	29 636.8	－1 144.5	1 264.17	－110.46
2006	34 166.7	4 529.9	1 397.16	30.84
2007	36 351.7	2 185	1 216.61	55.68
2008	39 140.46	2 788.76	1 345.27	48.24
合计	293 064.86	18 632.86	13 925.49	74.74

资料来源：2000—2008 年《中国城市建设统计年报》；2000—2008 年《中国统计年鉴》。
注：2005 年城市建设用地面积数据不包含北京市和上海市。

（二）以低价土地推动高速工业化

在上一轮经济高增长中，工业化的快速推进是主导力量。1979—2011 年，中国工业增加值年均增长 11.5％，工业化贡献率从 20 世纪 80 年代初的 14.7％提高到 2011 年的 44.7％。尤其是 20 世纪 90 年代中期以后，得益于出口导向工业化战略的实施，中国在短短十多年的时间里成为“世界制造工厂”。

中国的低价征地制度和政府对土地资源的独家配置权是推动工业高增长的重要因素。一方面，地方政府利用法律赋予的征地权，按土地原用途给予被征地农民的土地和安置补偿，仅仅相当于 6～10 年的土地年收益。另一方面，地方政府通过控制土地一级市场，将建设用地供应权掌握在自己手中，保证了它以非市场价格提供土地，用于工业建设。这套独特的土地制度安排不仅使中国的工业发展避开了土地稀缺的劣势，而且使土地成为招商引资和推动工业发展的工具。在这一制度安排下，地方政府利用掌握土地资源的便利，以土地招商引资，以土地价格的巨大让步换取相对稀缺的资本、技术和未来税收。低价土地与低价劳动力、外来资本、技术迅速结合，成为推进工业化的重要因素。在一些地方，为了招徕或留住具有税收潜力的企业，地方政府不惜以低于土地成本的价格甚至零地价供应土地。一些地方政府还制定了工业用地协议价最高限价政策。地区之间的招商引资直接演变成压低土地价格的恶性竞争，其背后则是各地地方政府的财力大比拼，致使工业用地价格长期维持低水平。土地资源越稀缺，土地价格反而越低廉，是中国土地市场特有的现象。

正是在这套独特的土地制度安排下，中国将稀缺土地大量配置于工业用途（见表 12－4），保证了工业的快速发展。2003—2010 年，中国工矿仓储用地平均每年达 127 211.3 公顷，占这一时期供地量的 41.3%。如此高的工业用地水平，不仅与主要市场经济国家和地区的当期水平相比显得奇高，而且高于这些国家和地区在高速工业化阶段的工业用地水平。

表 12－4　2003—2010 年工矿仓储用地及其占供地总量的情况

年份	供地总量（公顷）	工矿仓储用地（公顷）	占比（%）
2003	286 436.7	116 379.4	40.6
2004	257 919.7	106 756.7	41.4
2005	244 269.5	109 813.8	45.0
2006	306 805.9	154 635.3	50.4

续表

年份	供地总量（公顷）	工矿仓储用地（公顷）	占比（%）
2007	341 974.0	141 723.4	41.4
2008	234 184.7	92 918.1	39.7
2009	361 648.8	141 486.5	39.1
2010	432 561.4	153 977.6	35.6

正是由于这套独特的工业用地制度，在土地越来越稀缺、土地价格越来越显化的情况下，中国工业用地得以长期维持低水平。从全国 21 个城市地价变动来看，2000—2011 年，全国综合地价水平、商业地价水平和居住地价水平分别提高了 297.08%、308.76%和 528.10%，而工业地价水平仅提高了 71.18%（见图 12-1）。

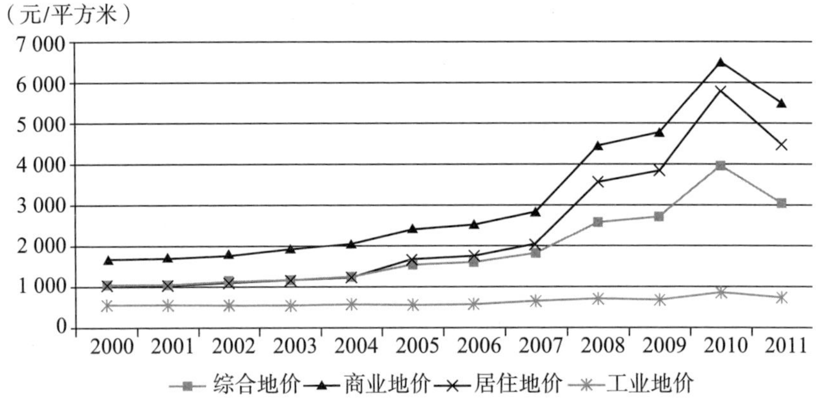

图 12-1　2000—2011 年全国地价水平变化情况

以全国 21 个城市的数据分析，2000—2011 年，21 个城市工业地价平均水平从 467 元提高到 705 元，年均增长 3.8%。东部地区的工业地价从 580 元提高到 883 元，年均增长 3.9%；中部地区的工业地价从 347 元提高到 566 元，年均增长 4.5%；西部地区的工业地价从 391 元提高到 560 元，年均增长 3.3%（见表 12-5）。政府对工业地价的干预，既不利于东部制造业向中西部转移，也不利于东部地区产业优化升级和稀缺土地的集约利用。

表 12-5　2000—2011 年不同区域工业地价变化　　单位：元/平方米

区域	2000	2001	2002	2003	2004	2005	2006	2007	2008	2009	2010	2011
21 个城市工业地价平均水平	467	475	486	495	508	516	536	640	613	634	672	705
东部平均	580	588	598	610	627	639	665	831	769	784	837	883
中部平均	347	351	364	367	377	382	399	492	508	518	549	566
西部平均	391	400	413	421	430	437	448	471	476	511	535	560

（三）征地推动的快速城市化

自 20 世纪 90 年代中期以来，中国的城市化进程大大加快，1995—2010 年间，中国的城市化率以年均 1.5%的速度提高，从 29.04%提高到 49.95%。快速城市化带动了经济高速增长，促进了产业结构变革，使城乡居民的生产、生活方式和价值观念发生了巨大改变。这一时期，城市化率每提高 1 个百分点，就带动人均 GDP 增加 633 元。从三次产业对 GDP 的贡献率来看，第一产业从 9.1%下降到 3.9%，第二产业从 64.3%下降到 57.6%，第三产业从 26.6%上升到了 38.5%。中国每年有 2.3 亿以农民为主的流动人口到城市就业和生活，为占中国人口多数的农民分享发展带来的机遇和成果提供了前所未有的机会。

城市化的快速推进得益于中国独特的征地制度、规划制度和政府独家出让土地的制度。地方政府利用规划控制和修编权，将农村和城市郊区土地尽可能划入城市规划圈；利用合法征地权，将农民集体土地征为国家所有土地；利用土地独家出让权，将政府控制的土地在土地市场上出让出去，实现土地价值的最大化。随着城市范围不断扩大，城市国有土地份额提高，地方政府控制的土地越来越多。

近些年来，地方政府通过规划修编和行政区划调整，使城市区域迅速外扩，我们称之为“城市圈外移的城市化”。1995—2010 年，全国城市建成区面积共增加了 20 793.8 平方公里，年均净增 1 386.3 平方公里（见表 12-6）。

表 12-6　1995—2010 年中国的城区面积和城市建成区面积

单位：平方公里

年份	城区面积	城市建成区面积	年份	城区面积	城市建成区面积
1995	1 171 698	19 264.2	2003	399 173.2	28 308
1996	987 077.9	20 214.2	2004	394 672.5	30 406.2
1997	835 771.8	20 791.3	2005	412 819.1	32 520.7
1998	813 585.7	21 379.6	2006	166 533.5	33 659.8
1999	812 817.6	21 524.5	2007	176 065.5	35 469.7
2000	878 015	22 439.3	2008	178 110.3	36 295.3
2001	607 644.3	24 026.6	2009	175 463.61	38 107.3
2002	467 369.3	25 972.6	2010	178 691.7	40 058.0

资料来源：中华人民共和国住房和城乡建设部．中国城市建设统计年鉴 2008．北京：中国计划出版社，2009.

各类城市发展呈现从中心城区向边缘空间快速外扩延展的态势。1999—2008 年，中国排名前 10 位城市的建成区面积从 2 629 平方公里扩增到 7 727 平方公里（见图 12-2）。

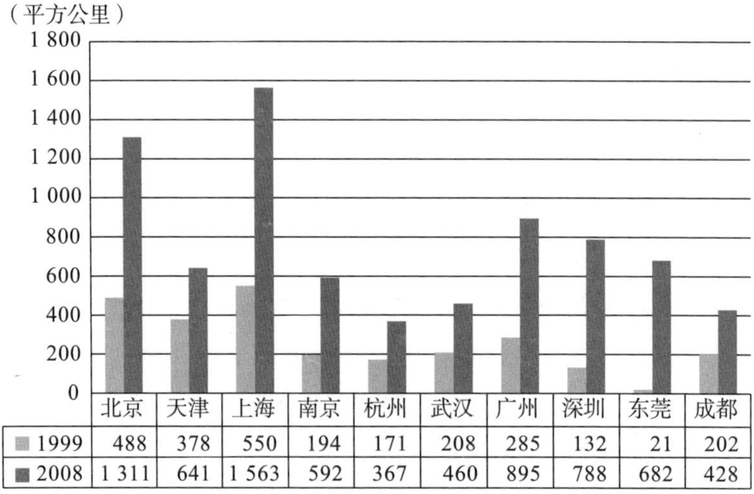

	北京	天津	上海	南京	杭州	武汉	广州	深圳	东莞	成都
1999	488	378	550	194	171	208	285	132	21	202
2008	1 311	641	1 563	592	367	460	895	788	682	428

图 12-2　全国主要城市建成区面积对比：1999 年和 2008 年

在土地城市化进程中，征地是主要手段，低价是其主要激励。伴随城市化进程，城市版图不断向农村延伸，农民集体土地被政府征用为国有。

2005—2010 年，中国新增居民点工矿用地面积为 21 627 平方公里，同期用于居民点工矿建设的征地面积为 14 551 平方公里，征地面积占新增居民点工矿用地面积的比重为 67.28%。

另外，政府对征用的土地进行出让和抵押融资，为城市基础设施建设募集资金，也为城市化的快速推进提供杠杆。随着城市化速度的加快，基础设施建设产生了巨额资金需求。2000 年以来，地方政府依靠土地出让收入以及通过土地储备中心和各类融资平台以土地抵押担保获取了大量银行贷款，保证了土地开发和基础设施建设的资金来源。城市基础设施建设资金主要来源于政府投入、银行贷款和企业自筹三个部分。2008 年，在城市基础设施建设资金中，政府投入占 32.2%，银行贷款占 29.6%，企业自筹占 28.7%。这三部分资金都高度依赖于土地。中国城市基础设施投资中来自中央财政拨款的比重从 20 世纪 80 年代初的 26%降至 2008 年的 1.1%，地方政府已成为政府投入的主体，在 1994 年实行分税制后，地方政府“吃饭靠财政、建设靠土地”的格局已经形成，基本要靠经营土地的收入为城市基础设施建设融资。银行贷款与企业自筹则主要来自地方城市投资或融资平台公司，但其最终还款来源又多归结于土地。银行贷款多以土地使用权或收益权作质押，由未来土地收益还款。根据建设部的数据，2009 年用于城市基础设施建设的土地出让金约为 3 341 亿元，占当年全部资金来源的 48%（包括政府直接投资及补贴给城市投资公司以企业名义投资）；按 2009 年土地出让金共计 1.59 万亿元计算，即 21%的土地出让金被用于城市基础设施建设。以重庆城市投资为例，2002—2008 年总融资规模为 850 亿元，银行贷款占 40%，其中以政府划拨的土地使用权或收益权质押的金额占总贷款的 63%。此外，土地整理收入又贡献了其总融资的 13%。

三、征地的经济及社会后果

（一）优质耕地被大量占用，危及国家粮食安全

由于地方政府从事开发区和城市建设以及大型重点工程建设时往往选择开发成本低的地域进行建设，因此导致大量优质耕地被征占。1996—

2008年，全国建设用地占用耕地面积共计 270.37×10^4 公顷，导致农用地数量锐减。1996—2008年，耕地面积净减少831.71万公顷，减少幅度达6.40%。人均耕地占有量由1996年的0.106公顷下降到2008年的0.092公顷，而且占用的耕地主要是优质耕地。图12-3给出了全国各省份人均耕地占有量的对比情况。

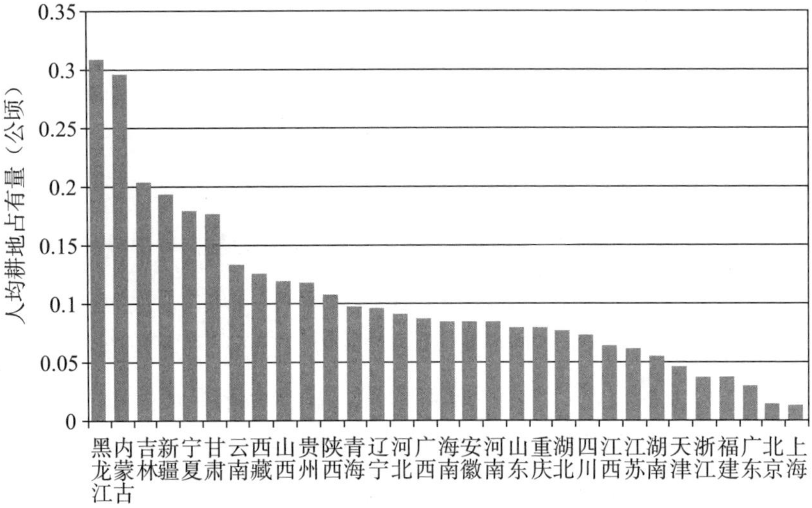

图12-3　全国各省份人均耕地占有量

中国沿海工业化、城市化的率先崛起也是以这些地区的优质耕地被大量占用为代价的。2000年后中国东部及东南部建设用地占用耕地的增加致使优质耕地剧减，耕地重心向东南方向移动。经济发达地区如苏浙沪区和京津冀鲁区建设占用耕地尤为突出，并且新增建设用地总量和建设用地减少量均居首位。这些地区作为中国传统粮食主产区，其大量耕地被占用，导致粮食供求版图发生全国性改变。粮食主产区由东南部向北方和中西部移动，粮食生产从自然降水充沛和气候温暖的地区向干旱和寒冷地区转移。全国13个粮食主产省区中只有6个为净调出省。2007年中国13个粮食主产区产量占全国总产量的75%，其中河北、内蒙古、辽宁、吉林、黑龙江、山东、河南7个北方主产区，粮食产量占全国的比重由1991年的36.2%提高到2007年的43.5%。南方粮食生产总量下降，江苏、安徽、江西、湖北、湖南、四川6个南方主产区，粮食产量占全国的比重由1991

年的36%下降到2007年的31.6%。主销区粮食产需缺口逐年扩大。北京、天津、上海、浙江、福建、广东和海南7个主销区，粮食产量占全国的比重已由1991年的12.2%下降到2007年的6.3%；产需缺口由2003年的485亿公斤扩大到2007年的550亿公斤左右。更应该引起警惕的是，随着中西部地区工业化加速，土地利用与征占仍然在复制东部的“以地谋发展”模式，对土地的征占数量增加和速度加快，对国家粮食安全的威胁不可小视。

（二）部分地方政府职能越位

由于土地非农化主要由地方政府通过征地完成，在征地过程中，地方政府担当着决策者、制定者、组织者、实施者和裁决者的角色。由于城市和开发区建设主要依靠土地出让和土地抵押融资，地方政府也有多征、多占、多出让土地的激励，由此造成部分地方政府违规违法用地。

伴随城市化进程，土地价值日益显化，土地增值收益迅速攀升，围绕土地利益的争夺不断加剧。由土地引发的纠纷成为上访的重要原因。当前中国土地利益分配问题波及的范围有所扩大，程度有所加深，问题越来越突出。最主要的是被征地农民与地方政府之间的利益矛盾。在现行土地利益分配格局下，被征地农民虽然获得了土地的补偿和安置款项，近年来国家又建立了被征地农民社会保障制度，但总体来看，被征地农民并没有充分分享城市化成果，少数地方在征地过程中违反程序，国家级重点工程的补偿标准过低，使得征地问题成为当前影响中国社会稳定的一个突出问题。根据国家信访局的统计，群体性上访事件60%与土地有关。土地纠纷已经成为税费改革后农民上访的头号焦点，占社会上访总量的40%，其中征地补偿纠纷又占到土地纠纷的84.7%。

（三）形成地方政府债务风险和中央银行金融风险

以征地谋发展的模式保证了中国经济高速增长，但是也导致中国经济对土地的过度依赖，以土地出让获得收入和以地融资导致地方政府债务风险和中央银行金融风险。1997年以来，中国地方政府性债务规模逐年增长。1998年和2009年债务余额分别比上年增长48.20%和61.92%（见图12-4）。2010年的债务余额比上年增长18.86%。有78个市级政府和99个县级政府的债务率高于100%，分别占两级政府总数的19.9%和3.56%。审计署公布的债务余额为10.7万亿元，约占2010年GDP的26.9%。再加上名义指标表现的公共部门债务（约为GDP的20%）和政策性金融机构发行的金融债券等（约为GDP的6%），中国总体的公共部门债务率应为50%～55%。

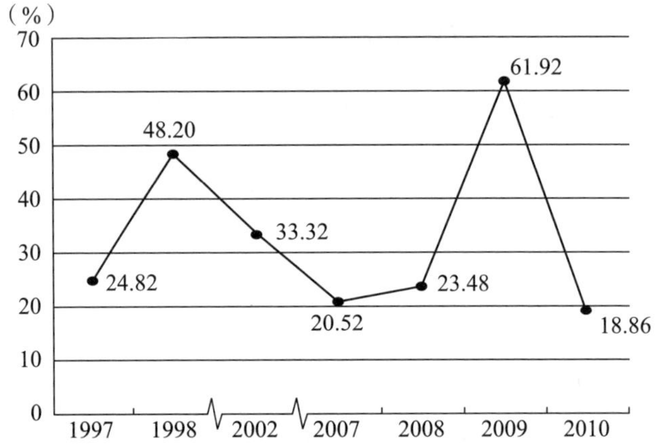

图12-4 地方政府性债务余额增长率情况

资料来源：审计署2011年6月的《全国地方政府性债务审计结果》报告。

地方债务的局部情况更不容乐观，不均衡、不可持续的问题十分突出。2010年年底，东部11个省份和5个计划单列市政府性债务余额为53 208.39亿元，占49.65%；中部8个省份政府性债务余额为24 716.35亿元，占23.06%；西部12个省份政府性债务余额为29 250.17亿元，占27.29%。2010年年底，中国东、中、西部地区的负债率分别是19.2%、24.2%、36.4%。更应引起重视的是，抵押土地已成为政府偿债的最重要来源，地方债务偿还对土地出让金的依赖较大。据审计署调查，2010年年底除54个县级政府之外，全部省级和市级政府以及绝大多数县级政府均有政府负债，且承诺用土地出让金作为偿债来源的债务为25 473.51亿元，占地方政府负有偿还责任的债务额的比重为37.96%。一旦各地土地出让金下降，地方政府的偿债能力就会快速枯竭。

地方政府为了进行基础设施建设，纷纷成立各类融资平台，利用手中收储的国有土地作为抵押品，从银行获得巨额贷款。地方融资平台已形成“土地抵押—获取贷款—土地收储—土地抵押”循环。审计署的调查结果表明，截至2010年年底，融资平台公司政府性债务余额为49 710.68亿元，占地方政府性债务余额的46.38%。在地方各级政府已支出的债务余额中，用于土地收储的就有10 208.83亿元，占10.62%。

从地方政府性债务资金的来源情况看，银行是最大的资金供给者。2010年年底，银行贷款总额为84 679.99亿元，占地方政府性债务的79.01%。在负有偿还责任的债务中银行贷款有50 225亿元，占比为74.84%。地方融资平台贷款占银行贷款总额的比例在不同类型机构之间分布得并不均匀（见图12-5）。2009年年底，主要上市银行地方政府融资平台贷款约占贷款总额的10%左右，国家开发银行占比则相对较高，国家开发银行融资平台的贷款（以基本建设贷款为统计口径）占比已达68.7%。

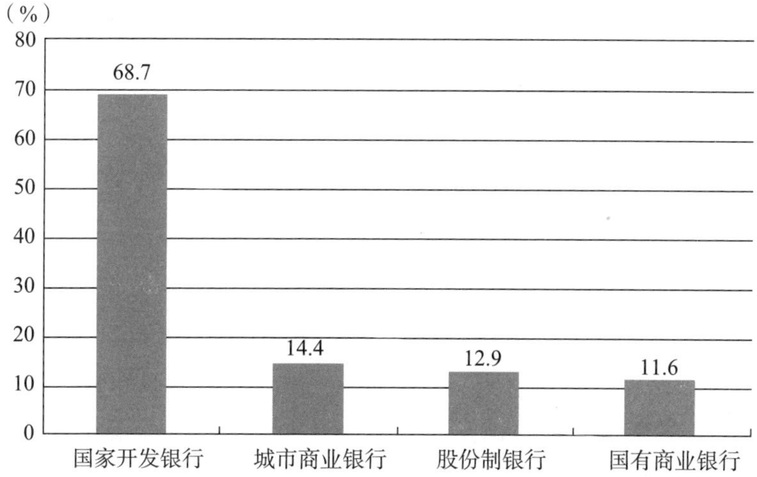

图12-5 2009年各地方融资平台贷款占银行贷款总额的比例

资料来源：各大银行的年报。

注：国家开发银行、城市商业银行和股份制银行融资平台贷款口径为基本建设贷款。

从债务偿还看，地方融资平台借新还旧的偿还方式占比较高。2010年年底，有358家融资平台通过借新还旧方式偿还政府负有担保责任的债务和其他相关债务 1 059.71 亿元，借新还旧率平均为 55.20%；其中，有 387 所高校和 230 家医院的政府负有担保责任的债务和其他相关债务的借新还旧率超过 50%；全国高速公路的借新还旧率达 54.64%。2011 年，中国银行业监督管理委员会明确禁止借新还旧，使得融资平台的短期债务偿还风险凸显。

地方融资平台的逾期债务率会进一步上升。2010 年年底，有 148 家融资平台存在逾期债务共 80.04 亿元，占融资平台公司总数的 2.3%，逾期债务率平均为 16.26%（见图 12－6）。考虑到未来几年内地方政府土地出让收入和抵押价格的回落，借新还旧的偿还方式具有内在的不可持续性，未来几年的逾期债务率会上升。

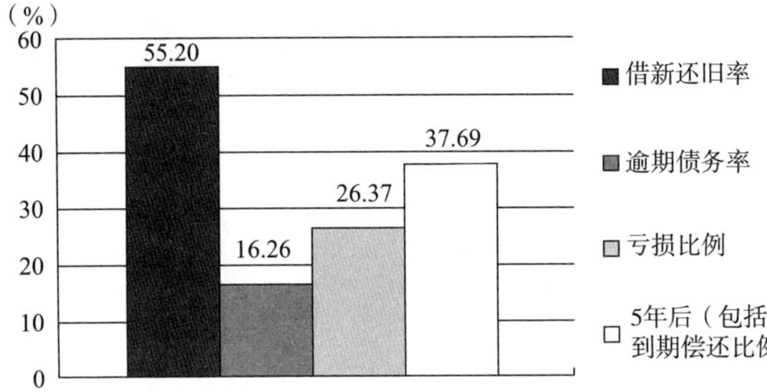

图 12－6　2010 年年底银行对地方融资平台贷款的风险

资料来源：审计署《全国地方政府性债务审计结果》。

地方融资平台的债务周期较长、盈利能力较弱。从偿债年度看，2010 年年底，在地方政府性债务余额中，2011 年和 2012 年到期偿还的分别占 24.49%和 17.17%，2013—2015 年到期偿还的分别占 11.37%、9.28%和 7.48%，2016 年以后到期偿还的占 30.21%。由于融资平台公司举借的债务资金主要投向回收期较长的公益或准公益性项目，持续获得现金流的能力较差，2010 年，有 26.37%共计 1 734 家融资平台公司出现亏损。

（四）土地增值收益分配不公平

由于地方政府具有合法低价征用农民土地和独家出让土地的权力，地方政府成为土地增值收益的主要获得者。1999—2009 年，国有土地出让成交价款与地方财政收入之比从 0.092 提高到 0.437；1999—2007 年，国有土地出让成交价款与地方预算外收入之比从 0.163 提高到 1.942（见表 12－7）。国有土地出让收入在地方发展中的作用越来越显著。自 2008 年金融危机以来，地方政府对土地财政的依赖不但没有减轻，反而进一步强化，尤其城市政府对土地财政的依赖更强。

表 12－7　1999—2009 年国有土地出让成交价款及其与地方财政收入和地方预算外收入之比

年份	国有土地出让成交价款（亿元）	地方财政收入（亿元）	地方预算外收入（亿元）	国有土地出让成交价款与地方财政收入之比	国有土地出让成交价款与地方预算外收入之比
1999	514.3	5 594.87	3 154.72	0.092	0.163
2000	595.6	6 406.06	3 578.79	0.093	0.166
2001	1 295.9	7 803.3	3 953	0.166	0.328
2002	2 416.8	8 515	4 039	0.284	0.598
2003	5 421.3	9 849.98	4 187.43	0.55	1.295
2004	6 412.2	11 893.37	4 348.49	0.539	1.475
2005	5 883.8	15 100.76	5 141.58	0.39	1.144
2006	8 077.6	18 303.58	5 940.77	0.441	1.360
2007	12 216.7	23 572.62	6 289.95	0.518	1.942
2008	9 943.9	27 703.42	—	0.359	—
2009	14 239.7	32 580.74	—	0.437	—

由于城市土地国有和农村集体所有两种所有制的存在，以及任何单位用地都得使用国有土地，土地增值收益主要归城市政府，土地出让收入也主要用在城市，造成土地出让收入城乡使用不平衡。2008 年以后土地出让收入用于城市的部分主要有城市建设支出、国有土地收益基金和保障房安居工程支出。2008—2010 年，城市建设支出占土地出让收入的比例分别为 66.27％、48.64％和 61.65％；国有土地收益基金占土地出让收入的比例分别为 6.77％、6.41％和 8.25％；保障房安居工程支出占土地出让收入的

比例分别为3.19%、2.72%和3.80%。相应地，土地出让收入用于农村、农业的部分仍然偏低。从支出项目看，用于农业、农村的部分主要为农业土地开发资金、农村基础设施建设资金。2008—2010年，农业土地开发资金占土地出让收入的比例分别为2.76%、2.08%和1.55%；农村基础设施建设资金占土地出让收入的比例分别为7.41%、6.31%和8.36%；土地出让收入用于农村的部分合计分别为10.18%、8.39%和9.91%。随着加大土地出让收入对农业、农村的支持力度，以及计提教育资金、农田水利建设资金等相关政策的落实，土地出让收入支出结构会发生相应变化，城市建设支出占土地出让收入的比重预计将逐步降低。农民在土地出让收入中分配不合理。2008—2012年，尽管各地的征地补偿标准普遍提高了30%以上，但其在土地出让收入中所占的比重不仅没有上升，反而大幅降低了。根据对辽宁、浙江、河南三省的征地补偿费和土地出让收入的统计，2007年，三省的征地补偿费占土地出让收入的比重分别为16.82%、8.62%、19.58%，2010年变为10.37%、2.91%、12.99%，下降了三分之一以上。

四、征地制度改革的探索与进展

针对征地制度存在的问题，中央和地方政府从20世纪90年代中后期便开始征地制度改革的试验和探索，对征地制度问题的表现认识不断深化，对改革征地制度的需求越来越迫切，地方试验也取得了一定进展，改革的思路越来越明晰，但是，围绕如何改革征地制度的争论也一直未曾平息过。

（一）始于经济较为发达地区的多种补偿安置模式

20世纪90年代，发达地区工业化、城市化快速推进，用地量随之大增，地方政府的财力也有所增强。农民在征地中的要求越来越高，完全依据《中华人民共和国土地管理法》规定的标准对农民进行补偿已经很难满足要求。发达地区根据经济发展的需要，自行发起了探索尝试。如南京进行了征地补偿安置的货币化改革尝试；广东实行了留地安置；浙江采取了征地后为农民留下发展用地的办法，为被征地农民建立社会保障制度；福建采取了给农民留发展用地，农民建设厂房用于出租的办法；上海尝试在高速公路建设中不改变土地所有权，农民以土地入股，建成后农民分红的做法。国土资源部从 1999 年开始在全国安排了两批共 19 个城市在征地补偿安置、征地程序等不同方面开展试点，探索征地制度改革之路。这一阶段改革的特点是自下而上探索和自上而下改革相结合。对地方在实践中创造的取得较好效果的做法，国土资源部及时跟踪调研总结，促进地方经验及时转化为政策文件，再自上而下地推动改革。

（二）以提高补偿标准为导向的探索

征地制度改革的路线之争自改革开始以来一直存在。激进的改革派认为现行的征地制度严重侵犯了农民权益。解决问题的根本出路是要彻底改革征地制度，赋予农民完整的土地产权，彻底改变政府垄断一级市场的做法。温和的改革派承认现行制度的合理性，认为目前征地制度存在的主要问题是对农民的补偿低，今后应把改革的重点放在提高补偿标准上。这样的争论一直持续到 2004 年国务院发布 28 号文件《国务院关于深化改革严格土地管理的决定》，确定了提高补偿标准、建立社会保障制度等主张。2004 年国务院发布的 28 号文件在征地制度改革上的一个主要要求就是省、自治区、直辖市人民政府要制定并公布各市县征地的统一年产值标准或区片综合地价，征地补偿做到同地同价；同时还建立了被征地农民的社会保障制度。从此征地制度改革的主要任务就是全面推行制订征地区片综合地价和统一年产值标准。2005 年 7 月，国土资源部发出《关于开展制订征地统一年产值标准和征地区片综合地价工作的通知》（国土资发〔2005〕144 号），并以附件的形式颁布了指导性意见，要求各地在征地中，必须按照征地统一年产值标准和征地区片综合地价对农民进行补偿，将土地的区位因素、土地供求关系的市场因素、社会经济发展水平和城镇居民最低生活保障水平等因素考虑进去，各地征地补偿标准普遍提高了 20%～30%。可以说统一年产值标准和征地区片综合地价是这一阶段征地制度改革的核心和重点。这一阶段的特点是国家强力推动统一的补偿标准，对地方在其他方面的创新探索强调得不够。统一年产值标准和征地区片综合地价突破补偿倍数限制的办法，到2010年为止，已经在全国范围内普遍实施。28号文件还确立了为被征地农民建立社会保障制度等，将征地制度改革又向前推进了一步，但还未触及征地制度的实质性改革。

从2001年开始，政府启动征地制度改革试点工作，由各地先行试点。黑龙江省从2000年起，在全省实行了各市、县主要地类征地统一年产值标准的做法；浙江省杭州市、江苏省南京市和苏州市也从2000年起不再以产值倍数来测算补偿费用，而是综合考虑土地用途、土地区位条件、当地经济发展水平和土地供求关系等因素，结合当地城镇居民社会保障水平，确定征地补偿标准。在试点基础上，国土资源部于2005年下发《关于开展制订征地统一年产值标准和征地区片综合地价工作的通知》（国土资发〔2005〕144号）。所谓征地统一年产值标准，就是在一定区域范围内（以市、县行政区域为主），综合考虑被征收农用地类型、质量、等级、农民对土地的投入以及农产品价格等因素，以前三年主要农产品平均产量、价格为主要依据测算的综合收益值。征地补偿费用在统一年产值标准的基础上，根据土地区位、当地农民现有生活水平和社会经济发展水平、原征地补偿标准等因素确定相应的土地补偿费和安置补助费倍数进行计算。所谓征地区片综合地价是指在城镇行政区土地利用总体规划确定的建设用地范围内，依据地类、产值、土地区位、农用地等级、人均耕地数量、土地供求关系、当地经济发展水平和城镇居民最低生活保障水平等因素，划分区片并测算的征地综合补偿标准（原则上不含地上附着物和青苗的补偿费）。征地区片综合地价测算范围重点在土地利用总体规划确定的城市、集镇建设用地规模范围内，但各地可以根据征地需要和实际情况扩展到城市郊区或更大范围。由此可见，尽管征地区片综合地价考虑了被征地农民的土地发展权，但是，执行这一标准的范围仅限于城市和集镇范围，在这一范围之外的大量征地仍然按照产值（即原用途）标准进行。迄今为止，中国的土地征用仍然限于原用途补偿原则。

（三）以缩小征地范围为目标的改革方案形成

进入21世纪以来，党中央、国务院的相关文件和领导讲话反复强调要推进征地制度改革。2003 年党的十六届三中全会提出：按照保障农民权益、控制征地规模的原则，改革征地制度，完善征地程序。严格界定公益性和经营性建设用地，征地时必须符合土地利用总体规划和用途管制，及时给予农民合理补偿。党的十六届五中全会提出：加快征地制度改革，健全对被征地农民的合理补偿机制。党的十六届六中全会通过的《中共中央关于构建社会主义和谐社会若干重大问题的决定》也提出：从严控制征地规模，加快征地制度改革，提高补偿标准，探索确保农民现实利益和长期稳定收益的有效办法，解决好被征地农民的就业和社会保障。2005 年中央 1 号文件《中共中央、国务院关于推进社会主义新农村建设的若干意见》提出：推进征地、户籍等制度改革，逐步形成城乡统一的要素市场，增强农村经济发展活力。2006 年中央 1 号文件明确提出：加快征地制度改革步伐，按照缩小征地范围、完善补偿办法、拓展安置途径、规范征地程序的要求，进一步探索改革经验。2008 年中央 1 号文件提出：继续推进征地制度改革试点，规范征地程序，提高补偿标准，健全对被征地农民的社会保障机制，建立征地纠纷调处裁决制度。2008 年 10 月，党的十七届三中全会召开，对今后的土地制度改革作出了重大安排，提出：在土地利用规划确定的城镇建设用地范围外，经批准占用农村集体土地建设非公益性项目，允许农民依法通过多种方式参与开发经营并保障农民合法权益。从此，缩小征地范围被正式提出，并开始安排试点。

2010 年，国土资源部启动新一轮征地制度改革，在国家综合改革试验区等确定 11 个城市开展征地制度改革试点。试点的主要内容包括三个方面：一是区分公益性和非公益性用地，缩小征地范围；二是完善征地补偿安置机制；三是改进农用地转用与征收审批方式。在天津、重庆、沈阳、武汉、长沙、成都进行缩小征地范围的试点，探索合理界定征地范围以及非公益性用地的取得方式，维护农民土地财产权和发展权，其中，天津、重庆、成都同时开展农用地转为建设用地的“征转分离”审批制度改革试点；唐山、杭州、佛山、南宁、西安开展征地拆迁补偿安置及房屋拆迁补偿试点。

国土资源部《关于开展征地制度改革试点工作的指导意见》对非公益

性用地作了界定，主要包括依法批准建设的旅游娱乐、商业服务、工业仓储等类型。它确定了缩小征地范围的区域，在土地利用总体规划确定的城镇建设用地范围内，除法律规定可使用农民集体土地外，建设用地涉及农村集体土地的原则上予以征收；在土地利用总体规划确定的城镇建设用地范围外，非公益性用地退出征地范围，经批准以其他方式取得农村集体土地。这一阶段的改革开始触及作为征地制度实质的征地范围，但遗憾的是由于时间短，试点范围小，未见成效。

（四）对征地制度改革探索的简要评论

征地制度改革经过十几年的探索，地方政府和农民的法律意识都有所提高，征地补偿标准有了提高，安置渠道也有更多选择，建立了被征地农民的社会保障制度，征地程序越来越健全，征地需完成公告、确认、听证等程序并落实被征地农民的社保后才能履行生效。政府权力受到越来越多的约束，农民的土地财产权利逐渐扩大。

但是，征地制度仍存在不足之处。

一是征地补偿标准一直按原用途补偿。纵观几十年的变化，应该说征地补偿标准是在逐年提高的，但按被征土地原用途即农用用途的产值倍数进行补偿的基本思路一直未变。这种思路的要害在于使农民不能公平地分享土地增值收益，农民只能按土地的农业用途获得补偿，不能获得土地用于工业化、城市化用途产生的增值收益。中国已进入工业反哺农业、城市支持农村的发展阶段，应尽快结束这种原始积累模式。在市场经济条件下，应当与时俱进地对征地补偿价格形成调整机制。

二是征地补偿依然采取政府定价。无论是以年产值倍数进行补偿，还是按国务院 28 号文件规定的以统一年产值标准或征地区片综合地价进行补偿，本质上都是政府定价。而且对宅基地和农民住房没有完整的明确的补偿规定。

三是征地区片综合地价和统一年产值标准在实施过程中存在一些问题。第一，在各地基本已经普遍采取协商谈判地价的情况下，仍然出台省级区域的征地区片综合地价及统一年产值标准不可能取得较好的效果。在征地过程中，实际的补偿价远远超过按照统一年产值倍数计算的结果，超过了《中华人民共和国土地管理法》规定的倍数，尤其是在经济发达地区，各地征地报批案卷中上报的往往并非实际的征地补偿，这一点在发达地区表现得尤其突出。第二，征地区片综合地价及统一年产值标准出台的初衷主要是为了解决“同地同价”问题，但是在解决“同地同价”问题的同时，又带来了“不同地同价”问题。由于统一年产值将县域范围划分为若干个区域，在同一区域内的土地，无论是耕地还是菜地、是水田还是旱地，都不作区分，按照统一的产值倍数补偿，这带来了不同地同价问题，引起农民不满。第三，按照规定，每两三年对征地区片综合地价和统一年产值标准进行调整又给当地政府带来了很大麻烦。征地标准应该逐步提高，对此各地普遍认同，但是又认为规定补偿标准的调整期限给当地征地带来了很大问题，原有的征地农民往往会要求按照新的补偿标准追加补偿，在准备开始实施征地的地区，农民对新的提高后的补偿标准有所期待，影响征地正常进行。

四是关于征地范围的试点未取得成效。新一轮的征地制度试点进行了一段时间，经批准进行缩小征地范围试点的城市基本上未对缩小征地范围进行尝试探索，而对于批准其进行农用地转为建设用地的“征转分离”普遍投入很高的热情。以缩小征地范围为主要目的的征地制度改革探索未得到试点城市的支持和认同。城市政府及土地管理部门对缩小征地范围基本没有积极性，而对征地制度改革的附属产品，以简化建设用地审批权力为目的的农用地转为建设用地的征转分离却受到普遍欢迎。究其原因，可以概括为以下几点：第一，没有明确界定公共利益。这是由中国有关征地的法律规定引起的对政府征地权行使范围的探讨。首先，从各试点城市的实践看，没有一个城市能够结合自己的实际给出关于公共利益的一个概括式的定义或列举式的目录；其次，即使地方政府能够从理论上准确、严密地界定公共利益，但地方政府到底有没有从法律上界定公共利益的权力？第二，当涉及征地范围的讨论时，大家往往定性分析多，定量分析少，推理论证多，实证分析少，罗列现象多，刨根问底的研究少，这种粗线条的论断虽然把握了方向，但针对性不强，可操作性不强。对缩小征地范围进行测评时，对到底可以缩小到什么程度没有准确的估算。第三，2014 年《中华人民共和国土地管理法实施条例》第二十三条规定，“具体建设项目需要使用土地的，必须依法申请使用土地利用总体规划确定的城市建设用地范围内的国有建设用地。能源、交通、水利、矿山、军事设施等建设项目确需使用土地利用总体规划确定的城市建设用地范围外的土地，涉及农用地的，按照下列规定办理……”政策隐含的意思是，只有能源、交通、水利、矿山、军事设施等建设项目才能在土地利用总体规划确定的城市建设用地范围外用地，此外的一切用地均需要使用城市建设用地范围内的国有建设用地。按照这一法律规定，党的十七届三中全会提出，在土地利用规划确定的城镇建设用地范围外，经批准占用农村集体土地建设非公益性项目，允许农民依法通过多种方式参与开发经营并保障农民合法权益。第四，如果不对非农用地实行征收，就要使用集体建设用地，国家层面上尚未出台有关法律政策规定，使用集体土地搞建设没有相关的法律政策支持。

五、改革征地制度的基本思路

党的十六大以来，党提出“执政为民”“权为民所用、情为民所系、利为民所谋”以及科学发展观的执政理念。中国仍处于工业化、城市化快速发展期，农村土地非农化将在一段时期内处于高峰期，由土地利益引发的社会矛盾也将进入激化期。面对征地冲突频发的现实，如果沿袭现行以征地谋发展的模式，不顾及农民的土地权益，不切实解决失地农民的长远生计，片面地将征地等同于发展，势必招致农民群众的抵制，造成政府与农民的对立，破坏党和政府在农民群众中的形象，损害党和政府的公信力。为此，必须以科学发展观为指导，根本改革征地制度，转变“以地谋发展”的模式，保障经济社会可持续发展。

（一）落实宪法为公共利益实施征地之原则

中国过去几十年的经济发展得益于靠征地保障土地供应的方式。在计划经济时期，一切经济建设就是为了公共利益，因此，只要从事建设，就以征地方式供地，无论是在理论逻辑还是义理性上都还能够被人们接受。但是，在实行中国特色社会主义市场经济以后，中国在土地获得和供应上不仅没有向成熟市场经济国家和地区的做法趋近，反而强化了征地对经济发展的用地保障。按照《中华人民共和国土地管理法》的规定，任何单位从事建设都必须使用国有土地，国有土地主要通过征用农民集体所有土地来获得。这样，随着工业化、城市化进程的推进，农民集体土地只有通过征地变为国有土地，才能合法进入非农建设管道。这一方面造成农民集体土地失去参与工业化、城市化的权利和分享土地非农化进程中的增值收益的权利；另一方面形成政府垄断土地一级市场格局，造成政府职能错位、土地市场扭曲。因此，在朝向更完善的社会主义市场经济的进程中，为了保障中国基本实现工业化、城市化，必须根本改变现行制度下靠征地保障一切非农建设用地的格局。具体建议如下：

第一，明确界定公共利益征地的范围。正如我们在前面已提到的，中国的历次宪法及其修正案均明确了公共利益征地原则，但是，迄今为止，不仅没有就征地范围进行规范，而且征地用途越来越宽泛，这与建立现代社会主义市场经济国家的基本方向不一致。当前和今后一段时期，必须借鉴成熟市场经济国家和地区的经验，结合中国经济发展所处的阶段，对允许政府征地的范围进行明确限定。鉴于公益性目的内涵争议较大，难以达成一致意见，作为过渡性方案，可以先制定非公益性目的的目录，营利性目的的用地一律不得征地。

第二，改革一切非农建设靠征地保障土地供应的格局。除了公益性目的的用地外，其他非农建设用地，无论是城市建成区范围内的用地需求，还是城市建成区范围外的用地需求，只能通过市场交易方式获得。

第三，缩小土地划拨范围。进一步加大国有土地市场配置改革，逐步缩小划拨用地范围，不断扩大有偿使用覆盖面，最终取消土地供应双轨制。对具有竞争性、取得经营收入和改革条件成熟的基础设施、市政设施以及各类社会事业用地中的经营性用地，先行实行有偿使用。近期，除军事、保障性住房、涉及国家安全和社会公共秩序的特殊用地可以继续划拨使用外，其他各类建设用地应全部实行市场配置。

（二）改变城乡分治格局，实现两种土地所有制的权利平等

与现代市场经济国家和地区相比，中国土地制度的最独特之处在于实行城乡分治。尽管中国也建立了土地用途管制制度和规划管制制度，但是，与主要市场经济国家和地区相比，还增加了一道所有制管制。也就是说，即便符合用途管制，农民集体的土地只有通过征用转为国有，才能合法进入非农用地市场。正因为存在所有制管制，城市政府可以通过规划调整，将农民集体土地划入城市国有土地，并通过规划管制限制农民集体所有土地的使用权、收益权与转让权。因此，土地的城乡分治造成农村集体土地与国有土地权利不平等，形成工业化、城市化进程中的土地国有化趋势。土地的城乡分治格局不改变，城市化进程中的农民土地权益就得不到保障，土地转换中的城乡不平等就不可能改变，结构转型中的社会不稳定就会加剧。因此，我们建议：

第一，严格用途管制，强化城市规划刚性，取消土地所有权管制。必须切实落实用途管制，强化土地利用总体规划对耕地保护和城市用地规模的管控作用，以法律手段保证土地利用总体规划的监督和实施。根据未来经济发展规划，实现土地利用总体规划与城市总体规划融合，落实规划对经济发展的引领作用。确定各级城市（镇）边界和拓展边界，制止城市蔓延。在严格用途管制和规划管制前提下，取消所有制管制，即在土地农转非及使用土地时，只要符合用途管制和规划，无论是国有土地使用人还是集体土地所有者，都能平等地进入土地非农用市场，平等参与工业化、城市化进程，并公平分享土地增值收益。

第二，明确城市用地范围。鉴于城乡分治，城市土地国有，农村集体土地属于国有，为了改变政府通过规划修编扩展城市范围，造成事实上的土地国有化趋势，建议在现行《中华人民共和国土地管理法》“城市市区的土地属于国家所有”的条款中，明确城市市区的内涵，明确界定城市市区的范围，防止城市蔓延。

第三，允许城市建成区外的农民集体土地，除了公共目的用途使用实

行征收外，只要符合用途管制和规划，即可不经过征地，进入非农用地市场。

第四，对于城市范围内的存量集体土地和开发区集体土地，建议采取区段征收办法，保留农民集体一部分集体土地所有制性质不变，将其纳入规划，供农民合法使用，其余土地进入国有土地市场，实现土地溢价用于城市基础设施建设和公共建设。

（三）对被征地者按市场化价格进行财产性补偿

如何实行对被征地农民的补偿，关乎失地农民的生计，也关乎社会公平。在各国经济发展进程中，对被征地农民的补偿经历了从低额、非市场性转向趋近市场化补偿的过程。例如新加坡直到 2008 年还一直以 1973 年的土地公告价为标准征地。不管怎样，一个基本趋势是，随着经济发展水平提高，政府财力增强，土地征收一般朝向以市场价为依据补偿。在中国，土地补偿费过低影响被征地农民的生计既是一个经济问题，也越来越成为一个社会问题。正如我们在前面的回顾中所明示的，近年来，中国征地制度改革的探索也基本上是围绕提高补偿标准和提供被征地农民社会保障制度展开的。从实施情况来看，这一改革方案并不为农民所接受，原因是，在土地转用的过程中，土地升值过快，被征地农民所得甚少。但是，在征地改革讨论中，理论争论陷入混乱。一种观点认为应坚持原用途补偿原则，另一种观点认为应按土地作为资产的价值补偿。原用途补偿原则受到的质疑是原用途所指为何？一块土地去年种植粮食，今年种花，原用途是哪一种？土地资产补偿论受到的质疑是土地价值增值与区位高度相关。也就是说，一块城市化区域的土地的价值与一块传统农区的土地的价值不具有可比性。因此，当一块传统农区的土地被征收时，只能按该块土地农用时的市场价格进行赔偿。当一块城市化区域的土地被征收时，也得按其市场价格进行赔偿。因此，我们的观点是，被征地的补偿既要符合公平原则，对被征地者予以财产性补偿，也要遵循土地价值形成的经济学原则，对不同类土地采取基于其用途的补偿。具体建议为：

第一，当政府在征收农村土地时，对被征地者应按农村土地的市场价格进行补偿。考虑到使被征地农民的长久生计有保障，在对其进行土地补偿的同时，还要建立被征地农民与市民同等的社会保障制度。

第二，当政府征收城市化区域的土地时，应对被征地者按相邻土地的市场价格进行补偿。考虑到土地市场价格补偿会给政府带来巨额财务负担，可以考虑市地重划和区段征收办法，让被征地农民与政府进行土地的合作开发，既减轻政府的财务负担，也使原土地所有者从土地价值提升中获益，既解决农民长久生计问题，也缓解征地拆迁产生的社会矛盾，可谓一举多得的政策办法。

第三，对不同区域因土地增值差异导致的不公平采取土地发展权转移办法。土地发展权又称土地开发权，是指通过改变现有土地的使用用途和利用强度来对土地进行开发的权利。土地发展权制度主要由土地发展权转让制度和土地发展权征购制度组成。土地发展权转让制度是将土地区分为受限制开发区和可开发区。土地发展权转让区是根据规划需要保护的区域或者是禁止工商业开发的区域，通常是农业用地区、自然环境脆弱区、需要保存开阔空间地带区、野生动植物栖息区、历史性建筑保护区以及环境保护区等；土地发展权受让区是根据规划可以进行土地开发建设的区域，通常是城市中心地带。土地发展权转让制度由政府主导建立土地发展权交易市场，以方便受限制开发区和可开发区之间的土地权利人开展土地发展权的交易。交易的基本流程是受限制开发区卖出土地发展权，可开发区买入土地发展权。买入土地发展权的土地开发商可以享有在可开发区原有土地上进行额外开发的权利，从而获取更多的土地增值收益。卖出土地发展权的受限制开发区的土地所有者此时有两种选择：一是保留土地发展权，即不转让土地发展权，并继续按照原来的土地规划用途来利用土地；二是卖出土地发展权，获得一定的经济补偿，当然，在土地发展权被卖出后，土地的原有用途就被明确固定下来，土地权利人只能按原用途来利用土地，而不能改变原用途以寻求更大的发展机会。通过土地发展权的转让，在土地受限制开发区和可开发区之间架起调节这两类地区因土地用途管制而产生的利益不平衡的市场协调机制。

（四）改革土地财政和政府经营土地格局

政府经营土地，世界各国的法律、制度都是禁止的。中国的政府经营土地制度是在计划经济体制向市场经济体制转轨过程中逐步形成的，有其历史原因。在从计划经济体制向市场经济体制转轨的过程中，政府经营土地对于城市土地市场化改革曾经发挥过正面的推动作用；在工业化和城市化浪潮中，政府经营土地也有积极的贡献。但是随着历史的演进，其弊端日益突出显现，已经成为阻碍科学发展的一个主要制度障碍，因此必须在推进征地制度改革的同时，对政府经营土地予以改革。

第一，改革集土地管理与土地经营于一身的行政体制，把土地经营职能从土地管理部门分解出去。参照国有企业改革的经验，可以考虑成立类似国资委那样的国有土地资产管理委员会，作为政府机构，专门负责组织领导经营国有土地方面的工作。同时，成立国有土地公司等经济组织，把需要经营的国有土地交给它们来参与市场运作，或转让，或出租，或联营，或入股，负保值增值的责任，并向国家财政上缴土地收益。这些经济组织作为市场主体，按照统一的市场规则，接受政府的调控和监管。作为国有公司，还要接受新成立的国有土地资产管理委员会的管理和指导，必要时也要服从国家的要求，承担一定的土地参与宏观调控的责任。

第二，把经营土地的职能分解出去以后，各级政府的土地管理部门都专注于管理，不会再发生不同层级政府的职能错位问题。政府也不再是“运动员”，避免了与民争利，可以大大提高政府管理的公信力。其核心管理职能，一是严格实施土地利用规划，加强土地用途管制；二是平等保护各类土地产权，构建城乡统一的土地市场；三是运用土地政策，参与宏观调控。至于非经营性的国有土地，例如划拨供地、低价供地等，作为土地政策参与宏观调控的手段，仍由管理部门负责运作。

第三，在把管理土地与经营土地的职能分开及建立财产税制度以后，还应进一步规范政府土地出让收入的支出。主要改革方向是建立规范化的政府土地基金，一般情况下的年度支出只能动用利息，不能动用本金。这样才能彻底切断城市建设对土地出让收入增量的依赖，才能从根本上改变外延扩张的增长方式。

（五）实现土地增值收益的公平、公正分配

土地增值收益归属问题是土地经济学中的一个古老话题。这一命题最早于 1879 年由英国人亨利·乔治在他那部影响深远的书《进步与贫困》中提出。在他看来，随着工业化、城市化的到来，财富不断增长，物质不断进步，但是贫困不仅没有消除，反而成为时代的大问题。根本原因在于土地问题。土地和其他自然资源本来是自然赋予的，人人都有对它的平等需要，人人都有使用它的平等权利。土地的价值也不依赖于单个土地所有者的努力，而是全社会共同努力的结果。问题就出在法律把上升的土地价值赋予了持有土地的人，造成地主独占地租，坐享其成，不劳而获。他提出的解决土地增值收益分配问题的办法是，将地租充公，而不是把土地充公。第二次世界大战以后，一些后发国家利用这一理论实行土地重划，推进了城市建设和城市更新。

在中国，土地增值主要是在城市开发和建设过程中，由农用地、集体土地转变为建设用地、国有土地引起的。一是土地用途改变，即由农用地转变为建设用地引起的增值，这种增值是由公共部门编制并发布实施的土地利用总体规划、城市规划决定的；二是由基础设施的改善引起的增值，而基础设施的投资和建设也主要由政府和公共部门实施；三是由土地资源总量有限、资源稀缺等因素引起的增值；四是由投资的增加、土地利用效率的改善引起的增值。前三种情况产生的增值应该归属整个社会，即所谓的“涨价归公”。在中国现行土地制度下，征地过程中对被征地农民按土地原用途进行补偿，土地增值收益主要归城市政府。近些年来，国家相继出台政策力图扭转土地增值收益分配在城乡之间的失衡。1998 年修订的《中华人民共和国土地管理法》规定，政府征收一定的新增建设用地土地有偿使用费用于农村土地整理与复垦。2004 年国务院出台的文件规定，土地出让收入的 15％用于农业土地开发。同年出台的 28 号文件规定，土地出让收入可用于补贴征地补偿支出费用的不足。政府后又相继出台政策，要求地方政府将土地出让收入的 10％用于保障房建设，10％用于农田水利

建设，10％计提教育资金。但农村、农民在土地增值收益分配中比例偏低的局面没有根本改变。我们建议：

第一，加快推进征地制度改革。进一步完善征地补偿安置制度，拓宽安置途径，探索留地安置、土地入股等多种模式，实现“保权让利”或“转权让利”，确保农民长远生计；完善征地补偿争议协调裁决制度，畅通救济渠道，维护农民土地合法权益。

第二，区分“涨价归公”与“涨价归政府”，防止“归公”的土地增值变成地方政府乃至部分地方政府官员的体制外收入，保证“涨价归公”的土地增值回馈社会。

第三，建立土地基金制度。将一定比例的土地收益归集起来，用于调剂丰歉余缺，平抑市场波动对地方财政的影响，实现土地收益的“年际”合理分配。

六、征地制度改革的现实选择*

征地补偿制度最重要的是要把征地补偿和对被征地农民的征地安置区分开来。征地补偿是按照土地财产的市场价格对被征地农民进行的补偿；征地安置是按照社会公平原则由国家对被征地农民进行的失地救助和长远生活保障，最重要的是就业安置。解决征地纠纷要从国情出发，多建几道“拦水坝”，化解矛盾。

（一）科学界定征地权

要改革完善征地制度，必须对征地权作出科学界定。现代征地制度最早产生于法国，该国18世纪后期资产阶级革命胜利后产生的宪法确定了私有财产神圣不可侵犯的原则，同时又规定国家为了公共利益需要可以征收私人财产，但必须进行公平补偿。此后各国基本遵循这一原则。

理论上征地权有几个特点：一是主权性，它是国家强制力的体现，为国家主权所固有，行使征地权是国家主权的行使行为，具有不可抵抗性

---

* 本节由甘藏春同志撰写。因讨论主题相同，故将其放入本章。

质，正因为如此，西方国家大都通过宪法授权政府来行使这项权力。二是强制性，土地征收是将私人所有或法人所有的土地所有权强制转移为国家所有的一种行为。三是公平性，即征地目的、征地范围必须为了公共目的或公共利益，必须遵循正当程序进行公平补偿。

（二）现阶段征地制度改革的基本目标

中华人民共和国成立以来，无论是 1953 年制定、1958 年修订的《国家建设征用土地办法》，还是 1982 年的《国家建设征用土地条例》和 1986 年的《中华人民共和国土地管理法》，针对征地制度立法的总体思路都是将为工业化、城市化发展提供土地资源作为最优先目标。虽然 1998 年修订的《中华人民共和国土地管理法》提高了征地补偿安置标准，规范了征地程序，但基本的政策导向并没有发生质的改变。实践表明，这样的制度设计与当时整个中国的发展战略是相适应的，否则就很难解释中国几十年来经济的高速增长，但也要看到，这个过程确实带来了耕地快速减少、牺牲部分农民利益等问题。

造成征地矛盾增多的主要原因，一是城市化、工业化进程加快，面对短时间内完成征地的压力，部分地方政府在一定程度上忽略或漠视了征地应有的法律程序，从而引发纠纷；二是征地补偿安置制度设计本身存在问题，把补偿和安置混在一起未加区分，容易引起矛盾；三是缺乏有效的纠纷调处机制，从近几年征地的纠纷看，大多数农民不是反对征地，而是因为权利不能得到有效保证，从而产生矛盾。几方面原因叠加，加之土地作为基本的载体，征地可能带来其他相关的问题，从而导致征地问题成为社会矛盾的焦点。在 2007 年《中华人民共和国物权法》颁布实施后，农民的宅基地使用权和承包经营权已成为用益物权，加上社会各利益群体的权利意识逐步增强，13 亿人口的粮食安全用地需求增加等因素，使得征地制度面临复杂艰难的境地，需要适应新形势进行改革完善。

中国正处于战略机遇期，抓住有利时期大力发展经济仍然是当前的第一要务，但发展必须践行科学发展观，切实转变发展方式，实现又好又快的全面发展，而不是片面追求 GDP 的增加。对征地制度改革而言，就是要在城市化、工业化进程中，改变过多、过快消耗农用地的状态，节约集约用地，提高用地效率，同时努力减少征地矛盾，维护社会稳定。中国征地制度改革必须实现三个目标：一要继续为城市化、工业化进程提供必需的土地资源；二要有利于保护耕地，防止耕地减少过多、过快，保证粮食安全，因为征收农村土地在很大程度上是占用耕地；三要保护被征地农民的权益，减少征地纠纷，维护社会稳定。这三个目标作为一个有机整体，互相制衡，改革完善征地制度必须做到三者有机统一。比如第一个目标有利于加快现代化建设进程，但过分强调这一点，处理不好就有可能牺牲后两个目标。因此，现阶段面对日益复杂的征地矛盾，征地制度改善完善的重点应该放在保护农民合法土地权益、维护社会稳定上，让被征地农民分享真正意义上的城市化成果。

（三）有效防止征地权滥用

征地权是对土地财产权的一种剥夺。为防止滥用征地权，不少国家都做了有益的探索，大多在宪法上规定征地必须基于公共利益或公共目的。公共利益一般要求项目本身具备公益性，公共目的则具有弹性，相对比较宽泛。20 世纪初特别是 1919 年之后，由于工人运动蓬勃兴起，西方国家开始引入社会主义理念，强调对私有财产的限制，第二次世界大战之后，随着国家干预、宏观调控等理论的推行，征地权的范围趋于宽泛。

如何界定公共利益是当前中国征地制度改革的一个难点。除日本等少数国家的法律进行列举式规定外，大多数国家界定公共利益不外乎两种方式：一种是议会决定方式，主要在欧洲，其土地法律规定凡是符合国家、地方规划的项目，经议会审议通过后都可视为公共利益；地方发展规划由地方议会决定，但必须符合中央政府的规划要求，在此前提下地方议会审议通过的项目也被视为公共利益。另一种是美国模式，也称法院仲裁模式，法院不是根据项目属性（属于私人利益还是国家利益）、是否盈利等裁决项目是否符合公共利益，而是通过衡平法，主要依据其社会利益是否大于私人利益来认定它是否符合公共利益，含义相对比较宽泛。

中国在制定《中华人民共和国物权法》的过程中曾试图立法界定公共

利益和非公共利益，但从实践来看，在当前这样快速现代化、工业化的进程中很难将它们界定清楚。合理确定征地范围不应过分强调对公共利益的具体认定，可以引入两个机制：一是对国家项目（主要是基础设施、重点工程项目），必须符合规划，强调公共利益属性；二是对一些地方建设项目设立必要的前置审查程序，即必须在经过地方人民代表大会或人大常委会充分听证的基础上才能上报征地。这样可以使征地项目不仅具有合法性，还具有充分的民意基础，从而有效遏制征地权的滥用。

（四）完善补偿安置制度是征地制度改革的重点

从1987年实施的《中华人民共和国土地管理法》到2004年修订的《中华人民共和国土地管理法》，征地补偿标准成倍增加，甚至不少地方突破了法律规定的被征收前三年平均年产值的三十倍的标准，但征地纠纷仍然不断。相反，自计划经济时期至20世纪90年代中期，中国的征地补偿安置制度主要是采用以人员安置为主、货币补偿为辅的方式，征地总体上矛盾较少，因为大多数被征地农民都被安排转户口及进城工作，享受国家福利和保障。1998年以后基本上以货币补偿为主，未对征地补偿制度和安置制度加以有效区分，忽略了安置制度，逐渐形成了一大批无地、无业、无保障的农民，他们游离于城市化之外，成为社会不稳定的因素之一。尽管2004年之后国家重新研究征地补偿安置制度改革，提出原有生活水平不降低、长远生计有保障的总要求，建立被征地农民的社会保障制度，提出补偿安置费用不足部分从城市国有土地收益中补充等安排，但一部分城乡接合部农民由于原有生活水平高于城市一般居民，因此不太愿意参加被征地农民社会保障；而另一部分农民即使转为城市户口，由于缺少与城市市民同等的待遇，又缺乏谋生手段，自身没有好的发展，所以不少沦为城市的贫民阶层。

实行征地制度改革总的原则应当是保证被征地农民原有生活水平有改善，长远生计有保障。要实现这一点，最重要的就是要把征地补偿和对被征地农民的征地安置区分开来。征地补偿是按照土地财产的市场价格对被征地农民进行的补偿；征地安置是按照社会公平原则由国家对被征地农民进行的失地救助和长远生活保障。将两者区分开来，短期看最直接的好处是可以避免被征地农民过多地在补偿数额上提出争议，长远看也可以培养被征地农民的自身发展能力，稳步提高其生活水平，促进社会和谐。

对被征地农民的补偿主要包括三个方面：一是对土地所有权的补偿；二是对农民房屋的补偿；三是对青苗及地上其他构筑物、附着物的补偿，这些都属于农民的财产权。总的原则是按照农民财产权利的市场价格进行补偿。对土地所有权的补偿涉及按土地原用途补偿还是规划用途补偿的问题。从世界各国的实践来看，欧洲等发达国家都是按照原用途补偿，因为土地增值主要是由整个社会发展进步、国家行使公共权力制定和实施规划带来的。有人提出，由于中国没有形成农用地市场，若按原用途补偿即按农用地价格补偿，很难确定农用地价格。实际上，各国都是由政府制定农用地价格，国土资源部在2003年已经出台了《农用地分等定级规程》和《农用地评估规程》，技术上已经不成问题。从另一个角度看，由于土地被征收后的规划用途不同，价格差异更大，如果按照规划用途补偿，那么就会造成新的不公平。

对被征地农民的安置必须遵循社会公平原则，遵循土地社会化进程和农民市民化进程相协调、一致的原则。实现被征地农民的市民化不仅仅是给农民转户口，而且要让他们享受与城市居民同等的市民待遇，包括教育、医疗、就业、养老等社会福利和保障。只有解决这个问题，才能消除将被征地农民排除在城市化进程之外的现象，才能真正消除因征地引发的社会不稳定隐患。有条件的地方可以将征收的土地留出一部分作为农民安置就业的发展用地，与此相适应，农村集体经济组织形式也应随着城市化进程进行改革重组、重构。有集体财产的，可以建立一个真正体现集体所有权的财产组织形式，比如股份合作公司；没有集体财产的，直接改为居民委员会。对被征地农民的安置，除了使被征地农民享受与城市居民同等待遇的社会保障外，最重要的是就业安置。法律应该在总结各地经验的基础上，作出强制性规定。这样也许要提高征地成本，但总体来看，利远大于弊。一是可以消除因征地引发的社会不稳定因素。二是可以延缓城市化低成本扩张的速度。中国城市化扩张不是太慢太小而是太快太大，实现被征地农民的市民化，则意味着地方政府征地越多，城市扩张越大，必须接纳为市民的被征地农民就越多，就越需要对就业、教育、医疗、基础设施等作出更为统筹的考虑，从而越好地促进城市转变发展方式。三是政府可以占有行政道德的制高点，改变公众对政府“低价征地→改变用途→转手倒卖”，与开发商一起牟取暴利的负面印象。即使政府有利益，但只要把被征地农民的安置问题全部解决了，就可以避免很多道德谴责，也有利于化解社会矛盾。

（五）探索建立征地纠纷裁决机制

即便是在征地中给予充足的、超过土地财产价值的补偿，于被征地者而言也还可能存在感情上的损失。问题不在于矛盾，而在于要建立正常的征地纠纷处理机制。从发达国家的经验看，主要有以下三种做法：

一是将解决征地纠纷前移到规划制定过程。在欧洲等国家，规划制定的过程就是衡量征地是否合法、是否符合公共利益或公共目的的过程，特别是地方政府在规划制定过程中，实行全部开放，当地所有居民都可参与讨论，每个层级都可充分发表意见，使规划制定过程充分反映民意，但充分反映了民意的规划一旦确定就具有法律效力。中国当前征地制度最大的问题是规划过快且频繁调整，基本上不征求公众意见，特别是不太征求规划区居民的感受和意见。因此建议对规划制定的程序作彻底的反思、改革。

二是建立税收调节机制，防止土地收益分配畸高或畸低。以丹麦为例，由于土地财产增值部分主要被国家通过税收形式拿走，因此在进行征地补偿时土地所有者一般不在意是按照农用地补偿还是按照规划用途补偿。中国也有《中华人民共和国土地增值税暂行条例》，但在实际操作中并未很好地贯彻执行。

三是建立体现征地矛盾复杂性、技术性特点的裁决体制。英美法系的国家都实行行政裁判所制度，建有专门的土地裁判所，它隶属于法院，但裁判员不一定是专业从事法律工作的，而是由土地估价师等专业人员担任，这样有利于快速解决各种专业问题。中国对征地中遇到的矛盾纠纷往往采取党委动员、工作组做工作等政治方式解决，虽然也取得了很好的效果，但缺乏成熟的法律制度，这个机制在新的历史条件下将难以为继。

解决征地纠纷，要从中国国情出发，多建几道“拦水坝”化解矛盾。第一，补偿应该公平、公正、公开。第二，要将征地项目的合法性问题与补偿安置的合法性问题区分开。征地项目的合法性审查主要在国务院和省级两级进行，将征地的合法性审查与征地补偿方案的批准剥离开来，征地的补偿安置方案由市、县政府公开，把矛盾的焦点引导到补偿安置方案自身的合法性与合理性上。第三，建立一个仲裁机构，可以借鉴过去的乡绅治理等模式。第四，建立一个完善的土地市场体系。

（六）从严追究违法征地责任

在保障合法征地行为，化解征地纠纷的同时，对于违反法律规定，非法批准或实施征地的，必须从严追究法律责任。非法征地往往涉及多种责任，既有民事责任、行政责任，也有刑事责任。中国法律对此虽然有相应的规定，但在实践中，这方面的责任追究并没有得到很好的执行，特别是刑事责任。《中华人民共和国土地管理法》规定，违法越权、违反法定程序批准征地，侵占、挪用被征地单位的补偿费用和其他相关安置费用等情形，构成犯罪的，应当追究刑事责任。《中华人民共和国刑法》第四百一十条也有非法批准征收、征用、占用土地罪（属于渎职罪的一种）的规定，但是因为该条款将“徇私舞弊”作为前置条件，难以认定，实际执行效果并不理想。

追究非法征地的责任在加大现行法律制度的执行力度外，还应当建立更为严格完善的刑事责任追究制度。为便于认定和实际操作，除了按渎职罪追究相应刑事责任外，对于非法实施征地给被征地人造成财产损失的，参照刑法侵犯财产罪中有关故意毁坏财物罪的条款执行，追究刑事责任并要求赔款损失，从而形成对征地犯罪更直接有效的威慑，以维护正常征地秩序和被征地农民的利益。

这样多位一体可以最大限度地减少征地矛盾，在保证经济持续健康发展的同时，充分维护被征地农民的正当权益，使被征地农民真正分享城市化建设的成果，征地问题也不再成为社会矛盾的焦点。

第四部分

“以地谋发展”模式

第十三章
土地制度改革与经济结构转型

改革开放后，中国经济保持了 9.6%的高速增长，工业增加值年均增长率为 14.6%，工业增加值从 2.07×10^{11} 元增长到 2.80×10^{13} 元，中国成为世界制造大国，城市人口年均增长率为 4%，城市化率从 17.92%提高到 58.52%，2.8 亿农民离土出村参与城市化进程，推动“乡土中国”向“城乡中国”的历史转型。无论是唱赢中国者还是唱衰中国者都认同，在一个大国发生如此非凡的经济增长和历史性的结构革命，一定有其不同寻常之处。与目前主流的比较优势说和地方政府锦标赛体制说不同，本章提出，中国独特的土地制度安排及其改革是创造“中国奇迹”的秘密。在过去几十年中，中国在政府主导发展权下开放经济权利，土地制度的独特安排与变迁形成“以地谋发展”模式，土地制度实现的土地资本化促进了经济结构的跃迁。但是，中国的转型困境也因此而生，尤其是在中国经济发生增速换挡和平台转换以后，“以地谋发展”模式的风险加大。限于篇幅，本章主要在理论上阐释土地制度及其变迁在经济发展中的作用，并给出土地制度变迁与结构转变的阶段，最后讲述深化土地制度改革的需求。

一、土地制度及其变迁在经济发展中的作用

探寻增长之源是经济学的不变主题，但支撑不同发展阶段的经济学对不同因素重要性的强调有别。土地在古典学者那里举足轻重，土地是“财

富之母”[①]，“永远是一切财富唯一的、首要的来源”[②]。亚当·斯密在分析国民财富的性质和原因时，将土地与劳动、资本一起作为三个基本的生产要素。[③] 大卫·李嘉图担忧土地、资本与劳动的边际报酬递减会导致一国的经济增长停滞。[④] 马歇尔指出农业技术提高太慢导致土地的耕作边际报酬递减。[⑤] 因此，正如舒尔茨所正确指出的：“早期经济学家把土地视为经济增长的制约因素。”[⑥]

有意思的是，土地的重要性到了边际革命时期开始下降，该派的理论给出的理由是，土地不应该在经济发展中占有特殊位置，不必进行单独处理。土地不仅可以被资本替代，而且技术进步足以抵消固定不变的土地所带来的不利影响[⑦⑧⑨]，当新古典经济学家在构建理论模型时，土地要素甚至神秘地“消失”了。[⑩⑪⑫⑬] 哈罗德给出的原因是：“我之所以抛弃它，是因为在我们这样一个特定环境下土地的影响微乎其微。”[⑭] 索洛将产出增长分解为资本、劳动、全要素生产率提高的贡献，土地被计入资本中。[⑮] 舒尔茨的观点代表了现代经济学进行如此处理的缘由：“我们发现，土地在经济增长中的作用与常识或古典经济学有关土地之观点迥异。作为生产要素，土地的经济重要性一直在下降。它在生产国民产值的总要素成本中所

① 配第. 赋税论　献给英明人士　货币略论. 北京：商务印书馆，1978.

② 杜尔哥. 关于财富的形成和分配的考察. 北京：商务印书馆，2009.

③ 亚当·斯密. 国民财富的性质和原因的研究（上）、（下）. 北京：商务印书馆，2009.

④ 李嘉图. 政治经济学及赋税原理. 北京：商务印书馆，1962.

⑤ 马歇尔. 经济学原理. 北京：商务印书馆，1964.

⑥ 西奥多·W. 舒尔茨. 改造传统农业. 北京：商务印书馆，2009.

⑦ 卡尔·门格尔. 国民经济学原理. 上海：上海人民出版社，2005.

⑧ 斯坦利·杰文斯. 政治经济学理论. 北京：商务印书馆，2009.

⑨ 莱昂·瓦尔拉斯. 纯粹经济学要义或社会财富理论. 北京：商务印书馆，2009.

⑩ Gunn, G. T., Douglas P. H. “The Production Function for American Manufacturing for 1914,” *Journal of Political Economy*, 1942, 50 (4): 595 - 602.

⑪ Harrod, R. F. “An Essay in Dynamic Theory,” *Economic Journal*, 1972, 49 (193): 14 - 33.

⑫ Solow, R. M. “A Contribution to the Theory of Economic Growth,” *Quarterly Journal of Economics*, 1956, 70 (1): 65 - 94.

⑬ Arrow, K. “The Economic Implication of Learning by Doing,” *Review of Economics & Statistics*, 1962, 29 (3).

⑭ 同⑪.

⑮ 同⑫.

占的比例变得更小了。"[①] 免除土地报酬递减困扰后的经济增长理论将主要精力用于探究物质资本的增长与配置效率、技术进步、人力资本、创新和研发投入在经济增长中的重要性。[②③]

土地的重要性从举足轻重到被忽略，反映了经济学家对其所处时代经济特征的简化。古典时期的经济以农业为主，国民经济和百姓生计高度依赖于土地资源，技术变迁缓慢，人们为避免掉入"马尔萨斯陷阱"而挣扎。新古典时期的经济以工业和城市经济为主，土地的经济重要性下降，经济增长依赖于资本形成、配置效率、技术进步，经济发展从依赖土地转向依赖创新和全要素生产率的提高。

遗憾的是，经济学家在求解发展问题时，仍然主要基于他们受训练形成的新古典增长理论。尽管主流发展经济学家认识到经济发展的内涵是结构变迁[④]，但是在探寻结构变迁的力量时，经济学家的药方主要是：第一，劳动力从低生产率的农业部门向高生产率的工业部门和服务业部门再配置[⑤]；第二，利用挤压农业的工农产品"剪刀差"的方式实现资本积累[⑥]；第三，依赖愿意接受制度性工资的农村剩余劳动力转移来创造资本[⑦]。

对土地配置与制度安排在结构转变中的重要性的忽略，不仅使发展理论与现实之间的差距拉大，而且错失了利用土地在解决发展问题中的功能。第一，一个国家从农业经济向工业经济、从乡土社会向城市社会的转变是一个动态的过程，土地的重要性及其起作用的方式也是一个动态的变

---

① Schultz，T. W. "The Declining Economic Importance of Agricultural Land，" *Economic Journal*，1951，61（244）：725.

② Romer，P. M. "Increasing Returns and Long-Run Growth，" *Journal of Political Economy*，1986，94（5）：1002－1037.

③ Lucas，Robert. "On the Mechanics of Development Planning，" *Journal of Monetary Economics*，1988.

④ 钱纳里，鲁滨逊，赛尔奎因. 工业化和经济增长的比较研究. 上海：格致出版社，上海三联书店，上海人民出版社，2015.

⑤ 钱纳里，塞尔昆. 发展的格局 1950—1970. 北京：中国财政经济出版社，1989.

⑥ Sah，R. K.，Stiglitz，J. E. "The Architecture of Economic Systems：Hierarchies and Polyarchies，" *American Economic Review*，1986，76（4）：716－727.

⑦ Lewis，W. A. "Economic Development with Unlimited Supplies of Labour，" *Manchester School*，1954，22（2）：139－191.

化过程。随着结构转变，土地作为农地的经济重要性会不断下降；在结构转变阶段，土地的再配置功能与资本化作用增强；随着结构转变趋于稳态，经济发展主要取决于创新和技术进步，土地的整体作用将下降。第二，经济发展被定义为从农业经济向工业经济和城市经济的结构转变，但是，结构转变的再配置效应只是来自劳动力从低生产率的农业部门向高生产率的工业和服务业部门配置带来的生产率提高。事实上，结构转变不仅是人口和劳动力从农村社会向城市社会的再配置，也是土地从农业用途向工业和城市用途的转换。土地在不同经济活动间再配置产生的价值增值无论如何不能被忽略。通过资本积累促进工业化被作为发展中国家实现经济起飞的主要途径，但是，在发展中国家的经济发展中，土地无疑是创造资本的最重要来源。土地在经济活动之间的再配置带来土地价值的增值，通过土地增值价值的捕获可以为经济发展带来巨额资本。第三，结构转变的启动与演化离不开制度的作用和制度变迁的推动。发展中国家的土地产权和配置方式一般低效，通过完善权利安排和增进市场配置的改革，可以大大增加土地资本化收益和资源配置效率。因此，土地资源的配置效应、土地在资本形成与扩增中的作用，以及土地制度安排与变迁对结构转变的作用，是发展中国家从农业社会转型为城市社会的重要力量。

伴随高速增长与结构变革，中国不仅发生了土地从农用到非农用的大规模配置，大量农用地转为非农用地，更重要的是发生了农地制度、土地转用制度以及非农用地使用制度的系列变革。土地的转用创造了比计划经济时期土地产品“剪刀差”更巨额的土地级差收益，独特的土地制度安排及其变革创造了地方政府“以地谋发展”模式，土地制度租金创造的资本成为推动结构变革的重要力量。

(一) 独特的土地制度安排与政府“以地谋发展”

与世界上其他国家和地区的土地制度相比，中国的土地制度结构非常独特。一是实行二元土地所有制，在社会主义公有制下，农村土地属于集体所有，城市土地属于国家所有，国有土地所有权属于国务院，权力的行使在市县政府；二是政府垄断土地非农用地市场，农用地转为非农使用一律实行按土地原用途补偿的征收机制，任何单位和个人用地都只能使用国有土地，非农用地的供应只有地方政府一个主体；三是实行三重土地管制，国家通过土地利用总体规划和年度计划进行土地用途管制，地方政府通过城市规划进行边界扩展和功能管制，土地用途转变实行所有制管制；四是实行政府支配的土地增值收益捕获机制，在土地转用中，在给失地农民不超过原用途 30 倍的补偿后，政府获得土地转用的全部增值。在政府主导发展权下，这套土地制度安排正好成为地方政府“以地谋发展”的主要工具。伴随土地转变用途，地方政府替代农民集体成为土地的所有者和城市土地的经营者，地方政府利用对土地的排他性权利，通过土地的宽供应促进经济增长，依靠土地的低成本招商引资推动工业化，通过土地的资本化推动快速城市化。①

（二）土地资本化与结构转变

土地租金不仅因土地的用途和区位而产生，而且因权利安排及其变迁而得到创设，被称为制度租金。改革之前，中国实行的是土地供应无偿、无限期流动的制度安排，不产生土地级差收益。1987 年以来中国实行土地所有权与使用权的分离，赋予用地者更长年期和更完整的权利，既增加了土地权利的价值，又使政府的土地所有权价值得以显化和实现。通过土地的有偿使用，经营性用地甚至工业用地的招标、挂牌、出让，以及土地的抵押融资，获取土地未来使用价值的增值，土地的资产价值大幅提升。随着土地制度的改革、政府关闭农民集体建设用地市场以及规划、管制、规定年度指标、督查等一系列制度的强化，政府垄断土地市场的程度和实施能力提高，政府垄断土地实现的租金也突飞猛进。② 通过土地使用制度的不断改革，土地从无偿使用到有偿使用，到招拍挂出让，再到土地抵押融资，土地资本化程度不断提高，为结构转变创造了巨额资本。

① 刘守英. 直面中国土地问题. 北京：中国发展出版社，2014.

② 黄小虎. 当前土地问题的深层次原因//中国土地学会 625 论坛. 第十六个全国“土地日”：依法合理用地　促进科学发展论文集. 中国土地学会，2006.

二、土地制度变迁与结构转变的阶段

改革开放以来，中国的工业化、城市化进程与土地制度安排及其变迁高度相关，且每一阶段呈现出不同的特征。

（一）1981—1994年：开放土地权利启动的工业化

中国的结构转变从毛泽东在党的七届二中全会上宣布把中国从农业国变成工业国开始。20世纪50年代的国家工业化战略在一个以农业经济为主的基础上起步，资本积累主要依赖于农业集体化制度和国家统购统销制度从农村攫取低价农产品。据估计，1951—1978年，农民以税收形式向国家提供了 9.78×10^{10} 元，以工农业产品“剪刀差”形式向国家提供了 5.10×10^{11} 元；同期国家对农业的投资仅为 1.76×10^{11} 元，收支相抵后，农民为工业化提供的净积累多达 4.32×10^{11} 元，为计划经济时期形成比较齐全的工业体系和门类作出了贡献。

1980年以后，中国在实行改革开放的同时，工业化、城市化的大门也在逐步打开。工业化道路在国家工业化之外开辟了两个新的轨道：一个是乡村工业化，另一个是园区工业化。乡村工业化的兴起源于20世纪80年代初包产到户制度改革释放出的大量农村剩余劳动力需要寻找出路。受制于城市体制的锁闭，农民参与工业化只能在乡村突围。被称为“异军突起”的乡镇企业首先于20世纪80年代初在社队企业基础比较好的苏南、浙北地区迅速崛起，继之在政策的支持下扩展到中西部地区。① 乡镇企业的崛起，得益于国家政策向农民开放利用集体土地搞工业的权利，在此之前，农村集体土地的主要功能是为国家工业化提供低价粮食，后期国家才允许农民在集体土地上办一些为农业服务的“五小工业”。为了推动农村结构变革，国家允许农民在集体土地上办企业，允许农民利用自己的土地建城镇，也就是允许农民的集体土地直接进入市场。农村集体土地的非农

① 周其仁，胡庄君. 中国乡镇工业企业的资产形成、营运特征及其宏观效应：对10省大型乡镇工业企业抽样调查的分析. 中国社会科学，1987（6）：41－66.

使用为这一时期乡镇企业的繁荣提供了重要支撑。如表 13－1 所示，1981—1994 年，乡镇企业的职工从 2.97×10^7 人增加到 1.13×10^8 人，到 1992 年时，乡镇企业创造的总产值已占到工业增加值的三分之一。

表 13－1　1981—1994 年乡镇企业的发展情况

年份	企业职工人数（10^4人）	企业总产值（10^8元）
1981	2 969.58	736.65
1982	3 112.91	846.26
1983	3 234.64	1 007.87
1984	5 208.11	1 697.78
1985	6 979.03	2 755.04
1986	7 937.14	3 583.28
1987	8 805.18	4 947.72
1988	9 545.46	7 017.76
1989	9 366.78	8 401.82
1990	9 264.80	9 581.11
1991	9 609.10	11 621.69
1992	10 624.60	17 659.69
1993	12 345.31	31 540.68
1994	11 329.97	42 588.51

资料来源：历年的《中国乡镇企业年鉴》。

园区工业化的兴起源于国家创办高新技术开发区和经济技术开发区引进国外先进技术、吸引外国企业以及侨资、港资、台资投资的初衷，各级政府看明白只要划出一片土地，按照特殊的体制和政策管理以后就能“筑巢引凤”后开始效仿。尤其是在 20 世纪 90 年代初邓小平南方谈话以后，中国的工业化开始加速，掌握土地控制权的各级政府大办各类园区，甚至乡镇政府和村级组织也创办工业区。园区工业化成气候也得益于这一时期土地制度改革的智慧设计：一是实行所有权和使用权的分离，市县政府行使国有土地所有权，用地者按照不同用途获得年限不等的土地使用权；二是允许土地有偿使用和依法转让，1988 年的《中华人民共和国宪法修正案》在删除土地不得出租规定的同时，增加了“土地的使用权可以依照法律的规定转让”。1990年5月，国务院发布《中华人民共和国城镇国有土地使用权出让和转让暂行条例》，明确规定土地使用权可以采用协议、招标和拍卖三种方式。这两项制度安排对于向投资者开放国有土地使用权、保障投资者稳定预期的土地权利起到了至关重要的作用。两权分离既排除了意识形态和所有制至上论的困扰，在经济上实现了国家所有权，也给投资者吃了定心丸。

地方政府当时开放集体土地权利和热衷于利用园区土地搞工业，与这一时期的财税体制安排有关。20世纪80年代中期以后，为了调动地方和企业的积极性，采取税收承包责任制，地方和企业在上交定额资金以后可以留存剩余，这就为地方政府提供了办工业的激励。① 地方政府不仅允许农民利用集体土地搞工业，还实行贷款责任担保及各种支持政策促进乡镇企业发展，也通过园区低价供地和基础设施建设及各种优惠招商引资。

(二) 1995—2002年:“以地谋发展”的工业化和城市化

1995年以后，中国的工业化和城市化呈现新的特征：一是工业化速度放缓、城市化进程加快。1995年的工业增加值增长比上年下降9.16%，工业增加值年均增长率从1981—1994年的18.09%降为1995—2002年的12.05%。与之形成鲜明对照，1995年的城市人口比上年增加了3%，城市人口增长率从1981—1994年的年均4.24%提高到1995—2002年的年均4.93%。② 二是推动工业化的方式发生了变化。1995年以后，特别是1998年以后，各地园区数量激增，开发区、工业区遍布全国各个层级，最高峰时达到6 866家，规划面积达3.86×10^4平方公里，由于开发区过于泛滥，国家不得不于2003年进行开发区清理整顿，最后保留下来的开发区共1 568家，规划面积缩小到9 949平方公里。③ 与之形成对照，曾经作为解

① 周飞舟，吴柳财，左雯敏，等. 从工业城镇化、土地城镇化到人口城镇化：中国特色城镇化道路的社会学考察. 社会发展研究，2018（1）：42－64.

② 数据来源于中经网统计数据库。

③ 《工业用地价格比较研究》课题组. 工业园区及开发区：提高地价门槛后的差异化竞争. 中国地产市场，2007（9）：68－69.

决就业问题的重要工具和基层财政收入重要来源的乡镇企业逐步退场，尤其是中西部地区乡镇企业大部分“熄火”，园区工业化成为主导模式，为中国成为“世界制造工厂”作出了重大贡献。

结构转变出现的这些新特征是这一阶段几项制度安排作用的结果。一是1994年分税制的实行，根本改变了中央与地方对经济增长所形成的利益分配结构。对地方政府影响最大的政策是制造业税收实行中央和地方按75%和25%分成，营业税、建筑业税等以及土地出让金留归地方，激励结构的改变使地方政府行为发生变化：将发展重点从工业转向城市，以增加能带来地方税收的产业；将工业发展重点从乡镇企业转向园区招商引资。原先地方政府之所以以贷款担保及政策优惠等支持乡镇企业发展，主要是因为这样可以增加乡镇政府的财政收入。实行分税制以后，地方政府从中获取的税收减少，风险加大，于是地方政府将工业发展精力转向园区，因为招商来的企业规模较大，税收能力更强，而且通过以地招商还可获得一笔土地出让收入。城市化加速使得地方政府可支配收入增加，1995—2002年，与城市化相关的地方税收增加了136%。从税收结构来看，这一时期增长最快的是建筑业税和营业税，土地出让收入由于实行分税制时基数太小而留给了地方，在这一期间也有比较大的增长，园区发展保住了制造业税收占地方税收的较高份额，也有利于产业和人口集聚，形成了与城市化的呼应。二是这一期间土地管理制度发生了重大转变，尤其是1998年《中华人民共和国土地管理法》的修订，为地方政府实行结构转变提供了制度保障。修订后的《中华人民共和国土地管理法》规定，农用地转为建设用地必须实行征地，农民利用集体土地从事非农建设被限制在自办乡镇企业一个狭窄的通道，同时实行土地用途管制，政府获得垄断土地的权力；这部法律明确规定了土地使用权可以依法转让，以及国家依法实行国有土地有偿使用制度。国家以土地所有者的身份，由市县级人民政府作为代表，将国有土地使用权在一定年限内以协议、招标、拍卖方式出让给土地使用者，土地使用者则按照出让合同的约定向国家支付土地使用权出让金。1999年以来国家又不断加大土地有偿使用制度改革，减少划拨用地比重，增加有偿使用比重。于是，地方政府一方面利用独家垄断的土地权力，以协议低价供地和以土地进行园区基础设施建设，以土地招商引资，吸引人气，增加城市收入，以及以企业入驻换取未来税收，政府将差不多40%的建设用地用于工业用地，且长期压低工业用地的价格，以成本价供地。园区工业化使整个中国成为贸易大国，成为“世界制造工厂”。另一方面，政府通过将土地配置于城市发展，在获取土地出让收入的同时，增加城市发展带来的税收。三是住房制度改革为城市政府实现土地出让收入和增加城市税收提供了通道。中国于1998年开始停止住房实物分配，逐步实行住房分配货币化，建立住房金融制度，房地产投资占比稳步提高，1997—2002年，城镇住宅新开工面积年均增速达25.90%，房地产开发投资占城镇固定资产投资的比重从16.07%提高到21.95%，住宅销售面积年均增速达到24.7%。住房制度改革增加了城市发展相关税收，建筑业税和土地相关税收也大幅增长。

(三)2003—2008年：以地生财的城市化

2003年以后，中国的城市化继续高歌猛进，常住人口城市化率从2003年的40.53%提高到2008年的46.99%，每年提高1.29%，城市化速度继续上一阶段的趋势。不同的是，这一时期的城市面积扩张增长明显，1995—2002年，城市建成区面积年均增长4.76%，2003—2008年，城市建成区面积年均增长5.76%。2003—2008年，全国城市建成区面积共增加了7 987.3平方公里，年均净增5.64%。主要城市的扩张更为显著，2003—2008年，中国排名前10位城市的建成区面积从4 911平方公里扩增到6 452平方公里，年均增长5.61%。土地城市化的速度加快，这一期间达到28.22%。

另外，农民进城和人口在城市之间的流动加速，常住人口城市化率从2003年的40.53%提高到2008年的46.99%，每年新增人口2.01×10^7人，户籍人口城市化率从2003年的23.6%提高到2008年的33.28%，2008年常住人口城市化率与户籍人口城市化率相差13.71%。这一期间呈现出土地城市化快于人口城市化、常住人口城市化快于户籍人口城市化的中国特色城市化现象。

这一时期城市化出现的新特征是土地制度变革与住房制度改革互动的结果。最大的变化是 2003 年实行经营性用地的招拍挂制度，这一制度安排使土地出让收入全部进入政府的篮子，开启政府经营土地的“以地谋发展”模式。与上一阶段政府通过园区土地协议出让招商引资搞工业相比，这一阶段政府的主要目标是以地生财经营城市。从 2003 年开始，地方政府土地出让收入出现井喷，1993—2002 年，共收取土地出让收入 7 125.42 亿元，到了 2003—2008 年，地方政府获得的土地出让收入增加到 48 271.47 亿元，土地出让收入是原来的 6.77 倍（见表 13 - 2）。城市政府依靠土地出让收入作为财政收入和建设资金来源的特征明显。对全国 84 个重点城市的统计表明，2003—2008 年，84 个重点城市的土地出让收入从 3.43×10^{11} 元增加到 6.36×10^{11} 元，增加了 0.85 倍。

表 13 - 2　1993—2008 年中国历年土地出让收入和政府财政收入统计

年份	土地出让面积（10^4 公顷）	土地出让收入（10^8 元）	政府财政收入（10^8 元）	土地出让收入占政府财政收入的比重（%）
1993	5.733 8	420.78	4 349.00	9.7
1994	4.943 2	637.95	5 218.10	12.2
1995	4.309 2	387.52	6 242.20	6.2
1996	3.404 8	348.89	7 407.99	4.7
1997	—	—	8 651.14	—
1998	6.205 8	507.69	9 875.95	5.1
1999	4.539 1	514.33	11 444.08	4.5
2000	4.863 3	595.58	13 395.23	4.4
2001	9.039 4	1 295.89	16 386.04	7.9
2002	12.423 0	2 416.79	18 903.64	12.8
2003	19.360 4	5 421.31	21 715.25	25.0
2004	18.151 0	6 412.18	26 396.47	24.9
2005	16.320 0	5 883.82	31 649.29	18.6
2006	23.250 0	8 077.64	38 760.20	20.8
2007	23.496 1	12 216.72	51 321.78	23.8

续表

年份	土地出让面积（10^4公顷）	土地出让收入（10^8元）	政府财政收入（10^8元）	土地出让收入占政府财政收入的比重（%）
2008	16.586 0	10 259.80	61 330.35	16.7

注：1997年国务院停止营利性用地的出让，以整顿土地市场，为修订后的1998年《中华人民共和国土地管理法》的出台奠定基础。数据摘编自《中国城市发展报告2014》。

政府经营土地成为筹集城市建设资金的重要渠道。城市基础设施投资中来自中央财政拨款的比重从20世纪80年代初的26%降至2008年的1.1%，地方政府已成为城市基础设施投入的主体。1994年分税制改革后，地方政府“吃饭靠财政、建设靠土地”的格局已经形成。2000年以来，地方政府依靠土地出让收入与通过土地储备中心和各类融资平台，以土地抵押担保获取大量银行贷款，为土地开发和基础设施建设提供资金。从城市基础设施建设资金的三个主要来源（财政、贷款和自筹）来看，2008年，在城市基础设施建设资金中，政府投入占32.2%、银行贷款占29.6%、企业自筹占28.7%，这三块资金都高度依赖于土地。

另一项制度安排是深化住房市场化程度，成为政府实现土地出让收入的下游出口。2003年国家进一步明确住房市场化方向，加大住房消费信贷支持，住房市场需求大增，房地产成为支柱产业。2003年全国商品住宅销售面积同比增长25.6%，全国城镇商品住宅新开工面积同比增长26.3%。为应对房价过快上涨，2006年土地参与调控，全国城镇商品住宅新开工面积增速回落到9.3%，进一步拉高房价涨幅。2005年国家进一步加大住房调控，并未达到稳房价的预期，2005—2007年，全国新建商品住宅销售均价涨幅分别达到12.6%、6.2%和16.9%，其中北京等部分城市的房价涨幅更高，2006年北京新建商品住宅销售均价上涨了19.69%，2007年达到了44.55%。①

（四）2008—2016年：以地融资的城市化

2008年以后，中国的城市化进程继续加快，但推进城市化的方式发生

① 邓郁松. 住房市场发展阶段波动与风险. 北京：科学出版社，2016.

了变化：2008—2016 年，常住人口城市化率从 46.99%提高到 57.35%，城市人口年均增长 25.22%；城市扩张蔓延加快，全国不同层级的城市同步扩张，2008—2015 年，直辖市、省会城市、地级市和县级市城市面积分别扩张 29.70%、40.02%、47.51%和 35.65%；工业增速下降，2008—2016 年的工业增加值增长率为 88.17%，比上一阶段下降 49.76%。第三产业比重于 2012 年超过第二产业。整体经济更加依赖房地产业，房地产投资占固定资产投资的比重年均上升 18.23%，金融机构贷款余额中房地产及个人购房贷款余额从 2010 年的 9.42×10^{12} 元增加到 2016 年的 2.63×10^{13} 元，占比从 19.91%增加到 24.62%，增长率从 2011 年的 13.90%增长到 2016 年的 16.57%，2016 年住房资产占居民资产的比重已达到 65.99%。

以上新的特征也是这一时期土地制度及相关制度变革的结果。(1) 2008 年为了应对国际金融危机，政府出台了 4×10^{12} 元财政刺激政策，松紧银根和地根，加大货币和土地投放，2008—2016 年 M2 年增长率达到 226.22%，新增建设用地增长率为 34.80%，这是最主要的因素。(2) 放宽土地抵押融资。1994 年分税制改革以后，财权上收，一些地方成立城市建设公司之类的投融资平台；1997 年国务院下发《关于投资体制近期改革方案》，许多地方政府纷纷成立国有独资的城市投资公司；1997—2008 年，地方政府利用投融资平台进行项目融资的情况增加；2008 年下半年，各级政府纷纷成立投融资平台；2009 年 3 月中国人民银行与中国银行业监督管理委员会（简称银监会）联合发布《关于进一步加强信贷结构调整促进国民经济平稳较快发展的指导意见》，在一定程度上提高了地方政府举债的积极性；2010 年国务院发布《关于加强地方政府融资平台公司管理有关问题的通知》，进行政策抑制。银监会地方投融资平台名单显示，到 2017 年 6 月 30 日，各地成立的各级政府投融资平台达 11 740 家。地方政府从以地生财阶段的以土地出让收入为依托、以新还旧的举债，转向以土地抵押和质押为主的举债。(3) 增加房地产开发投资和基础设施建设投资。在出口下滑、制造业转型时期，房地产开发投资从 2008 年的 3.12×10^{12} 元增加到 2016 年的 1.03×10^{13} 元，基础设施投资从 3.27×10^{12} 元提高到 1.19×10^{13}

元，年均增长 18.69%。

在这一系列政策组合下，中国城市化的模式从依赖招拍挂的土地出让转向依赖土地抵押融资，2008—2015 年，尽管政府土地出让收入从 1.03×10^{12}元继续增长到 3.37×10^{12}元（见表 13-3），但开始出现波动；随着一些城市的用地从原来的以新增用地为主转向以存量用地为主，加上农民权利意识的觉醒，征地拆迁的成本大幅上升。2008 年以来，政府土地出让成本大幅上升，很多地方占土地出让收入的一半以上，有的地方超过 60%。成本上升的结果是政府的土地出让净收益下降，到 2016 年时降至 20% 左右。

在土地成本上升、土地出让收益下降的情况下，各级城市政府城市化的资金来源转向土地抵押融资，2008—2015 年，84 个重点城市土地抵押面积从 2.49×10^6 亩增加到 7.36×10^6 亩，增加 1.95 倍，土地抵押金额从 1.81×10^{12}元增加到 11.3×10^{12}元。[①] 土地成为融资工具，地方政府的融资行为与土地出让收入脱钩，而主要取决于土地能否融到资金。这时候政府对土地的依赖变成对土地融资的依赖。

表 13-3　土地资本化和城市扩张

年份	城市化率（%）	城市建成区面积（平方公里）	政府土地出让收入（10^8元）	招拍挂面积占比（%）	土地抵押面积（10^4公顷）	土地抵押金额（10^8元）	商品房平均售价（元/平方米）
2003	40.53	28 308.02	5 421.31	27.78	—	—	2 359.00
2004	41.76	30 406.19	6 412.18	29.16	—	—	2 778.00
2005	42.99	32 520.72	5 883.82	35.05	—	—	3 167.66
2006	43.90	33 659.80	8 077.64	28.60	—	—	3 366.79
2007	44.94	35 469.65	12 216.72	50.91	—	—	3 863.90
2008	45.68	36 295.30	10 259.80	81.91	16.60	18 107	3 800.00
2009	46.59	38 107.26	15 910.20	85.30	21.70	25 856	4 681.00
2010	47.50	40 058.01	30 108.93	88.27	25.82	35 300	5 032.00

① 资料来源于历年《中国国土资源公报》。

续表

年份	城市化率（%）	城市建成区面积（平方公里）	政府土地出让收入（10^8元）	招拍挂面积占比（%）	土地抵押面积（10^4公顷）	土地抵押金额（10^8元）	商品房平均售价（元/平方米）
2011	51.27	43 603.23	31 500.00	91.25	30.08	48 000	5 357.10
2012	52.57	45 565.76	26 900.00	90.77	34.87	59 500	5 790.99
2013	53.70	47 855.28	42 000.00	92.32	40.39	77 600	6 237.00
2014	54.77	49 772.63	42 940.30	92.53	45.10	95 100	6 324.00
2015	56.10	52 102.31	33 657.73	75.20	49.08	113 300	6 793.00

资料来源：中经网、《中国国土资源公报》等。
注：土地抵押面积和金额为 84 个重点城市的数据，其余为全国层面数据。

中国地方政府无论是举债还是偿债都高度依靠土地。地方政府举债50%以地方融资平台为依托，土地是主要抵押物；地方政府偿债则主要靠出让土地获得收入，以新债还旧债。到 2010 年年底，各级政府承诺用土地出让收入作为偿债来源的债务额占到地方政府负有偿还责任债务额的37.96%。[①] 2011 年以后，中央银行提高以土地举债的门槛，但是对大多数地方政府来讲，土地出让收入仍然是偿债的主要来源。从 2011 年土地出让情况看，全国土地出让收入增速大幅回落，缴入国库的土地出让收入比上年回落 92.4%，东部地区土地出让收入增速回落尤为明显。[②]

另外，银行是最大的资金供给者。2010 年年底，银行贷款占到地方政府性债务资金的 79.01%，在负有偿还责任的债务中，银行贷款占到74.84%。从 2013 年审计署披露的信息可以看出，在全国性债务余额中，银行贷款余额为 1.01×10^{13}元，占全国地方性债务余额的 48%。中国这一轮地方融资平台的偿债方式主要为借新还旧。对 358 家融资平台公司的调查表明，2010 年年底，这些公司的借新还旧率平均为 55.20%。为了抵御风险，银监会于 2011 年明确禁止借新还旧，即便如此，地方融资平台逾期债务率仍在进一步上升。2010 年年底，有 148 家融资平台公司存在逾期债务，且逾期债务率平均为 16.26%，有1 734 家融资平台公司（占 26.37%）

① 刘守英. 以地谋发展模式的风险与改革. 国际经济评论，2012（2）：92－109，7.

② 全国土地出让收入管理及使用情况（2011），中华人民共和国财政部官网，2012－08－31.

出现亏损。2012 年年末，融资平台数量为 1 万余家，贷款余额约为 1×10^{13} 元，同比增长约 500%。[①]

房价不断攀升，资产泡沫化。2008 年国家加大了保障性住房建设力度，加大了对自住型和改善型住房消费的信贷支持，2009 年房地产市场快速回升，全国商品房销售面积为 9.48×10^{8} 平方米，同比增长 43.6%；其中，商品住宅销售面积为 8.62×10^{8} 平方米，同比增长 45.4%，全国新建商品住宅销售均价为4 459 元/平方米，较 2008 年上涨了 898 元/平方米，涨幅达到 25.1%。2009 年国家继续综合运用土地、金融、税收等手段，加强和改善对房地产市场的调控，遏制部分城市房价过快上涨的势头。2010—2013 年，国务院及有关部委和地方政府多次出台相关调控政策，但是北京等部分热点城市房地产市场大幅波动问题仍比较突出。2009 年，北京商品住宅销售面积增长了 82.3%，2010 年和 2011 年分别下降了 36.1% 和 16.9%，2012 年增长了 43.3%。2010 年，北京新建商品住宅销售均价同比涨幅仍高达 29.7%，2011 年和 2012 年分别下降了 9.5%和 0.1%。2012 年下半年以来，随着销售回暖和新开工量下降，北京房价明显回升。2014 年以来，商品住宅市场出现重大变化，商品住宅销售面积和新开工面积开始明显下降，库存快速增加，在限购、信贷等政策调整的作用下，2015 年商品住宅销售面积同比增长 7.9%，但 2016 年以来商品住宅销售面积继续保持增长态势，住宅待售面积从 3 月末以来持续下降，并已低于 2015 年年末的水平。[②] 房价涨幅过快，既是城市化带来的需求增长的结果，也与中国的土地制度和政府行为有关，城市政府为了获得高额土地收入，减少住宅用地供应，造成住房供应紧张和住房价格攀升，居民对住房的需求从居住转向投资和投机，更加剧了住房供求失衡。

三、深化土地制度改革的需求

对于改革开放后高速的经济增长与快速的工业化、城市化，独特的土

① 刘守英. 土改建言：中国土地制度的问题与改革. 国际经济评论，2013（11）：8－9.

② 刘守英. 不告别以地谋发展模式，就别指望房子“用来住”而不“用来炒”. 土地科学动态，2017（3）：41－44.

地制度安排与变迁路径起到了非常重要的作用。土地的宽供应保证了经济高增长；地方政府以扭曲的工业用地价格招商引资，利用土地提供园区基础设施，促进了高速工业化，使中国成为“世界制造工厂”；利用土地的资本化和以地融资，解决了中国城市发展所需的巨额资本来源，助推了快速的城市化。但是，这套制度架构近年来的制度收益明显降低，制度成本上升，国民经济运行的风险加大，主要表现为在经济增速下行和经济发展阶段转换以后，继续靠放土地拉增速的效力减小。一个明显的事实是，近几年随着经济增长的阶段性转换放慢，土地需求下降，地方土地供应的增速也跟着慢下来，以地招商引资的作用减小，具体表现为，全国性的工业用地占比下降，制造业用地需求下降，东部地区的企业经过上一轮的发展已经告别资本短缺，企业升级后土地成本份额下降，以土地抵押获取贷款的需求下降，中西部地区企业进入意愿低，发展机会不足，地方政府继续以土地低价招商和提供比东部地区更好的基础设施，但入驻企业少，园区绩效不佳；在实体企业用地需求减少、房地产供地与政府土地收入挂钩的情况下，房地产用地继续保持低位，为了保增长，地方政府将更大比例的土地配置为基础设施用地，供地结构失衡加大，加剧了国民经济结构的失衡；土地出让的成本上升，地方政府出让净收益下降，政府债务和以地偿债压力加大；在土地出让收入不足以支撑大规模建设资金需求的情况下，地方政府不得不加大土地抵押融资，因此加大了银行金融风险。由此，土地制度改革最主要是要对经济增长阶段性转换后土地功能的变化作出反应，对原有制度实施的收益、成本与风险变化作评估，并在此基础上，对相关制度安排作出负历史责任的完善与修改。

中国经济的下一程会有一些显著不同于上一程的特征，对这些特征的把握将有利于研判土地制度改革的基本方向：（1）经济发展对土地的依赖减少。中国下一程的经济如果不能转向以创新驱动，而是继续加大土地依赖，中国的转型将归于失败。随着经济增长转入中高速，以土地宽供应保增长的时代已经结束，土地的发动机功能不再，土地配置效率的提高对经济增长的质量将发挥更重要的作用，土地供应与配置方式如何顺应这一变化，是《中华人民共和国土地管理法》修订回避不了的第一大问题。

（2）产业转型升级使土地以低成本支撑的产业竞争力减弱。要素相对价格、比较优势与制度成本的变化使中国不可能继续依靠土地的低成本保住“世界制造工厂”的地位。一部分区域、城市、产业、企业通过转型升级提升全球竞争力。一些丧失竞争力的区域、城市、产业、企业将面临转型和死亡。由于建设用地结构的优化与工业用地的重组以及供地方式的改革，《中华人民共和国土地管理法》的修订也必须应对这些变化。（3）必须认真对待城乡中国作为一种经济社会形态的长期存在。从经济社会形态来看，中国的现代化须经历三个阶段：乡土中国、城乡中国、城市中国，而非从乡土中国直接抵达城市中国。城乡中国之所以成为一个独立的经济社会形态和发展时期，是因为其具有一些独有的特征：不同于乡土中国和城市中国的稳定状态，城市和乡村因经济、社会与制度变迁而不断变化；将经历一场由人口迁移的代际差异引发的城乡结构革命，第二代农民工的离土离农、出村不回村，引致农业功能与形态变化，乡村产业和业态变化；将出现城乡形态的巨变，村庄高度分化，大部分村庄的衰败与少部分村庄的活化并存；一部分小镇的成长，成为连接城市与乡村的驿站；一部分城市因要素集聚、知识扩散与创新活力而胜利，城市的生与死并存；技术与制度的重大变迁将推动这一阶段的历史转型，人口迁移、要素相对价格变化将创造大量新的获利机会，诱发技术变迁，促进农业、制造业与服务业加快转型升级，带来经济和政治行为主体的互动，促进制度变迁；城乡互动将取代单向城市化，人口在城乡之间对流，资本在城市寻求获利的同时下乡速度加快，土地在城乡之间的配置和资本化加快。对于城乡中国成功转型并进入城市中国阶段，打通城乡的制度改革是关键，土地制度的系统改革是关键之关键。

第十四章
土地资本化与土地财政

随着土地出让收入迅猛增长，中央和相关部门不断出台政策，加大对土地出让收支的管理，调整土地出让收入的支出方式。社会各界对土地出让收支问题的关注度越来越高，产生了广泛争论。土地出让收支对地方经济社会发展的作用越来越大，对经济和社会全局具有重要影响。我们从土地出让收入增长的变化趋势与原因、土地出让的成本与收益、土地出让收益的支出结构、土地出让收支和分配政策以及土地出让收支管理中存在的问题等方面进行了比较全面的分析，在此基础上提出了完善土地出让收支管理的政策建议。

一、土地出让收入增长的特点与原因

土地出让收入是政府以出让等方式配置国有土地使用权取得的全部土地价款，包括以招标、拍卖、挂牌和协议方式出让土地取得的土地出让收入和改变原有土地用途补缴的土地出让收入；依法出租国有土地向承租者收取的土地租金收入，出租划拨土地上的房屋应当上缴的土地收益；以及土地使用者以划拨方式取得国有土地使用权，依法向市、县人民政府缴纳的征地和拆迁补偿等费用。

（一）土地出让收入增长的特点

1. 土地出让收入呈现阶段性变化

随着社会经济发展和土地使用制度改革深化，土地供应量大幅增加，出让收入出现了三次跨越式增长，阶段性特征明显。

1989—2000 年为第一阶段。1988 年的《中华人民共和国宪法修正案》和随后修订的《中华人民共和国土地管理法》增加了土地的使用权可以依照法律的规定转让的条文。土地使用权转让在全国展开。土地出让收入由 1989 年的 4.47 亿元增长到 1992 年的 500 亿元，三年增长了 100 多倍。1993—2000 年，土地出让收入一直稳定在 500 亿元左右。这一时期的土地供应以划拨为主，如 1992 年划拨用地占土地供应总面积的比重为 97.2%；有偿供地以协议为主，即便在最早推行土地有偿出让的深圳市，1998 年招标拍卖收入也仅占 3%。

2001—2006 年为第二阶段。2001 年，《国务院关于加强国有土地资产管理的通知》提出大力推行国有土地使用权招标、拍卖；2002 年国土资源部颁布 11 号令，明确四类经营性用地（商业、旅游、娱乐、商品住宅）采用招拍挂方式。土地出让收入上了一个新台阶，由 2000 年的 595 亿元，迅速增长到 2003 年的5 421 亿元，增长了 8 倍多。2004—2006 年，土地出让收入在 6 000 亿元左右波动。这一时期，有偿供地比例稳步提高，招标、拍卖比例快速提升。如 2004 年，有偿供地比例已达 70%，其中，招拍挂面积占 29.1%，招拍挂收入占出让总收入的 56%。

2006 年至今为第三阶段。2006 年《国务院关于加强土地调控有关问题的通知》31 号文件要求：工业用地必须采用招标拍卖挂牌方式出让，其出让价格不得低于公布的最低价标准。2007 年 3 月颁布的《中华人民共和国物权法》规定：工业、商业、旅游、娱乐和商品住宅等经营性用地以及同一土地有两个以上意向用地者的，应当采取招标、拍卖等公开竞价的方式出让。招拍挂制度的全面深化使土地资源市场化配置程度显著提高，土地出让收入跃上第三个台阶，由 2006 年的 8 077 亿元增长到 2010 年的 2.7 万亿元，增长了 2 倍多。这一时期，有偿用地比例稳定在 70%左右，招拍挂比例进一步提高。2010 年，有偿用地比例达到 68.2%，其中招拍挂面积占全国出让总面积的 88.3%，招拍挂收入占土地出让总收入的 96%。

2. 土地出让收入近几年增长迅猛

2001—2010 年，全国国有土地出让收入从 1 295.89 亿元增加到 27 100 亿元，增长了 19.9 倍。从 2007 年过万亿元以来，土地出让收入一直处于高增长中，2010 年更是向 3 万亿元攀升（见表 14 - 1）。近几年来，各大城市的土地出让收入增长更为迅猛，2009 年土地出让收入排前 20 位的城市，2007—2009 年土地出让收入总额分别达到 0.57 万亿元、0.31 万亿元和 0.86 万亿元。2009 年土地出让收入排前 20 位的城市见表 14 - 2。

表 14 - 1　2001—2010 年全国国有土地出让收入情况

年份	国有土地出让收入（亿元）
2001	1 295.89
2002	2 416.79
2003	5 421.31
2004	6 412.18
2005	5 883.81
2006	8 077.64
2007	12 216.72
2008	10 259.8
2009	17 179.53
2010	27 100

资料来源：《中国国土资源年鉴》。

表 14 - 2　2009 年土地出让收入排前 20 位的城市

排名	城市	2009 年土地出让收入（亿元）	2009 年同比 2008 年增长率	2008 年土地出让收入（亿元）	2009 年同比 2007 年增长率	2007 年土地出让收入（亿元）
1	杭州	1 054	2.38	312	0.63	646
2	上海	1 043	1.72	382	0.3	803
3	北京	928	0.85	503	1.12	438
4	天津	732	0.67	439	0.89	388
5	广州	489	3.01	122	0.51	323

续表

排名	城市	2009年土地出让收入（亿元）	2009年同比2008年增长率	2008年土地出让收入（亿元）	2009年同比2007年增长率	2007年土地出让收入（亿元）
6	宁波	488	6.17	68	8.41	52
7	重庆	440	2.76	117	0.4	314
8	武汉	361	3.45	81	0.35	267
9	佛山	332	3.9	68	0.54	216
10	成都	324	3.89	66	—0.18	396
11	无锡	315	2.78	83	18.69	16
12	厦门	303	4.75	53	—0.14	352
13	沈阳	295	0.93	153	—0.06	313
14	苏州	275	3.26	65	—0.35	422
15	大连	262	0.79	146	4.55	47
16	南京	242	0.66	146	—0.37	383
17	济南	183	3.6	40	5.15	30
18	常州	176	2.62	48	1.87	61
19	青岛	155	0.56	99	0.47	105
20	合肥	154	1.37	65	0.79	86

资料来源：中国房地产指数系统数据库。

3. 土地出让收入区域差距大

由于发展不平衡，东、中、西部土地出让收入差异较大。2007年，全国土地出让收入为12 216.72亿元，11个东部省份土地出让收入为8 153.33亿元，占全国土地出让收入的66.74%，10个中部省份土地出让收入为2 318.37亿元，占全国土地出让收入的18.98%，10个西部省份土地出让收入为1 745.02亿元，占全国土地出让收入的14.28%。到2009年，土地出让收入在东、中、西部的分布格局没有根本改变，全国土地出让收入为17 179.53亿元，11个东部省份土地出让收入为12 583.55亿元，占全国土地出让收入的73.25%；10个中部省份土地出让收入为2 772.69亿元，占全国土地出让收入的16.14%；10个西部省份土地出让收入为1 823.29亿元，占全国土地出让收入的10.61%。

（二）土地出让收入增长的原因

1. 土地供应规模大幅度增大

土地出让收入的大幅增长，首先来源于土地出让规模的不断扩大。近年来，随着经济发展，工业化、城市化进程加快，各行业对土地的需求快速增长。2001—2010 年，全国建设用地供应总量从 178 678 公顷增加到 432 561 公顷（见表 14－3），增加了 253 883 公顷，年均增加 28 209 公顷。其中，有偿用地比例从 2001 年的 58.6%提高到 2010 年的 68%。

表 14－3　2001—2010 年全国建设用地供应总量及其具体情况

年度	全国建设用地供应总量（公顷）	其中		
		划拨用地供应总量（公顷）	有偿用地供应总量（公顷）	有偿用地比例
2001	178 678	73 980	104 699	0.586
2002	235 437	88 052	147 385	0.626
2003	286 437	65 258	221 179	0.772
2004	257 920	62 054	195 866	0.759
2005	244 269	64 623	179 646	0.735
2006	306 806	63 791	243 015	0.792
2007	341 974	76 088	265 886	0.778
2008	234 185	62 381	171 804	0.734
2009	361 649	122 288	239 361	0.662
2010	432 561	138 267	294 294	0.680

注：2001—2009 年的数据来源于《中国国土资源年鉴》，2010 年的数据来源于《国土资源综合统计年报》。

2. 土地招拍挂出让比重上升

在导致土地出让收入增长的因素中，土地有偿出让尤其招拍挂出让比重上升是主要贡献力量。1999 年以来，中国不断推进土地有偿使用制度改革，减少划拨用地比重，增加有偿使用比重。尤其是 2002 年 5 月国土资源部出台《招标拍卖挂牌出让国有土地使用权规定》第 11 号令，规定商业、旅游、娱乐和商品住宅等各类经营性用地，必须以招标、拍卖或者挂牌方式出让，以及 2004 年国务院发布 28 号文件，规定工业用地必须实行招拍挂方式，建设用地招拍挂出让比重逐年上升。2001—2010 年，招拍挂出让土地面积占出让土地面积的比重从 7.3%提高到 88.3%（见表 14-4）。土地招拍挂出让收入占出让总收入的比重到 2010 年达到了 92.23%。

表 14-4　2001—2010 年全国招拍挂出让土地面积占出让土地面积的比重

年份	比重（%）
2001	7.3
2002	14.6
2003	27.9
2004	29.2
2005	34.6
2006	28.5
2007	50.9
2008	83.9
2009	85.3
2010	88.3

资料来源：《中国国土资源年鉴》。

3. 全国地价总体水平上升

受土地需求上升、土地有偿用地比例提高以及用地成本提升等因素影响，全国地价水平不断攀升，土地出让收入上涨是必然的。2000—2011 年，全国综合地价、商业地价、居住地价和工业地价分别提高了 297.08%、308.76%、528.10%和 71.18%。尤其是 2006 年以来，全国地价水平上涨更快。2010 年，全国 105 个主要监测城市第四季度末地价总体水平为 2 881 元/平方米，比 2006 年增长了 86.6%。

此外，土地出让收入征管的进一步加强在一定程度上保证了土地出让收入的入库。尤其是 2009 年年底，财政部、国土资源部等部门出台加强土地出让收入征管措施，进一步加大了土地出让收入征管和清缴力度，使得土地出让收入缴库数额明显增加。

二、土地出让的成本、收益与支出

（一）土地出让成本

土地出让成本包括取得土地所支付的补偿性成本以及从事土地前期开发所支付的开发性成本两个部分。

1. 补偿性成本

补偿性成本主要有征地和拆迁补偿费、对失地农民的补助、企业职工安置费等。

一是征地和拆迁补偿费，包括市县政府在征地、拆迁和收购土地过程中支付的土地补偿费、安置补助费、地上附着物和青苗的补偿费等。2008—2010年，征地和拆迁补偿费占土地出让收入的比重平均为36%（见表14-5）。

表14-5　土地出让成本的构成情况及其占土地出让收入的比重

	2008年金额（亿元）	2008年比重（%）	2009年金额（亿元）	2009年比重（%）	2010年金额（亿元）	2010年比重（%）	平均比重（%）
土地出让收入	9 942.1	—	14 239.7	—	29 397.98	—	—
征地和拆迁补偿费	3 662.13	36.8	4 985.67	35.0	10 677	36.3	36.0
对失地农民的补助	157.7	1.6	194.91	1.4	449.66	1.5	1.5
企业职工安置费	782.41	7.9	1 066.48	7.5	3 336.63	11.3	8.9
土地前期开发费用	903.38	9.1	1 322.46	9.3	2 561.15	8.7	9.0
业务性费用	71.05	0.7	86.89	0.6	157.45	0.5	0.6
成本合计	5 576.67	56.1	7 656.41	53.8	17 181.89	58.3	56.0

二是对失地农民的补助，即由市县政府向失地农民发放的社会保障费

用和为保持原有生活水平不下降所支付的补助。2008—2010 年，该项费用占土地出让收入的比重平均为 1.5%。

三是企业职工安置费，即市县政府向破产、改制的国有和集体企业职工支付的安置费用。2008—2010 年，该项费用占土地出让收入的比重约为 8.9%。

2. 开发性成本

土地前期开发费用主要是市县政府实施土地前期开发所支付的费用。2008—2010 年，该项费用占土地出让收入的比重约为 9%。此外，与土地出让相关的土地勘测、评估、交易服务、发布公告、场地租用、招拍挂代理和评标等业务的业务性费用也是成本的一部分。2008—2010 年，该项费用占土地出让收入的比重约为 0.6%。

总体来看，2008—2010 年，全国土地出让收入分别为 9 942.1 亿元、14 239.7亿元和 29 397.98 亿元，土地出让成本分别为 5 576.67 亿元、7 656.41 亿元和 17 181.99 亿元，土地出让成本占土地出让收入的比重分别为 56.1%、53.8%和 58.4%。

（二）土地出让收益

土地出让收益是土地出让收入扣除土地出让成本后的余额。2008—2010 年，土地出让收益分别为 4 365.43 亿元、6 583.29 亿元和 12 215.99 亿元，分别占当年土地出让收入的 43.9%、46.23%和 41.55%。三年平均，土地出让收益占土地出让收入的比重为 43.89%。只有土地出让收益才是市县政府出让土地的真正收入，是市县政府可支配的财力。从财政学角度来看，只有成为市县政府可支配财力的土地出让收益部分，才是真正意义上的“土地财政”。

（三）土地出让收益的支出结构

按照有关法律法规，土地出让收益主要用于八个方面：

(1) 城市基础设施建设支出。用于城市基础设施建设的资金无比例规定。从实际支出来看，2010 年，全国土地收益支出有 9 795.17 亿元，其中用于城市基础设施建设支出的有 7 531.67 亿元，占土地收益支出的 76.89%。

(2) 新增建设用地土地有偿使用费。该费用用于耕地开发和土地整理，按规定的等级标准征收。2010 年新增建设用地土地有偿使用费征收额约占土地出让收益的 9%。

(3) 农业土地开发资金。该资金用于农业土地开发，按不低于土地出让净收益的 15%计提。实际征收按规定的等级标准执行。2010 年农业土地开发资金计提额相当于土地出让收益的 2%左右。

(4) 城镇廉租住房保障资金。该资金用于城镇廉租住房建设，按不低于土地出让净收益的 10%列支。2010 年实际列支 463.62 亿元，约占土地出让收益的 3%。

(5) 国有土地收益基金。该基金专项用于土地收购储备，具体数额由各省、区、市自定，一般为土地出让收入的 3%～5%。近几年实际执行情况相当于土地出让收益的 8%左右。

(6) 农村基础设施建设支出。该支出用于农村基础设施建设，无比例规定。2010 年该项支出相当于土地出让收益的 8.4%。

(7) 农田水利建设资金。该资金用于农田水利建设，按土地收益的 10%计提。2011 年开始实施。

(8) 教育资金。该资金用于教育支出，按土地收益的 10%计提。2011 年开始实施。

从土地出让收益的支出安排来看，中国土地出让收益的使用从最初主要用于城市建设，发展到逐步用于农业、农村和民生支出，追求土地增值收益更公平、合理分配和使用的政策导向明显。

三、土地出让收支管理政策

随着中国土地有偿使用制度改革的确立及深化，土地出让收入快速增长，中央和有关部门对土地出让收入征收、使用的规范与管理也不断加强。

（一）土地出让收入取得政策

1990 年 5 月国务院出台的《中华人民共和国城镇国有土地使用权出让和转让暂行条例》明确提出："土地使用权出让是指国家以土地所有者的身份将土地使用权在一定年限内让与土地使用者，并由土地使用者向国家支付土地使用权出让金的行为。"

1999 年财政部、国土资源部印发的《新增建设用地土地有偿使用费收缴使用管理办法》明确规定，国务院或省级人民政府在批准农用地转用、征用土地时，向取得出让等有偿使用方式的新增建设用地的县、市人民政府收取平均土地纯收益。

2003 年国土资源部发布《协议出让国有土地使用权规定》，国家以协议方式将国有土地使用权在一定年限内出让给土地使用者，由土地使用者向国家支付土地使用权出让金。

（二）土地出让收支管理政策

1993 年国务院出台《国务院关于进一步加强国有土地使用权有偿使用收入征收管理工作的通知》，规定各省、自治区、直辖市人民政府所取得的国有土地使用权有偿使用收入，必须按现行财政体制纳入各级财政预算管理。

1995 年财政部、国家土地管理局出台《关于加强土地使用权出让金征收管理的通知》，规定土地出让金应全部上缴财政，由财政列入预算，专款专用，专项用于城市基础设施建设和土地开发。自此，土地出让总价款纳入地方财政专户管理，净收益纳入地方国库管理，土地出让收支实行预算内外两种管理方式。

2006 年国务院发布《国务院关于加强土地调控有关问题的通知》，规定国有土地使用权出让总价款全额纳入地方预算，缴入地方国库，实行"收支两条线"管理。

2006 年国务院办公厅出台《国务院办公厅关于规范国有土地使用权出让收支管理的通知》，明确将土地出让收支全额纳入预算，支出通过地方基金预算安排，实行“收支两条线”管理，土地出让收支步入规范化管理的轨道。

2009 年财政部、国土资源部、中国人民银行等联合发布《关于进一步加强土地出让收支管理的通知》，对土地出让收支全额纳入地方基金预算管理，实行彻底的“收支两条线”管理，及时足额征收和缴入地方国库，完善土地出让收入信息共享制度，完善预算编制，对统计报表编报和责任追究制度等作了最新重申和强调。

（三）土地出让收入分配政策

自 1989 年开始，中国的土地出让收入分配政策经历了三个阶段：

第一阶段，1989—1993 年，为中央财政与地方财政共享阶段。国有土地出让收入扣除 20%城市开发建设费用后，40%上缴中央财政，60%留归取得收入的地方财政。政策执行的结果是中央财政分享的土地出让收入比例逐步下降，从 1989 年的 40%下降到 1992 年的 5%。

第二阶段，1994—1998 年，为土地出让收入全部属于地方阶段。1994 年实行分税制财政体制，明确土地有偿使用收入列入地方固定收入，全部归地方政府支配和使用。土地出让总价款纳入地方财政专户管理，净收益纳入地方国库管理，土地出让收支实行预算内外两种管理方式。

第三阶段，1999 年至今，为按新增和存量建设用地对土地出让收入实行不同管理阶段。为严格控制占用耕地，鼓励地方盘活存量建设用地，1998 年修订的《中华人民共和国土地管理法》第五十五条规定，新增建设用地的土地有偿使用费，30%上缴中央财政，70%留给有关地方人民政府，都专项用于耕地开发。

四、土地出让制度及其收支管理存在的主要问题

（一）地方发展对土地出让过度依赖

在中国经济快速增长中，土地扮演了非常关键的角色。土地的宽供应和高耗费保证了高投资；压低地价的低成本供地保障了高出口；以土地招

商引资推进了高速工业化；土地出让收入和土地抵押融资助推了快速城市化。在传统发展模式下，还逐渐形成了一套加快增长的“土地—财政—金融”联动的机制。在这套发展机制中，土地是发动机，金融是杠杆，财政收入增加是结果。近些年来，中国各级地方政府城市建设资金主要来源于银行信贷。地方政府向商业银行借贷，一靠资本金，其一部分来自收支盈余，更主要来自土地出让收益。二靠资产作抵押，土地是最可靠、最可预期的抵押品，即所谓的“吃饭靠财政，建设靠土地”。这对土地征用、开发和出让产生了很强的激励效应。在经营性用地实行招拍挂后，土地出让收入大幅增长，形成土地财政。这套发展机制促进了经济高增长，增加了地方财政收入，造就了城市繁荣。但是其弊端也是明显的，主要是造成多征、多占、多卖地的冲动，导致土地浪费，冲击耕地“红线”，也加大了中国宏观调控的难度。

（二）土地出让收入在城乡之间分配不平衡

1. 用于城市的支出仍占主要份额

目前用于城市的支出主要有城市基础设施建设支出、国有土地收益基金和城镇廉租住房保障资金。2008—2010 年，城市基础设施建设支出占土地出让收益的比例分别为 66.27%、48.64%和 61.65%；国有土地收益基金占土地出让收益的比例分别为 6.77%、6.41%和 8.25%；城镇廉租住房保障资金占土地出让收益的比例分别为 3.19%、2.72%和 3.80%。三项合计分别为 76.23%、57.77%和 73.70%。

2. 土地出让收益用于农业、农村的支出仍然偏低

从支出项目看，用于农业、农村的支出主要为农业土地开发资金、农村基础设施建设支出。2008—2010 年，农业土地开发资金占土地出让收益的比例分别为 2.76%、2.08%和 1.55%；农村基础设施建设支出占土地出让收益的比例分别为 7.41%、6.31%和 8.36%；土地出让收益用于农村的部分合计分别为 10.17%、8.39%和 9.91%。

因此，土地出让收益实际支出重城市、轻农村的倾向较为明显。随着加大土地出让收入对农业、农村的支持力度以及计提教育资金、农田水利

建设资金等相关政策的落实，土地出让收益支出结构会发生相应变化，城市基础设施建设支出占土地出让收益的比重预计将逐步降低。

3. 农民在土地出让收入中分配不合理

2006—2010 年，尽管各地的征地补偿标准普遍提高了 30%以上，但征地补偿费在土地出让收入中所占比重不仅没有上升，反而大幅降低了。根据对辽宁、浙江和河南三省的征地补偿费和土地出让收入的统计，2007 年，三省的征地补偿费占土地出让收入的比重分别为 16.82%、8.62%、19.58%，2010 年变为 10.37%、2.91%、12.99%，下降了三分之一以上。土地出让收入的增加意味着更多的土地收益被地方政府占有和支配。这种土地收益主要归地方政府的利益分配机制，使得地方政府热衷于多征多用、低进高出、“以地生财”，导致土地被过度征收、低效利用，不利于耕地保护和土地的集约利用，也严重损害了农民的土地权益。

（三）土地出让收支存在问题

1. 部分地方土地出让收入存在减免缓缴现象

从全国调研的情况看，各地直接减免土地出让收入的问题大幅减少，但征收不到位、变相减免和低价出让问题仍然存在，主要表现为，部分地方违规减免缓缴土地出让收入。一些地方政府为了招商引资，通过变相减免、压低价格出让、漏征、欠征、先征后返、以奖代投、补贴等形式返还土地出让收入；一些地方将应以招拍挂方式出让的经营性用地以协议方式出让；少数地方存在设有过渡户以及由开发区管委会等非财政部门收取土地出让收入的问题；一些地方没有按要求实行“净地”出让，拆迁安置款、代建款抵顶出让收入和企业拖欠土地价款时有发生。

2. 土地出让支出政策和实施存在缺陷

一是土地出让支出规定不明确。土地出让成本和收益没有明确界定，以及对土地出让收入到底应有多少用于城市基础设施建设没有定额定量要求及使用规范，为地方政府将土地出让收益的绝大部分用于城市建设打开了方便之门。2009 年和 2010 年土地出让支出中城市建设的比例分别为 27.1%和 27.9%。如果扣除成本支出的话，土地出让收益支出中用于城市建设的比例分别高达 77.6%和 76.9%。

二是新增建设用地土地有偿使用费政策存在缺陷。新增建设用地土地有偿使用费征收标准、农业土地开发资金计提标准在 2006—2010 年未做调整，而全国 105 个主要监测城市 2010 年年末地价总体水平比 2006 年增长了 86.6%，新增建设用地土地有偿使用费计提标准明显偏低。另外，按照《中华人民共和国土地管理法》的规定，新增建设用地土地有偿使用费全部用于耕地开发，但后来国家又相继出台农业土地开发资金、城镇廉租住房保障资金等从新增建设用地出让收入中计提、列支，造成多项公共政策的实施依赖新增建设用地土地有偿使用费。

三是土地出让收入存在不按规定支出问题。一些地方将应用于城市基础设施建设的资金部分用于基础设施建设、偿还政府及企业债务、兴建楼堂馆所、弥补公用经费、违规计提偿债资金等；未按规定从土地出让收入中足额计提或安排农业土地开发资金、城镇廉租住房保障资金、国有土地收益基金以及支出慢等问题普遍存在；此外，土地出让收益中计提的专项资金分布与资金需求不匹配问题也比较突出。例如，北京、上海一些中心城区已无农田，农业土地开发资金提取后无处使用，存在资金闲置浪费现象。从土地出让收益中计提教育资金和农田水利建设资金也将面临类似问题。

四是土地储备资金管理不尽合理。从调研情况看，由于财政安排的资金和计提的国有土地收益基金严重不足，而收购储备的成本往往要在土地出让后，财政部门才能从土地出让收入中拨付，大多数土地收购储备机构靠大量贷款进行土地收购储备，侵蚀了土地收益；同时，很多土地收购储备机构还承担了地方政府的融资功能，将主要以贷款方式取得的土地储备资金用于股权投资、出借和市政设施建设等，未来偿债风险较大。财政部调查发现，截至 2009 年年底，广州市土地开发中心贷款余额为 386.33 亿元，为 2009 年土地出让收入的 119%。

3. 土地收益增长具有不可持续性

自 2000 年以来，土地出让收入经历了 10 多年的快速增长。但是，土地出让收入的年际变化也存在波动。随着土地有偿使用制度的完善、土地市场化水平的提高，土地特别是存量建设用地的取得成本将大幅上升，与土地市场价格不断接近甚至相等，同时，随着土地供应中新增建设用地比重的降低和存量建设用地比重的上升，土地取得成本的上升趋势难以逆转，城市政府土地收益空间也必然收窄。

五、完善土地出让收入制度的政策建议

土地出让收入与支出问题涉及土地增值收益取得的正当性、土地收入分配的公平性和土地收益支出的规范性。近几年来，随着土地出让收入的不断增长，国家和有关部门相继出台了一些政策，以期严格土地出让收入的征缴、支出范围的界定与土地出让收入的使用管理。但是，土地出让收入的取得与分配涉及土地管理制度的根本问题，也涉及土地增值收入的分配问题。尽管土地出让收入与土地制度的改革必须同时跟进，但是由于土地制度的改革过于复杂和繁难，本章暂不涉及，本章主要就如何完善土地出让收入分配制度提几项建议。

（一）不断提高土地出让收入用于被征地农民补偿和保障长远生活水平的资金比例

土地出让收入的源头为对农民集体土地的征收。在现行制度下，地方政府对被征地农民按土地的原用途进行倍数补偿。近几年在确保被征地农民生活水平不下降方面进行了探索，一是提高征地补偿标准，二是敦促地方政府建立被征地农民社会保障制度。但是，随着土地价值的不断提高和土地出让收入的不断攀升，这两种改进并没有改变农民集体在土地出让收入分配中的不公平性。征地和拆迁费占土地出让收入的比重尽管达到37%，但是这主要是由城乡接合部拆迁补偿费用的上涨幅度较大所致，大多数被征地农民所得到的补偿水平依然很低，社会保障制度的建立在各地参差不齐，保障水平很低。为了在制度上确保被征地农民在土地增值收益中的分享比例，建议进一步完善征地补偿制度：

(1) 建立对被征地农民补偿标准调整机制。逐步提高征地补偿标准，增大被征地农民在土地出让收入中的分享份额。

（2）切实落实对被征地农民的社会保障制度建设。尚未建立被征地农民社会保障制度的地方，应按照国务院要求尽快建立这项制度，将被征地农民纳入相应保障范围；已建立这项制度的地方，应继续完善保障机制，合理确定保障水平。明确被征地农民社会保障所需资金计入土地出让成本。

（二）优化支出结构，确保土地出让收益用于民生和农村的支出比例

近几年，尽管国家和有关部门不断出台政策，调整土地出让收益在城市和农村、建设和民生之间的比例，但土地出让收益用于城市的比例仍然过高，用于建设的比例仍然过高，用于农村和民生的比例仍然过低。今后，必须大幅调整土地出让收益在城市和农村、建设和民生之间的比例，并在制度上确保这种格局的调整。建议：

（1）在土地出让成本支出方面，合理确定土地出让成本性支出项目。明确征地和拆迁补偿费用、收购储备费用、土地前期开发费用等直接成本和补助被征地农民社会保障费用、保持被征地农民原有生活水平的补贴费用、支付破产或改制企业职工安置费用等补偿性成本为土地出让支出，并确保优先足额支付征地和拆迁补偿支出、补助被征地农民社会保障支出。

（2）明确土地收益用于城市建设支出的比例，增加土地出让收益用于农村和农民的比例。

（3）统筹使用土地出让收益。对土地出让收益采取再分配，尽管表面上使土地出让收益用于农村和民生的比重有所增加，但这种权宜之计并不能根本保证用于农村和民生的比例增加落到实处。应该改变将土地出让收益按比例不断切割和延展的办法，制定统筹使用土地出让收益的政策，在制度上确保土地出让收益用于农村基础设施建设支出、农民社保资金、城镇廉租住房保障资金、农田水利建设资金和教育资金的比例。

（三）提高新增建设用地土地有偿使用费标准，以此资金设立国家耕地保护基金

（1）建立新增建设用地土地有偿使用费与地价调整机制。根据社会经济发展和地价变化情况，及时调整新增建设用地土地有偿使用费的征收标准和使用范围。

（2）设立国家耕地保护基金。鉴于新增建设用地土地有偿使用费主要用于耕地保护和土地整理、复垦、开发，建议中央以此资金设立耕地保护基金，用于重点区域耕地保护和土地整治，确保国家粮食安全。

（四）加强土地出让收入征收管理，确保应收尽收

土地出让收入及时足额缴入地方国库，是确保土地出让收支纳入地方基金预算管理的基础。各级地方人民政府要全面落实经营性用地招拍挂出让制度，严格执行国家规范土地出让收支管理政策规定，除国务院有明确规定外，任何部门不得擅自减免缓缴或变相减免土地出让收入，严禁用实物形式支付土地出让收入。建议：

（1）明确和落实土地出让统一管理。国有土地使用权的协议、招标、拍卖、挂牌出让，一律由国土行政主管部门按照城市规划的要求依法统一实施，严禁其他任何单位和组织出让国有土地使用权。

（2）严格土地出让合同管理。在国有土地出让合同、租赁合同及划拨决定书中，必须明确土地出让价款、租金和划拨土地价款的总额、缴付时间和方式。

（3）全面推行“净地”出让。杜绝地方政府在“净地”之前出让土地，导致国有土地收入流失。禁止各类平台公司从事土地收购储备。

（4）加强土地收入征缴。建立财政、国土资源管理部门和中国人民银行分支机构协调机制，确保土地出让收入及时足额缴入地方国库。

（5）健全和完善基准地价体系。市县人民政府要及时更新基准地价，原则上每三年更新一次，并根据市场变化适时进行调整，以规范低价出让土地的行为。

（五）制定和完善相关专项资金使用管理办法

为切实加强各专项资金的使用管理，应该尽快研究制定土地出让收入用于城市基础设施建设、农村基础设施建设的使用管理办法。进一步健全和完善国有土地收益基金制度，制定国有土地收益基金用于耕地保护和土地收购储备的使用管理办法。完善储备资金的管理，限制储备贷款的规模，减少土地储备对贷款的依赖，进一步明确在储备土地变现后，地方财政部门应及时将土地收购储备成本拨付到土地收益基金，以保证土地收益基金的持续利用和稳定增长。

（六）加强监督检查，严格政策执行

建立健全土地出让收支监管的长效机制，加大对市县落实土地出让收支管理政策的监督检查力度，把经常性检查和专项检查结合起来，把全面监督和专业监督结合起来，把土地出让收支管理政策落到实处。对检查过程中发现违反规定减免减缓或以土地换项目、先征后返、补贴等形式变相减免减缓、拖欠，未及时缴纳土地出让收入，已缴纳的土地出让收入未按规定及时入库，未按规定计提、使用土地出让收入等行为的，严格按照相关处罚条例进行处罚，并依法追究相关责任人的行政责任。着力推进预算公开，加大预算透明度，严格做到向同级人民代表大会报告，接受社会监督。

第十五章
土地制度与中国发展模式*

土地在中国经济奇迹创造中扮演的重要角色越来越引起高度关注，但是，现有基于政府特殊性的研究因为忽视了土地的重要性，影响了其对中国发展模式的理解和解释力。本章刻画了政府通过独特土地制度安排主导发展权的“以地谋发展”模式的特征和典型化事实，构建了土地作用于结构转变和经济增长的机制，通过建立一个纳入土地要素的经济增长计量模型，利用全国地级市样本数据检验了土地经由工业化和城市化的结构转变和通过资本形成对经济增长的影响，分析了结构转变不同阶段土地制度安排及其变迁影响工业化和城市化的程度和方式。要说明的是，本章的研究旨在描述和解释中国改革时期形成的推动快速结构转变和高增长的“以地谋发展”的事实和逻辑，随着经济发展阶段转换和内外环境的变化，土地的功能和“以地谋发展”模式的风险和问题凸显，需要进行进一步的变革。

改革开放以来中国经济保持了近四十年的高增长，1978—2017 年中国的 GDP 年均增长率高达 14.49%，工业增加值年均增长 13.77%，城市化率年均提高 1.04 个百分点。GDP 增长速度之高、持续时间之长引起国内外极大关注，被称为“增长奇迹”。然而，中国在创造“增长奇迹”之初

* 合作者为熊雪锋、章永辉和郭贯成。

并不具备传统理论所给出的支撑增长的条件，即在自然资源禀赋、物质和人力资本积累、技术创新等方面并不具有优势（周黎安，2007）。于是，经济学家沿着两个脉络寻找中国奇迹之源，一个脉络是沿着比较优势理论，将中国奇迹的创造归结为遵循比较优势进行适当发展战略选择和适时经济改革，通过要素禀赋结构的升级以及市场机制的完善实现经济高增长（林毅夫，2002）。另一个脉络认为中国的政府行为具有与新古典假设和其他发展中国家政府显著不同的促进增长的特征，从而成为奇迹的创造者。本章在回顾有关政府独特性文献的基础上，指出了现有研究忽视土地作为政府赖以发挥作用的工具的不足，分析了中国“以地谋发展”模式的特征和典型事实，利用地级市层面样本数据，检验了土地通过结构变迁推动经济增长以及经由土地资本化促进资本形成的作用，最后给出了相关的研究结论和政策含义。

一、忽略土地重要性的中国模式解释：对相关文献的评论

自 20 世纪 90 年代以来，经济学家们开始沿着制度对经济绩效影响的范式（Davis and North，1971；周黎安，2007）分析中国发展的制度特征，政府行为的独特性及其原因成为解释中国发展模式的主流经济理论。

在第一代联邦主义地方分权理论的基础上，Qian and Weingast（1997）基于中国实践构建了第二代联邦主义理论，被称为“市场保护型联邦主义”（market-preserving federalism）。他们认为，M 型层级组织结构（Qian and Xu，1993）以及 20 世纪 80 年代初经济管理权力的下放赋予地方政府自主决策权，“财政包干”激励了地方政府保护和促进市场发展，推动地方经济增长（Montinola et al.，1995；Qian and Weingast，1997；Jin et al.，2005）。财政分权进一步促进了地方政府竞争（Qian and Weingast，1996；林毅夫和刘志强，2000；周黎安，2007；张军，2007），使得地方政府成为“剩余索取者”，追求地方税收最大化的积极性使地方政府成了经济增长的促进者（Qian and Xu，1993），分税制改革之前中国省级政府的财政激励被证实对市场发展起到积极作用（Jin et al.，2005），Lin and Liu（2000）

的计量结果表明 1980 年以来的财政分权促进了人均 GDP 增长。

财政分权不足以构成地方政府发展经济的全部激励，关于地方政府竞争的研究给出了政治层面的解释，即在 M 型层级结构和特殊的政治体制下，形成了地方政府之间自上而下的“标尺竞争”（yardstick competition）（王永钦等，2007），促使地方政府不得不通过改善基础设施（张军等，2007）、招商引资（李永友和沈坤荣，2008）、推进市场化进程（皮建才，2008）、支持企业出口和扩大对外开放（任志成等，2015）来实现 GDP 增长。不仅如此，地方官员还存在与经济增长挂钩的“晋升激励”，使得地方政府在追求财政收入的同时，具有“向上负责”和发展经济的趋向（Blanchard and Shleifer，2001）。省级水平数据证明了地方官员晋升与地方经济绩效之间的显著关联（Li and Zhou，2005），获得政治认可和晋升是比经济分权更有效的激励，这套机制将行政集中和政治激励结合形成“晋升锦标赛”（周黎安，2007）。这一假说也受到批评，以 GDP 增长为判定标准的官员治理机制与中国政治权力配置制度相矛盾（陶然等，2010），官员晋升机制更像资格赛而非锦标赛（姚洋和张牧扬，2013）。更一般地，通过地方政府行为分析揭开中国增长之谜的视角越来越受到质疑。批评者认为，中国的改革实践并不完全遵从市场保护型联邦主义模型，中国并不具备行政分权和财政分权的稳定性，地方官员激励模式与市场经济发展存在内在矛盾（周黎安，2007），其根植于新古典经济学的假说也存在缺乏地方政府制度供给微观基础的分析缺陷（杨其静和聂辉华，2008）。对这类文献的另一个批评是，在分析中国发展中政府的特殊性时，它们忽视了中央政府在促进改革及推动经济快速发展中所起的重要作用（Cai and Treisman，2006）。

中国的政府（无论是中央还是地方）在推动创造“增长奇迹”过程中的突出作用是毋庸置疑的。要进一步深究的是，政府靠什么手段使自己成为奇迹的推动者？本章认为，土地是政府推动奇迹创造的最重要工具。遗憾的是，基于新古典范式的中国模式研究继承了忽略土地作用的传统[①]（刘守英，2018a），仅仅从物质资本的增长与配置效率、技术进步、人力资

① 新古典经济学范式构建的模型一般将土地并入资本（K）。

本、创新和研发投入、有效制度等方面寻找增长动力源，从而降低了理论的解释力。也有少部分学者关注到土地要素对中国经济增长的贡献。他们实证检验了土地要素对经济增长的贡献程度（中国经济增长前沿课题组，2011），丰雷等（2008）将土地引入索洛模型发现土地要素的贡献率为11.01%，叶剑平等（2011）测出1989—2009年全国土地要素贡献率达到19.31%，谭术魁等（2012）的研究表明土地投入对中国经济增长的贡献率为36.63%。也有部分文献注意到土地制度安排及其变革对于经济增长具有重要影响，土地出让市场化有利于提高土地资源配置效率，从而促进经济发展（陶然等，2009；刘守英，2012）；土地出让规模、土地出让收入和土地出让竞争对经济增长具有显著的正向影响，而且土地出让制度的影响大于土地要素投入的影响。土地在地方政府竞争中扮演重要角色，地方政府不仅通过土地低价供应和协议出让等方式招商引资，而且利用土地出让"以地生财"，支持城市建设和公共支出（Lin and Yi，2011），促进地区产业发展和城市化（蒋省三等，2007）。

以上文献尽管注意到土地的重要性，但是这些研究主要是集中于土地领域，还没有建立起土地制度同经济发展的关联，尤其没有分析土地制度在解释中国发展模式中的独特作用。刘守英（2018b）的一系列研究注意到土地制度与国民经济运行以及结构转型的关系，尤其是土地资本化在经济增长和结构变革中的作用。但是，这些研究主要侧重于制度特征的提炼和土地与经济关联的统计描述，还缺乏更严谨的理论解释、机制分析和实证研究。刘守英等（2020）进一步提炼了"以地谋发展"模式衰竭的典型事实，并利用门槛回归模型给出了全国、东部、中西部地区土地对经济增长、工业化、城市化作用的门槛值。但是，该研究并未给出"以地谋发展"模式本身的特征事实、作用机制和理论解释，缺乏对"以地谋发展"模式的一般化分析，使对这一模式衰竭的分析缺少了前提基础和逻辑连贯性。本章作为"以地谋发展"模式的基础研究，是理解以土地为核心的中国发展模式的关键。

综上所述，自20世纪90年代末以来，土地要素和土地制度的独特性已成为地方政府推动经济发展的重要工具。遗憾的是，基于地方政府独特性对中国结构转变和经济增长奇迹的主流理论解释没有将土地的作用纳入分析框架。一些土地经济学者试图分析土地在中国经济发展中的作用，但是，由于方法的局限，这些努力往往长于测度，短于制度成因分析，土地制度与发展模式的理论分析和机制研究更显不足。本章致力于将土地要素和土地制度安排放入地方政府行为和体制变革框架，分析不同时期的土地制度安排如何通过土地要素配置以及土地资本化影响工业化和城市化进程，增进对中国发展模式和中国经济奇迹的理解。

二、“以地谋发展”模式的基本特征

中国过去四十多年的改革与发展进程具有明显的阶段性特征。第一阶段为20世纪70年代末到90年代初期，其主线是不断地开放权利，致力于改革权力集中的计划经济体制，通过开放准入、赋予经济主体自主性、发挥市场机制作用等制度改革，改善国民经济运行环境和提高资源配置效率；第二阶段为20世纪90年代中期至今，其主线是政府通过主导发展权“谋”发展，独特的土地制度安排及其变革方式成为政府“谋”发展的重要工具，一方面，政府利用对土地转用的独家控制权调节土地供应，保障经济高速增长和结构快速转变对土地的需求；另一方面，政府通过低价和高比例工业用地配置推动园区扩张和高速工业化，通过土地资本化推进城市建设和快速城市化，这是创造中国经济奇迹的重要秘密。

土地成为中国发展模式的核心由其两种独特性决定：一是土地的资源特性；二是土地制度的特殊性。土地的资源特性不仅包括其固有的有限性、稀缺性、不可移动性、区域差异性等自然特性，还内含财产性、生产性、可投资性等经济特性，更在于国家发展目标所赋予的特殊功能。为了实现国家粮食安全目标，在耕地稀缺约束下，实行严格的耕地保护制度，对土地转用进行用途管制和指标管理，由此更加剧了土地稀缺性、政府对土地的控制力。土地制度的特殊性表现为：（1）中国土地所有制具有二元性，即农村土地属于集体所有，城市土地属于国有①；（2）土地用途转换由政府独家垄断，农地转为非农用地实行规划和用途管制下的政府审批和

① 参见《中华人民共和国宪法》。

年度指标控制；（3）非农建设用地由政府独家供应，任何单位和个人进行建设需要土地，只能申请使用国有土地[①]；（4）土地增值收益由地方政府独享（刘守英，2018b）。由于政府享有农地转用和非农建设用地供应的排他性垄断权力，农地转用时按照原用途对失地农民进行补偿后，土地转用的增值收益和资本化收益很大部分归地方政府所有。

由此，中国特殊的土地资源国情和独特的土地制度安排为政府主导经济发展提供了最有效的工具，成为中国特色的"以地谋发展"模式的制度支柱：

一方面，土地成为政府推动经济增长和结构转变的发动机。伴随中国的产权改革与市场化进程，地方政府利用传统计划工具管控与直接干预经济的强度和能力减弱。但是，地方政府仍然掌控着经济发展的主导权。地方政府利用什么手段来充当这种发动机的角色呢？土地制度的独特安排是其实现发展主导权的最有效工具。（1）政府利用对土地的控制权保增长。尽管中国为了粮食安全实行最严格的耕地保护，但是，土地也承担着保发展的功能，政府利用土地指标投放实现区域增长战略，在经济不景气时多投放土地拉动经济增长。（2）政府利用对土地的独家供应权实现快速工业化目标。地方政府为了地方工业化，将建设用地主要配置到工业园区（陆铭，2011），以土地抵押从事园区基础设施建设，利用工业用地优惠政策（包括低价、补贴等）进行招商引资（杨继东和杨其静，2016）。（3）政府利用土地使用管制权和增值收益分配权助推快速城市化。中国的土地转用实行用途管制、规划管制和所有制管制的三重管制，土地转用的增值收益在支付农民土地原用途倍数补偿后由政府拥有与支配，由此增加了地方政府扩张城市面积和多征收农民土地的激励。中国独特的土地管制和利益分配方式成为快速城市化的制度支撑（曲福田和田光明，2011）。

另一方面，土地资本化成为中国高速经济发展中资本形成的重要来源。对于大多数发展中经济体，资本形成与积累是经济发展面临的主要瓶颈。中国利用独特的土地制度安排和变革方式使土地成为创造资本的重要

① 参见《中华人民共和国土地管理法》。

来源。(1) 经济结构转变中不仅发生劳动力从低生产率的农业部门向高生产率的非农部门的再配置（蔡昉，2017），劳动力配置效率提高促进国民经济结构变革，同样重要且不能忽视的是，经济结构转变也带来土地从农业向非农业的转用和土地价值的增值，土地用途转换产生的增值又为结构转变创造了资本。(2) 土地使用制度改革促进土地资产化。中国在改革之前实行土地无偿使用制度，改革后国家通过法律允许土地有偿使用，可以依法转让①，不断减少划拨用地比重、增加有偿使用比重（刘守英，2018a），实行经营性用地招拍挂制度。② 土地有偿使用制度改革不断增大了地方政府的土地资产，为地方经济发展提供资金来源。(3) 开放土地融资权实现土地资本化。允许地方政府成立融资平台，以地抵押，土地成为融资工具，地方政府无论举债还是偿债都高度依赖于土地抵押（范剑勇和莫家伟，2014）。土地资本化程度的不断提高提升了地方政府主导发展权的能力。

三、“以地谋发展”模式的典型化事实

1. 土地推动的经济增长

(1) 利用差别化指标分配实现增长目标。在中央政府层面，对土地转用实行指标管理，一方面旨在控制地方乱占地，另一方面在指标分配上也服从国家区域发展战略。在改革开放后的相当长时期，为了支持沿海发展战略，中央政府将土地指标主要集中分配到沿海省份，2003 年，东部地区国有建设用地供应面积已占到全国的 63.88%，远高于中部地区的 19.79% 和西部地区的 16.33%③；21 世纪以来，国家相继实施“西部大开发”战略（2000 年）和“中部崛起”战略（2006 年），国有建设用地供应指标向

---

① 参见 1990 年 5 月颁布的《中华人民共和国城镇国有土地使用权出让和转让暂行条例》。

② 参见 2002 年颁布实施的《招标拍卖挂牌出让国有土地使用权规定》以及 2004 年颁布实施的《关于继续开展经营性土地使用权招标拍卖挂牌出让情况执法监察工作的通知》等文件。

③ 本章依照国家统计局对三大经济地带的区域划分方法，将全国分成了东部、中部和西部地区。东部地区包括北京、天津、河北、辽宁、山东、上海、江苏、浙江、福建、广东和海南 11 个省份；中部地区包括黑龙江、吉林、山西、河南、安徽、江西、湖北、湖南 8 个省份；西部地区包括四川、重庆、广西、云南、贵州、西藏、内蒙古、陕西、甘肃、青海、宁夏、新疆 12 个省份。国有建设用地供应数据来源于历年《中国国土资源年鉴》，经笔者整理而得，下同。

这两个区域倾斜。2004 年，中部地区和西部地区国有建设用地供应指标占比分别上升至 20.89% 和 22.06%，2015 年分别上升到 27.16% 和 39.38%，东部地区国有建设用地供应指标占比则下降至 33.46%，比 2003 年下降了 30.42 个百分点。在地方层面，地方政府也主要将稀缺的国有建设用地供应指标用于满足省会城市和主要地级城市以及开发区的发展用地需求。根据相关调查，省会城市一般占该省份国有建设用地指标的 50%左右，主要地级城市约占 30%，另外的剩余指标才提供给其他地级城市和县级城市（镇）（刘守英，2017）。

（2）通过土地的宽供应保增长。中国经济的快速结构转变面临耕地资源禀赋不足和耕地被大量占用导致的对粮食安全的威胁。为此，国家实行最严格的耕地保护制度。严格耕地保护与“以地谋发展”之间存在的事实上的矛盾，因这一阶段粮食产出的增长得到缓解。人均粮食产量由 1949 年的 209 公斤上升到 1998 年的 410.46 公斤，比该年的人均粮食消费量 398 公斤还多出 12.46 公斤（朱希刚，2004）。截至 2019 年 10 月，中国人均粮食占有量达到 470 公斤左右，比 1998 年增长了 14.51%，比 1949 年中华人民共和国成立时增长了 126%①，同期中国三大谷物自给率超过 98.75%（中国农业科学院，2020）。粮食产量增长为国家推进经济发展提供了安全保障，从而减轻了“耕地红线”对地方政府以地促增长行为的约束。与此同时，这一阶段在耕地保障上的相关措施也使得严格耕地保护与“以地谋发展”之间的矛盾在一定程度上得到了解决：允许地方政府通过耕地占补平衡、增减挂钩等政策，保证耕地数量不减少；通过土地整理、农田整治等措施保证土地质量有提高；等等。以上因素为中国采取较为宽松的土地转用促增长政策提供了前提。2003—2017 年，国有建设用地年供应量从 28.64 万公顷增加到 60.32 万公顷，年均增长 6.4%，同期 GDP 年均增长 13.37%。②

（3）利用基础设施用地的放量供应保障基建投资拉动的经济增长。为

① 中国的粮食安全. 中国政府网，2019-10-14.

② 资料来源于历年《中国国土资源年鉴》和中经网统计数据库，经笔者整理而得。

应对国际金融危机可能造成的经济冲击，中央政府出台了“4 万亿元”刺激政策，以基础设施投资与建设为主的高投资成为拉动经济增长的重要力量，基础设施用地放量供应为这一刺激政策提供了用地保障。自 2008 年以来，中国国有建设用地供应结构发生了重大变化，基础设施和其他用地的供应面积不断增加，从 2008 年的 5.3 万公顷增加到 2017 年的 36.52 万公顷，年均增长 23.92%，基础设施和其他用地供应占比从 22.55%增加到 60.54%，同一时期工矿仓储用地和住宅商服用地供应面积分别仅从 9.3 万公顷和 8.9 万公顷增加到 12.28 万公顷和 11.52 万公顷，占比则分别从 39.57%和 37.87%下降到了 20.36%和 19.10%。[①] 基础设施用地放量供应为基础设施投资与建设提供了用地保障，而基础设施投资与建设的资金主要来自土地抵押、城投债等“以地融资”的土地资本化。

2. 土地推动的工业化

中国的工业化在经历了 20 世纪 80 年代中期至 90 年代初期的乡村工业化之后，进入了政府供地的园区工业化阶段。园区工业化之所以成为工业化的主导模式，得益于特殊的土地制度安排。1998 年修订的《中华人民共和国土地管理法》尽管在法律上保留了农民可以利用集体土地创办乡镇企业及与其他主体联营、合作办企业的制度安排，但是在土地用途管制和用地指标年度计划控制下，乡村利用集体建设用地从事非农产业的通道事实上被关闭。任何主体创办企业只有一个用地通道：由政府提供。自 20 世纪 90 年代以来，尤其是 1998—2003 年这个阶段，地方政府重新掌握发展主导权，利用土地转用控制权成为地方经济活动的主要策划者和引导者。政府推动结构转变的重心是工业化，即通过土地创办工业园区，实行以地招商引资，依靠土地出让和融资进行基础设施建设，营造更好的投资环境。这一阶段工业化率稳定在 40%左右，1998—2003 年工业化率年均水平为 39.85%。2003 年之后，国有建设用地招拍挂、土地抵押和城投债等制度的施行，使得地方政府推动结构转变的重心从工业化转向城市化。中国常住人口城市化率在 2003 年超过工业化率，分别为 40.53%、40.29%，随

① 资料来源于历年《中国国土资源年鉴》和中经网统计数据库，经笔者整理而得。

后常住人口城市化率持续上升至 2016 年的 57.35%。而工业化率于 2004—2008 年略有回升并在年均水平 41.37%上下波动，2009 年之后降至 40%以下，至 2016 年持续下降到 33.31%。“园区工业化”阶段政府以土地推动工业化的主要路径为：

（1）工矿仓储用地的高量配置。20 世纪 90 年代以来，中国工矿仓储用地供应的绝对面积除少数年份有所下降外基本保持稳中有升的态势，2003—2017 年工矿仓储用地面积供应总量为 214.76 万公顷，年均供应工矿仓储用地 14.32 万公顷，保障了这一时期工业化的用地需求。当然，这一时期工矿仓储用地供应面积占比也呈现出明显的阶段性：在 1998—2003 年的园区工业化阶段，国有建设用地供应中工矿仓储用地供应量和占比 2003 年分别为 11.64 万公顷和 40.63%，实现了通过土地促进工业化拉动增长的目标；在 2004—2008 年的结构转变过渡阶段，国有建设用地供应中工矿仓储用地占比虽一直在 40%左右，2006 年甚至高达 50.40%，但工矿仓储用地供应量和占比从 2004 年的 10.68 万公顷、41.39%下降到 2008 年的 9.3 万公顷、39.57%，通过工矿仓储用地配置推进工业化、拉动经济增长的效力有所降低；在 2009 年及以后的快速城市化阶段，工矿仓储用地供应面积占比明显下降，从 2009 年的 38.95%下降到 2017 年的 20.36%[①]，年均下降 2.32 个百分点，通过工矿仓储用地推进工业化、拉动经济增长的效力降低。

（2）压低工业地价维持制造业的低成本竞争优势。地方政府为了更好地发展地方经济，采取了竞相压低工业用地价格的策略。对中国地价监测网全国主要监测城市土地价格数据的分析表明，2000—2018 年，全国商服地价水平、住宅地价水平年均涨幅分别为 9.61%、12.35%，而工业地价水平年均涨幅只有 3.5%，商服地价、住宅地价与工业地价的比值也从 3.55、2.04 扩大到 9.11、8.49。分阶段看，园区工业化阶段中的 2000—2003 年和结构转变过渡阶段的 2004—2008 年，工业地价年均价格分别为 462.25 元/平方米和 516.8 元/平方米，远低于同时期 1 712 元/平方米和

① 资料来源于历年《中国国土资源年鉴》，经笔者整理而得。

2 809.2 元/平方米的商服地价，以及 991 元/平方米、1 982.6 元/平方米的住宅地价。在 2009—2016 年的快速城市化阶段，商服地价和住宅地价的年均价格分别为 6 429.1 元/平方米和 5 416.8 元/平方米，远高于工业地价的年均价格 732.7 元/平方米。

（3）土地抵押助力园区基础设施投资和工业企业融资。在资本短缺约束下，政府利用土地出让进行滚动开发，并通过土地抵押贷款融资进行园区基础设施建设。截至 2007 年，东部沿海县市的城市基础设施投资高达数百亿元，其中，财政投入仅占 10%，土地出让收入和土地抵押融资占 60%。在西部城市基础设施建设投资中，土地抵押贷款所占份额达到 70%～80%（蒋省三等，2007）。工业用地在出让给企业以后，企业将工业用地作为抵押品向银行申请贷款用于投资，土地抵押贷款成为企业资金的重要来源（李力行等，2016）。对 84 个重点城市工业用地抵押数据的分析表明，2007 年工业企业土地抵押贷款金额和面积分别为 1 727 亿元和 54 594 公顷，到 2014 年分别上升至 9 686 亿元和 171 180 公顷，较 2007 年分别增长了 4.61 倍和 2.14 倍。

3. 土地推动的城市化

中国的城市化进程从 20 世纪 90 年代中期以后加速，大致分为三个阶段：第一阶段是 1995—2003 年，分税制改革使得工业发展的主要税收上收到中央政府，增加了地方政府通过城市化获得与城市发展相关税收与土地出让金的激励（周飞舟，2010）。这一阶段城市化的特征是围绕园区工业化实现人口聚集和经济聚集，与前期相比城市发展水平显著提高。在此期间，户籍人口城市化率从 23.83%增长到 29.70%，年均增长 0.73 个百分点，常住人口城市化率从 29.04%增长到 40.53%，年均增长 1.44 个百分点，全国城市建成区面积从 19 264 平方公里增长到 28 308.02 平方公里，年均增长 4.93%。第二阶段是 2004—2008 年，国有经营性建设用地招拍挂出让为地方政府“以地生财”提供了制度安排，政府依靠土地出让收入推动城市化，城市化开始成为地方政府利用土地推动结构转变的重心。不过，由于出让土地量及出让价格仍处于起步阶段，这一阶段城市化的主要特征仍是围绕工业化形成的人口城市化和土地城市化，城市化增长速度略有下降，这表明工业化带动城市化的效应逐渐减弱。具体讲，户籍人口城市化率尽管从30.81%增长到33.28%，但年均增长下降为0.62个百分点，常住人口城市化率从2004年的41.76%提高到2008年的46.99%，年均增长下降为1.31个百分点。全国城市建成区面积在此期间增加了5 889.11平方公里，年均增速下降为4.52%，直辖市、省会城市、地级市和县级市城市建成区面积分别扩张22.53%、36.66%、18.23%、25.50%。第三个阶段是2009—2016年，土地抵押和城投债为地方政府推动城市化提供了“以地生财”之外的另一条路径——“以地融资”，以土地作为金融杠杆为城市化融资，带来城市化脱离于工业化的高速发展。这一阶段户籍人口城市化率从33.77%增长到41.2%，年均增长1.06个百分点，常住人口城市化率从48.34%增加到57.35%。全国建成区面积从38 107.26平方公里增加到54 331.47平方公里，年均增长速度达到5.20%，直辖市、省会城市、地级市和县级市城市建成区面积分别扩张29.70%、40.02%、47.51%和35.65%。由此可见，第一阶段城市化的主要动力是工业化，后两个阶段的城市化则更多地表现为该时期土地制度变革带来的土地资本化推动。在制度安排上，土地推动城市化的主要机制为：

（1）利用强制低价征地扩张城市面积。中国的农地非农化主要通过政府征地来实现，这为地方政府“以地谋发展”提供了基础。由于征地具有强制性且成本低廉，在农地非农用的价值显著高于农地农用的情况下，地方政府不仅通过征地保障基础设施等公共用地，而且以此保障园区发展和城市扩张。1996—2017年，中国城市征用土地面积合计31 624.92平方公里，年均征用1 437.50平方公里，同时期中国城市建设用地面积和城市建成区面积分别从19 001.6平方公里和20 214.2平方公里增加到55 155.47平方公里和56 225.38平方公里，年均分别增长5.21%和4.99%，征地面积占全国新增建设用地面积的87.82%，占城市建成区新增面积的87.47%。[①]

---

① 资料来源于中经网统计数据库-全国宏观年度库、《中国城市建设统计年鉴》，经笔者整理计算而得。

（2）控制住宅和商服用地供应，保障政府土地出让收入最大化。在土地有偿使用制度安排下，为了保障政府获取土地增值收益，减少土地出让中的隐形市场行为，中央政府于 2003 年开始实行居住和商服用地的招拍挂出让制度。国有建设用地出让中招拍挂出让面积占比从 2001 年的 7.3%增加到 2003 年的 27.78%，至 2007 年达到 50.91%。2008 年一跃增至 81.91%，随后逐年增长，至 2015 年达到 92.32%。[①] 在 2003—2017 年的 15 年间，国有建设用地供应总量为 682.38 万公顷，而住宅用地和商服用地供应面积分别为 134.66 万公顷和 62.31 万公顷，仅占同时期国有建设用地供应总量的 19.73%和 9.13%，远远低于工矿仓储用地和基础设施用地的比重。从趋势看，居住用地和商服用地供应面积占比分别从 2003 年的 22.26%和 18.74%下降到 2017 年的 13.98%和 5.12%，仅在 2007 年左右有一个短暂的小幅度回升。住宅和商服用地的限制性供应抬高了地价和房价，全国房地产开发企业商品房销售价格从 2001 年的 2 169.72 元/平方米持续上涨到 2016 年的 7 475.57 元/平方米，增幅达 244.54%，年均增速为 8.6%。[②] 政府土地出让价款从 2001 年的 492 亿元猛增至 2016 年的 35 600 亿元[③]，为城市基础设施建设提供重要资金来源。

（3）城投债支撑的城市建设融资。快速城市化产生了巨大的城市建设资金需求。地方政府通过融资平台发行城投债，募集资金进行城市基础设施建设。1992 年上海获准发行额度为 5 亿元的城投债以支持浦东新区建设，城投债在 2008 年之后迅速增长，全国 290 个地级市年度发行额从 2008 年的 1 396 亿元增长到 2017 年的 18 365.28 亿元，2000—2017 年发行总额达到 113 802.179 8 亿元[④]，为城市建设和城市化创造了巨量资本。

4. “以地生财”“以地融资”的土地资本化与经济发展中的资本形成

（1）“以地生财”形成资本。中国对国有经营性建设用地出让实行招拍挂制度安排后，土地资本化价值大幅提升。1996 年土地出让收入只有

---

① 资料来源于历年《中国国土资源年鉴》，经笔者整理计算而得。

② 资料来源于中经网统计数据库-全国宏观年度库，经笔者整理计算而得。

③ 资料来源于历年《中国国土资源公报》。

④ 资料来源于 Wind 经济数据库，经笔者整理计算而得。

348.89 亿元，2010 年迅速增长到 30 108.93 亿元，土地财政占政府财政收入[①]的比重也由 4.70%猛增至 36.20%。此后，政府对于土地财政收入的依赖程度虽有所减轻，但 2016 年 37 457 亿元的土地出让收入仍占到政府财政收入的 23.47%。总体看，1993—2016 年（1997 年除外）[②]，全国土地出让收入总额为 315 871.05 亿元，占政府财政收入的比重为 24.70%。分阶段看，1998—2003 年、2004—2008 年、2009—2016 年三个阶段土地财政占政府财政收入的比重年均分别为 9.95%、20.96%以及 27.30%，地方政府“以地生财”的行为在园区工业化转向快速城市化之后愈加明显。

（2）“以地融资”形成资本。2008 年，为了应对国际金融危机，除了积极的财政政策和宽松的货币政策，中央政府也放宽了土地抵押融资。自 2008 年下半年以来，各级政府纷纷成立投融资平台，到 2017 年 6 月 30 日，各地成立的政府投融资平台达 11 740 家。在这些投融资平台中，土地是主要抵押物，偿债主要靠土地出让收入。分阶段看，在 2000—2003 年的园区工业化阶段，全国 84 个重点城市土地抵押贷款金额从 1 400 亿元增加到 5 800 亿元，增幅为 314.29%，年均增长 60.61%。在 2004—2007 年的结构转变过渡阶段，全国 84 个重点城市土地抵押贷款金额从 7 400 亿元增加到 13 300 亿元，增幅为 79.73%，年均增长 21.58%。在 2008 年以后的快速城市化阶段，全国 84 个重点城市土地抵押贷款金额迅速提升，从 2008 年的 18 200 亿元猛增至 2015 年的 113 300 亿元，增幅为 522.53%，年均增长 29.85%。

5. 一个归纳

回顾中国改革开放以来土地与经济发展的关系，20 世纪 90 年代之前确实有过一段开放权利推动“乡村工业化”的黄金时期（刘守英，2018a）。但是，在改革和经济发展的主战场转向城市以后，政府重新掌握发展主导权，土地制度结构的独特安排（二元土地所有制、政府垄断土地一级市场、土地出让增值收益归地方政府）不仅非常好地契合了这一发展逻辑，

---

① 全国一般公共预算收入的决算数，来源于财政部历年财政收支情况。

② 1997 年土地出让收入数据缺失的原因是 1997 年国务院停止营利性用地的出让以整顿土地市场，为 1998 年修订的《中华人民共和国土地管理法》奠定基础。

而且成为政府主导发展权的工具。政府主导下的土地制度变迁（土地所有权与使用权相分离、地方政府获取土地所有权制度租、土地使用制度改革使土地资本化）更是加强了政府主导发展权的能力，形成“以地谋发展”模式。这一发展模式使土地在经济增长和结构变革中处于核心地位，供给而非需求为先的土地供应方式使土地成为经济增长的发动机；政府压低工业地价的策略避开了土地资源要素禀赋对工业化的不利制约，使中国成为“世界制造工厂”；“土地资本化”满足了工业化、城市化以及基础设施投资与建设中的巨额资本需求，推动中国快速城市化，同时通过基础设施投资与建设保障了经济增长。1998 年全面修订的《中华人民共和国土地管理法》与中国的高增长奇迹和快速工业化、城市化高度契合，这不是一种偶然的巧合，而是主要的土地制度安排推动发展或曰“中国奇迹”的结果。当经济不景气时，政府通过增加土地供应总量，降低土地成本，提高土地要素对经济的支撑度；在经济总体或局部过热时，政府通过减少土地供应总量，调整土地供应结构，严格土地市场交易方式，加大土地税收力度等手段，压缩经济过快增长对土地的过度需求。相对于货币政策和财政政策而言，土地政策手段还可以对宏观经济进行局部调控，对部分产业、行业或部门进行调控，如中国 2003 年开始对投资过热的钢铁、电解铝、水泥等行业减少甚至停止供应土地，以抑制这些行业的过度发展。此外，土地工具更容易设定具体的政策目标，政府在批租出让土地的同时，在开发项目上通过土地政策工具对发展商进行控制，以及通过土地规划、土地供应计划、地价政策、土地税收政策、土地整理储备政策等来调节经济结构和发展速度。

四、“以地谋发展”模式的实证检验

1. 提出假设

本章的核心假设是在“以地谋发展”模式下，土地对经济增长的贡献通过两大机制来实现（如图 15－1 所示）：

第一，土地作为生产要素进入生产函数，通过工业仓储用地和居住商服用地的供应作用于工业化和城市化，以结构转变推动经济增长。由于土

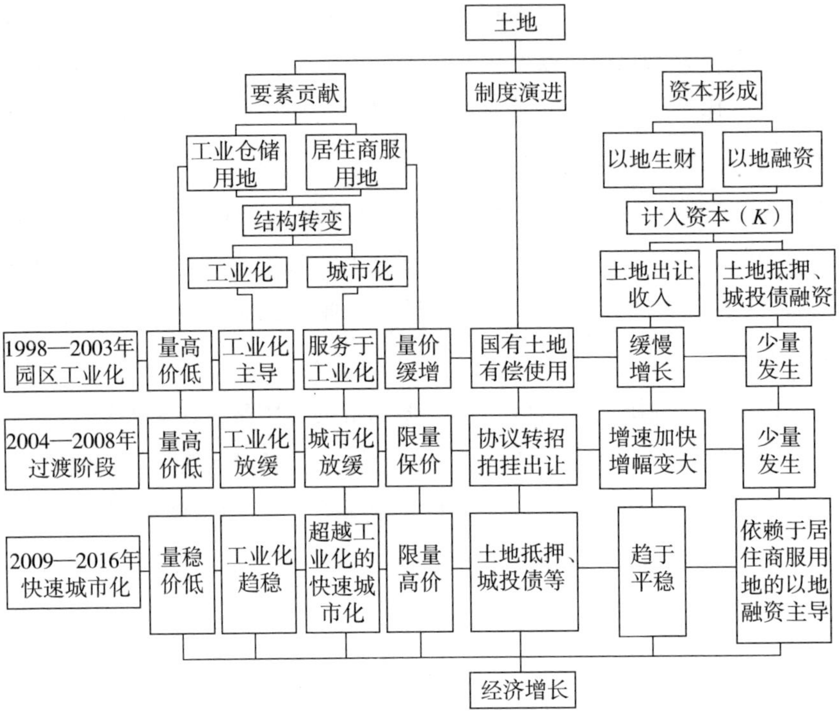

图 15－1　土地的要素贡献、资本形成与经济增长

地制度安排对结构转变的影响在不同时期存在差别，土地作为生产要素通过结构转变推动经济增长具有明显的阶段性特征。1998—2003 年，地方政府依靠工业仓储用地的高额低价配置实现园区工业化，工业化是结构转变的重心和经济增长的主要推动力；2004—2008 年，随着结构转变的重心由工业化转向城市化的过渡阶段，工业仓储用地供应量在低价基础上有所下降，但居住商服用地供应量和地价尚未大幅提升，工业化推动经济增长的作用有所下降，但这一阶段城市化对经济增长的贡献尚未凸显；2009—2016 年，结构转变重心实现向城市化的转型，工业仓储用地供应量在低价基础上继续下降，而居住商服用地供应量及地价大幅提升，城市化对经济增长的作用成为主导力量。

第二，土地通过资本化纳入资本（K），通过资本形成推动经济增长。土地资本化有“以地生财”（出让土地获得出让收入）、“以地融资”（土地抵押、城投债等）两条路径。土地资本化具有明显的阶段性特征：1998—

2003年，国有土地有偿使用制度开始进入土地出让市场，不过这一时期土地出让主要采取划拨和协议方式，土地出让收入增长缓慢。2004—2016年，国有经营性建设用地出让由协议出让转向招拍挂出让，土地出让收入增长加速，尤其是2008年之后土地出让收入大幅增长，以“以地生财”模式逐渐成熟。2008年以来，土地抵押政策放宽和允许地方政府发行城投债，由此带来“以地融资”的土地资本化成为主要模式。土地资本化的两条路径，尤其是“以地融资”提供的巨量资本，成为快速城市化的主要资本来源。

2. 土地通过结构转变推动经济增长的检验

（1）计量模型。经典的经济增长理论通常在生产函数中忽略了土地的作用，或者隐含地把土地作为资本投入的一部分进入生产函数。如前文所述，土地有别于一般的资本，尤其在中国高速经济增长过程中扮演了独特的角色。因此，为了更好地认识土地的作用，本章认为土地应该和资本、劳动力等投入一样作为要素直接进入生产函数。自20世纪90年代以来，中国体制改革和经济发展的主战场由乡村转移到城市，工业化和城市化的结构变迁成为支撑经济增长的主要力量，因此，本章重点分析中国非农部门的经济增长模型。

本章考虑如下的广义柯布-道格拉斯生产函数：

$$Y_{it}=A_{it}K_{it}^{\beta_k}L_{it}^{\beta_l}D_{1,it}^{\beta_{d1}}D_{2,it}^{\beta_{d2}} \tag{15-1}$$

其中，Y_{it}是地级市i第t年的非农部门的国内生产总值（GDP），K_{it}为固定资本投入，L_{it}为劳动力投入，$D_{1,it}$和$D_{2,it}$分别为居住商服用地面积和工业仓储用地面积，A_{it}刻画的是随时间变化的异质性技术进步。为了估计生产函数中的未知参数，将式（15-1）对数线性化，可得如下线性面板数据模型：

$$\begin{aligned}\ln Y_{it}=&\beta_0+\beta_k\ln K_{it}+\beta_l\ln L_{it}+\beta_{d1}\ln D_{1,it}\\&+\beta_{d2}\ln D_{2,it}+\alpha_{p_i}+\eta_t+\varepsilon_{it}\end{aligned} \tag{15-2}$$

其中，α_{p_i}是省份固定效应，η_t为年度固定效应，ε_{it}是误差项。在模型中，对数化的技术进步$\ln A_{it}$被β_0、α_{p_i}和η_t所吸收。

关于上述模型设定，需要作出如下两点重要的说明：①本章采用水平数据而不是增长率数据。由于中国经济增长和土地政策具有明显的阶段性特征，本章考虑三个不同的时间段（1999—2003 年[①]、2004—2008 年、2009—2016 年）。由于各时段跨度较小，采用增长率（对数差分）会损失一整期的观测，导致估计效率损失；同时数据的对数差分会消除变量中的重要信息，即城市间的横截面差异，易导致模型识别出现困难。②本章采用了省份固定效应，而没有采用地级市固定效应。一方面，在去除省一级的时间均值后，各个解释变量的城市异质性得以保留，从而具有足够的方差，确保模型可以识别，同时可控制或缓解内生性问题。另一方面，中国的土地利用制度在省级层面具有统一性，而地级行政单位利用省级分配的土地利用年度计划并在此计划下“以地谋发展”。

鉴于中国土地制度和政策的差异以及通过土地主导发展权侧重点的不同，本章考虑在三个不同阶段内分别回归：第一阶段为 1999—2003 年。1998 年《中华人民共和国土地管理法》明确了国有土地的有偿使用方式，建立土地储备制度、实现政府垄断土地供给，这些制度安排增强了政府管理和控制土地要素的能力，这一阶段通过工业仓储用地高量配置、压低工业仓储用地价格来发展工业园区，推动“园区工业化”（刘守英，2018a），实现中国工业化的快速发展。第二阶段为 2004—2008 年。这一阶段是结构由工业化为主转向城市化为主的过渡阶段。自 2002 年以来，经营性用地供应由协议为主转为招拍挂方式为主[②]，2004 年“8·31”大限之后经营性用地协议出让退出历史舞台，政府垄断土地一级市场，经营性用地、住宅用

① 由于无法获得 1998 年的数据，本章使用 1999—2003 年的数据刻画理论上界定于 1998—2003 年的园区工业化阶段。

② 2001 年 4 月 30 日，《国务院关于加强国有土地资产管理的通知》（国发〔2001〕15 号）印发，明确提出：“商业性房地产开发用地和其他土地供应计划公布后同一地块有两个以上意向用地者的，都必须由市、县人民政府土地行政主管部门依法以招标、拍卖方式提供，国有土地使用权招标、拍卖必须公开进行。要严格限制协议用地范围。确实不能采用招标、拍卖方式的，方可采用协议方式。采用协议方式供地的，必须做到在地价评估基础上，集体审核确定协议价格，协议结果向社会公开。”2002 年 5 月 9 日，《招标拍卖挂牌出让国有土地使用权规定》（国土资源部令第 11 号）再次重申：“商业、旅游、娱乐和商品住宅等各类经营性用地，必须以招标、拍卖或者挂牌方式出让。前款规定以外用途的土地的供地计划公布后，同一宗地有两个以上意向用地者的，也应当采取招标、拍卖或者挂牌方式出让。”

地和工业用地通过招拍挂方式出让的制度基本确立并沿用至今。在这一阶段，地方政府开始推动结构转变的重心由工业化向城市化转变，即工业仓储用地供应量在低价基础上有所下降，并通过限量供应居住和商服用地，借助土地出让收入积累城市建设资金，围绕工业化的基础设施需求推动城市化进程。需要说明的是，这一阶段居住商服用地供应尚处于“限量保价”的起步阶段，在上一阶段工业化推动城市化水平迅速提高的基础上，这一阶段城市化仍表现为围绕工业化形成的人口城市化和土地城市化，城市化速度也由于工业化减速及基础设施逐渐完善亦趋平缓。第三阶段为 2009—2016 年。一方面，居住商服用地“限量保价”供应带来房价和地价不断飞涨，形成巨额土地出让收入。另一方面，土地抵押政策的放宽以及城投债的推行，为城市建设形成巨量资本。“以地生财”模式的成熟和“以地融资”模式的出现，使得城市化超越工业化并真正成为结构转变的重心，土地资本化的两条路径实现了这一阶段中国快速城市化的进程。

（2）数据来源以及基本统计特征。本章选取了中国地级市 1999—2016 年的面板数据，排除了直辖市和港澳台，以及数据缺失严重的地级市。模型选取的变量为非农部门的国内生产总值（Y）、非农部门的固定资本存量（K）、非农部门的劳动力数量（L）以及两类土地投入——居住商服用地面积（D_1）和工业仓储用地面积（D_2）。

Y 为各地级市市辖区的非农部门年度实际国内生产总值，单位为亿元。由名义 GDP 和 GDP 指数计算得到。各地级市市辖区的非农部门名义 GDP 和 GDP 指数来自国家信息中心房地产信息网-宏观经济数据库-城市年度数据库。K 为各地级市市辖区的非农部门年度固定资本存量，单位为万元。本章采用永续盘存法（张军等，2004）计算资本存量 K_{it}，公式为 $K_{it}=K_{i,t-1}(1-\delta)+I_{it}/P_{it}$，其中，$I_{it}$ 表示当年固定资产投资；P_{it} 表示地区固定资产投资价格指数，由于地级市层面数据可得性问题，这里用省级层面的固定资产投资价格指数进行匹配；折旧率 δ 采用张军等（2004）设定的 9.6%，并将张军等（2004）研究中的 1998 年省级固定资本存量按当年各地级市全社会固定资产投资占省全社会固定资产投资的比例分配至各地级市，得到各地级市初始年的资本存量。固定资产投资 I_{it} 为地级市市辖区的固定资产投资额（不含农户），数据来源为中经网统计数据库-城市年度库。L 为各地级市市辖区的非农部门就业数量，单位为万人，数据来源为国家信息中心房地产信息网-宏观经济数据库-城市年度数据库；D_1 为各地级市市辖区的居住商服用地面积，单位为平方公里。由于统计口径问题，该指标 1999—2011 年数据为居住用地、公共设施用地（含商业服务业设施用地）二者之和，2012—2016 年数据为居住用地、公共管理和公共服务用地、商业服务业设施用地三者之和，数据来源为 1999—2017 年的《中国城市建设统计年鉴》。D_2 为各地级市市辖区的工业仓储用地面积，单位为平方公里。由于统计口径问题，该指标 1999—2011 年数据为工业用地、仓储用地二者之和，2012—2016 年数据为工业用地、物流仓储用地二者之和，数据来源为 1999—2017 年的《中国城市建设统计年鉴》。

表 15－1 总结了主要变量的基本统计特征。从表中可以看到，对于三个不同的阶段，对数化 GDP 的平均水平几乎呈现线性递增的趋势，同时具有相近的标准差；固定资本存量的均值和方差都逐步递增，第三阶段的均值较第一阶段几乎增长了 40%；劳动力供给方面，前两阶段的均值和方差都较为靠近，而第三阶段的劳动力供给有所增加，同时在城市间的差异性有一定的增加。对于土地投入，不论是居住商服用地面积，还是工业仓储用地面积，都呈现出逐步递增的特征，同时在城市间的差异也在增加。

表 15－1　主要变量的基本统计特征

变量	均值	标准差	最小值	最大值	样本量
阶段Ⅰ：1999—2003 年					
$\ln Y$	4.597 2	1.013 8	2.285 0	8.036 5	1 073
$\ln K$	5.228 9	0.937 8	2.495 1	8.427 0	1 074
$\ln L$	2.755 4	0.811 8	0.350 7	5.687 4	1 074
$\ln D_1$	3.047 9	0.693 0	0.832 9	5.471 7	1 072
$\ln D_2$	2.579 2	0.802 8	−0.415 5	5.183 4	1 072

续表

变量	均值	标准差	最小值	最大值	样本量
阶段Ⅱ：2004—2008 年					
$\ln Y$	5.213 3	1.045 6	2.768 2	8.702 4	1 085
$\ln K$	6.097 0	0.979 3	3.729 6	9.055 6	1 085
$\ln L$	2.773 6	0.818 2	0.708 0	5.343 1	1 085
$\ln D_1$	3.412 6	0.730 3	1.088 6	5.821 2	1 070
$\ln D_2$	2.854 0	0.872 3	−0.415 5	5.743 1	1 070
阶段Ⅲ：2009—2016 年					
$\ln Y$	5.982 4	1.043 3	3.338 8	9.485 2	1 720
$\ln K$	7.232 1	1.001 3	4.333 3	10.002 2	1 720
$\ln L$	3.056 0	0.884 4	0.832 9	6.042 0	1 716
$\ln D_1$	3.795 2	0.768 7	1.983 8	6.023 8	1 714
$\ln D_2$	3.052 3	0.928 2	−2.223 1	5.950 0	1 714

（3）估计结果和说明。表 15－2 给出了主要的估计结果。对于每一个阶段，考虑拟合两个模型：第（1）（3）（5）列包含了省级固定效应和时间固定效应，而第（2）（4）（6）列在包含双向固定效应的同时还加入了省级和时间的联合固定效应，进一步缓解模型可能存在的内生性问题。最后，本章主要关注中国经济发展的阶段性特征，因而只汇报分阶段回归的结果。

表 15－2　增长模型参数估计结果

	阶段Ⅰ：1999—2003 年		阶段Ⅱ：2004—2008 年		阶段Ⅲ：2009—2016 年	
变量	（1）	（2）	（3）	（4）	（5）	（6）
$\ln K$	0.853 1*** (0.046 3)	0.858 8*** (0.049 4)	0.684 4*** (0.033 9)	0.687 0*** (0.036 6)	0.557 8*** (0.024 2)	0.544 6*** (0.025 9)
$\ln L$	0.049 3 (0.067 9)	0.038 5 (0.073 2)	0.305 2*** (0.040 0)	0.297 9*** (0.042 9)	0.318 7*** (0.029 6)	0.330 6*** (0.030 4)
$\ln D_1$	0.031 3 (0.041 4)	0.035 8 (0.044 2)	0.004 9 (0.032 7)	0.003 1 (0.034 4)	0.098 2*** (0.029 1)	0.094 5*** (0.031 0)

续表

	阶段Ⅰ：1999—2003 年		阶段Ⅱ：2004—2008 年		阶段Ⅲ：2009—2016 年	
$\ln D_2$	0.199 7*** (0.048 1)	0.204 7*** (0.050 7)	0.151 8*** (0.025 4)	0.160 9*** (0.026 2)	0.169 6*** (0.016 5)	0.178 6*** (0.017 5)
省级 FE	√	√	√	√	√	√
时间 FE	√	√	√	√	√	√
省级时间 FE		√		√		√
总观测值	1 071	1 066	1 066	1 066	1 710	1 702
城市个数	215	215	215	215	215	215

注：括号里的数值是估计量的稳健标准差；*、**、***分别表示在 10%、5%、1%的显著性水平上显著。以下各表同。

第一，从阶段Ⅰ（1999—2003 年）的回归结果可以看到，固定资本存量和劳动力投入对非农部门国内生产总值都具有正的影响，符合理论和预期；在两个模型设定中，资本的系数估计都是 0.85 左右；劳动力的弹性系数估计量数值较小，且不显著，这是由中国这一时期地级市市辖区非农就业人数下降趋势与非农产值的上升趋势相反导致的①，其原因在于该时期非农就业中第二产业就业占比大于第三产业就业占比②，但地级市市辖区布局的工业园区较县级行政单位中布局的工业园区数量少，园区工业化阶段第二产业就业人口集中在县级行政单位而非地级市市辖区；居住商服用地面积系数仅为 0.03 左右，在统计学意义上都不显著，可能归因于这一阶段居住商服用地供给增加不明显，因此，居住商服用地面积不具备与非农产值一致的趋势，在经济含义上是由于政府在这一阶段主要通过高量低价的工业仓储用地配置推动工业化，城市化还不是结构转变的重心；工业仓储用地在这一时期内对经济增长具有正的贡献，估计出来的系数为 0.2 左右，且在 1%的显著性水平上显著。

① 根据笔者据国家信息中心房地产信息网-宏观经济数据库-城市年度数据库中 215 个地级市市辖区非农就业人数的整理，1999—2003 年历年非农就业人数分别为 5 478.64 万人、4 913.16 万人、4 649.48 万人、4 632.35 万人和 4 643.63 万人，具有明显递减趋势。

② 根据笔者据国家信息中心房地产信息网-宏观经济数据库-城市年度数据库数据计算的结果，1999—2003 年地级市市辖区非农就业中第二产业就业人数占比年平均数为 50.95%，超过第三产业就业人数占比。

第二，在阶段Ⅱ（2004—2008 年），资本和劳动力对经济增长都具有显著的影响，系数分别为 0.68 和 0.30[①] 左右，而且不同模型设定的估计结果稳定。值得指出的是，居住商服用地面积在这一阶段对非农部门国内生产总值的影响在统计学意义上是不显著的，估计出来的系数为 0.004 9 和 0.003 1，数值很小，其原因在于这一阶段结构转变重心虽开始从工业化转向城市化，但其发展阶段仍属于满足工业化基础设施需求的城市化，由于“限量保价”的制度要求以及工业化减速等原因，城市化速度有所下降，居住商服用地供应未能与非农产值增长保持一致，因此模型估计结果不显著；工业仓储用地面积的系数为 0.151 8 和 0.160 9，在 1%的显著性水平上显著，但是通过与阶段Ⅰ（1999—2003 年）的回归结果对比，估计系数结果将近降低了 1/4，因此可以认为，此时期工业仓储用地对经济增长的贡献下降得非常多，显示出工业化到一定阶段之后增速的下降及其对经济增长贡献的下降，更重要的是显示了结构转变重心从工业化转移的趋势。此阶段的模型估计结果符合结构转变开始由工业化为重心向城市化为重心转型的过渡阶段特征，验证了本章的理论分析。

第三，在阶段Ⅲ（2009—2016 年），两个模型的资本和劳动的系数都分别为 0.55 和 0.32 左右，而且都在 1%的显著性水平上显著；和前面两个阶段相比，资本的贡献有所下降，这表明资本对于经济增长的拉动作用随着经济发展阶段的转化有所减弱。而居住商服用地面积和工业仓储用地面积对 GDP 的弹性系数分别为 0.09 和 0.17 左右，都在 1%的显著性水平上显著，和前一阶段相比，居住商服用地的贡献显著增加，同时工业仓储用地对经济增长的影响也有较小幅度的提高。这一阶段的模型估计结果验证了本章的假设，房价和地价不断上升带来的土地增值收益及土地抵押和

---

① 阶段Ⅱ（2004—2008 年）及阶段Ⅲ（2009—2016 年）非农就业贡献率回到正常值的原因在于结构转变重心向城市化过渡及快速城市化阶段第三产业就业人数占比超过第二产业就业人数占比（2004—2016 年第二产业就业人数占比为 49.16%，小于第三产业就业人数占比），第三产业就业人数的增加带动了地级市市辖区非农就业的增加。具体讲，2004—2016 年历年非农业就业人数分别为 4 683.5 万人、4 868.12 万人、5 048.31 万人、5 165.32 万人、5 245.82 万人、5 433.7 万人、5 651.23 万人、6 245.03 万人、6 604.28 万人、8 347.61 万人、8 374.75 万人、8 332.264 万人、8 276.007 万人。

城投债带来的城市建设资金融资，实现了中国结构转变的重心由工业化向城市化的转变。需要说明的是，居住商服用地贡献率较工业仓储用地贡献率更小，其原因在于本模型仅纳入了作为要素的土地的数量，居住商服用地作为土地要素推动经济增长的作用在理论上本就小于直接用于工业生产的工业仓储用地，而且每年居住商服用地供应量少于工业仓储用地供应量。居住商服用地对经济增长的更大贡献来自资本形成，即主要依靠居住商服用地实现的抵押融资和城投债作为资本形成推动经济增长，但这一贡献内含在资本之中，如何剥离这一部分贡献尚待讨论和研究，本章暂时不讨论将居住商服用地资本形成贡献从资本中分离的问题，本章的侧重点在于解释不同时期通过不同制度安排以不同方式推动经济增长和结构转变。因此，这一阶段结构转变重心由工业化向城市化的转移并不表现在居住商服用地和工业仓储用地两者系数大小的比较，而是表现在居住商服用地在这一阶段系数大小及其显著性较上一阶段显著提高，而工业仓储用地系数及其显著性提升幅度较小。

总体看，上述实证结果验证了本章的假设：在阶段Ⅰ（1999—2003年），政府主要通过工业仓储用地的高量配置和低价供应来实现工业化推动经济增长；在阶段Ⅱ（2004—2008年），工业仓储用地高量配置和低价供应支撑的工业化作用明显衰减，结构转变重心及经济增长推动力开始由工业化转向城市化，但由于这一阶段仍处于满足工业化基础设施需求的城市化阶段，因此，利用居住商服用地推动城市化从而拉动增长的作用并不显著；在阶段Ⅲ（2009—2016年），工业化作用虽有增强，但幅度较小且远低于工业化为结构转变重心而推动经济增长的阶段。不同的是，依靠居住商服用地限量供应和不断上涨的土地价格支撑的快速城市化，与前两个阶段相比较显著地成为中国经济增长的推动力。因此，可以说这一阶段结构转变重心及推动经济增长的动力实现了由工业化向城市化的转变。

3. 土地通过资本形成推动经济增长的检验

2003年以来，中国经济增长和结构转变的轨道由工业化转变为城市化，城市化进程中除了考虑土地作为生产要素的贡献之外，还应当着重考虑土地参与资本形成过程的贡献。

（1）计量模型。根据上述分析，在两个不同时期，土地资本化分别表现为“以地生财”和“以地融资”，因此，本章在两个不同时期内分别考虑不同的模型设定：

“以地生财”效应是指通过以招拍挂等方式出让经营性用地获取土地出让收入，并将一定比例的土地出让收入投入固定资产投资当中。该阶段包括时间区间 1999—2008 年。在该段时期内，政府土地储备和垄断土地一级市场的制度成型，经营性建设用地供应从协议方式转变为招拍挂方式，地方政府通过土地出让获得了土地出让收入，这些收入以一定比例进入固定资产投资，最终参与到固定资本形成的过程。需要说明的是，在该段时期，虽然部分城市开始通过土地抵押和发放城投债等形式筹集资金，但是发行城投债的城市比例非常小（共计 127 个观测）。因此，为研究土地出让收入参与固定资本投资的比例，本章主要考虑如下面板数据回归模型：

$$\ln I_{it} = \theta_1 \ln Land_{it} + X_{it}^T \gamma + \lambda_i + \zeta_t + u_{it} \tag{15-3}$$

其中，$\ln I_{it}$ 是地级市 i 第 t 年的固定资本投资的对数值，$\ln Land_{it}$ 表示土地出让成交价款的对数值，X_{it} 是控制变量，包含了上一年的国内生产总值（GDP）增长率和上一年第二产业产值在 GDP 中的比重，λ_i 和 ζ_t 分别代表了个体和年度固定效应。注意，为了缓解模型的内生性问题，控制变量都采用了上一年的数值。

另外，鉴于土地出让收入影响固定资产投资形成可能存在着时间滞后效应，本章还考虑了模型（15－3）的两种变化形式：一是将模型（15－3）中土地出让成交价款换成上一年的数值（$L.\ln Land_{it}$）；二是在模型（15－3）中额外加入土地出让成交价款的一阶滞后项。

“以地融资”效应是指通过土地抵押或者发放城投债，筹集城市建设和基础设施建设资金，投入固定资产投资从而参与到固定资本形成之中。本章测度“以地融资”效应的样本区间是 2009—2016 年。自 2008 年以来全国 290 个地级市土地抵押面积和金额快速上升，同时各个城市普遍开始发行城投债。尽管城投债在“以地融资”的资本形成中占比没有土地抵押大，但是自 2008 年以来不再发布地级市层面的土地抵押数据，因此，本章只能采用地级市层面的城投债来代表“以地融资”，并考虑如下的模型：

$$\ln I_{it} = \theta_1 \ln Land_{it} + \theta_2 \ln CTB_{it} + X_{it}^T \gamma + \lambda_i + \zeta_t + u_{it} \qquad (15-4)$$

其中，$\ln CTB_{it}$ 表示地级市 i 第 t 年发行的城投债（CTB）的对数值，X_{it} 是控制变量，其选取与模型（15－3）一致，同时模型也包含了双向固定效应。

类似地，本章也考虑模型（15－4）的两种变化：一是将模型（15－4）中土地出让成交价款和城投债滞后一期；二是在模型（15－4）的设定中额外加入土地出让成交价款和城投债的一阶滞后项。

（2）数据来源和基本特征。本章选取中国 290 个地级市 2003—2016 年的面板数据。模型选取的变量为固定资产投资（不含农户）（I）、土地出让成交价款（$Land$）、城投债当年发行额（CTB）。具体地：I 为各个地级市市辖区固定资产投资（不含农户），数据来源为中经网统计数据库-城市年度库；$Land$ 为各个地级市市辖区土地出让成交价款，包含了居住商服用地、工业仓储用地以及其他营业性用地出让价款，受到数据限制没有办法在地级市层面区分居住商服用地出让价款和工业仓储用地出让价款，只能使用土地出让价款总额。该数据的数据来源为国家信息中心房地产信息网-土地市场库；CTB 为各地级市市辖区城投债当年发行数额，由各地级市层面城投公司、平台的发行数额按照地级市和年份加总而来①，数据来源为 Wind 数据库；GDP_*growth* 为各地级市市辖区的非农部门年度名义 GDP 增长率，根据国家信息中心房地产信息网-宏观经济数据库-城市年度数据库的各地级市市辖区非农部门年度名义 GDP 计算而得；*Industry* 为各地级市市辖区第二产业产值占 GDP 的比重，数据来源为国家信息中心房地产信息网-宏观经济数据库-城市年度数据库。

表 15－3 为主要变量的基本统计特征：从均值看，投资和土地出让成交价款的平均水平随着时间的推移都有显著的增加。2008 年后城投债发行具有了一定的规模，对数化城投债发行额的平均水平约为 3.41，观测值个

① 尽管不是所有的城投债都采用土地使用权抵押担保，但在目前可靠的土地抵押微观数据难以获取的情况下，城投债是度量“以地融资”效应的最佳选择。

数也超过 1 000。

表 15-3　主要变量的基本统计特征

变量	均值	标准差	最小值	最大值	样本量
样本时期Ⅰ：1999—2008 年					
ln*I*	4.074 1	1.273 8	−2.206 2	8.459 2	2 744
ln*Land*	1.374 5	1.997 0	−4.605 2	6.531 7	2 551
样本时期Ⅱ：2009—2016 年					
ln*I*	5.957 2	1.090 4	2.620 5	9.597 8	2 014
ln*Land*	3.706 7	1.390 7	−2.120 3	10.426 1	2 029
ln*CTB*	3.411 3	1.266 5	0.000 0	7.294 9	1 110

(3) 估计结果。表 15-4 给出了土地影响投资的静态面板数据估计结果。对于样本时期Ⅰ，本章发现：①土地出让成交价款在投资模型中的系数为 0.049 9，且在 1%的显著性水平上显著，这说明如果政府的土地出让成交价款提高 1%，那么当期的固定投资额会增加 4.99%；②单独估计的土地出让成交价款的滞后效应为 0.054 0，且在 1%的显著性水平上显著；③如果同时考虑土地出让成交价款的当期和滞后效应，上述两项的估计值分别为 0.038 7 和 0.047 5，且都在 1%的显著性水平上显著，说明土地出让不仅在当期影响投资，也会影响下一期的投资额。

表 15-4　投资模型的参数估计

样本区间	样本时期Ⅰ：1999—2008 年			样本时期Ⅱ：2009—2016 年		
变量	(1)	(2)	(3)	(4)	(5)	(6)
ln*Land*	0.049 9*** (0.013 7)		0.038 7*** (0.013 1)	0.091 1*** (0.024 2)		0.045 0* (0.026 6)
L. ln*Land*		0.054 0*** (0.010 4)	0.047 5*** (0.009 8)		0.107 2*** (0.026 2)	0.065 8*** (0.020 8)
ln*CTB*				0.045 1*** (0.014 4)		0.077 4*** (0.021 4)
L. ln*CTB*					0.007 9 (0.018 5)	0.015 6 (0.019 9)

续表

样本区间	样本时期Ⅰ：1999—2008 年			样本时期Ⅱ：2009—2016 年		
变量	(1)	(2)	(3)	(4)	(5)	(6)
L. GDP_*growth*	0.334 3*** (0.073 6)	0.334 5*** (0.072 3)	0.333 7** (0.073 2)	0.440 6*** (0.134 0)	0.471 2*** (0.115 6)	0.443 5*** (0.105 5)
L. *Industry*	0.675 2** (0.298 0)	0.676 6** (0.298 0)	0.682 0** (0.296 7)	1.477 1*** (0.425 7)	1.224 8** (0.528 6)	0.433 7 (0.740 2)
观测总数	2 148	2 140	2 193	1 182	1 037	761
城市个数	285	285	286	269	268	193

注：*L*.*A* 表示 *A* 的一阶滞后项；每个模型中都同时包含了个体和时间固定效应。

对于样本时期Ⅱ，本章发现：①对于土地出让成交价款，如第（4）列、第（5）列所示，如果只考虑当期影响或者滞后影响，回归结果都在1%的显著性水平上显著，而且数值几乎是样本时期Ⅰ相应估计结果的两倍左右，说明在第二个时期，土地对资本形成的作用变得更大；同时考虑当期效应和滞后影响时，估计值分别在10%和1%的显著性水平上显著且大于第一阶段的估计结果，这再次说明在第二阶段，土地对投资形成的影响更大。②对于城投债，如第（4）列、第（5）列所示，估计的当期效应在1%的显著性水平上显著，滞后效应不显著，这部分说明城投债的影响是即期的，对投资的影响比较直接；如第（6）列所示，当同时考虑当期效应和滞后效应时，当期效应在1%的显著性水平上显著，而滞后效应不显著。此外，上期的GDP增长率和第二产业产值占GDP的比重对投资的影响都是正的，而且估计结果非常稳健，这也符合直觉和预期。一般而言，经济增长越快，或者当地的第二产业产值占比越高，对投资的需求也就越大。

从经济含义讲，一方面，“以地生财”效应显著地存在，同时“以地生财”效应的滞后效应比当年对固定资产投资作出的贡献要大；另一方面，“以地融资”效应显著地存在，城投债发行数额当年对于固定资产投资的贡献大于其滞后效应，这一点也说明了“以地融资”的风险和不可持续性。

五、结论与政策含义

中国改革开放以来的经济发展方式不同于其他主要经济体，政府在经济发展中不再直接控制经济但具有很强的“谋”发展能力，“以地谋发展”模式成为中国经济奇迹创造的秘密。“以地谋发展”模式的核心是政府利用独特的土地制度谋发展，土地不仅成为拉动增长的发动机，而且成为促进结构变革的助推器，以低价土地招商引资快速推进工业化，以土地资本化加速城市化。“以地谋发展”模式之所以能够在中国土地资源极其稀缺、资本极端不足的约束下取得经济增长和结构转变的成功，得益于土地制度的独特安排：农村土地属于农民集体、城市土地属于国家所有，农地转为非农用地的唯一通道由政府垄断，农地由集体所有转为国有之后，地方政府一方面依靠对国有经营性建设用地供应的排他性权力获得高额土地增值收益，另一方面利用规划权、管制权、定价权决定各类用地的区域投放指标、供应方式和供应价格，实现经济增长和结构转变目标。更为重要的是，土地资本化（土地出让、土地抵押融资、城投债等）为地方政府和各类经济主体通过土地创造资本、解决发展起步阶段的资本短缺提供制度支撑，通过土地形成的巨量资本不仅为基础设施建设提供了巨额资金来源，而且为经济主体的生产经营和资本扩张提供融资渠道。本章采用全国200余个地级市的样本数据对“以地谋发展”模式进行了计量检验，分析了“以地谋发展”模式在不同阶段的作用机制：①在1999—2003年阶段，主要依靠工业仓储用地的高量配置和低价供应通过园区工业化推动经济增长；②在2004—2008年由工业化向城市化结构转变的过渡阶段，低价工业仓储用地的供应量开始下降，表明通过低价高量工业仓储用地推动工业化的经济增长效力减弱，而同一时期出现依靠居住商服用地招拍挂供应启动城市化的机制转换；③在2009—2016年阶段，中国经济增长和结构转变的主要动力显著地转变为居住商服用地和土地抵押融资资本化支撑的快速城市化；④自1999年以来，以土地出让收入为代表的“以地生财”效应逐渐增强并且具有滞后效应；自2008年以来，以城投债为代表的“以地融资”效应具有显著性且当期作用更强。

本章旨在通过对“以地谋发展”模式的分析寻找中国发展模式的独特性和内在逻辑。但是，任何发展模式的独特性都会因约束条件和环境的变化而发生改变，在这些条件发生变化后，发展模式必须作出调整和改变。事实上，中国经济正在发生的一些重要的趋势性变化，已经和正在对“以地谋发展”模式产生巨大冲击，经济增速下行和中低速增长常态化，土地作为经济增长发动机的功能已经在减弱；在全球和国内需求变化以及成本结构变化趋势下，低成本工业化难以为继，沿海地区已经主动进行产业和产品的转型升级，压低地价维持“世界制造工厂”地位的工业化模式必须作出改变；城市化在经历土地推动的快速扩张以后已经减速，城市发展方式进入包容、质量提升和结构优化阶段，依靠土地低成本的城市化阶段已经结束，依赖土地资本化的城市发展的债务和金融风险不断累积，必须寻找替代土地资本化发展机制的其他发展动能和机制；最后，决策者已经明确认识到，农业和农村是发展不平衡和不充分的最大短板，农业农村现代化直接关乎建设社会主义现代化强国的宏伟目标的实现，乡村振兴战略已经被明确为脱贫致富和实现小康后最为重大的国家战略之一，已有的二元土地制度格局和妨碍乡村现代化的土地制度安排必须作出改变。因此，上一轮土地推动中国高速增长和结构变革的一切因素都在发生变化，势必带来土地与经济发展关系的重大改变，也为寻找发展动能和转变发展模式提供了必然性和紧迫性。

为了促进发展模式的转型，必须进行主动有为的土地制度改革。一是对土地功能进行重新定位，降低经济发展对土地的依赖性。痛下决心降低土地的发动机功能，改变土地计划供应的配置方式，发挥市场在土地资源配置中的决定性作用。降低政府控制的土地比重，不再以土地指标作为推进区域发展战略的工具，不再将土地指标作为区域发展和政策试点的优惠条件，不再将土地作为宏观调控的手段。二是优化土地供应结构，解决国民经济深层的结构性矛盾。继续降低工业用地在建设用地结构中的比重，推动城市更新进入内涵式阶段，促进工业用地转换用途，增加住宅用地占比，取消商业用地硬性配套比例政策，增加城市生活和生态空间，使城市更加宜居和美好。三是成立国有土地经营公司，推进国有土地资产改革。

促进地方政府从卖地向国有土地经营转变，引导城市政府从土地和规划外延扩张向城市更新和内涵发展转型，成立市县人民政府国有土地经营公司，实现对城市化进程中土地增值收益金的捕获。完善政府土地融资制度，由土地经营公司作为主体来实现土地融资的功能。在落实“房子是用来住的”功能的同时，在土地结构和机制上完善住房市场中土地市场化配置机制。四是推进以都市圈为尺度的土地配置和规划体制的改革。改行政区划尺度为都市圈规划尺度，土地的指标和相关功能以都市圈为单位来配置，建立都市圈内土地发展权补偿机制，对不主要承担 GDP 创造、承担粮食安全和生态功能的城市进行土地发展权补偿。五是建立统一的土地权利体系和土地市场体系。统一土地权利体系是完善土地要素市场的前提，要实现城乡融合所要求的生产要素城乡对流与互动，就必须改革城乡二元的土地权利体系和土地市场体系，推动城乡融合区域土地权利体系统一、土地市场体系统一和用地空间上全面平等的土地制度改革，促进不同权属土地权利和城乡发展权利的平等。六是深化农村土地制度改革。明确集体所有权、承包权和经营权各自的权利界定与内涵以及三者之间的关系，推动农地三权分置。完善农村宅基地权利体系和宅基地管理制度，改革村庄规划和用途管制，探索宅基地三权分置。建立城乡统一的建设用地市场，实现集体建设用地平等进入市场。过去四十多年中国特色社会主义土地制度支撑了中国经济奇迹的创造，下一阶段土地最重要的功能是推动中国经济发展方式转变和实现高质量发展。因此，在中国迈向第二个百年目标新征程中，必须通过完善和构建现代化土地制度支持社会主义现代化国家建设。

第十六章 “以地谋发展”模式的衰竭*

过去四十多年间，地方政府利用土地制度的独特安排主导经济发展，一方面低价出让工业土地招商引资推进工业化，另一方面高价出让商住用地及抵押储备用地获取资金促进城市化，土地推动的快速结构变迁创造了中国的增长奇迹。但这种“以地谋发展”模式随着现阶段中国经济发展阶段转换，开始显现积累的各种问题。本章通过门槛回归研究发现，土地对经济的贡献存在倒U形的门槛特征，在经济转型时期土地对经济增长的发动机功能已经枯竭，同时，中西部地区复制东部地区“以地谋发展”模式的绩效不佳。

一、引言

自20世纪90年代中期开始，随着分税制的实施带来地方政府谋发展方式的改变（周飞舟，2009）以及土地管理制度变革带来农村集体建设用地市场关闭和地方政府对土地转用市场的垄断，土地在地方经济发展中越来越扮演重要角色。在现行土地制度下，地方政府通过垄断和控制土地供应，一方面低价出让工业用地，建设工业园区来吸引企业入驻推动工业化；另一方面通过高价出让商住用地以及以地抵押融资获取城市发展建设

---

* 合作者为王志锋、张维凡。

所需资金助推城市化，土地成为地方政府主导经济发展的重要工具（陶然等，2009；王媛、杨广亮，2016）。这种独特的“以地谋发展”模式使中国成为过去四十多年间世界上经济发展最快的国家（刘守英，2012）。

随着中国经济发展阶段转换以及“以地谋发展”模式潜在的诸多问题不断累积，以土地推动发展的效力减退，运行风险加大，不可持续性显现。中国的 GDP 增速从 2008 年起逐年下滑，经济发展阶段从高速增长转向中高速增长，经济结构正在发生重大变化，土地的供需状况和功能也在发生改变。但是，有的研究仍在着力于解释和肯定这套发展模式的合理性（赵燕菁，2014），尽管有研究注意到土地运行带来的地方政府债务风险和金融风险（范子英，2015；柴铎等，2018），对于地方政府“以地谋发展”模式是否可持续以及继续沿用这一模式谋发展的风险的研究还是空白的。本章利用全国 263 个地级城市面板数据和门槛模型，从以地保增长、以地工业化、以地城市化三个方面检验了“以地谋发展”模式在当前中国经济下行阶段的不可持续性，这对地方政府如何在中国经济转型期更好地发展地方经济，以及未来的地方政府城市治理模式转型，有一定的借鉴意义。本章的结构如下：首先给出了经济发展阶段转换后“以地谋发展”模式不可持续的典型化事实，在此基础上提出“以地谋发展”模式衰竭的两个假说；接着通过门槛回归实证模型检验了“以地谋发展”模式在经济增长、工业化、城市化方面的门槛值，证明了“以地谋发展”模式的衰竭，以及这种现象在中西部地区表现尤为明显；最后是结论与政策建议。

二、“以地谋发展”模式的衰竭：特征与假说

（一）“以地谋发展”模式的特征

后发国家经济发展的起飞阶段都面临资本不足的制约问题。与其他经济体不同的是，中国独特的土地制度结构与变迁为经济发展创造了巨额的资本来源（刘守英，2012）。地方政府以土地作为工具主导和推动经济发展，形成“以地谋发展”模式。“以地谋发展”模式具有以下主要特征：

一是地方政府通过强制土地征收和独家土地出让，以土地的宽供应保证地方经济增长。中国之所以能在土地资源禀赋比其他经济体更为稀缺的制约下依靠土地促进地方工业化和城市化，得益于独特的土地制度，其核心安排是强制低成本的征地制度和政府垄断的国有土地有偿出让制度（刘守英，2012）。地方政府一方面利用所掌控的土地征用权，以该幅土地 6～10 年的收益为补偿标准支付被征地农民安置补偿，另一方面通过对土地一级市场的垄断权力和建设用地的独家供应权，以远低于市场价格的价格提供土地给企业用于工业建设，以高价提供商住用地获取巨额土地出让金，对推动中国快速工业化、城市化阶段的经济发展起到了至关重要的作用。在强制性低价征收权和排他性土地供应权下，地方政府得以利用土地作为发动经济增长和结构转变的工具，以土地的宽供应保证地方 GDP 的高增长（杜雪君等，2009）。2004—2018 年，全国城市建设用地面积由 30 781.28 平方公里增加到 56 075.9 平方公里，增加了 25 294.62 平方公里，增幅为 82.18%，年均增长 1 806.76 平方公里。与此同时，中国建成区面积也以年均增加 2 003.53 平方公里的速度由 30 406.19 平方公里扩增到 58 455.66 平方公里。

二是地方政府大量低价供地，以园区建设吸引企业入驻，促进地方工业化。在地区竞争和锦标竞赛驱使下，地方政府纷纷压低工业地价，不惜以远低于土地征收成本的价格甚至“零地价”出让，通过大量的招商引资加快地方工业化进程（杨其静等，2014），对地方政府而言，土地成为地方政府招商引资和推动地方固定资产投资的重要工具（刘守英，2014）。对企业而言，低地价不仅使企业一次性预付的资本额降低，缓解了企业创办期流动性资金的约束，而且使企业通过协议出让获得的工业用地成为其资产，企业可以通过工业用地抵押向银行贷款，为企业发展进行融资（李力行等，2016）。低价工业用地出让不仅会吸引资本进入，带动产业发展，同时由于就业的增加和地区经济的发展，也会带动居住用地和商业用地需求量的增加，为地方政府创造更多土地财政收入。

三是地方政府通过土地出让以地生财和土地抵押融资从事城市基础设施建设，推动城市化。虽然园区工业化对地方 GDP 的贡献巨大，但是分税制后，特别是2002年所得税改革后，地方政府原有体制下从企业获得的大量税收上缴中央，剩余的财政收入只能维持地方机构日常运转，用于城市基础设施和工业园区建设的资金捉襟见肘（曹广忠等，2009；石敏俊等，2017），地方政府转向通过城市发展增加地方可支配的土地出让收入和相关税收。在地方政府竞争中，城市环境和园区基础设施质量也成为吸引投资和人才流入的重要因素。随着经营性用地“招拍挂”出让制度的确立和住房商品化改革，土地作为资产的属性日益显化，通过土地资本化获取资金投入城市基础设施和工业园区建设逐渐成了“以地谋发展”模式的重要一环。地方工业发展带动了商业用地和居住用地的增值，地方政府从商住用地出让获得大量土地出让收入用于城市建设（雷潇雨、龚六堂，2014）。除土地出让收入外，以地方融资平台为主体的土地抵押融资也成为城市基础设施和工业园区建设资金的重要来源，地方政府以土地作抵押向银行贷款和以储备用地作为担保获取用于城市发展建设的资金（陈志勇、陈莉莉，2010；葛扬、岑树田，2017），土地金融成为地方政府进行城市基础设施及工业园区建设的主要资金来源。

因此，在“以地谋发展”模式中，地方政府在整体上以土地宽供应促进经济增长，同时，低价出让工业用地发展地区工业，通过地区的经济增长带动商住用地价值增值，地方政府在获取土地出让收入后又进一步投入城市基础设施和工业园区建设，在提升城市化水平的同时推动地方工业和经济发展。

（二）“以地谋发展”模式的衰竭：典型化事实

不可否认的是，地方政府“以地谋发展”模式在中国经济发展的早期阶段对地方经济发展起到了巨大的推动作用，但是对土地的粗放利用和过度依赖也积累了许多问题。随着中国经济进入新常态，该模式中的许多问题日渐突出，“以地谋发展”模式已经衰竭。

1. 土地的发动机功能减弱，对地方经济的拉动作用降低

在过去四十多年间，中国不仅依赖土地的宽供应作为发动机的功能，拉动着经济高速增长，而且利用土地供应开关调控经济节奏，经济过热时

收紧土地供应，经济过冷时放开土地供应。但是，一个显然的事实是，土地发动机的功能在 2010 年以后开始效力减退。如图 16-1 所示，自 2010 年开始，中国经济增长开始减速，应对的策略之一是放宽土地供应。2008—2013 年，年均建设用地供应总量达到 51.4 万公顷。尽管如此，中国 GDP 增速没有回到曾经的高增长，还是一路下滑，GDP 增长率年均下降 0.93%；建设用地供应总量也出现历史性峰值，到 2014 年时，建设用地供应总量比上一年减少 9.08 万公顷，之后的情形是，经济增长阶段转换和转型加快，经济增长维持在 2013—2017 年的年均 7.1%的中高速水平，全国的建设用地供应总量却在 2013 年后逐年下降。这预示着，随着经济发展阶段转换，依靠土地宽供应拉动经济增长的模式已发生历史性转换。这一阶段土地对经济增长的影响表现为：放地拉增长→经济增速先增加后下降→继续放地拉增长→经济增速继续下行→土地需求量也随之下降，土地发动机功能不再。

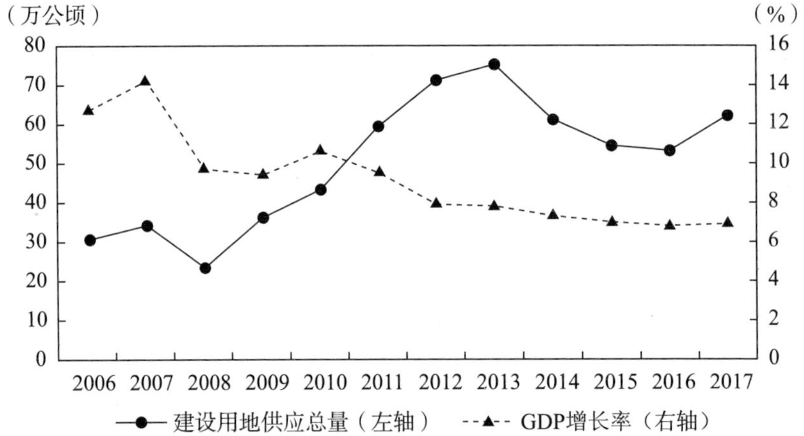

图 16-1 建设用地供应总量与 GDP 增长率的变化关系

土地对经济影响的减弱还反映在区域土地指标分配和使用上。为了保增长与保耕地，国家实行建设用地指标差异性供应。2011 年前，为了保障东部沿海地区的经济率先增长，每年的建设用地指标优先保证这些省份的使用，1998—2011 年，东部省份建设用地指标平均每年占全国新增指标的 55%～65%。从 2011 年开始，国家土地供应政策发生变化，东部地区主要以存量利用为主，新增指标向中西部地区倾斜，新增指标投放到中西部地区的量平均每年增加 20%左右。在高增长年代，尽管国家的土地供应政策一直在向东部倾斜，但受年度供地指标约束，许多省份特别是东部沿海各省都存在供地指标不够用的情况。2011 年原国土资源部的调研报告披露，31 个省份普遍反映土地供应的计划指标严重不足，当年供地指标只能满足大多数省份需求总量的 1/3。但是，随着经济增速的下滑，2013 年后多地开始出现土地指标供不出去的现象，2016 年上半年全国供地指标完成率不足 35%。指标使用的差异在区域间的分化尤其明显，中西部地区部分城市甚至存在零供应、零成交的现象，这不仅表明建设用地指标约束对地方经济的影响减弱，也意味着土地作为发动机的功能减弱，地方经济发展对土地的需求减弱，土地对经济的拉动作用降低。

2. 低价供地工业化方式问题凸显

中国成为“世界制造工厂”，地方政府低价大面积供应工业用地是重要制度支撑。在中国工业化的起步阶段，以东部地区为主的地方政府通过低工业用地价格，吸引了大量高消耗、高污染的低端制造业，这的确对中国的工业化进程起到了非常大的推动作用。

地方政府一直致力于以低地价的招商引资发展工业化，尽管总的工业增加值依然在逐年增加，但工业增加值的增长率已经开始下降。更严重的是，单位工业用地产出的增长率下降更为明显。从 2011 年开始，单位工业用地产出的增长率便逐步下降，2013 年以后下降更为明显，东部地区的单位工业用地产出增长率从 2011 年的 14.3%降至 2017 年的－0.17%，中西部地区的单位工业用地产出增长率从 2011 年的 20.6%下降到 2017 年的－0.39%。

近几年工业增加值增长率开始逐渐下降，主要是因为中国生产要素成本上升。虽然政府以财力补贴支撑的工业用地价格没有明显上升，但是，劳动力成本大幅上升，这在东部地区表现得尤为明显。据德勤的测算，中国 2005—2015 年的劳动力成本上升了 5 倍，远超 GDP 的增长率。制造业劳动力的工资从 2001 年的 8 750 元升至 2015 年的 51 925 元，这对以劳动密集型为主的工业企业形成巨大的成本压力。由于各类成本的攀升，依靠低成本、高要素投入的工业化阶段已经过去。东部地区地方政府的招商引资应该主动由过去劳动力密集型向资本密集型及技术密集型转变，但是由于地方官员在一个地区的任职往往只有五年，因此面对激烈的锦标竞争和官员考核机制，为了在任期内实现最大化的经济发展目标，地方官员往往更加关注于推动地区增长的短期利益，而推动地区长期增长的动力往往需要借助国家的资源配置和行政命令。在短期利益中，地方政府官员最关心的是招商引资项目中的厂房建设等固定资产投资所带来的直接的、短期的经济增长，而不是这些招商引资企业所能给该地区带来的长期经济效益。因此，有限任期的地方官员倾向于选择的策略是，通过建立工业园区，在任期内尽可能多地通过低价出让工业用地招商引资，他们更关心的是该项目短期所带来的固定资产投资，而不是未来给城市带来的工业总产值的增加。激烈的引资竞争会激励地方政府进一步压低土地价格，降低准入门槛，对前景差、存在过剩产能的行业敞开大门，这些企业的进入会挤占稀缺的土地资源，同时对技术密集型和资本密集型的高附加值产业产生“挤出效应”。在这种短期利益驱动下，大量的新区和工业园区中存在很多低质量的引资企业，在近几年经济下行、生产成本上升的压力下，这些企业的产值大幅下滑，债务压力开始凸显，许多城市的新区和工业园区工业增加值缩水严重，如天津滨海新区等。

相比东部地区而言，中西部地区的低地价招商引资开始时间较晚，但是发展模式与东部基本一致。中西部地区用地量出现了一个阶段性的增长，工业园区和开发区的数量也在不断增加，中西部地区国家级经济开发区数量已经超过东部地区。但是，由于受交通不便、劳动力素质较低、市场规模小等因素影响，企业绩效和单位用地产出效率并不理想。在存在国家政策帮扶的情况下，中西部地区仍有30%以上的国家级开发区存在亏损，省级和地/市级开发区亏损更为严重。中西部地区模仿东部地区的低地价工业化模式一直绩效不佳（如图16－2所示）。近年来随着东部地区生产要素价格的上涨以及贸易摩擦的频发，招商引资的企业并没有西迁，而是从东部地区转移到东南亚的越南和菲律宾等国。因此，在可预见的未来，中西部地区通过低地价招商引资的前景并不乐观。

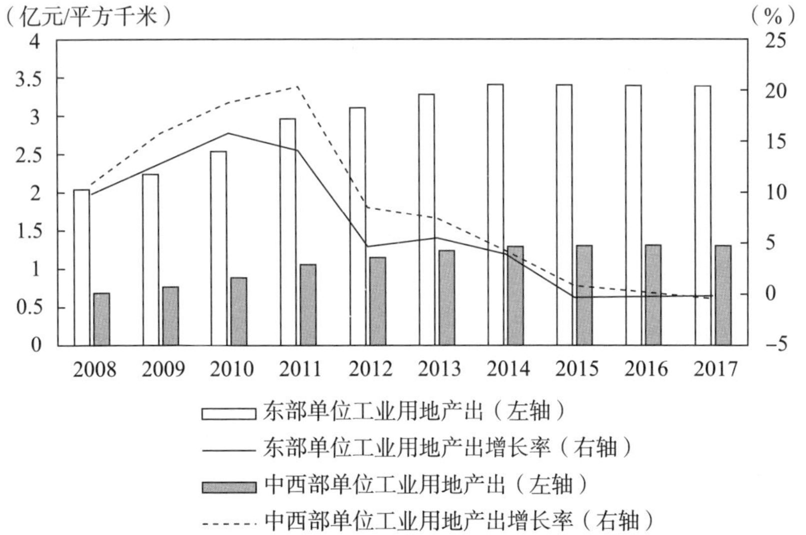

图 16-2 东部及中西部地区单位工业用地产出增长率及产出总量

3. 土地价格波动导致土地出让收入和储备用地抵押融资大幅减少，高度依赖土地的城市化难以为继并积累了大量的金融风险

中国依靠土地出让和土地抵押解决了快速城市化阶段基础设施建设的巨额资本来源问题，在地方政府财权少事权多的困境下保证了各个城市基础设施建设投资完成额以及城市化率的快速增长。但是由于土地价格的波动和土地抵押融资导致的地方债务风险的上升，这已经抑制了地方政府通过土地所获得的城市建设资金和城市基础设施建设投资。

地方政府对土地出让收入产生严重依赖。2015 年全国土地出让收入实际入库金额为 3.25 万亿元，相比 2008 年增长了 219.95%，但扣除成本性支出后的土地出让净收益却增长了 60.77%，这一方面是因为土地出让成本上升。近年来很多城市的用地从原来的新增用地转向存量用地，农民权利意识觉醒，征地拆迁的成本大幅上升。自 2008 年以来，政府土地出让成本大幅上升，很多地方征地成本占到土地出让收入的一半以上，2017 年更是达到了 80%。另一方面是因为国家对房地产市场的管控趋紧，使得地方政府通过土地出让获得的收益降低。成本上升导致政府的土地净收益下降，虽然中国土地出让实际入库金额一直在逐年攀升，但近几年全国扣除成本的土地出让净收益仅剩20%左右（见图16－3）。中国已告别低价征地的低成本城市化时代。

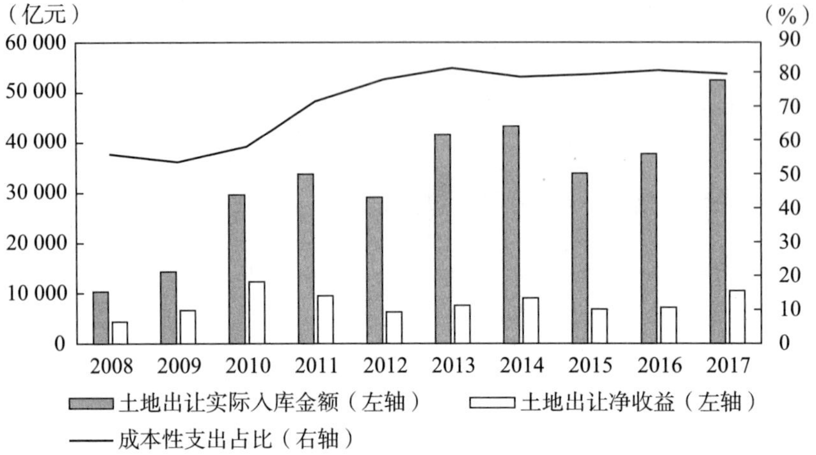

图16－3　历年土地出让实际入库金额、净收益及成本性支出占比

资料来源：财政部。

更为严重的是土地抵押支撑城市化产生的风险。在土地出让收益下降的情况下，政府还在加大基础设施投资，一些地区的新城、新区建设进一步扩张，面对城市建设资金的巨大缺口，储备用地抵押贷款自2007年后在城市化的资本来源中发挥越来越重要的作用。自然资源部的统计数据显示，自2008年以来，土地抵押面积和金额从2008年的16.6万公顷和18 107亿元上升到2015年的49.08万公顷和113 300亿元。由于土地抵押贷款的主要用途是基础设施建设等一些收益性较低的项目，从这些项目中获得的收益很难偿还债务，政府土地抵押贷款的偿还也主要依靠土地出让收入。土地出让收入与地方财政收入的比值从2002年的28.4%上升到2017年的56.91%，增长了28.51%，地方政府对土地出让金的依赖由此可见一斑。更有甚者，部分地区出现偿债能力不足，主要靠借新债偿旧债。审计署数据显示，2012年36个地方政府本级政府性债务余额38 475.81亿元，其中5个省会城市本级政府负有偿还责任债务的借新还旧率超过20%，最高的达到38.01%。①

① 资料来源：中华人民共和国审计署审计结果公告（2013年第24号，总第166号）《36个地方政府本级政府性债务审计结果》。

地方政府将土地出让金和储备用地抵押融资捆绑的土地资本化发展模式实质是在提前支取未来土地收入。但是，土地的未来收入具有不确定性，一旦土地市场价格出现波动导致地方政府土地出让收入减少，出现偿债困难，银行对储备用地的高贷款率贷款会迅速转化成不良贷款，甚至引发系统性金融风险。因此，以土地抵押贷款为重要组成部分的地方债务高企问题已经成了中国经济运行中的“灰犀牛”，高度依赖土地出让和土地抵押的发展方式积累了巨大的金融风险。但是中国的财政体制使得地方政府的财力捉襟见肘，在短期内依然难以改变通过土地出让和抵押融资发展城市的模式。这种以土地撬动融资的发展模式的过度使用不仅导致地方政府债台高筑，也过度透支了国民经济未来的流动性。由于地方政府投资的往往是一些收益较低的基础设施项目，这些项目的收入很难填补债务偿还压力，特别是对中西部欠发达地区而言，债务的偿还只能通过借新债还旧债的方式，这会导致债务空转，削弱经济中的流动性，挤占私人以及地方政府的投资规模和机会，对城市化发展产生负面影响。也就是说，在地方政府以商业用地和居住用地出让撬动的债务融资规模上升到一定程度后，继续土地出让不仅不会提高城市固定资产投资规模，反而使地方政府因为有巨量的债务需要偿还，进一步通过出让土地和举债吸收国民经济中的资金以偿还快要到期的债务。地方政府过度土地出让和抵押融资降低了国民经济的流动性，使地方政府直接投资减少，挤占了私人部门的资金，增大了金融部门风险，削弱了城市建设与固定资产投资能力，进而抑制了城市化发展和经济增长（见图 16－4）。

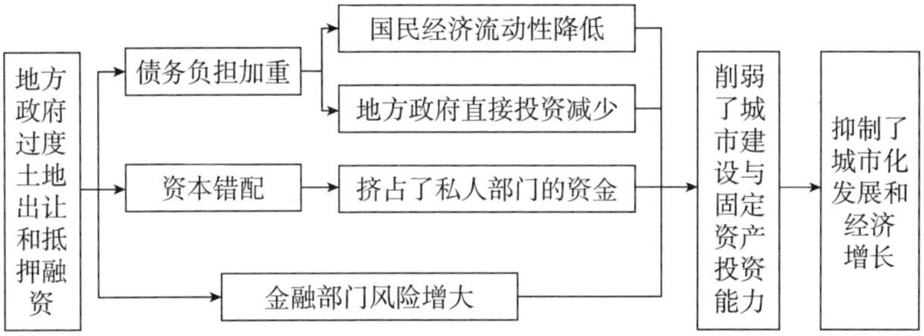

图 16－4 地方政府过度土地依赖的影响机制

从区域来看，东部地区通过土地出让和土地抵押融资虽然积累了大量的政府债务风险和银行金融风险，但是由于东部地区位置优越并伴以工业化的支撑，这套土地融资模式为东部地区获取了用于城市化的大量资金，使得东部地区的城市化取得了跨越式的发展。但是对中西部地区而言，中西部地区通过产业发展、居民收入和土地市场对土地出让和土地抵押融资的支撑不足，2016 年中西部地区的土地出让收入总和仅占全国当年土地出让收入的 42%，中西部地区效仿东部地区通过土地获取的用于城市化建设的资金更主要依赖于土地抵押，由此形成的债务和金融风险比东部地区更为严重。

（三）假说

假说一：在地方政府主导发展和独特的土地制度下，土地承担经济发展的发动机功能，地方政府通过增加土地供给、增加城市固定资产投资发展城市化，通过招商引资发展工业化，进而拉升经济增长，增加地方政府财政收入。但是，过度使用“以地谋发展”模式会对地区经济发展产生负面影响。引资竞争可能会导致工业用地过度出让，这不仅会拉低招商引资的质量，抑制工业产值的增加，还会阻碍产业升级；过度的土地收入依赖和抵押融资会增大地方政府债务和区域金融风险，而地方政府债务的偿还也主要是通过土地出让和借新还旧的方式，这种债务空转会透支国民经济流动性，削弱地方政府城市固定资产投资能力。因此，随着目前经济结构转型和发展条件的变化，在土地供应跃过一定水平后，进一步增加土地供给的经济增长功能减弱。土地供给对地方工业化和城市化的贡献呈倒 U 形，地方政府“以地谋发展”模式已经难以为继。

我们利用门槛模型来验证该假说。土地供给水平与地方经济发展存在某一个门槛值或者临界值，当土地供给水平超过该临界值后，进一步出让土地对地方经济发展的激励由正转负。随着经济增速放缓，土地需求下降，土地功能由发动机功能转向引致性功能。

假说二：中国发展起步较晚的中西部地区基本沿袭“以地谋发展”模式。但是，由于发展红利消失、市场规模过小、劳动力成本上升以及地理区位不便等，中西部地区的工业园区绩效不佳。中西部地区复制东部地区的城市化模式，由于其商住用地以及储备用地价格低，地方政府不仅很难通过土地出让收入和土地抵押融资获得与城市建设相匹配的资金，而且造成巨额的政府债务，城市化的不可持续性较东部地区更为严重。因此，“以地谋发展”模式的效果在东部地区和中西部地区存在区域异质性。中西部地区由于与东部地区的禀赋条件、制度环境以及发展阶段不同，土地对地方经济发展的贡献很小，直接复制东部“以地谋发展”模式并不能产生相同的绩效。

我们将全国分为东部和中西部两个区域，分别对两个区域进行门槛回归验证土地对地方经济发展的影响，并对比东部地区与中西部地区门槛值的高低以及跨过土地出让门槛值的城市数量来验证该假说。

三、模型的设定与变量说明

（一）门槛模型的设定

门槛效应是指当一个经济参数达到特定的数值后，引起另外一个经济参数突然转向其他发展形式的现象，原因现象的临界值称为门槛值，并且该原因现象的门槛值由系统回归后内生得出，比起主观选择的结果而言更具有客观性。为了验证本章的假说，我们通过构造门槛回归模型将土地作为门槛变量来检验土地对经济增长以及工业化和城市化推动的倒U形特征。

Hansen（1999）构建的面板数据门槛模型的基本形式为：

$$y_{it}=\gamma_1 x_{it} I(q_{it}\leqslant\tau)+\gamma_2 x_{it} I(q_{it}\geqslant\tau)+u_{it}+e_{it} \tag{16-1}$$

在方程（16-1）中，x_{it}为核心解释变量，q_{it}为门槛变量，τ为门槛值，$I(\cdot)$为指示函数，当$q_{it}\leqslant\tau$时，$I=1$，否则$I=0$。γ_1、γ_2分别为门槛变量在$q_{it}\leqslant\tau$和$q_{it}>\tau$时解释变量对被解释变量的影响系数。实际上，该模型相当于一个分段函数模型，当$q_{it}\leqslant\tau$时，x_{it}的系数为γ_1；当$q_{it}>\tau$时，x_{it}的系数为γ_2，其形式可以表示为：

$$y_{it}=\begin{cases}\gamma_1 x_{it}+u_{it}+e_{it},\ q_{it}\leqslant\tau\\ \gamma_2 x_{it}+u_{it}+e_{it},\ q_{it}>\tau\end{cases} \tag{16-2}$$

根据 Hansen 提出的门槛回归理论，如果给定门槛模型中的门槛值 τ，我们就可以求出模型中的系数估计值，从而得到模型的残差平方和：

$$S_1(\tau)=\hat{e}_t(\tau)'\hat{e}_t(\tau) \tag{16-3}$$

模型中给定的门槛值 τ 越接近真实的门槛水平，则回归模型的残差平方和 $S_1(\tau)$ 越小。因此可以连续给出模型的门槛值 τ，观察模型残差的变化情况，使得残差平方和最小的门槛值 τ 即我们所要求的真实门槛值，也即最优门槛值：

$$\hat{\tau}=\mathrm{argmin}S_1(\tau) \tag{16-4}$$

在确定门槛值后，门槛模型继而以门槛值为临界点进行两组样本的估计参数的显著性检验。γ_1 为未跨过门槛值的模型估计参数，γ_2 为跨过门槛值的模型估计参数，门槛回归模型的基本假设为：

$$H_0:\gamma_1=\gamma_2;\ H_1:\gamma_1\neq\gamma_2 \tag{16-5}$$

如果零假设 $H_0:\gamma_1=\gamma_2$ 成立，则不存在门槛效应，门槛变量对被解释变量的影响是线性的。反之，若备择假设 $H_1:\gamma_1\neq\gamma_2$ 成立，则表示存在门槛效应，并且门槛变量在门槛值前后对被解释变量的影响效果分别为 γ_1 和 γ_2。构造 LM 统计量对零假设进行检验，统计量的一般形式为：

$$F=n\frac{S_0-S_n(\hat{\gamma})}{S_n(\hat{\gamma})} \tag{16-6}$$

在 LM 统计量方程中，S_0 为零假设条件下的残差平方和，S_n 为门槛值条件下的残差平方和。但在零假设条件下 $\hat{\gamma}$ 无法识别，传统检验统计量的大样本分布不再服从卡方分布，因此，在门槛模型中往往通过统计量本身的大样本分布函数，使用“自举法”检验得到大样本的 P 值，并根据 P 值的大小在相应的显著性水平上决定是否可以拒绝零假设，拒绝零假设就意味着存在门槛值，存在门槛效应。当确定一个门槛值后，还可以进行第二个及更多的门槛值检验，直到不能拒绝零假设为止。

借鉴 Hansen（1999）的门槛回归模型思路与杨其静（2014）以及郑思

齐、孙伟增（2014）等关于土地对经济影响的研究方法，我们分别设计了城市建设用地出让面积与地方经济增长的门槛模型检验土地对地方经济的门槛效应、工业用地出让面积与地方工业总产值的门槛模型检验工业用地对地方工业化的门槛效应、房地产用地出让面积与地方基础设施建设投资完成额的门槛模型检验城市化的门槛效应：

$$\mathrm{GDP}_{it}=C+\gamma_1 L_{it-2}I(q_{it}\leqslant\tau)+\gamma_2 L_{it-2}I(q_{it}>\tau)+\lambda X_{it}+\mu_{it}+\eta_{it}+\varepsilon_{it} \tag{16-7}$$

$$GVI_{it}=C+\gamma_1 ind\_L_{it-2}I(q_{it}\leqslant\tau)+\gamma_2 ind\_L_{it-2}I(q_{it}>\tau)+\lambda X_{it}+\mu_{it}+\eta_{it}+\varepsilon_{it} \tag{16-8}$$

$$IFA_{it}=C+\gamma_1 urb\_L_{it}I(q_{it}\leqslant\tau)+\gamma_2 urb\_L_{it}I(q_{it}>\tau)+\lambda X_{it}+\mu_{it}+\eta_{it}+\varepsilon_{it} \tag{16-9}$$

因篇幅所限，本章只列出了单门槛模型，但是在下文的实证分析中，我们对三个方程的所有门槛均进行了检测和报告。

（二）变量选取

1. 被解释变量及门槛变量

由本章第二部分的理论分析可知，在地方政府“以地谋发展”模式中，土地资源撬动地方经济发展主要通过城市建设用地①宽供应拉动地方经济增长、大量低价出让工业用地推动地方工业发展、高价惜售包括商业用地和居住用地在内的房地产用地获取资金投资于城市基础设施以提高城市化水平这三个渠道。土地宽供应对地区经济增长的影响主要体现在地区GDP的增长变化上，土地对工业化发展的影响主要直观地体现在地方政府出让工业用地后通过招商引资引起的城市工业总产值的变化上，土地对城市化的影响主要表现在地方政府在获取土地出让和融资收入后对城市固定资产投资的变化上，因此，为了验证“以地谋发展”模式的效果以及该发

① 根据《城市用地分类与规划建设用地标准》（GB50137-2011），城市建设用地是指城市和县人民政府所在地镇内的居住用地、公共管理与公共服务用地、商业服务业设施用地、工业用地、物流仓储用地、交通设施用地、公用设施用地、绿地。

展模式的可持续性，我们选择了 GDP 代表地方经济发展水平，工业总产值代表地方工业化水平，城市固定资产投资反映城市化水平，具体如下：

为了检验地方政府“以地谋发展”模式中土地对地方经济发展的门槛效应，我们选择了当年期的各地级市 GDP_{it} 为被解释变量，滞后两年的城市建设用地出让面积 L_{it-2} 为门槛变量［式（16－7）］；为了检验地方政府“以地谋发展”模式中土地对地方工业化发展的门槛效应，我们选择了工业总产值 GVI_{it} 为被解释变量，滞后两年的工业用地出让面积 ind_L_{it-2} 为门槛变量［式（16－8）］；在衡量土地对地方城市化影响的门槛效应上，我们选择了当年地方基础设施建设投资完成额 IFA_{it}（城市固定资产投资）为被解释变量，选择了包括居住用地、商服用地在内的当年房地产用地出让面积 urb_L_{it} 为门槛变量［式（16－9）］，之所以选择商住用地之和的房地产用地作为衡量城市化的门槛变量，是因为这些类型的土地能让地方政府获得土地出让金，以及向银行抵押融资获取抵押贷款，继而地方政府通过当年地方政府基础设施固定资产投资推动辖区城市化的发展。因此，我们把包括居住用地和商服用地的房地产用地作为衡量土地对城市化效果的门槛变量。

值得说明的是，在以土地为核心的门槛变量选择上，在现有的诸多研究土地出让与经济发展关系的文献中，其模型反映土地出让对经济影响的土地变量的选择大多以土地价格（葛扬、岑树田，2017）和土地出让宗数（陶然等，2007）为主。但是，从价格角度来看，由于存在协议出让和地方政府间的以地招商引资竞争，土地的价格存在着明显的价格扭曲，无法充分反映与经济发展的关系；从土地出让宗数角度看，虽然总体而言土地出让宗数与出让面积正相关，但是由于不同类型项目的用地面积不同，单纯地通过土地宗数很难真实地反映出城市用地的出让情况，因此本章以土地出让面积作为核心门槛变量。

由于现实中土地出让后作用于地方经济发展需要一定时间的传导，因此，为了尽可能客观合理地实证研究“以地谋发展”模式对地方经济发展的影响，我们基于现实在模型中对部分类型的土地进行了滞后处理。首先，我们对城市建设用地出让面积和工业用地进行了滞后两年的处理。之所以如此，是因为工业土地在出让给工业企业后，企业从拿地到厂房建成后投产往往需要至少一到两年的建设期，也就是说对工业总产值和GDP的影响存在时滞。而杨其静等（2014）通过对2007—2011年全国工业用地项目出让合同所约定的竣工时间进行整理，50%以上的项目合约竣工时间都为两年，也就是说，城市用地出让对城市工业总产值和GDP的影响往往存在两年的滞后期。因此，我们最终决定选取滞后两年的城市建设用地出让面积 L_{it-2} 来分析对 GDP_{it} 的影响，反映经济发展的门槛效应；选取滞后两年的工业用地出让面积 ind_L_{it-2} 来分析对工业总产值 GVI_{it} 的影响，反映工业化的门槛效应。其次，对房地产用地出让面积 urb_L_{it} ，我们选取了当期值，而不进行滞后处理来分析对地方基础设施建设投资完成额 IFA_{it} 的影响，反映城市化的门槛效应。之所以不进行滞后处理，是由于地方政府从进行土地出让和抵押融资，到获取土地相关收入，再到完成城市的基础设施项目投资，这一过程虽然需要一段时间，但是整体时间较短，往往在当年就可以完成，因此，我们将土地出让对城市化的影响不做滞后处理。

2. 控制变量

一个城市或地区的经济发展状况不仅受地方政府土地资源出让行为的影响，还受当地的金融发展状况和产业结构等要素的影响，因此，我们在模型中加入了一些重要的控制变量 X_{it} 。

贸易依存度（*open*）可以反映一个地区参与国际分工的深度及参与国际经济的程度。本章按照经过当年汇率换算后的进出口总额与GDP的比值来衡量一个地区贸易依存度的高低。各地级市当年实际外商直接投资（FDI）金额占GDP的比重（*fdi_gdp*）反映城市招商引资利用外资状况。年末金融机构贷款余额占GDP的比重（*loan_gdp*）主要测算一个地区的金融发展水平。人均GDP（*pgdp*）反映城市整体的经济发展水平。第三产业产值占GDP的比重（*ind3_gdp*）反映城市的经济结构。参考李勇刚（2017）和朱英姿（2013）的方法，本章将预算内财政支出与GDP之比作为政府资源控制程度（*SRC*）的衡量指标。除此之外，我们还加入了不可观测的城市效应 μ_{it} 以降低区域间差异的影响，不可观测的时间效应 η_{it} 以降低宏观政策和经济发展趋势的影响，ε_{it} 为随机误差项。

3. 数据来源与描述性统计

本章构建了一个样本期为 2009—2017 年的地级市面板数据[①]，所使用的原始数据主要来源于《中国国土资源年鉴》《中国城市统计年鉴》《中国城市建设统计年鉴》和各省份统计年鉴。样本包括全国 259 个地级市，剔除了新疆、西藏等地存在大量数据缺失的城市和少数存在明显统计错误的样本。样本期确定为 2009—2017 年，相关变量的描述性统计分析详见表 16 - 1。

表 16 - 1　相关变量的描述性统计

	变量名称	单位	均值	标准差	最小值	最大值
被解释变量	GDP	亿元	2 092.3	2 697.9	120.7	25 123.5
	工业总产值（*GVI*）	亿元	3 312.1	4 367.3	31.6	32 445.1
	城市固定资产投资（*IFA*）	亿元	1 352.6	1 480.1	60.6	17 245.8
门槛变量	城市建设用地出让面积（*L*）	公顷	2 027.7	2 382.8	82.5	56 671.3
	工业用地出让面积（*ind_L*）	公顷	882.7	8 049.6	1.12	271 011
	房地产用地出让面积（*urb_L*）	公顷	566.3	2 478.8	60.62	17 245.8
控制变量	贸易依存度（*open*）	%	17.0	27.5	0.06	201.9
	实际外商直接投资金额占 GDP 的比重（*fdi_gdp*）	%	1.85	1.77	0	18.3
	年末金融机构贷款余额占 GDP 的比重（*loan_gdp*）	%	92.6	58.23	11.62	745
	人均 GDP（*pgdp*）	万元	5.04	3.28	0.98	46.78
	第三产业产值占 GDP 的比重（*ind3_gdp*）	%	40.16	10.35	14.36	80.56
	政府资源控制程度（*SRC*）	%	18.04	7.63	4.39	67.5

① 之所以选择以 2009 年为起始年份，是因为国发［2006］31 号文件严格规定土地出让必须经过招拍挂，仅当该块土地只有一个意向用地者时才可以采用协议方式出让，该措施不仅使得工业用地协议出让比例从 2006 年的 95%降到 2008 年的 20%，也使得城市建设用地出让在 2007 年和 2008 年出现下滑，2008 年后才逐渐回升。因此，可以将 2009 年看成该政策实施后土地市场交易规范完善的起始年。

四、实证分析结果与门槛特征分析

地方政府通过土地出让推动城市经济增长的发展模式对当地经济影响的传导机制为：地方政府在当年出让工业用地和房地产用地后，通过房地产用地的出让可以立即获得土地出让金和土地抵押融资贷款，在较短时间内资金就可以投入完善城市交通及园区等配套基础设施的建设中。而地方政府出让工业用地，投资方在获得工业用地的使用权后，需要一段时间的建设才能投产影响工业总产值以及地区 GDP。因此，在房地产用地出让后的短时间内，用于城市和周边配套基础设施建设的城市基础设施固定资产投资对当地的经济增长起主要拉动作用。而在经过一段时间的建设期的工业项目建成并投产后，可以形成产能并对当地的工业总产值和 GDP 产生贡献。也就是说，土地在出让后，对地方城市化的影响会在当年就显现出来，对工业化和地方经济发展的影响要经过一到两年的时滞。这与当前地方政府先建设城市基础设施然后发展工业化的产业新城建设相一致。

因此，我们按照先总后分的方式，先报告滞后两年的城市建设用地对经济发展的门槛效应回归结果，接着从土地对工业化和城市化影响的角度分别报告滞后两年的工业用地对工业化影响的门槛效应回归结果以及当年的房地产用地对城市化的门槛效应回归结果。由于不同地区的经济基础和发展条件差异，我们将 259 个地级市的面板数据分成了全国、东部地区和中西部地区，分别检验“以地谋发展”模式在全国范围、东部地区和中西部地区的效果差异及可持续性。

在门槛回归分析的步骤上，我们设置 100 个网格搜寻点，并进行 300 次“自举法”检验重复，首先检验样本是否存在门槛效应，先对模型进行单门槛检验，如果结果显著，则继续进行双重门槛和三重门槛检验，直到结果不显著为止，在无法拒绝零假设前的最终门槛数量即为模型存在几重门槛。对于不存在门槛效应的模型，我们用固定效应模型进行稳健性检验以验证模型是否存在线性关系。接着，在存在门槛效应的情况下，进一步估计每一个门槛的门槛值水平，最终汇报门槛回归的参数估计结果。

（1）地方经济发展的门槛效应。

首先，我们来检验滞后两年的城市建设用地出让面积对 GDP 的门槛效应以验证土地对城市总体的经济发展的贡献及变化情况［式（16-7）］。

表 16-2 显示的是全国、东部和中西部地区城市建设用地出让面积门槛的显著性检验、门槛估计值和置信区间。根据模型（16-7）依次进行单门槛、双重门槛的检验，检验结果表明，全国和东部的城市建设用地出让面积在 1%的显著性水平上存在单一门槛，但双重门槛并不显著（对应的 *LR* 图参见本章附录），而中西部地区的单一门槛估计值并不显著，因此我们在表 16-3 的参数估计结果中加入了对中西部地区的固定效应检验，作为稳健性检验验证城市建设用地出让面积与 GDP 间的线性关系。

表 16-2　经济发展门槛效果显著性检验和置信区间
［式（16-7）：城市建设用地出让面积］

地区	门槛数	*F* 值	10%	5%	1%	门槛值	95%置信区间
全国	单一	42.51***	12.47	16.28	21.97	4 169.86***	(4 023，4 320)
	双重	5.85	11.74	14.60	22.50		
东部	单一	23.11***	14.06	16.28	22.04	4 045.37***	(3 858，4 126)
	双重	11.36	26.19	34.72	54.32		
中西部	单一	4.05	11.03	13.55	18.79		

注：表中的 *F* 值和 10%、5%、1%的临界值均为采用“自举法”反复抽样 300 次得到的结果；***表示在 1%的显著性水平上显著。

土地出让对地区经济发展影响的参数回归结果如表 16-3 所示：

表 16-3　以 GDP 为因变量的门槛模型参数估计结果

	全国	东部	中西部	
	(1)	(2)	(3)	(4)
门槛值	4 169	4 045	不存在门槛	
open	1.30 (0.46)	−14.74*** (−3.05)	20.43*** (7.09)	20.48 (1.61)
fdi_gdp	−67.88*** (−3.78)	−15.54 (−0.47)	−28.94 (−1.48)	−27.80 (−0.54)

续表

	全国	东部	中西部	
	(1)	(2)	(3)	(4)
$loan\_gdp$	2.04*** (3.15)	1.04 (0.66)	1.22*** (2.61)	1.22* (1.82)
$pgdp$	135.78*** (12.00)	109.81*** (6.17)	170*** (12.48)	172.28*** (2.84)
$ind3\_gdp$	34.77*** (11.00)	59.0*** (5.62)	25.58*** (10.89)	25.25*** (4.66)
SRC	12.76* (1.91)	62.63*** (3.09)	−3.71 (−0.76)	−3.80 (−0.56)
$L_{it-2}I\ (q_{it}\leqslant\tau)$	0.098*** (4.35)	0.031 (0.61)	0.035 (1.62)	
$L_{it-2}I\ (q_{it}>\tau)$	−0.021** (−2.35)	−0.14*** (−4.34)	−0.001 4 (−0.21)	
L_{it-2}				−0.002 6 (−0.48)
R^2	0.273	0.330	0.362	0.360
N	1 813	707	1 106	1 106

注：***、**、* 分别表示在1%、5%、10%的显著性水平上显著，检验结果均为采用“自举法”反复抽样300次得到的结果。$L_{it-2}I(q_{it}\leqslant\tau)$、$L_{it-2}I(q_{it}>\tau)$ 分别表示小于门槛值和大于门槛值阶段的城市建设用地出让面积的参数估计值。

在表16-3中，模型（1）～（3）分别表示全国、东部、中西部地区的门槛模型参数估计，由于中西部的门槛效应不显著，因此为了验证结果的稳健性，我们用模型（4）表示中西部地区固定效应模型的参数估计结果。

在模型（1）全国范围中，城市建设用地出让面积对GDP增长的门槛值为4 169公顷，根据门槛变量的系数，在城市建设用地出让面积没有达到门槛值4 169公顷，即地方政府的城市建设用地出让面积小于4 169公顷时，城市建设用地出让面积的增加对GDP存在较为显著的正向影响，系数为0.098，并在1%的显著性水平上显著。这意味着，地方政府增加城市建设用地的出让会促进地方的经济增长。而当城市建设用地出让面积跨过门槛值后，城市建设用地出让面积对GDP的影响由正转负，系数变为−0.021，城市建设用地出让面积的进一步增加会对GDP产生负面影响。因此，在全国层面，土地对地方经济发展存在着显著的倒U形门槛效应。

根据我们的假设，从土地对经济影响的宏观角度看，在当前经济增速下滑的情况下，中国更需要的是结构的升级和调整，过去粗放式的放地拉增长不仅不会促进地方经济增长，反而可能会造成土地资源的扭曲和浪费，导致地方低质量的引资和金融风险的积累，对经济产生抑制作用。这与本章的假说一相符。

分区域而言，城市建设用地出让面积对 GDP 的影响在不同地区存在显著的异质性。模型（2）东部地区城市建设用地出让面积对 GDP 影响的门槛值为 4 045 公顷，与全国范围的门槛值基本一致，东部地区在城市建设用地出让面积未跨过 4 045 公顷前，增加城市建设用地的出让对地区 GDP 存在积极影响，系数为 0.031，但是当出让面积过多，超过 4 045 公顷后，过度出让城市建设用地对 GDP 的影响由正转负，因此土地出让对地方经济发展在东部存在显著的倒 U 形门槛特征。在 2017 年东部地区有超过 60%的城市，其城市建设用地出让面积超过了门槛值，因此从整体上而言，东部地区的土地出让对经济发展已经进入了负面影响大于正面影响的阶段。模型（3）中西部地区不存在显著的门槛效应，以城市建设用地出让面积作为门槛值，门槛变量的系数估计值均不显著。模型（4）是中西部地区固定效应模型的参数估计结果，由结果可以看出，城市建设用地出让面积对 GDP 影响的系数在固定效应模型中也不显著，即土地出让对 GDP 不存在明显的促进作用。近些年为了刺激中西部的经济发展，国家在用地指标上一直在向中西部地区倾斜，但是由于中西部地区禀赋条件相对较差，虽然投入量在增大，但土地的使用效率低，并没有得到有效利用，土地发动机在中西部地区并没有取得理想成效。因此，可以认为，从整体上而言，在中西部地区土地出让对经济发展影响很小，贡献很弱，中西部地方政府效仿东部，通过放地拉动经济增长的“以地谋发展”模式并没有取得明显效果，这与本章假说二相一致。

综上所述，地方政府通过土地宽供应拉动经济增长的土地发动机功能对经济发展的影响在全国层面存在显著的倒 U 形特征，该发展模式在东部和中西部存在的问题不同，但均难以为继。

（2）地方工业化的门槛效应。

接着，我们检验滞后两年的工业用地出让面积对城市工业总产值的门槛效应［式（16－8）］以验证工业用地出让对工业化的影响、在不同地区的差异以及该发展模式的可持续性。

由表16－4的结果可以看出，全国和东部的工业用地出让面积对工业化的影响的单一门槛和双重门槛效应均显著，而三重门槛效应不显著，因此全国和东部的工业用地出让面积对工业化的影响均存在双重门槛。中西部的单一门槛效应未能通过显著性检验，因此不存在门槛效应。

表16－4　工业化门槛效果显著性检验和置信区间［式（16－8）：工业用地出让面积］

地区	门槛数	*F* 值	10%	5%	1%	门槛值	95%置信区间
全国	单一	42.85***	19.30	23.14	29.30	880***	（837，904）
	双重	19.15***	18.32	20.54	30.76	477***	（454，490）
						928***	（846，923）
	三重	20.78	34.29	36.85	47.93		
东部	单一	33.19***	18.40	20.57	28.80	880***	（835，904）
	双重	17.49**	15.96	20.04	25.39	880**	（835，904）
						1 757.6**	（676，2 031）
	三重	23.60	47.13	58.35	82.91		
中西部	单一	6.30	16.29	20.29	27.77		

表16－5报告了以式（16－8）检验工业用地出让面积在不同地区对地方工业化影响模型的参数估计结果。

表16－5　以工业总产值为因变量的门槛模型参数估计结果

	全国	东部	中西部	
	（1）	（2）	（3）	（4）
第一个门槛值	477.14	880.00	不存在门槛	
第二个门槛值	928.96	1 757.60		
open	21.38*** （4.65）	9.66 （1.27）	38.80*** （7.44）	38.74 （1.65）

续表

	全国	东部	中西部	
	(1)	(2)	(3)	(4)
fdi_gdp	−97.19*** (−3.34)	−75.99 (−1.46)	2.99 (0.08)	4.85 (0.06)
$loan\_gdp$	1.62 (1.54)	−1.71 (−0.46)	0.738 (0.87)	0.82 (1.06)
$pgdp$	244.32*** (13.36)	194.55*** (6.97)	286.29*** (11.56)	286.46*** (3.26)
$ind3\_gdp$	57.82*** (11.32)	122.49*** (7.43)	41.03*** (9.69)	40.61*** (4.75)
SRC	4.93 (0.46)	49.99 (1.56)	−7.89 (−0.89)	−8.53 (−0.75)
$ind\_L_{it-2}I\ (q_{it}\leqslant\tau_1)$	1.75*** (6.69)	2.04*** (6.54)	0.377** (2.32)	
$ind\_L_{it-2}I\ (\tau_1<q_{it}\leqslant\tau_2)$	0.85*** (6.22)	0.67*** (3.74)	0.000 72 (0.24)	
$ind\_L_{it-2}I\ (q_{it}>\tau_2)$	−0.005 2 (−1.52)	−0.02** (−2.48)		
ind_L_{it-2}				0.000 4 (0.46)
R^2	0.273	0.330	0.362	0.313
N	1 813	707	1 106	1 106

注：$ind\_L_{it-2}I\ (q_{it}\leqslant\tau_1)$、$ind\_L_{it-2}I\ (\tau_1<q_{it}\leqslant\tau_2)$、$ind\_L_{it-2}I\ (q_{it}>\tau_2)$ 分别表示小于第一个门槛值、介于第一个门槛值和第二个门槛值之间、大于第二个门槛值阶段的工业用地出让面积的参数估计值。

表 16－5 中模型（1）～（3）分别报告了全国及各区域的工业用地出让面积与工业化关系的门槛模型参数估计结果，由于中西部地区不存在门槛效应，因此我们在模型（4）中汇报了中西部地区固定效应模型的参数估计结果，将其作为稳健性检验。

根据模型（1），在全国层面工业用地出让面积对工业化的影响存在两个门槛，分别是 477.14 公顷和 928.96 公顷，当工业用地出让面积小于 477.14 公顷时，增加工业用地出让面积对工业总产值有非常显著的正向影响，系数为 1.75，随着工业用地出让面积的进一步增加，工业用地出让面积对工业总产值的贡献逐渐降低，在工业用地出让面积超过 928.96 公顷后，进一步增加工业用地的出让会抑制工业总产值的增加。因此，土地对工业化存在着显著的倒U形门槛效应。根据我们的假设，地方政府为了招商引资吸引企业入驻，多年来的低地价思路一直没有发生变化，但是激烈的招商引资竞争和过量的低价工业用地出让可能会导致低质量的引资，使得大量低效率落后产能聚集，产生产能过剩和产业雷同等不良后果，这不仅抑制了工业总产值的增加，甚至可能阻碍产业升级。因此，在全国层面的回归结果符合本章的假说一。

模型（2）东部地区的整体回归结果与全国层面相似，工业用地的出让对工业总产值的影响在东部地区存在显著的倒U形门槛特征，但东部地区的门槛值远高于全国层面的门槛值，第一个门槛和第二个门槛值分别为880公顷和1 757.60公顷，这与实际相符，东部地区工业发达，对工业用地的需求高，因此工业用地对工业总产值影响的门槛值相比其他地区高很多。2017年东部地区94%的城市工业用地供给量超过了第一个门槛值，76%的城市超过了第二个门槛值，意味着东部地区有四分之三的城市存在着较为严重的工业用地过多供给情况，已经对工业增加值产生了较大负面影响。由模型（3）门槛回归的结果，中西部地区工业用地出让面积与工业总产值不存在门槛效应。在模型（4）中西部地区固定效应模型的结果中，工业用地出让面积对工业总产值的影响也不显著。因此，由于交通、劳动力、经济基础等禀赋条件较差，对资本和企业的吸引力差，中西部地区地方政府效仿东部地区低价出让工业用地的工业化发展模式效果并不显著，中西部地区很难复制东部地区土地工业化的成功经验。这验证了本章的假说二。

综上所述，通过对全国层面和不同区域的回归分析，低价工业用地发展工业化的模式在东部和中西部都面临着不可持续的问题。

（3）地方城市化的门槛效应。

最后，我们检验当年房地产用地出让面积对城市固定资产投资的门槛效应［式（16－9）］以验证土地对城市化的影响及可持续性。

由表16－6可知，不同地区房地产用地出让面积对城市固定资产投资的影响的门槛值估计结果与土地对GDP和工业总产值的结果相似，在全国和东部双重门槛效应显著，存在双重门槛，而在中西部地区不存在门槛。表 16－7 给出了式（16－9）中房地产用地出让面积对城市固定资产投资在不同地区的影响的参数回归结果。

表 16－6　城市化门槛效果显著性检验和置信区间［式（16－9）：房地产用地出让面积］

地区	门槛数	*F* 值	10%	5%	1%	门槛值	95%置信区间
全国	单一	63.16***	13.78	15.39	26.81	1 214***	(1 104，129 5)
	双重	27.59***	13.81	15.79	24.59	749***	(707，777)
						1 517***	(1 214，167 1)
	三重	12.09	15.29	20.26	32.18		
东部	单一	32.35***	12.78	16.20	22.76	1 186***	(1 095，1 217)
	双重	15.00*	13.44	16.71	27.30	736*	(711，769)
						1 668*	(1 452，1 784)
	三重	15.53	24.86	28.22	34.80		
中西部	单一	4.62	13.03	14.49	19.58		

表 16－7　以城市固定资产投资为因变量的门槛模型参数估计结果

	全国	东部	中西部	
	(1)	(2)	(3)	(4)
第一个门槛值	749.14	736.39	不存在门槛	
第二个门槛值	1 517	1 668.49		
open	−0.524 (−0.33)	−9.17*** (−4.28)	13.69*** (5.62)	13.89 (1.35)
fdi_gdp	−3.04 (−0.25)	12.96 (0.69)	7.49 (0.41)	9.77 (0.24)
loan_gdp	0.355 (0.71)	−6.13*** (−4.18)	0.724 (1.46)	0.76 (1.41)
pgdp	187.17 (23.37)	128.35*** (4.14)	264.29*** (22.26)	267.2*** (5.01)
ind3_gdp	40.64*** (16.96)	64..47*** (11.72)	29.72*** (11.76)	29.12*** (4.84)
SRC	4.11 (1.20)	29.72*** (4.14)	0.67 (0.16)	0.58 (0.11)

续表

<table>
<tr><td rowspan="2"></td><td>全国</td><td>东部</td><td colspan="2">中西部</td></tr>
<tr><td>(1)</td><td>(2)</td><td>(3)</td><td>(4)</td></tr>
<tr><td>$urb\_L_{it}I\ (q_{it}\leqslant\tau_1)$</td><td>0.766***
(8.41)</td><td>0.611***
(3.39)</td><td>0.169*
(1.84)</td><td></td></tr>
<tr><td>$urb\_L_{it}I\ (\tau_1<q_{it}\leqslant\tau_2)$</td><td>0.360***
(6.70)</td><td>0.11
(1.03)</td><td rowspan="2">−0.015***
(−3.25)</td><td></td></tr>
<tr><td>$urb\_L_{it}I\ (q_{it}>\tau_2)$</td><td>−0.018***
(−3.50)</td><td>−0.316***
(−4.78)</td><td></td></tr>
<tr><td>urb_L_{it}</td><td></td><td></td><td></td><td>−0.015***
(−3.88)</td></tr>
<tr><td>R^2</td><td>0.423</td><td>0.474</td><td>0.467</td><td>0.465</td></tr>
<tr><td>N</td><td>2 313</td><td>909</td><td>1 404</td><td>1 404</td></tr>
</table>

注：$urb\_L_{it}I\ (q_{it}\leqslant\tau_1)$、$urb\_L_{it}I\ (\tau_1<q_{it}\leqslant\tau_2)$、$urb\_L_{it}I\ (q_{it}>\tau_2)$ 分别表示小于第一个门槛值、介于第一个门槛值和第二个门槛值之间、大于第二个门槛值阶段的房地产用地出让面积的参数估计值。

模型（1）反映了全国层面房地产用地出让面积对城市固定资产投资的参数回归结果。房地产用地出让面积对城市固定资产投资的门槛值分别为 749.14 公顷和 1 517 公顷，在城市的房地产用地出让面积小于第一个门槛值 749.14 公顷时，增加房地产用地的出让可以显著提升城市固定资产投资，系数为 0.766，当房地产用地出让面积进一步增加，介于第一个门槛和第二个门槛之间时，房地产用地的出让对城市固定资产投资的正向影响开始减弱，但是依然有积极影响，而当房地产用地的出让面积进一步增加，跨过第二个门槛值后，房地产用地面积的进一步扩大会对城市固定资产投资规模的扩大产生负面影响，系数为 −0.018 并在 1%的显著性水平上显著。因此，在全国层面房地产用地的出让对城市固定资产投资存在显著的倒 U 形门槛效应。究其原因，根据我们的分析和假说，在地方政府土地出让和融资的早期阶段，地方政府债务压力小，通过土地获取的融资可以大量投入基础设施等固定资产中，但随着土地融资的规模扩大，相关债务也水涨船高，而债务的偿还又主要是通过土地出让收入和借新债还旧债，因此这导致了债务空转，同时让地方政府被动陷入了通过不断扩大土地出让规模以获取偿还债务的资金的“庞氏骗局”，这不仅透支了地方固定资产投资，还产生了较为严重的地区金融风险。因此模型（1）的回归结果印证了本章的假说一。

房地产用地的出让对城市化的影响在不同地区也有着较大的差异。在模型（2）东部地区中，房地产用地的出让对城市固定资产投资的影响存在显著的先正后负的倒U形双重门槛特征，门槛值分别为736.39公顷和1 668.49公顷，与全国层面的门槛值相比略高，东部地区经济水平较高，房地产用地出让和融资获取的资金多，同时对债务的承载力高，因此门槛值也较高，这符合现实情况。2017年东部地区有79%的城市房地产用地的出让面积跨过了第一个门槛值，而房地产用地出让面积超过第二个门槛值的城市也达到了55%，这可以看出目前有相当一部分地方政府的城市建设存在着较为严重的土地依赖，过度的土地融资所产生的债务风险增大了地方政府的偿债压力，削弱了地方政府通过土地出让和融资获取资金支持城市建设的能力。而在中西部地区，模型（3）门槛回归显示房地产用地出让面积对城市固定资产投资的影响不存在非线性的门槛效应，但是在模型（4）固定效应模型中，房地产用地出让面积与城市固定资产投资存在显著的负相关性，其系数为−0.015，并在1%的显著性水平上显著。这论证了本章的第二个假说——中西部地区由于禀赋条件较弱，通过模仿东部地区土地出让和融资所获取的资金不仅难以对城市固定资产投资产生足够的支持，同时积累的地方债务还会抑制城市化的发展。因此在“以地谋城市化”上，中西部地区很难复制东部地区的发展模式。由上述回归结果可知，房地产用地出让面积对城市化的影响在整体上呈倒U形，目前东部地区该发展模式的主要问题是土地的过度依赖以及由此导致的地区金融风险，而中西部地区由于区域条件等现实原因，很难复制东部地区的发展模式。

五、结论与政策建议

本章利用2009—2017年的地级面板数据，分析了中国地方政府“以地谋发展”模式发生的阶段性转变，通过门槛模型检验了地方政府在控制土地要素的基础上采取不同的土地出让策略对地方经济增长、工业化、城市化的影响。实证研究的结论为：自 20 世纪 90 年代起开启的“以地谋发展”模式在中国的经济发展初期的确起到了非常大的推动作用，通过对土地市场的把控和利用，显著拉动了地方工业化、城市化及经济的跨越式发展。随着中国经济发展进入转型期，“以地谋发展”模式积累的问题逐渐出现，土地对地方经济的拉动作用已经衰竭，部分地区甚至由于风险的增加，过度投放土地，反而抑制了地方经济增长，这一问题主要集中在东部地区。中西部地区由于地理区位、制度成本和发展环境的差异，尽管在其发展起步阶段复制了“以地谋发展”模式，但是绩效不佳。依据经验事实和模型检验得出，随着中国经济发展阶段转型，“以地谋发展”模式的功能不再，效力衰竭。中央政府必须明确不再以地保发展，不再以土地参与宏观调控，同时加快土地制度改革，为地方经济发展创造新的动力来源。地方政府必须改变土地作为增长发动机的功能，告别“以地谋发展”模式。当然，地方政府由于习惯这套发展模式，尽管“以地谋发展”的效力减退，但还是会继续使用土地谋发展，由此带来的发展代价和风险将更大。

附录：各变量的门槛值估计图

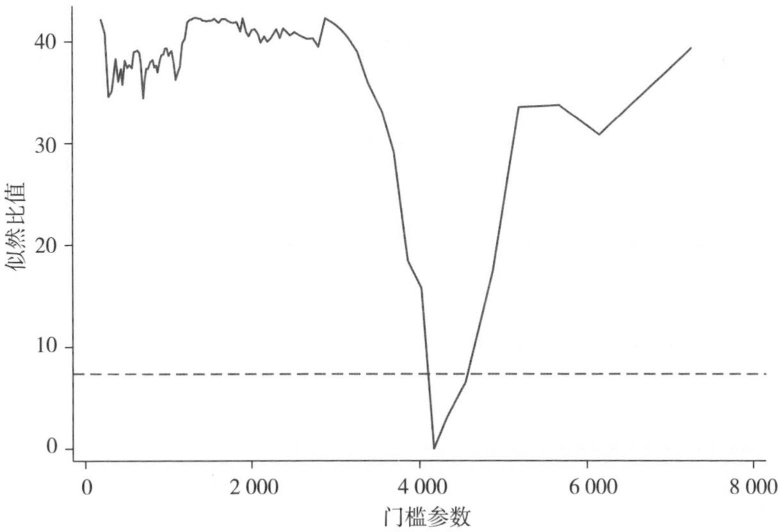

附图 16－1　全国层面城市建设用地出让面积对 GDP 影响的门槛估计值

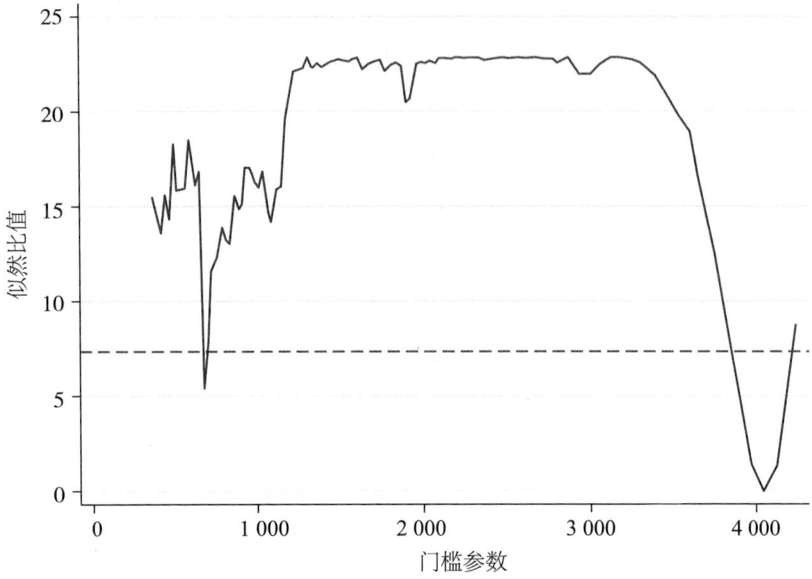

附图 16－2　东部地区城市建设用地出让面积对 GDP 影响的门槛估计值

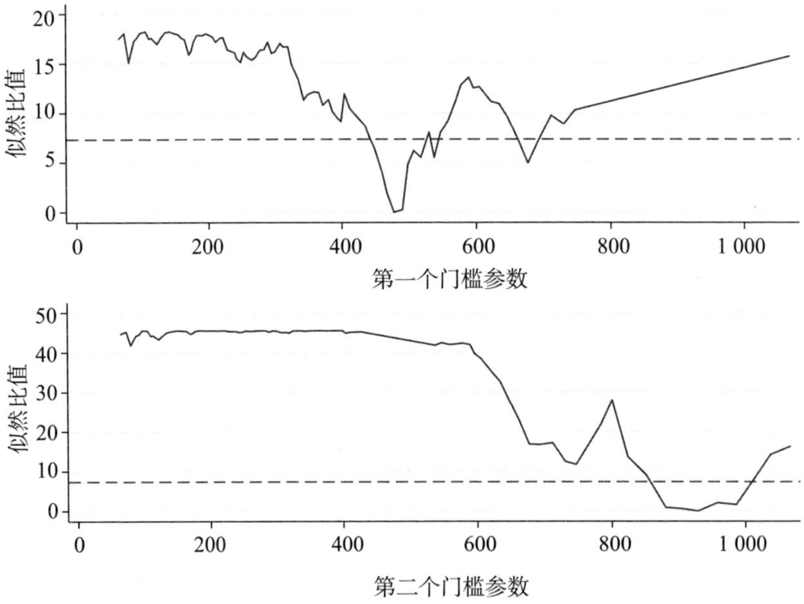

附图 16－3　全国层面工业用地出让面积对工业化影响的门槛估计值

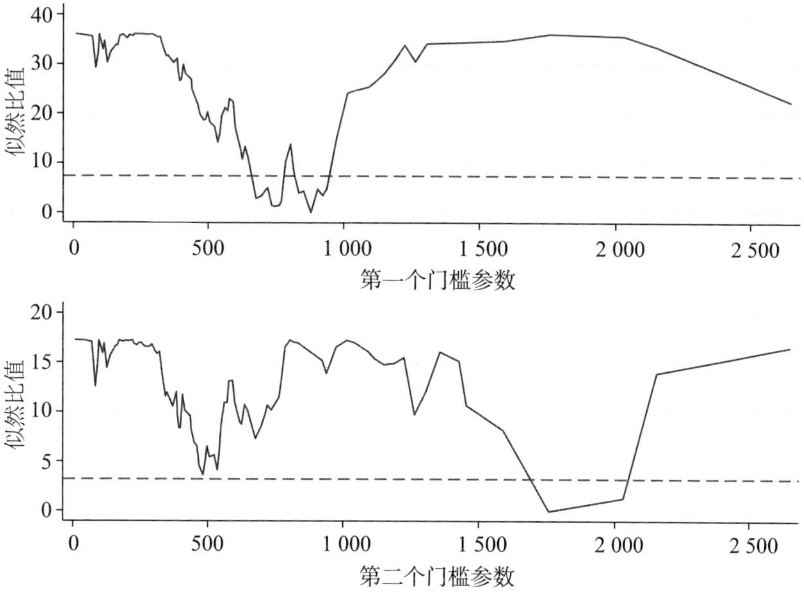

附图 16-4　东部地区工业用地出让面积对工业化影响的门槛估计值

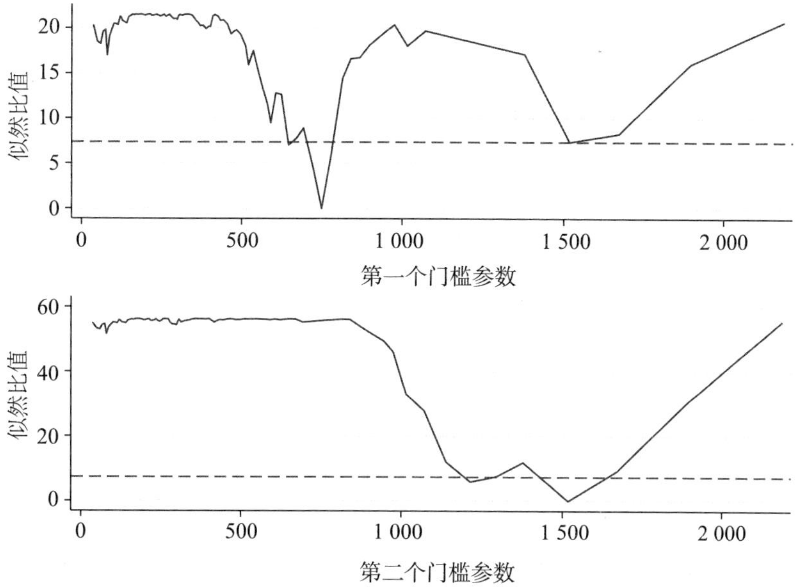

附图 16-5　全国层面房地产用地出让面积对城市化影响的门槛估计值

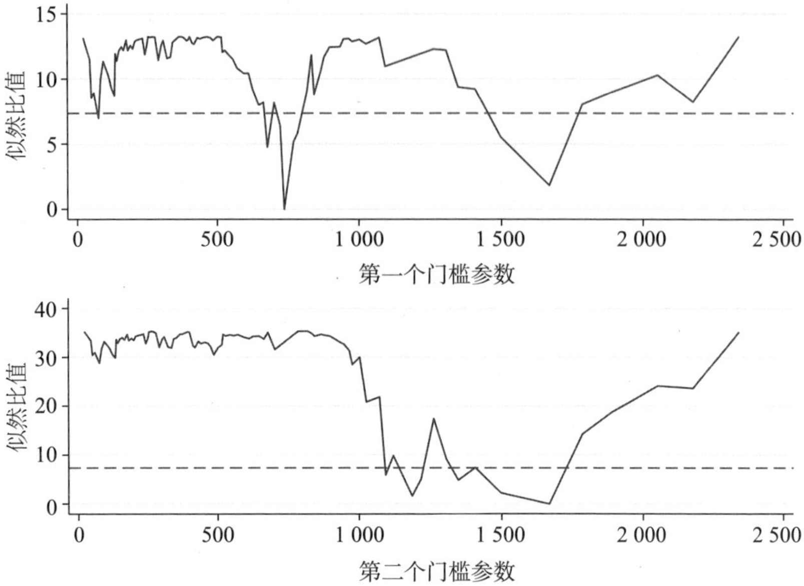

附图 16－6　东部地区房地产用地出让面积对城市化影响的门槛估计值

第十七章
告别“以地谋发展”*

在战略机遇期，中国利用独特的土地制度，推动了经济高增长和快速的工业化、城市化，具体表现在：

第一，土地的宽供应保障了经济高增长。2003—2012年，全国国有建设用地年供应总量从28.64万公顷增加到69.04万公顷，年均增长10.27%。

第二，工业用地的低成本保障了工业化的快速推进，2000—2012年，全国综合地价水平、商业地价水平和居住地价水平年均涨幅分别是10.04%、11.40%和14.42%，但工业地价水平年均涨幅仅为3.35%，远低于商业地价和居住地价的涨幅。

第三，土地扩张和土地资本化推动了城市化。2000—2012年，城市建成区面积扩增了1倍多，土地出让收入增加了45倍多。2012年，84个重点城市的土地抵押融资贷款达到5.95万亿元，成为城市基础设施建设的重要资金来源。

但是，“以地谋发展”模式也暴露出不少问题，尤其是在2012年土地出让收入下降后，其不可持续性和风险显露无遗，亟须通过改革为下一轮发展寻找动力源。

---

* 合作者为邵挺。

一、卖地模式：东部受挫，中西部蔓延

（一）卖地模式在东部沿海地区遭遇困境

第一，东部地区土地出让收入下降明显。2012 年，全国土地出让收入同比下降 13.7%，东部地区同比更是下降 20.7%（见表 17-1）。从城市来看，2012 年，东部城市尽管在土地出让收入前 50 名的城市中仍占据多数（37 个），前 10 名的城市中有 6 个是东部城市（见表 17-2）。但是，北京、上海、广州和深圳这四个一线城市的土地出让收入同比分别下降 38.60%、23.10%、22.02%和 50.13%。另外，在前 50 名城市中，土地出让收入同比涨幅为正的 18 个城市中只有 8 个在东部。在同比降幅最大的 20 个城市中，就有 18 个为东部城市。

表 17-1　东、中、西部土地出让收入及增幅

	2009 年		2010 年		2011 年		2012 年	
	收入（亿元）	增幅	收入（亿元）	增幅	收入（亿元）	增幅	收入（亿元）	增幅
东部	12 583	83.9%	19 276	53.2%	19 642	1.9%	15 579	−20.7%
中部	2 772	25.8%	5 662	104.2%	7 565	33.6%	7 119	−5.9%
西部	1 823	44.9%	4 475	145.4%	6 269	40.1%	6 188	−1.3%
全国	17 179	67.4%	29 414	71.2%	33 478	13.8%	28 886	−13.7%

资料来源：财政部历年《全国土地出让收支情况》。

注：表中的土地出让收入是按财政部口径统计的实际入库收入。

表 17-2　2012 年土地出让收入位列前 10 名的城市

	2012 年收入（亿元）	2011 年收入（亿元）	同比增幅
上海	990.9	1 289.0	−23.1%
武汉	949.9	589.5	61.2%
重庆	897.5	1 026.5	−12.6%
苏州	724.4	877.5	−17.5%
杭州	688.4	768.3	−10.4%

续表

	2012 年收入（亿元）	2011 年收入（亿元）	同比增幅
北京	647.9	1 055.1	−38.6%
天津	641.4	827.5	−22.5%
成都	635.3	436.7	45.5%
沈阳	562.6	648.9	−13.3%
宁波	492.8	430.3	14.5%

资料来源：笔者根据各城市统计局数据整理。

第二，东部地区土地出让面积增速放缓。近年来，东部地区靠土地增量扩张的趋势放缓。

2000—2007 年，东部地区土地出让面积年均增幅为 25.2%，2008—2012 年的年均增幅回落到 9.06%。2012 年，东部地区土地出让面积为 12.27 万公顷（见表 17－3），同比下降 21%。从东、中、西部三大区域土地供应占比来看，2008 年时为 52∶25∶23，到 2012 年时变为 38∶27∶35，东部地区土地供应占比连续四年出现下降。

表 17－3 各地区土地出让面积及价格

	2008 年		2009 年		2011 年		2012 年	
	出让面积（万公顷）	单价（万元/公顷）	出让面积（万公顷）	单价（万元/公顷）	出让面积（万公顷）	单价（万元/公顷）	出让面积（万公顷）	单价（万元/公顷）
东部	8.67	789	12.51	1 006	15.62	1 184	12.27	1 182
中部	4.15	449	4.76	493	9.85	723	8.72	760
西部	3.76	412	4.81	467	8.25	716	11.30	510
全国	16.58	618	22.08	778	33.72	944	32.28	833

资料来源：财政部历年《全国土地出让收支情况》。

第三，东部地区地价刚性上涨，告别土地低价供应时代。

2008—2012 年，东部地区土地出让单价（出让价款/出让面积）上涨了 393 万元/公顷，年均涨幅是 10.65%。2009 年，东部地区土地出让单价开始超过1 000 万元/公顷。到 2012 年，尽管土地市场整体低迷，东部地区土地出让单价仍然高达 1 182 万元/公顷。在各类用地中，工业用地成本上涨尤其显著。2010—2012 年，长江三角洲、环渤海地区和珠江三角洲工业用地价格年均涨幅分别达到 8.75%、7.19%和 10.53%，继续靠政府补贴地价来维持低成本的工业化已难以为继。

（二）卖地模式正在中西部地区复制和蔓延

近年来，中西部地区工业化、城市化进程加速，复制东部“以地谋发展”模式的态势十分明显。

第一，中西部地区土地出让收入增速加快。

2010 年前，东部地区的土地出让收入增幅均远高于中部和西部地区。以 2009 年为例，东部地区的出让收入增幅为 83.89%，中部和西部地区分别为 25.84%和 44.92%。2010 年，中西部地区的土地出让收入增幅开始超过东部地区，中部和西部地区的增幅分别达到 102.24%和 145.44%，东部地区只有 53.19%。2011 年，中部和西部地区的土地出让收入同比增幅分别达到 33.6%和 40.1%，与东部地区仅有 1.9%的增幅形成鲜明对比。

2012 年，在土地市场整体低迷的情况下，中部和西部地区的土地出让收入同比下降了 5.9%和 1.3%，但远低于东部地区 20.7%的降幅。从城市来看，在 2012 年土地出让收入位列前 10 名的城市中，同比增幅最大的两个城市是武汉和成都，分别高达 61.2%和 45.5%（参见表 17－2）。在土地出让收入位列前 50 名同比涨幅为正的 18 个城市中，中部和西部城市各占 5 个，东部城市占 8 个。在土地出让收入同比降幅最大的 20 个城市中，中部和西部城市仅各占 1 个，东部城市占 18 个。

第二，中西部地区的土地出让收入增长，主要依赖土地出让面积的扩张，消耗土地倾向明显。

2008—2012 年，中部地区土地出让面积从 4.15 万公顷上升到 8.72 万公顷，年均增加 20.38%；西部地区土地出让面积从 3.76 万公顷上升到 11.30 万公顷，年均增加 31.66%。与东部和中部地区相比，西部地区的土地出让单价涨幅要低得多。2008—2012 年，中部和西部地区的出让单价分别提高 311 万元/公顷和 98 万元/公顷，年均涨幅分别是 14.08%和 5.48%，东部地区年均涨幅是 10.65%。2012 年，东部、中部和西部的土地出让单价分别为 1 182 万元/公顷、760 万元/公顷和 510 万元/公顷，中部和西部地区分别只有东部地区的 64%和 43%（参见表 17-3）。

第三，中西部地区的工业化靠土地低成本推动。

国土部门对 105 个重点城市的监测结果表明，2000 年到 2012 年第三季度，西北区、西南区的工业用地价格年均涨幅分别只有 2.91%和 2.92%，均低于华东区（5.63%）和华北区（5.33%）的年均涨幅。截至 2012 年第三季度，西北区、西南区和中南区的工业用地价格分别仅有 586 元/平方米、585 元/平方米和 838 元/平方米，远低于同期华东区的 1 086 元/平方米和华北区的 931 元/平方米。

二、卖地模式为何不可持续

（一）土地出让收入波动加大，不稳定性增强

2000—2012 年，中国土地使用权出让签订合同总价款从 596 亿元增长到 2.69 万亿元，年均增幅为 37.4%，远高于同期 GDP 14.8%和地方财政收入 21%的年均增幅。

但是，土地出让收入波动性大，2000—2012 年，土地出让收入年均波动幅度超过 50%。2010 年以来，土地出让收入受宏观经济形势特别是房地产市场影响，波动性显著加大。2010—2012 年，土地出让收入增幅分别为 59.87%、14.69%和−14.60%，2011 年和 2012 年同比分别下降 45.18 个百分点和 29.29 个百分点。

（二）征地和拆迁补偿费等支出占比大幅提高，城市化成本上升

近年来，随着城市化进程加快，土地价值大幅上升，农民权利意识觉醒，加上一些地区的城镇用地逐步从新增用地转向存量用地，征地拆迁成本快速提高，被征地农民和拆迁居民补偿水平占出让收入的比例显著上升。

2008 年、2010 年和 2012 年征地和拆迁补偿费、对失地农民的补助、

企业职工安置费、业务性费用以及土地前期开发费用等支出占土地出让收入总额的比重如表 17－4 所示，各项土地出让成本之和呈上升趋势。

表 17－4　各项土地出让成本及占收入的比重

	2008 年（亿元）	2008 年占比	2010 年（亿元）	2010 年占比	2012 年（亿元）	2012 年占比
土地出让收入	9 942.1	—	29 398	—	28 886.3	—
征地和拆迁补偿费	3 662.1	36.8%	10 677	36.3%	17 401.6	60.2%
对失地农民的补助	157.7	1.6%	449.7	1.5%		
企业职工安置费	782.4	7.9%	3 336.6	11.3%		
业务性费用	71.1	0.7%	157.5	0.5%		
土地前期开发费用	903.4	9.1%	2 561.2	8.7%	5 223.3	18.1%
成本合计	5 576.8	56.1%	17 182	58.4%	22 624.9	78.3%

资料来源：财政部历年《全国土地出让收支情况》。

尤其是 2012 年，受实施《国有土地上房屋征收与补偿条例》影响，各地征地和拆迁补偿费的提高更加明显，与征地拆迁相关的费用占土地出让收入总额的比重达到 60.2%。

可以预见的是，在继续推进城市化的进程中，政府采取原用途补偿已很难实施征地，农民土地及其房屋的补偿费用势必大幅提升，这一情形在城市化地区（包括城乡接合部和城市扩展区）表现得十分明显。

随着城市化的推进，中国正在告别低价补偿征地的低成本时代。

（三）地方政府“土地财政”收入减少，依赖土地收益保障各项民生等支出的制度安排面临考验

近年来，由于征地拆迁等成本性支出攀升，地方政府实际可支配的土地收益（即所谓的“土地财政”）收缩很快，同比增幅不断下降。

2008—2012 年，地方政府实际可支配的土地出让收益占当年土地出让收入的平均比重为 36.32%。2008 年，地方政府实际可支配的土地出让收益为4 563.08 亿元，占土地出让收入的比重为 43.9%；2012 年，地方政府实际可支配的土地出让收益为 6 268 亿元，同比减少 3 172 亿元，占当年

土地出让收入的比重只有 21.7%。

受此影响，“土地财政”占地方政府财政收入的比重也处于下降阶段。2008—2012 年，土地出让收益占地方政府财政收入的平均比重只有 18.75%。2011 年和 2012 年这一比重还在不断下降，分别降至 17.97% 和 10.26%。

2008 年以来，中国接连出台相关政策调整土地出让收益支出结构，将土地出让收益更多向农村建设、教育、水利、城镇廉租住房保障等民生领域倾斜。2012 年，全国土地出让收益用于教育资金、农田水利建设资金、农村基础设施建设支出、城镇廉租住房保障资金的比重依次为 4.66%、3.87%、8.42%和 10.23%（见表 17-5）。

表 17-5　土地出让收益用于各项支出的数额及占比

<table>
<tr><th></th><th>2008 年（亿元）</th><th>2008 年占比</th><th>2010 年（亿元）</th><th>2010 年占比</th><th>2012 年（亿元）</th><th>2012 年占比</th></tr>
<tr><td>土地出让收益</td><td>4 563.08</td><td>—</td><td>12 215.99</td><td>—</td><td>6 261.41</td><td>—</td></tr>
<tr><td>教育资金</td><td>—</td><td>—</td><td>—</td><td>—</td><td>269.95</td><td>4.66%</td></tr>
<tr><td>农田水利建设资金</td><td>—</td><td>—</td><td>—</td><td>—</td><td>224.59</td><td>3.87%</td></tr>
<tr><td>国有土地收益基金</td><td>308.91</td><td>6.74%</td><td>1 007.89</td><td>9.00%</td><td rowspan="3">1 017.17</td><td rowspan="3">17.55%</td></tr>
<tr><td>农业土地开发资金</td><td>126.07</td><td>2.75%</td><td>188.87</td><td>1.69%</td></tr>
<tr><td>新增建设用地土地有偿使用费</td><td>638.71</td><td>13.94%</td><td>983.73</td><td>8.79%</td></tr>
<tr><td>城镇廉租住房保障资金</td><td>145.57</td><td>3.18%</td><td>463.62</td><td>4.14%</td><td>593.01</td><td>10.23%</td></tr>
<tr><td>城市基础设施建设支出</td><td>3 024.02</td><td>66.0%</td><td>7 531.67</td><td>67.26%</td><td>3 204.15</td><td>56.27%</td></tr>
<tr><td>农村基础设施建设支出</td><td>338.3</td><td>7.38%</td><td>1 021.68</td><td>9.12%</td><td>488.08</td><td>8.42%</td></tr>
<tr><td>土地出让收益支出小计</td><td>4 581.58</td><td>—</td><td>11 197.46</td><td>—</td><td>5 796.95</td><td>—</td></tr>
<tr><td>土地出让收益结余</td><td>−18.5</td><td>—</td><td>1 018.53</td><td>—</td><td>464.46</td><td>—</td></tr>
</table>

资料来源：财政部历年《全国土地出让收支情况》。

注：1. 土地出让收益为当年土地出让收入扣除土地出让成本的余额。

2. 教育资金、农田水利建设资金、国有土地收益基金、农业土地开发资金均为专项资金，结余资金按规定结转下年使用，因此表列数字为当年实际计提数。

3. 土地出让收益结余为当年土地出让收益与土地出让收益支出的差额。

4. 教育资金和农田水利建设资金均从 2011 年开始计提。

但是，这种依托“土地财政”保障民生等支出的制度安排面临可持续性的问题：一是土地出让收益的波动性大，而民生领域的支出却是刚性的。一旦土地出让收益大幅下降，地方政府就难以兑现各项民生保障的承诺。二是征地过程中的各类成本性支出快速上升，导致未来土地出让收益占土地出让收入的比重仍会趋势性下降，将直接影响土地出让收益对民生领域的保障能力。

（四）城市基础设施建设对土地出让收入过于依赖，未来城市建设将面临资金供给趋紧的问题

近年来，中国城市基础设施建设取得很大成就，土地出让收入是其重要的资金来源。2000—2012年，土地出让收入增幅与城市市政公用设施建设固定资产投资完成额增幅之间具有显著正相关性，且波动幅度比较接近（见图17-1）。分区段看，2000—2003年，城市市政公用设施建设固定资产投资完成额同比增幅持续提高，年均增幅接近30%；同期的土地出让收入年均增幅为86%，是1998年以来增幅最高的时期。2008—2012年间，

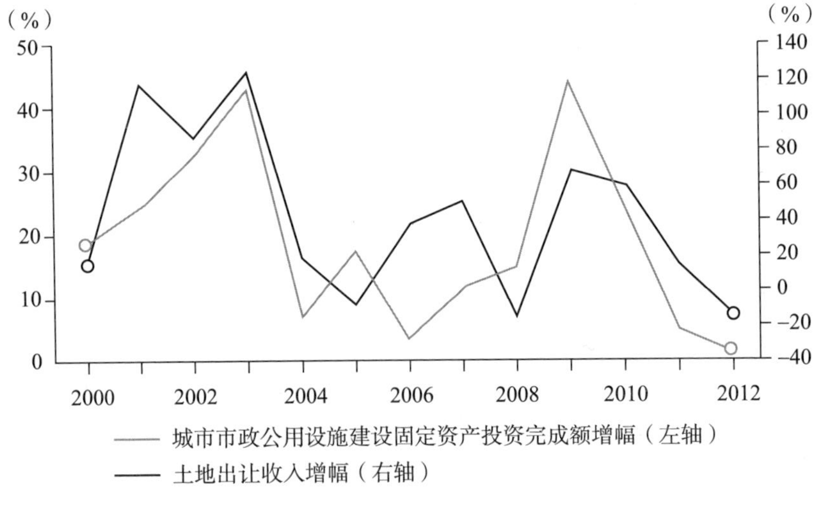

图17-1　2000—2012年土地出让收入增幅与城市市政公用设施建设固定资产投资完成额增幅

资料来源：2000—2011年数据来自《中国统计年鉴》；2012年数据来自国家统计局《2012年国民经济和社会发展统计公报》。

土地出让收入同比增幅呈现“先升后降”的倒 U 形，2009 年土地出让收入同比增幅达到 67.45%的最高点，随后持续下降，到 2012 年为 −14.6%；同期的城市市政公用设施建设固定资产投资完成额增幅与土地出让收入增幅变动趋势完全一致：2009 年增幅为 44.42%，是近年来的最高点；2010 年以来，同比增幅逐步下降。

随着土地出让收入增长放慢，以及成本性支出上升使得土地收益减少，未来这种高度依赖土地出让收益的城市基础设施建设模式将面临严峻挑战。在土地收支结构中，用于城市建设的资金主要有两部分：一部分是土地出让收入中以土地前期开发费用为名目的支出，另一部分是土地出让收益中以城市基础设施建设支出为名目的支出。2008—2012 年，土地前期开发费用占土地出让收入的比重平均为 12.3%，城市基础设施建设支出占土地出让收益的比重几乎每年都在 55%以上。

近年来，这两项支出占比的变动趋势不同。一方面，土地前期开发费用的占比呈上升趋势。2012 年，土地前期开发费用占土地出让收入的比重是 18.1%（2008 年为 9.1%）。另一方面，城市基础设施建设支出的占比在下降。2012 年，土地出让收益用于城市基础设施建设支出的共计 3 204.15 亿元，比上年减少 2 360 亿元，占当年实际土地出让收益支出的 55.3%，比上年下降 10.7 个百分点。

如果不改变这种依托卖地推进城市建设的模式，未来城市建设和维护均面临资金可持续性的问题。

（五）土地抵押贷款金额持续上升，违规非法抵押融资现象增多，地方政府债务风险和金融风险进一步累积

2008 年以来，中国土地抵押面积和贷款金额呈现持续较快上升态势，土地抵押贷款量占全国金融机构人民币各项贷款的比重也在逐步上升。

2007—2012 年，84 个重点城市的土地抵押面积从 12.84 万公顷增加到 34.87 万公顷；土地抵押贷款金额从 1.33 万亿元增加到 5.95 万亿元，年均增幅为 34.8%（见图 17－2）。2008 年 1 月至 2012 年 11 月，土地抵押贷款占全国金融机构人民币各项贷款的比重从 4.94%提高到 9.29%。2012

年，各部委接连出台了几项防范融资平台风险的政策，受此影响，土地抵押面积和抵押贷款同比增速分别降至 15.7%和 23.2%，是 2007 年以来增速最低的一年。

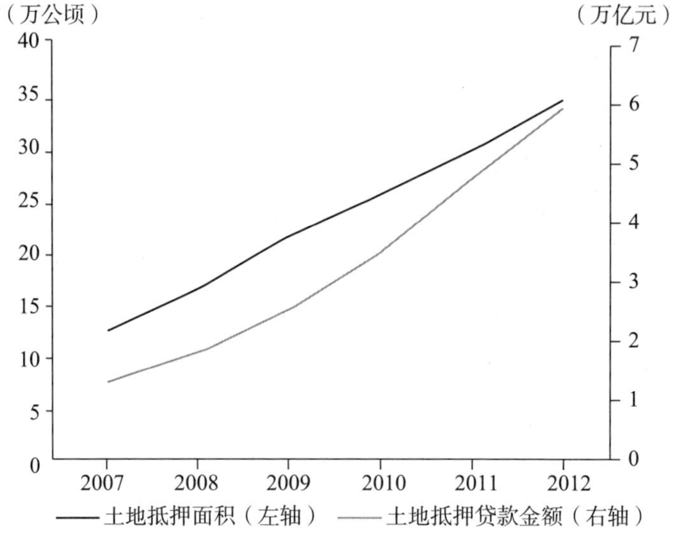

图 17－2　2007—2012 年 84 个重点城市土地抵押面积和土地抵押贷款金额

资料来源：《全国国土统计公报》。

分区域看，2012 年，这 84 个重点城市的 5.95 万亿元土地抵押贷款主要集中在东部 30 个城市（4.02 万亿元）和西部 14 个城市（1.08 万亿元），其次是中部 21 个城市（6 100 亿元），最后是东北 19 个城市（2 400 亿元），四个区域的占比分别是 67.56%、18.15%、10.25%和 4.03%。分城市看，土地抵押贷款额最多的三个城市分别是北京（14 194 亿元）、上海（5 624 亿元）和重庆（4 783 亿元），占 84 个重点城市土地抵押贷款额的比重分别是 23.8%、9.4%和 8%（见图 17－3）。

土地抵押贷款的风险首先表现为地方政府债务风险。根据审计署的报告，2010 年年底，在地方政府负有偿还责任的债务余额中，承诺用土地出让收入作为偿债来源的债务余额为 2.5 万亿元，占地方政府负有偿还责任债务余额的比重是 81.2%。从偿债年度看，2013—2015 年到期偿还的债务分别占 11.37%、9.28%和 7.48%，2016 年以后到期偿还的占 30.21%。近年来土地出让收入不稳定性加大，并且政府实际可支配的土地出让收益占土地出让收入的比重仍在不断下降。

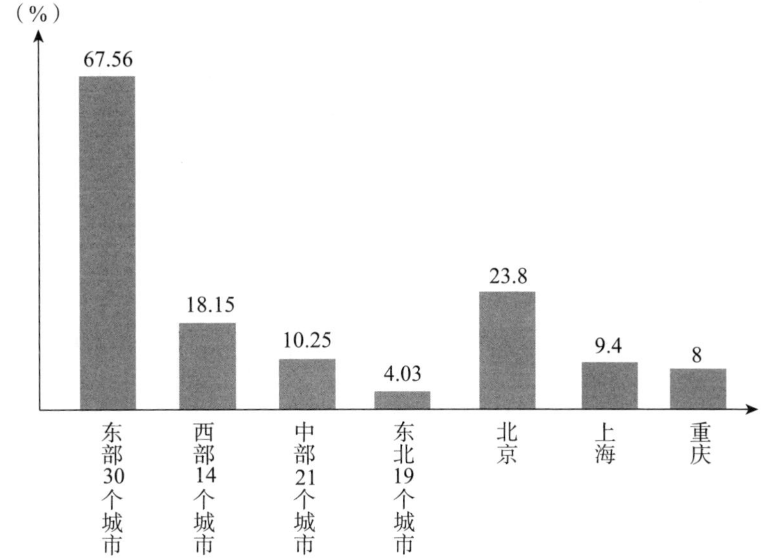

图 17-3　2012 年 84 个重点城市土地抵押贷款区域分析

资料来源：《中国国土资源年鉴》。

因此，用未来不确定性强、实际可支配收入占比在持续下降的土地出让收入作为最重要的偿债来源，会显著增加地方政府尤其是县市级政府的潜在债务风险。

相比地方政府的债务风险，更需引起足够重视的是土地抵押融资的金融风险。2010 年年底，融资平台公司政府性债务余额为 4.97 万亿元，占地方政府性债务余额的 46.38%。融资平台公司最重要的抵押品就是各类储备用地，一旦土地市场发生较大波动，通过影响土地抵押价值，各类银行金融风险可能会迅速积累。

从一些典型调查来看，土地抵押融资中存在融资过程不透明以及大量违规操作现象，例如，变更土地使用权类型和权属登记、对公共设施或公益性用地等难以变现的土地办理虚假用途的变更登记、违规进行土地储备或第三方担保、给并未取得合法使用权的土地办理登记并抵押融资、重复登记、重复抵押融资和为提高融资额度而虚高估价等。如果不尽快加以规范，土地抵押的潜在风险非常大。

三、改革之策

在下一个战略机遇期，中国承担着同步推进工业化、城市化与农业现代化的历史任务。为此，必须构建新型土地与经济的关系，通过土地制度改革，促进转变土地利用方式，优化土地利用结构，提高土地使用效率，保护农民土地权益，平衡各方利益，为可持续城市化提供合理用地空间与资金需求。

（一）以土地制度改革为核心，促进土地结构优化

一是针对中国工业用地占比过高的状况，制定工业用地用途转换的规划调整、权属处理和利益分配办法，创新工业用地向服务业、居住及高端制造业用地转变机制，促进城市用地结构优化、产业转型和城市可持续发展。

二是针对政府性用地占比过高、利用不集约的状况，制定政府和行政单位划拨用地进入市场的规则和土地增值收益处置办法，增加产业发展用地和城市宜居空间用地，将用途转换带来的土地增值收益更好地用于城市发展。

三是针对城乡接合部区域农民土地法外、低端使用的状况，选取不同类型城市的城乡接合部开展集体建设用地入市试点，为城市发展和产业升级释放巨大用地空间。

四是选取不同类型地区开展试点，探索转移人口市民化与宅基地退出机制试点，实现农民宅基地用益物权与城乡用地优化的双赢。

五是鉴于东部沿海地区的产业升级和城市化主要转向存量用地，建议在这些地区重点开展优化土地结构的制度改革试点与创新。

（二）推进国有土地资产经营和融资制度的改革，为城市化提供可持续的建设资金

一是探索国有土地资产经营模式。实行政府管理土地和经营土地职能分开，将国有土地经营职能从现有政府部门分离出去，在摸清国有土地现

状和底细的基础上，成立国有土地资产经营公司，由其从事国有土地的经营与保值、增值工作。明确国有土地资产经营公司的经营收益进入地方财政国库，资金用途由地方人民代表大会表决与监督。

二是完善国有土地融资制度。严格国有土地权证管理，明确国有土地实行抵押贷款的类型，加强第三方对土地资产评估的独立性，制定违规土地贷款的处置措施，保障国有土地抵押融资的安全性。

三是借鉴中国台湾地区的区段征收办法，改革用地模式，减少各级政府对卖地机制和利用融资平台进行投融资的依赖性。

四是有区别地试点土地财产税制度。对储备土地、房地产商囤积土地以及进入市场的农村集体建设用地率先试点征收土地增值税。

第五部分

深化土地制度改革

第十八章
土地制度改革与国民经济成长*

本章基于对广东、浙江、江苏、安徽、河南、重庆、陕西、北京、天津、上海等地的实地调研。我们认为，利用土地政策参与宏观调控，从改革土地制度入手转变经济增长方式，是保持国民经济良性发展的重要举措，两者不可偏废。现行土地制度启动了高速经济增长，促成了扩张型增长方式的形成，强化了地方政府介入经济的能力，形成了土地与地方财政、投资、金融信贷和房地产市场发展等环环相扣的格局，但是巨大的利益博弈也由此而生，在土地占用中产生了大量矛盾。深化土地制度改革，将土地这一重要生产要素的配置由政府转向市场，建立土地支持国民经济可持续发展的长效机制，才是治本之策。

一、土地在当前经济增长中扮演着重要角色

（一）土地成为高速工业化和快速城市化的助推器

自 20 世纪 90 年代末以来，我国工业化和城市化的快速推进得益于现行土地制度。

在工业化方面，政府创办园区、以土地招商引资成为吸纳工业企业的

---

* 合作者为蒋省三、李青。

主轴。与 20 世纪 80 年代后期乡镇工业起步时的自动自发、遍地开花的情形不同，90 年代以后，工业企业纷纷进入政府创办的各类园区，园区的创办和扩大主要靠对从农民手中征得的土地进行滚动开发。到 2005 年为止，我国各类开发区有 6 866 个，规划用地面积为 3.86 万平方公里，超过了全国现有城镇建设用地 3.15 万平方公里的总面积，经过整顿以后的国家和省级开发区还有 1 568 个，规划面积为 1.02 万平方公里。（1）2004 年，49 个国家级经济技术开发区及 5 个同类园区实现的工业增加值占全国工业总产值的 9.19%，一些大中城市和沿海发达省份园区所占份额更高。天津、大连和广州的经济技术开发区的生产总值分别占当地生产总值的 19%、18%和 12%。浙江 62 个省级开发区工业增加值占全省规模以上工业增加值的 25.35%。福建省级以上开发区完成的工业产值占全省工业产值的 45.49%。（2）工业企业向园区集中，除了因为园区能提供更好的基础设施服务、企业聚集具有规模效应外，更主要在于地方政府的工业用地协议出让机制对企业具有吸引力。地方政府一般以土地成本向企业供地，为了招到和留住有实力的企业，有的地方甚至以低于土地成本的价格甚至“零地价”供地。在一些地方，地方政府制定了工业用地协议价最高限价政策。地区之间的招商引资直接演变成压低土地价格的恶性竞争，其背后则是各地政府的财力大比拼，使工业用地价格长期维持低水平，甚至在有些地区不升反降。根据浙江省统计局对全省国家级工业园区的调查，2004 年时全省平均土地开发成本为 9.88 万元/亩，有些达 20 万元/亩，大部分工业园区由政府主导开发或授权业主开发，工业用地出让价格低于成本，平均出让价格为 8.83 万元/亩，有近四分之一园区土地平均出让价格不及开发成本的一半。（3）这种现象在上海、江苏、广东等地也普遍存在。自 1998 年以来，东南沿海地区工业用地协议出让价格一直维持在 12 万～18 万元区间，2000—2003 年，某些县市每平方米工业用地协议价反而降了 40～50 元。工业用地的低价协议供应保证了工业化的高速推进，但滋生了园区土地投机，造成了土地利用效率低下，甚至大量闲置。

在城市化方面，1998—2005 年，我国城市建城区面积由 2.14 万平方公里增加到 3.25 万平方公里，年均增长 6.18%。无论是东部还是中西部，各地通过县城搬迁或县改市、市改区等行政区划调整，城区面积迅速扩大，甚至一些县级市城区面积也以每年5～6平方公里的速度向外扩展。根据664个城市的统计数据，到2005年，城镇居民人均用地已达133平方米，比国家规定的城市规划建设用地最高限额高出33平方米，远高于一些发达国家人均城市用地82.4平方米的水平。(4) 城市的外延扩张造成城市容积率远远低于国外城市的水平，我国城市的容积率仅为0.33，而国外一些城市达到了2.0的水平。地方政府之所以能如此轻而易举地进行城市扩张，土地制度是重要工具：

其一，农村土地的取得成本低，而转为城市用地的预期收益又很高，导致各地政府超常扩展建城区面积。首先最便捷的办法是，城市政府靠不断修编城建规划来扩大建设用地范围；其次是利用征地低补偿与市场出让之间的高额利润空间，占用大量具有升值潜力的土地。

其二，绝大部分建设用地获得成本低，刺激了用地单位超占、多占土地的行为。在城市用地中，除仅占15%～20%的商业、房地产等经营性用地以招拍挂方式出让外，绝大部分城市基础设施和非经营性单位用地都采取行政划拨方式供应，助长了形象工程的激增。

（二）土地及其相关收入成为地方政府财政收入的重要来源

在1994年实行分税制后，中央和地方在财政分配中的基本格局被改变了，增值税的75%及所得税的一半上划后，地方收入占财政总收入的比重由1993年的78%下降到2005年的47.7%。绍兴2003年和2004年的财政总收入分别达到30.8亿元和38亿元，留在地方的收入分别仅为13.5亿元和17亿元，义乌市2003年的财政总收入近59亿元，地税收入只有13亿元。但是，财权上收并未相应减少事权，地方财政支出占总支出的比重由1993年的71.7%提高到2005年的74.1%。这种情况也激励了地方政府积极开辟可自主支配的收入来源。

第一个途径是想方设法增加土地出让收入。2000—2003年，全国土地出让收入为9 100亿元，2005年一年就达到5 500亿元。地方预算外收入占地方财政收入的比重从 1993 年的 82.8%提高到 2004 年的 92.5%以上。对东南沿海地区的调查显示，在土地严管前的两三年，土地出让收入在一些县市少则 10 多亿元，多则近 20 亿元，占预算外收入的比重高达 60%以上。在中西部地区，由于经济发展程度较低，土地出让收入占地方财政收入的比重相对较低，但近年也呈增长态势，陕西省收取的土地有偿使用费由 2000 年的 3 626 万元增加到 2004 年的 4.58 亿元，这期间总共收取了 13.6 亿元。全省土地有偿出让收入由 1998 年的 2 869.5 万元增加到 2004 年的 8.71 亿元。

第二个途径是通过城市扩张来增加地方政府可支配税收。由于城市扩张带来的税收，包括建筑业和房地产业的营业税和所得税，全部由地方享有，因此地方政府对发展城市建筑业、房地产业有很大的积极性。这两大产业创造的税收在地方税收中增幅最大，一些发达县市增幅高达 50%～100%，占地方税收总量的 37%以上。西部地区的咸阳市 2001—2003 年建筑业和房地产业对地方税收的贡献增幅分别达 3.8 个和 2.9 个百分点，这两项税收收入已占到地方收入的 25%以上。西安长安区 2003 年建筑业创造的税收是 1999 年基数的近 6 倍，房地产业创造的税收更是 1999 年的 20 倍。

（三）土地成为撬动银行资金、城市基础设施及房地产投融资的重要工具

在这一轮城市扩张中，城市基础设施投资和房地产投资成为两大主轴。政府大举投资城市基础设施的巨额资金从何而来呢？在东南沿海的县市，城市基础设施投资高达数百亿元，财政投入约占 10%，土地出让收入约占 30%，60%靠土地融资。在西部，地方财政主要靠中央转移支付，土地出让收入有限，银行贷款占城市基础设施建设投资的份额更高，达到 70%～80%。陕西省咸阳市 2000—2005 年已经完工和正在施工的 15 个项目，实际投资 9.53 亿元，银行贷款占 76.7%。这些资金主要由政府以土地储备中心、政府性公司和开发区管委会作为融资主体从银行获得贷款，以土地作为抵押品或者政府财政做信用担保。绍兴县城投公司从 2000 年 9 月成立，到 2004 年为止从银行贷款 3.26 亿元，依靠土地抵押的融资贷款

占 60%以上。2003 年至 2004 年 9 月，绍兴县土地储备中心以土地抵押获得贷款 21.13 亿元。金华市土地储备中心以土地抵押获得贷款约 26 亿元。这一情形在中西部地区也是如此。截止到 2004 年 9 月 30 日，陕西省土地储备中心以土地抵押获得贷款 19.45 亿元，西安市土地储备抵押贷款余额达 15.71 亿元，占全省的 80.78%。此外，许多园区也利用园区开发公司的法人资质和园区内储备的土地进行抵押贷款。1994—2003 年间，西安市高新技术开发区利用各类用地抵押的面积总计达 4 543.74 亩，抵押物评估价值达 48.49 亿元，抵押获得贷款金额 30.38 亿元。

房地产市场的发展成为政府偿还城市基础设施投资巨额贷款和实现土地出让收入的通道，而银行信贷则是房地产投资和居民个人购房的后盾。1999—2004 年，一些发达地区县市四大国有商业银行房地产开发贷款余额增长了近 40 倍，平均年增长超过 100%；在个人住房贷款方面，商业银行个人住房消费担保贷款余额平均年增长近 200%。

二、现行土地制度面临严峻挑战

我国实行的是城乡分治、政府垄断城市土地一级市场的制度。一方面，这造成农村与城市土地分属不同法律约束，由不同机构管理，形成不同的市场和权利体系；另一方面，只要涉及农村土地变为建设用地，就要通过政府征地，任何单位建设用地都要使用国有土地。这种制度使地方政府成为农村土地变为建设用地的唯一决定者，成为城市土地一级市场的唯一供应商。改革提高了市场配置资源的程度，但是政府对土地的垄断也得到强化。中国经济由投资拉动的现状是与大部分投资由银行提供以及地方政府用土地撬动金融密切相关的。法律赋予地方政府对土地的垄断权，这不仅是地方政府赖以生存和维持运转的重要保障，而且促成了地方政府以土地启动经济增长的特殊激励结构。政府征地、卖地越多，地方可支配收入就越多；政府掌握的土地越多，城市扩张成本就越低；招商引资越便利，政府税源就越多。这种增长方式的弊端已在财政、金融、投资、价格形成机制、社会和谐、政府行为等诸多方面彰显出来。土地参与宏观调控，其宗旨是约束地方政府行为。但是，地方财政严重依赖土地及其相关收入，有时会使中央政府的土地调控效果大打折扣，对经济社会可持续发展提出严峻挑战。

（一）建设用地依旧维持行政配置与指标管理模式

改革以来，我国绝大多数产品和生产要素已完成由计划配置向市场配置的转变，但土地却是为数不多的加大审批、上收权力、强化政府垄断的生产要素之一。为了保护耕地，约束地方政府用地，中央政府对土地实行建设用地指标控制和用地审批制度，如果这套管理模式不改变，势必导致土地的粗放利用，影响经济可持续发展。

土地以行政划拨和协议方式出让，造成资源浪费和配置扭曲。2000年，全国划拨和出让国有土地 12.92 万公顷，其中划拨供地占 62.36%，出让占 37.64%。2003 年，全国划拨和出让国有土地 25.89 万公顷，其中划拨和协议出让占 72.16%，招拍挂只占 27.94%。在土地已极为稀缺的东南沿海省市，行政划拨供地仍达 40%，协议出让供地在 35%左右。在中西部地区，由于工业发展不足，协议出让土地的比重低，但基础设施大幅投资带来的行政划拨用地比重却很高。陕西省 1998—2004 年协议出让用地比重为 22%左右，基础设施和公共项目（公用设施、公共建筑、交通运输）划拨用地比重却高达 55%。建设用地被以如此高比例无偿划拨和低价出让，激励相关单位超占、多占土地，造成土地的不集约利用。根据对 400 个城市的调查，城市建城区闲置土地占建成区面积的1/4。协议出让土地的低价格诱使企业多圈占土地，还导致地区之间产业用地配置扭曲。在珠三角和长三角地区出现工业用地比重过高、城市功能用地紧缺、功能滞后，而中西部地区政府将建设用地主要以划拨方式用于城市基础设施建设，但作为城市化内涵的商业、服务业、金融业等第三产业没有相应发展。

建设用地的指标管理与经济发展对土地的需求脱节。加强建设用地的指标管理和审批，旨在保护耕地，抑制土地滥用，但并未达到约束用地行为的初衷。目前分配给各地的建设用地指标是 1997 年编制土地利用总体规划时自上而下下达的，计划色彩太浓，且与地方经济发展需求脱节。尤其是沿海发达地区的经济发展速度超过预期，实际用地需求大大超过计划下达量。一些省份 5 年就用完了 10 年的指标，有的省份 2000 年就已用完了 2010 年的指标。以浙江省为例，2000—2004 年，全省建设用地平均年使用量约为 50 万亩，最高年份达 70 万亩。土地严管后，2005 年国家下达的建设用地指标为 16.5 万亩，加上已获批准可使用的折抵指标共 20 多万亩，大量已批项目等地开工。按照当时土地利用规划和建设用地指标，5～10 年后，浙江的一些城市将面临无地可用的窘况。中西部地区尽管不像发达地区那样全面告急，但局部地区和中心城市也出现了用地指标紧张的局面。陕西全省 2005 年时的规划指标只用了 60%，但西安等中心城市建设用地指标已有很大缺口，截止到 2003 年年底，西安市建设用地量已超过规划指标的 3.81 万亩，还有 84 个重点项目等待 6.18 万亩用地指标。随着中部崛起和西部大开发战略的实施，中西部一些地区也陷入与东部发达地区相似的局面。用地指标严控与经济高速发展对土地的需求之间的尖锐矛盾，诱发非法用地蔓延。

助长以地设租、寻租行为。土地资源完全靠政府行政配置，在土地领域出现了设租、寻租行为。租金多少难以摸清，来源有以下几种：一是政府部门对土地的相关收费。仅土地部门的收费就有耕地开垦费、管理费、业务费、登报费、房屋拆迁费、折抵指标费、收回国有土地补偿费、新增建设用地土地有偿使用费等多项名目，总量在部分县市达 2 亿元以上。二是地方政府为抬高土地招拍挂价格，人为减少土地供应量，制造稀缺，抬高土地租金。三是一些单位在城市规划修编或“退二进三”时，将行政划拨的建设用地变性为商业用地，从中获利。四是工业园区的企业将以工业用地名义申请的土地用于盖居住楼或职工宿舍，甚至在圈占土地后闲置，等待规划变更及土地升值后转手，形成土地租金。五是部分地方政府采取增加划拨用地比重，在非公益性用地中配置一定比例的划拨用地，将中央明确必须招拍挂的用于商业、服务业等的经营性用地协议出让等方式，为个人和团体赚取巨额利益，滋生腐败。

（二）部分地方政府依赖土地经营和融资

政府经营土地风险与盈利并存。政府以公共利益名义划拨供应的道路、绿化、科教文卫用地等，约占整个城市建设用地的50%。25%～30%协议出让的工业用地，低于成本价甚至“零地价”供应，政府在近期是无法从土地中获取收益的。据调查，一般以地招商比较成功的工业园区，待企业成长和涵养税收8～10年才能做到自我发展，而大量的工业园区则因为招商不利导致土地圈而不用，处于长期亏损状态。只有通过招拍挂出让的用于商业、娱乐、旅游、商品住宅等的经营性用地才能带来当期收益。在各地，真正通过招拍挂出让的土地只占15%～20%。这部分土地的经营到底能给地方政府带来多大收益，取决于当地经济发展水平和房产市场的发育程度。陕西咸阳等地每年只有1 000万元的土地出让收入，浙江、江苏、广东等地市县级政府近几年的土地出让收入比较可观，但还会受到宏观政策的影响，在实行土地严控的2003年，浙江省绍兴县和金华市就仅出手了几百亩土地，土地出让收入剧减至1亿元，使主要依靠土地出让收入和土地抵押贷款支撑的城市基础设施投资陷入困境，与此相关联的政府性公司的还贷也就成为问题。

土地储备中心成为经营土地和提供抵押的机构，政府信用风险增大。入储的土地主要通过行政手段征用农民集体土地。在绝大多数实施土地储备的县市，入储的土地全部通过招拍挂方式用于住宅和商业等经营性用地，没有一亩用于划拨的公益性用地，也没有一亩用于协议的工业性用地。土地储备中心是以实现政府土地收益最大化为目的的机构。

同时，政府土地储备也存在极大风险。一是经营风险。在中西部地区，由于受土地需求制约，许多县级市和小城市政府收购储备土地的量很小，且入储土地大部分未实现供应。2000—2004年，陕西省尚未供应的储备土地高达65.8%，西安市储备的土地也仅供应出37.2%。一部分已供应的土地价格也远远低于政府预期，陕西土地出让价最高的西安高新技术开发区，2003—2004年出让土地的亩均纯收入仅为59万元，咸阳市储备土地出让亩均纯收入约为18万元。二是政策和法律风险。政府由于不能直接贷款，因此纷纷成立政府性公司，如城建、城开等专门从事城市基础设施建设的企业，它们获得贷款的途径主要是拿土地储备机构的土地到国有银行抵押，期限为1年、2年，甚至为10年，银行提供的贷款背后实际依托的是政府信用。这些公司贷款数额巨大且运作不规范，直接危及地方财政和金融体系的稳定性。尽管土地储备在地方盛行，迄今却还没有一部关于土地储备的国家法律或规定，只有地方政府文件批复。无法可依使这类机构以不可预期的方式发展，其中有些地方已拉响警报。地方政府过度经营土地和高度依赖土地抵押融资的行为，已使财政和金融风险日益加大。

房地产商和个人住房贷款对银行信贷的高度依赖也增加了金融风险。在这一轮经济发展中，政府可支配收入的高低依赖于土地招拍挂的收入，土地出让依赖于房地产商的参与活跃程度和出价，而商品房价格的攀升则取决于居民购房。政府、房地产商、个人购房者均以银行信贷为后盾，最终承担风险的是银行。2006 年以来，中央银行采取了一系列措施控制货币供给的过快增长，但货币供给总量仍然偏大。增长偏快的货币供给量拉动了政府城市基础设施投资、房地产开发投资和居民购房投资，而为这些投资提供抵押的就是土地。2005 年，广东省四大国有银行贷款余额的 60%是由土地及与土地相关的抵押品获得的。在上海，房地产信贷已占中资商业银行各项贷款总量的 1/3～1/2。1999—2004 年，浙江有的县市四大国有商业银行房地产开发贷款余额增长了近 40 倍，平均年增长超过 100%；个人住房消费担保贷款余额平均年增长近 200%。鉴于中央严令，房地产开发贷款基本冷却后，个人住房贷款成为各家银行的工作重点，其风险值得警惕：(1) 居民住房消费信贷的增长速度远远超过城镇居民人均可支配收入的增长速度。绍兴个人住房消费担保贷款余额从 1999 年至 2004 年 9 月增长了 77 倍，而同期城镇居民人均可支配收入增长了 1.72 倍，前者远远高于后者。绝大多数居民家庭经济收入与高涨的房价不相称。(2) 银行迫于利润压力，竭力扩展房贷业务，不去细究个人还贷能力。一旦出现房价下跌，居民还贷能力就将影响整个房地产市场的发展、土地市场的运营和整个金融体系的稳定。经历了房市狂热的上海，个人贷款不良率已有所上升，至 2005 年年末，出现连续 3 个月以上违约的自然人客户达 7 869 户，比上年末增加 2 650 户，增幅为 50.78%；违约笔数为 8 227 笔，比上年末增加 2 771 笔，增幅为 50.79%，且这种不良率的上升仍在延续。由此可见，在房地产市场牛气冲天时，较高的现金回收率似乎不成问题，但是一旦房地产市场步入熊市，房价由涨转跌，市场疲软，成交价格靠不住，就将引发银行个人房贷的系统风险。

（三）部分地方政府忽视了农民的土地财产权利

快速城市化和工业化的占地主要是通过征用农村土地来实现的，1997—2004 年，全国每年新增建设用地 570 万亩，占用农民耕地 304 万亩。在东部沿海省份，每年建设用地量达 40 万～50 万亩，征用土地占建设用地比重高的到 90%以上，低的也要到 75%左右。在中西部地区，尽管建设用地量远远低于东部地区，但是，1994—2003 年陕西全省各类非农建设占用耕地也达 72.79 万亩，其中征地仍是主要手段，占建设用地的近 90%。土地征用量如此之大，侵害了农民的土地权利，影响被征地农民的生计，引起了社会矛盾。

一是农民对以“公共目的”为由征得的土地用于营利性活动尤为不满。按照《中华人民共和国土地管理法》的规定，国家为了公共利益的需要，可以依法对集体所有的土地实行征用。但事实上征地权已被滥用于非农建设领域，凡是农村土地变为建设用地就要实行征地。有人将这种局面的出现归结于“公共利益”的难以清楚界定。其实，我国大量建设用地具有明明白白的营利性质。对于农民来讲，政府将征用的土地用于学校、医院、道路、绿地、政府办公楼等，尽管这些具有公共利益性质的用途也有部分转用于营利性活动，但被征地农民总体还能理解。然而，对于政府将大量土地圈占用于创办工业园区，协议出让给企业，被征地农民就感到很疑惑：为什么只有政府才能出让，我们就不能将土地出租给企业呢？更让农民不满的是，政府以很低补偿征得的土地，被以数十倍甚至数百倍的差价转手用于商业和房地产业，群体性事件多数由此引发。

二是农民对土地补偿感到不公平。按照《中华人民共和国土地管理法》，政府给予被征地农民不超过土地原用途成本的 30 倍进行补偿。在浙江、江苏等沿海发达省份，随着经济发展水平的提高，土地出让价飞涨，土地补偿和安置补助费最高也只有 2.5 万元左右，低的不到 2 万元。低补偿与农民土地权利意识增强形成的极大反差，是发达地区政府与失地农民矛盾的主要原因。在中西部地区，尽管农民的土地权益意识不像发达地区那样强，但由于大量耕地被用于国家重点工程及基础设施建设，这些项目往往资金量大，工程紧，补偿要么低于法定标准，要么不到位。一些国家投资项目要求地方资金配套，自行解决征地问题，甚至按每亩平均价或每公里均价包干费用，而到地方大多数就只能按法定补偿标准的低限执行，造成被征地农民生活水平下降。陕西省给被征地农民的补偿，公路一般仅为 0.6 万元/亩，铁路为 0.82 万元/亩。西安绕城高速最高补偿标准为 6 000 元/亩，调高后也只有 8 000 元/亩。府谷至店塔一级公路征用耕地补偿标准为 600～3 200 元/亩；吴堡至靖边高速公路为 800～3 200 元/亩。半数失地农民的生活水平较失地前下降。

三是征地补偿费被部分地方政府及集体经济组织截留。给被征地农民的土地补偿应包括土地补偿费、安置补助费以及地上附着物和青苗的补偿费。但是，在实际补偿中，农民往往搞不清是哪几项，一些地方的做法是将安置补助费以及地上附着物和青苗的补偿费给予被征地农户，而将土地补偿费留在村集体经济组织，甚至乡镇政府也会截留一部分。还有些地方连安置补助费也不全额发放给被征地农户，而是将其中部分资金纳入失地保险。

四是征地程序缺乏透明和协商，农民参与度低。《中华人民共和国土地管理法》规定，在征地过程中，地方政府必须将安置计划公开，以接受集体组织及被征地农民的评议。但是，《中华人民共和国土地管理法》没有明确必须在征地之前听取集体或农民意见，以及给予他们作出反应的机会。政府只是就征地目的、位置、补偿标准、安置措施等，以公告形式通知农民，很少事先和被征地农民沟通。

（四）中央与地方政府在土地功能上的目标差异较大

城市快速扩张伴随农田大面积流失。全国耕地保有量从 1996 年的 19.51 亿亩降至 2005 年的 18.3 亿亩，人均耕地从 1996 年的 1.59 亩下降到 2005 年的 1.40 亩。1996—2002 年间，农田平均每年以 1 027.5 万亩的速度流失，且速度在加快，凸显中央政府耕地保护、粮食安全、经济增长的综合目标与地方政府追求经济高速增长的单一目标不一致。

早在 1997 年，中央出于对粮食安全的担忧，提出了实行最严格的耕地保护制度，包括占用耕地补偿制度、耕地总量动态平衡制度、基本农田保护制度等。批准占用基本农田的权限在中央政府，占用耕地及补充耕地实现动态总量平衡由地方政府实施。但是，部分地方政府利用这一制度安排，设法进行耕地占补平衡的编制和变通，以应付中央政府的审批，达到尽量多征占耕地的目的。一些地方要么通过省内调剂、由建设用地指标有缺口的地方向指标富余地区支付一笔费用来平衡；要么通过土地开发整理折抵，从中央政府获得非农建设用地使用的许可，例如 1997—2003 年，浙江省已通过土地开发整理补充耕地 234.85 万亩，连续 8 年占补平衡有余，累计占补节余 43.65 万亩；要么将鱼塘、河滩、坡地也纳入农保范围，出现基本农田“上山、下水”的现象。为了得到中央政府的用地审批许可，一些地方政府甚至直接在账面上编制耕地动态总量平衡，从而出现一个地区的工业和商业用地占有很大比重，而基本农田数不减反增的戏剧性现象。还有一些地方，尽管通过土地整理、异地代保等做到了耕地的占补平衡，但是补充的耕地质量已大大下降，减少的耕地中有灌溉设施的高达 2/3，补充的耕地中有灌溉设施的只占 1/3。

为此，中央政府于 2004 年出台 28 号文件，对占用耕地补偿制度和保护基本农田作出了更严格的规定，2006 年又出台 31 号文件，在此基础上进一步明确了土地管理和耕地保护的责任。但是，现行土地制度所形成的地方政府经营土地的激励机制仍然存在，占用耕地及补充耕地实现动态总量平衡的实施权还在地方，在土地利用目标上，中央与地方政府不一致的问题难以改变，“指标年年不够用，指标年年用不完”的游戏也不会停止，仅靠严管措施还不能有效解决农田保护与经济发展相脱节产生的种种问题。

三、深化土地制度改革的建议

（一）打破土地一级市场的政府垄断，在源头上阻断地方政府卖地机制

贯彻宪法规定，坚持两种土地所有制长期并存的基本精神，实行国有

土地和集体土地“同地、同权、同价”。在我国，集体土地所有权和国有土地所有权制度是平等的制度，应赋予两种所有制的土地参与工业化和城市化的平等权利，改变农村土地只要变为建设用地，其所有制就由集体所有变为国有的格局。遏止地方政府通过规划控制冻结农民对土地的使用、行政区划调整、村民改居民、新一轮城市规划修编等行政手段，推行土地国有化，强行将农民集体土地转制，导致农民失地、失业、失权。

一是着手制定“公共利益征地否定式目录”，明确规定以营利为目的的用地不得征用。土地的征用坚持《中华人民共和国宪法》和《中华人民共和国土地管理法》规定的国家为了公共利益的需要，可以依照法律规定对土地实行征收或者征用并给予补偿的原则，改变只要是为了经济建设需要就实行征用的做法。为了解决“公共利益”在法律上难以准确界定的情况，建议出台政策明确规定，只要是以营利为目的的用地，即可判定为非公共利益，这类用地不得通过征用获得，并列出不属于公共利益用地的名录，作为将来国土部门监察的重要内容。

二是严格限定行政划拨用地的用途和比重。行政划拨用地的用途过于宽泛，占地过多，既浪费土地，又易滋生腐败。建议对建设用地中划拨用于公共设施建设的比重作出严格限定，清理一些以公共利益名义、实际是以营利为目的的用地，进行某些类别公共用地按市场价赔偿的试点。

三是限定政府储备土地为存量土地，严禁征用农民集体土地纳入土地储备范围。明确土地储备中心主要通过对存量建设用地进行收购和收回以获取土地，包括：收回用地单位已经撤销或迁移的用地，连续两年未使用的土地，土地使用者擅自改变土地用途责令限期改正逾期不改的用地，土地使用期届满土地使用者未申请续期或申请续期未获批准的用地，长期荒芜闲置的土地，国有河滩地，公路、铁路、机场、矿场等核准报废的土地；收购如因公共利益或实施城市规划调整使用的土地，旧城改造重点地段的土地，因企业关停并转或产业结构调整等调整出的土地，土地使用者依法取得出让土地使用权后无力开发和不具备转让条件的土地，土地使用权人申请收回的土地，土地使用权转让价格明显低于市场价格的土地，城市规划区范围内通道两侧的预留地或空地以及按照规划需要统征的土地。

鉴于土地储备制度已经在全国 1 000 多个城市实行多年，中央政府应着手制定有关政策和法规，对土地储备宗旨、目的、范围、机构设置、法人地位、储备土地的贷款资格、抵押方式等作出相应规定，尽快结束政出多门、各行其是的混乱状态，防止发生土地储备中心的融资风险。

（二）尊重农民土地财产权利，让农民以地权分享工业化和城市化的成果

一是谨慎对待“以社保换土地”的做法。为了化解农民与政府在土地利益上的冲突，一些地方开始实施“以社保换土地”的做法，将被征地农民纳入最低生活保障，这是一个进步。但“以社保换土地”，一方面要让农民觉得交出土地是值得的，另一方面也要求政府财政有足够的能力完成这种置换。事实上，城市政府提供给城市职工的养老保险和社会保障都存在严重资金缺口，一些发达地区也仅仅给予失地农民每月不到 200 元的保障，广东省预计社会保障费用会使征地补偿亩均价再增加 6 万元。因此，提高失地农民社保费用须冷静对待，既要避免政府被拖入巨额财政泥沼，又要防止一些地区以向农民提供社保的名义侵占农民土地。

二是积极推广地方创新性做法。要尊重农民的土地财产权利，就要在被征地农民赔偿方面，按土地市场价格进行补偿。在不能一步到位的情况下，应当尊重地区的许多创新性做法，并在充分调研的基础上予以推广。第一，在法律许可的范围内对土地进行分等定级，土地补偿从以土地原用途的年产值为准改为采用征地区片综合地价。土地补偿额的确定既要考虑土地的现有用途，也要考虑土地的区位特点，让农民的补偿既有绝对地租，也体现一定的级差地租。第二，给被征地村留一定比例的经济发展用地，由村集体经济组织建造标准厂房、铺面等用于出租，租金收益以股份形式在村民中分配。实践证明，村留用地既有利于村级经济壮大，在农村公共财政缺位的情况下，土地出租收入成为农村公共产品提供的重要来源，而且土地分红成为发达地区农民分享土地级差收益的重要途径。建议中央出台专门的文件，就留用地的比例、使用办法、收益分配原则等作出具体规定。第三，保护农民利用宅基地出租房屋获取收入的权利。在城市

化进程中，农民受益最大的一块是利用宅基地盖房，获取出租收入。鉴于现行法律中对宅基地的权属没有明确规定，出现政府侵占农民宅基地或农民在现有宅基地上超规定盖房的双重局面，因此，必须在法律上明确宅基地为农民财产的同时，对宅基地的申请、使用与出租等作出明文规定。尤其防止一些地方以旧村改造和新农村建设为名，侵犯农民宅基地权利。

（三）完善土地出让收入的预算管理，积极推进土地财产税改革

一是尽快出台土地出让收入纳入地方预算管理实施办法，并明确土地出让收入由地方使用，中央不参与其利益分配。中央可明确规定将国有土地使用权出让总价款全额纳入地方预算，缴入地方国库，实行“收支两条线”管理，这有利于这笔资金规范有效使用。但是，在操作上要注意以下两点：第一，预算资金管理是年初进行预算，年终审核，而土地出让收入是政府出让土地所得，它是一种政府垄断下的市场行为，当年计划出让多少土地可以由有关机构控制，但土地出让收入的多少则受市场左右，土地出让收入如何纳入地方预算管理要有具体实施细则。第二，根据各国经验，土地财产税一般被作为地方政府的主要税种，因为它有利于调动地方政府征收的积极性，而且土地的变化情况地方更容易掌握，因而也更容易足额征收。中央在土地出让收入预算管理的规定中，应规范和提高土地出让收入的使用效率，决不可形成主管部门在摸清地方家底后分配地方土地收入的契机。

二是启动土地财产税改革，让城市政府有永续的收入来源。在阻断卖地机制和加强土地出让收入规范管理的同时，借鉴发达市场经济国家的经验，启动土地财产税改革，让地方政府从土地用途转换和土地交易中获得税收，保证地方政府永续的收入来源。同时，在操作上先易后难，合并税种，统一征收，分步实施。建议将与土地财产相关的税费由多个部门征收，改为只由税务部门征收；将各种土地税费合并为三个税种，即土地占用税、土地保有税和土地交易税。土地占用税是对土地农转非行为的征税，对现在的耕地占用税、耕地开垦费、新增建设用地土地有偿使用费合

并征收，体现保护耕地的目的；土地保有税是对持有建设用地者的征税，基于土地的不可再生性和随着经济发展必然升值的情况，可由中立的土地评估机构公布一个地区一定时期的土地价格，税务部门根据地价上涨的情形对土地持有者征收一定比例的土地保有税；土地交易税是对建设用地的交易行为征税，既让地方政府可以获得稳定的税源，也有利于土地转向最有价值的使用。

（四）尝试工业用地直接进入市场，维持我国制造业的全球优势

一是审慎评估政府垄断工业用地招拍挂对我国工业化的影响，让农民集体土地直接进入市场。工业用地招拍挂出让政策的出台，可以在一定程度上遏制地方政府压低地价招商引资的行为，但也会提高工业用地的成本。我国现在正处在工业化的关键阶段，农业劳动力的转移和工业向中西部地区的转移，都有赖于工业化继续保持一定增长速度。地方经验表明，在符合规划和用途管制的前提下，农民直接将集体建设用地以出租、出让、转让等形式供应给企业，既大大降低了企业的用地成本，又保证了农民可以长期分享土地增值收益，地方政府可以获得企业税收和土地使用费。推广地方农民集体建设用地直接进入市场的做法，有利于大量中小企业到广大中西部地区落户，促进制造业向中西部地区转移，继续保持我国制造业在全球的竞争优势。

二是尽快制定规范集体建设用地流转的法律，结束集体建设用地大量非法流转的局面。（1）在符合规划的前提下，集体土地应与国有土地一样，可以出租、出让、转让、抵押；可以获得与国有土地具有同等权利的《集体土地使用权证》；农民可以获得土地流转的绝大部分收益。（2）集体非农建设用地必须符合规划控制，依法取得。所有非农建设用地的安排必须符合土地利用总体规划，农用地转非农建设用地必须在规划的控制下，按年度用地计划实行农用地转用，依法进行土地登记，办理转用手续，取得转用证书。要对所辖地域的非农建设用地作一次认真普查，制定出补办转用手续的最后期限和罚则，使所有非农建设用地都依法取得，禁止私下流

转的土地黑市。(3) 建立集体建设用地使用权交易市场。在符合土地利用规划和用途管制的前提下，依市场原则令集体建设用地使用权进入市场进行交易，这一过程不改变集体土地所有权性质，任何建设用地使用者都可根据市场公平交易的原则，与集体土地所有者或建设用地使用者进行等价交换。土地使用权价格应该是市场价格。(4) 加强集体土地收入的管理，确保农民成为土地流转收益的主要获得者。在土地产权上，严格界定集体经济组织和农民在土地权利、流转收益分配上的关系，加强对集体经济组织土地收益资金的管理，将土地流转收益最大限度地运用于农民的社会保障，以保障农民的长远生计。

（五）客观审视指标管理的效力，探索更有效保护耕地的制度安排

一是进行一次全国基本农田实际存量的普查。自 1997 年实行基本农田保护制度以来，保证基本农田量不下降成为一条不可逾越的政治“红线”。一些地方为避开“红线”，采取各种变通措施，使基本农田实际拥有量与上报数量的差距不断拉大，但谁也搞不清现在到底还有多少优质基本农田，这是我国粮食安全的一大隐患。为此，有必要对全国基本农田实际拥有量进行一次实事求是的普查，以作为下一轮土地利用规划修编的依据，也使我国的耕地保护落到实处。

二是建立基本农田保护的地区补偿机制。鉴于区域之间以及同一地区不同县市之间发展工业化、城市化程度的差异，它们占用基本农田的量也不一样，各地只能通过县内、地区内、省内基本农田指标的置换保持经济发展用地与基本农田保护平衡，这种做法一直没有得到中央的认可。随着经济的发展，这种做法将越来越普遍，甚至出现跨省平衡。建议就基本农田指标异地置换的原则、方式和补偿机制等出台有关政策，这样既可以解决工业化、城市化快速发展地区的用地需求，又有利于基本农田保护面积大的地区获得一定的货币补偿。

三是科学研究区域产业布局，建立国家粮食安全保护机制。组织多学科力量，对我国区域产业布局进行科学研究，在此基础上实行国家粮食安

全和区域耕地保护挂钩，对保障国家粮食安全的耕地实行国家财政补偿和工业化地区向粮食保障区域补偿的双重机制，使粮食安全和耕地保护做到目的明确、责任清楚、补偿公平、行之有效。

（六）在《中华人民共和国民法典》中增加农民土地权利保障的内容，并开展《中华人民共和国土地管理法》等相关法律的修改

一是在《中华人民共和国民法典》中增加农民土地权利保障内容。(1) 乡（镇）集体经济组织代表集体行使土地所有权为镇政府占有和经营集体土地提供了依据。建议取消“乡镇集体经济组织代表集体行使所有权”的条款。(2) 由于农村集体建设用地占建设用地总量的半壁河山，建议增加对集体建设用地使用权的一般规定，允许其在规划和用途管制前提下出租、出让和转让。(3) 宅基地的出租已成城乡接合部和发达地区农民的重要收入来源，建议修改“宅基地使用权”条款，允许宅基地使用权转让、抵押，促进农民宅基地商品化。

二是《中华人民共和国土地管理法》的修改要体现保障农民土地财产和保护耕地的双重目标。建议立即启动对《中华人民共和国土地管理法》的修改，增加和充实与农民土地权益保障有关的条款，与《中华人民共和国民法典》《中华人民共和国农村土地承包法》中有关农民土地权益保障的立法精神相符，完善土地立法的微观层面工作，如农村土地的地籍普查和登记制度、统一的土地权证等。建议从构建农民财产权的角度规范市场，阻断地方政府卖地诱因，切实保护好耕地。

第十九章
中国土地制度改革的上半程及下一程

土地制度是中国政治经济制度的基础性安排。土地制度改革是中国全局改革关键而敏感的领域。独特的土地制度安排与变革是中国经济高速增长和结构变革的发动机。20 世纪 80 年代初的农村土地制度改革拉开了中国改革开放的大幕，促进了中国的农村转型和体制转轨，20 世纪 90 年代末的城市土地制度变革推动了中国从乡土中国向城乡中国的历史转型。但是，中国在利用土地创造“中国奇迹”的同时，也形成了独特的“以地谋发展”模式，造成了国民经济运行、财富增长与分配对土地的过度依赖，阻碍了经济转型和结构改革。随着中国经济从高速增长转向中高速增长①，发展动能出现转换，土地的发动机功能减退，“以地谋发展”模式的弊端凸显，深化土地制度改革对全局意义重大。

中国改革走过了 40 多年的非凡历程，土地制度改革也经历了任人评说的风风雨雨。本章第一部分是一个对中国过去土地制度变革进程与主要内容的回顾性评论；第二部分评估了土地制度在国民经济高速增长阶段所起的历史作用，分析了这套土地制度存在的主要问题；第三部分展望了中国经济在进入新阶段后的主要特征，提出了为适应这一阶段性转换亟须深化

---

① 刘世锦，刘培林，何建武. 我国未来生产率提升潜力与经济增长前景. 管理世界，2015 (3)：1－5.

推进的土地制度改革。

一、土地制度变革进程：一个回顾性评论

对中国过去40多年的土地制度变革给出一个统一的一般性评论是很困难的。这一方面是因为土地制度安排的目标与变迁路径在城乡和不同用途之间差异很大，另一方面是因为对各项土地制度变革结果的评价因角度和立场不同共识很少，有些方面的改革比较一致地令人称道，有些方面的变迁产生的影响巨大但争议很大，有些深层的制度改革因利益、观念、知识的羁绊而贻误时机，令人遗憾。从土地制度对中国经济和社会转型的影响来看，农地承包地、农户宅基地、土地转用、城市土地使用是其中影响深远且至关重要的几项制度安排，我们将分别予以讨论。

（一）农地集体所有、家庭承包经营制度

农地承包地是全国土地面积中份额最大、涉及人数最多的。截至2015年年末，全国共有农地64 545.68万公顷，其中耕地13 499.87万公顷(20.25亿亩)①，家庭承包经营的耕地面积为13 423.68万公顷，占总耕地面积的99.44%，这些土地被发包给2 305.74万户农户承包经营。② 农地承包地制度是一项被视为对农业绩效、农民权利和社会稳定具有基础性影响的安排。

与历史上的土地制度相比，中国共产党执政以来的土地制度具有在乡村改天换地的性质。在传统乡土中国，农地属于家户私有，以自耕农和佃农为主的家庭农业是小规模农地的主要经营者，土地所有权和经营权同等受到法律保护和契约约束，且耕作权在很大程度上具有事实上的所有权权能。③ 在中国共产党取得政权后，实行公有制的社会主义制度全面推进中国从农业国向工业国转变。④ 为此，新政权在乡村进行了一系列国家主导

① 资料来源于《中国国土资源公报》。

② 中华人民共和国农业部. 中国农业统计资料. 北京：中国农业出版社，2015.

③ 费孝通. 乡土中国. 上海：上海人民出版社，2007.

④ 参见毛泽东在党的七届二中全会上的报告。

的制度再造[①]，形成了独特的农村土地集体地权制度：一是作为公有制在乡村的实现形式，对农村土地实行集体所有制，国家通过人民公社、生产大队、生产小队三级对农村实行全面的政治与经济控制；二是国家事实上行使集体土地产权，生产队对土地的使用由上级控制，并不享有作物种植选择权，收益权因国家实行农产品统购统销而丧失，生产队的公共积累和社员分配以完成国家任务为前提；三是农业经营制度实行主要以生产队为单位的统一经营，农业经济活动和社员劳动由生产队统一安排，生产成果按工分统一分配。[②]

由于政治气候的变化加上国家控制的集体所有、统一经营制度的低效，中国于 20 世纪 70 年代末 80 年代初成功实现了上下互动的农村土地制度改革。经过底层创造、顶层支持与政策推动[③]，形成了为各方所接受的农地集体所有、家庭承包经营制度：一是在公有制社会主义制度下，改革以坚持土地集体所有制为前提。国家连续通过文件宣示集体所有制不变，强调包产到户与私有单干不同[④]；保留“三级所有、队为基础”的集体所有构架；农民与土地的关系被界定为发包与承包的关系；集体组织不同程度地行使着集体所有权；农村土地不准买卖。二是形成国家、集体与农户之间的承包合约。土地合约的初始安排由自发变法的底层农民默认，后来被作为一项非签约但必须遵守的三方合约制度化，即“交够国家的，留足集体的，剩下都是自己的”，农户在承诺并完成所承担的国家任务和集体义务的前提下，获得集体土地剩余索取权。三是集体所有权明确为成员集体所有权。与集体化时期的社员（他只是以自己的劳动为国家做贡献、同时分得一定的收入）不同，包产到户后的成员不仅以集体成员身份平均分配集体土地和资产，随人口增减带来的成员权变化调整土地，而且享有集体土地上长出的一切资产的权益。改革以后的集体所有权事实上成为集体

---

① 杜润生. 杜润生自述：中国农村体制变革重大决策纪实. 北京：人民出版社，2005.

② 周其仁. 中国农村改革：国家和所有权关系的变化（下）——一个经济制度变迁史的回顾. 管理世界，1995（4）.

③ 国务院农研中心发展研究所. 中国农村经济体制改革的系统考察. 北京：中国社会科学出版社，1984.

④ 参见 1982 年中共中央批转的《全国农村工作会议纪要》。

成员的权利集合，同时也使集体所有权的身份性更加强化。四是明晰承包农户对农地的产权。通过集体所有权与使用权的分离，做实承包权为实实在在的权利，又通过强化农户的主体地位，不断完善农户对所承包土地的使用权、收益权和转让权。五是实行家庭农业经营制度。通过废除生产队统一组织生产、统一分配收益的经营制度，以家庭替代生产队成为农业生产、经济决策与收益所得的单位，农户成为农业经营主体，并通过相关法律予以制度化。

农地集体所有、家庭承包经营制度确立以后，在实施过程中，尽管遇到了一些波折和质疑，但这套制度还是坚持了下来，并且农地权利演进一直朝向强化农民土地产权保护的方向。

一是在法律上明确集体所有的内涵。通过《中华人民共和国农村土地承包法》和《中华人民共和国民法典》对集体所有的内涵予以法律表达，即农村土地农民集体所有是农村基本经营制度的根本，土地集体所有权人对集体土地依法享有占有、使用、收益和处分的权利，农民集体作为土地所有权的主体，分属三个层次，即村农民集体、村内农民集体、乡（镇）农民集体。①

二是完善和保护农户土地承包权的财产权。针对土地承包权作为一种特殊的用益物权，明确承包地就是农民的财产②；以法律形式明确承包农户依法享有承包地使用、收益和土地承包经营权流转的权利，有权自主组织生产经营和处置产品，承包地被依法征用、占用的，有权依法获得相应的补偿③；承包期内发包方不得收回承包地，不得调整承包地④；限制公权力对农民土地财产权利的侵犯，明确规定在法定承包期内，任何组织和个人不得干预农民的生产经营自主权，不得违法调整和收回承包地，不得违背农民意愿强行流转承包地，不得非法侵占农民承包地。⑤

① 王利明，周友军. 论我国农村土地权利制度的完善. 中国法学，2012（1）：45－54.

② 参见柳随年2001年6月26日在第九届全国人民代表大会常务委员会第二十二次会议上对《中华人民共和国农村土地承包法（草案）》的说明，载2002年第5号《中华人民共和国全国人民代表大会常务委员会公报》第353－356页。

③④ 中华人民共和国农村土地承包法.

⑤ 国务院办公厅关于妥善解决当前农村土地承包纠纷的紧急通知.

三是不断延长土地承包期，稳定农民对土地权利的预期。土地承包期从1984年的15年[①]延长到第二轮延包时的30年[②]，1998年党的十五届三中全会赋予农民长期而有保障的土地使用权[③]，党的十七届三中全会提出"长久不变"[④]，党的十八届三中全会[⑤]和党的十九大[⑥]进一步重申这一规定。

四是改革成员集体所有权。20世纪80年代末，中央农村政策研究室在贵州湄潭试点"增人不增地、减人不减地"。2002年"增人不增地、减人不减地"被写进《中华人民共和国农村土地承包法》。《中华人民共和国农村土地承包法》明确规定，"国家依法保护农村土地承包关系的长期稳定"，"承包期内，发包方不得调整承包地"。

五是土地承包合约条件的变化。一方面是附着于土地的国家义务的变化。先是降低粮食任务，农民对完成任务以外的土地有权自由种植；再是允许农民以货币交粮，减少农民土地与粮食任务的挂钩；然后实行粮食购销体制改革，国家以市场化方式购粮，农民与土地粮食任务解除；再到国家实行种粮补贴。另一方面是集体义务的变化。从上交集体公积金、公益金，20世纪90年代各种负担摊派到承包地，农民不堪重负；到后来采取一事一议，集体义务与承包地不挂钩，国家和集体义务改变，农民承包地权利的剩余权扩增。[⑦]

六是将家庭承包经营制度作为国家基本制度。1991年首次提出把以家庭联产承包为主的责任制、统分结合的双层经营体制，作为我国乡村集体经济组织的一项基本制度长期稳定下来，并不断充实完善。[⑧] 1999年的

---

① 1984年《中共中央关于一九八四年农村工作的通知》。

② 1993年《中共中央、国务院关于当前农业和农村经济发展的若干政策措施》。

③ 1998年《中共中央关于农业和农村工作若干重大问题的决定》。

④ 2008年《中共中央关于推进农村改革发展若干重大问题的决定》。

⑤ 2013年《中共中央关于全面深化改革若干重大问题的决定》。

⑥ 习近平. 决胜全面建成小康社会　夺取新时代中国特色社会主义伟大胜利——在中国共产党第十九次全国代表大会上的报告. 中国政府网，2017-10-27.

⑦ 周其仁，刘守英. 湄潭：一个传统农区的土地制度变迁//中共贵州省委政策研究室，中共贵州省湄潭县委. 土地制度建设试验监测与评估，贵阳：内部资料，1997.

⑧ 1991年《中共中央关于进一步加强农业和农村工作的决定》。

《中华人民共和国宪法修正案》明确规定，农村集体经济组织实行家庭承包经营为基础、统分结合的双层经营体制。2002 年《中华人民共和国农村土地承包法》正式提出国家实行农村土地承包经营制度。2008 年党的十七届三中全会强调，以家庭承包经营为基础、统分结合的双层经营体制，是适应社会主义市场经济体制、符合农业生产特点的农村基本经营制度，是党的农村政策的基石，必须毫不动摇地坚持。[①]

（二）集体所有、农民使用宅基地制度及其变迁

在各项土地权利中，宅基地权利是一项关乎农民居住权和财产权的重要权利，宅基地制度也被视为对政治和社会有至关重要影响的制度安排。截至 2015 年，在全部土地中，村庄用地为 140.134 万公顷，其中宅基地约为 133.3 万公顷。[②]

历史上的宅基地与土地一样，一直是农民私有，且与其上所盖房屋的权利不可分割。[③] 土地制度改革时期和合作化时期的宅基地及其房屋还是属于农民私有。到人民公社时期开始实行宅基地和房屋权利的分别设置，即宅基地一律不准出租和买卖，归各户长期使用，房屋永远归社员所有，可以买卖或租赁。[④] 到 20 世纪 80 年代初开启农村改革时，集体所有、农民长期使用的宅基地制度架构初具雏形：一是宅基地所有权归生产队集体所有，禁止社员出租和买卖。二是宅基地与其上的房屋权利相分离，农户拥有宅基地长期使用权，对房屋拥有排他性所有权，可以买卖、租赁、抵押、典当，宅基地使用权随着房屋的买卖和租赁而转移。三是宅基地依集体成员申请无偿取得。[⑤]

改革以后，当中国的农村土地制度不断朝向财产权方向演进时，宅基

---

① 2008 年《中共中央关于推进农村改革发展若干重大问题的决定》。

② 中华人民共和国住房和城乡建设部. 中国城乡建设统计年鉴. 北京：中国统计出版社，2016.

③ 陈小君，蒋省三. 宅基地使用权制度：规范解析、实践挑战及其立法回应. 管理世界，2010（10）.

④ 赵树枫. 农村宅基地制度与城乡一体化. 北京：中国经济出版社，2015.

⑤ 刘守英. 直面中国土地问题. 北京：中国发展出版社，2014.

地制度则朝向使用与管制并行的方向发展。

一是集体宅基地所有权。与耕地所有权朝向成员集体所有不同，宅基地集体所有权的强度与控制权更强。在宅基地的所有权上，集体组织绝不仅仅具有法律意义，而是拥有实实在在的控制权、使用权和收益权。[①] 集体组织享有村庄宅基地的分配权，可以依法收回农户超出法定面积的宅基地，拥有对村庄内未分配到农户手上集体空闲地、公共用地、经营性用地的控制权。[②] 在一些实行村庄改造以及土地整治的村庄，集体控制宅基地结余指标的收益权。

二是农户宅基地使用权与住房所有权。法律规定，宅基地使用权人对集体所有的土地享有占有和使用的权利，有权依法利用该土地建造住宅及其附属设施；一户只能拥有一处宅基地；农村村民在出卖、出租住房后再申请宅基地的，不予批准；宅基地因自然灾害等原因灭失的，宅基地使用权消灭。对失去宅基地的村民，应当重新分配宅基地。[③] 农民的宅基地使用权不得转让、抵押、收益。但农村房屋是农民的私有财产，为农民所有，农民享有房屋的买卖权、出租权、抵押权、典权、转让权等权利。

三是宅基地的成员身份性和非成员限制进入。只有集体经济组织成员才有资格申请和得到宅基地，非集体经济组织成员无法获得宅基地。[④] 对非成员取得宅基地的限制逐步严格，1982 年时允许农村社员中回乡落户的离休、退休、退职职工和军人以及回乡定居的华侨申请取得[⑤]，1986 年的《中华人民共和国土地管理法》允许城镇非农业户口居民经县人民政府批准后建住宅，1991 年的《中华人民共和国土地管理法实施条例》仍然开放城镇非农业户口居民使用集体土地建住宅。到 1999 年时发生重大转向，规定农民的住宅不得向城市居民出售，也不得批准城市居民占用农民集体土地建住宅。[⑥] 2004 年国务院 28 号文件明令禁止城镇居民在农村购置宅基地。[⑦]

四是强化宅基地使用管制。将农村宅基地占用农用地纳入年度计划，

---

①②③④　刘守英. 农村宅基地制度的特殊性与出路. 国家行政学院学报，2015 (3)：18 - 24.

⑤　参见国务院发布的《村镇建房用地管理条例》。

⑥　国务院办公厅关于加强土地转让管理严禁炒卖土地的通知（国办发〔1999〕39 号）.

⑦　国务院关于深化改革严格土地管理的决定（国发〔2004〕28 号）.

规定各省（区、市）下达给各县（市）用于城乡建设占用农用地的年度计划指标中增设农村宅基地占用农用地计划指标，农村宅基地占用农用地的计划指标应和农村建设用地整理新增加的耕地面积挂钩。县（市）国土资源管理部门对新增耕地面积检查、核定后，应在总的年度计划指标中优先分配等量的农用地转用指标用于农民住宅建设[①]，但事实上这很难实施。宅基地审批采取各县（市）可根据省（区、市）下达的农村宅基地占用农用地的计划指标和农村村民住宅建设的实际需要，于每年年初一次性向省（区、市）或设区的市、自治州申请办理农用地转用审批手续，经依法批准后由县（市）按户逐宗批准供应宅基地。对农村村民住宅建设利用村内空闲地、老宅基地和未利用土地的，由村、乡（镇）逐级审核，批量报县（市）批准后，由乡（镇）逐宗落实到户。[②]

（三）土地转用制度安排及其变迁

中国经济的高速增长伴随着工业化和城市化的快速转变，农村土地非农化的规模和方式影响甚大。2003—2015 年，中国农村土地转为非农用地的面积达 1 156.18 万公顷。[③] 农村土地转为建设用地，从空间来看包括转为城市建设用地和农村建设用地，从所有制来看存在集体转用和国家征用两种途径。

改革之初到 1998 年《中华人民共和国土地管理法》修订前，农村土地转为集体建设用地的通道一直是敞开的。20 世纪 80 年代初期，随着农村土地改革释放大量剩余劳动力，政府鼓励农民利用集体土地创办乡镇企业，农村建设用地量快速增长。1978 年全国乡镇企业用地估计为 235.5 万亩，到 1985 年时估计约为 844.5 万亩，用地规模扩大了 2.6 倍。1981—1985 年新建农民住宅平均每年在 6 亿平方米以上。

直到 1987 年实施《中华人民共和国土地管理法》时，农村土地进入非农建设还保留有三个通道：一是只要符合乡（镇）村建设规划，得到县级

① 刘守英. 农村宅基地制度的特殊性与出路. 国家行政学院学报，2015（3）：18－24.

② 高圣平. 宅基地使用权初始取得制度研究. 中国土地科学，2007（2）.

③ 参见《中国国土资源公报》。

人民政府审批，就可以从事农村居民住宅建设，乡（镇）村企业建设，乡（镇）村公共设施、公益事业建设等乡（镇）村建设。二是全民所有制企业、城市集体所有制企业同农业集体经济组织共同投资举办联营企业，需要使用集体所有土地时，可以按照国家建设征用土地的规定实行征用，也可以由农业集体经济组织按照协议将土地的使用权作为联营条件。三是城镇非农业户口居民经县级人民政府批准后，可以使用集体所有的土地建住宅。① 这一时期的集体建设用地仍然不断增长，集体建设用地量从 1988 年的 69 万亩增加到 1992 年的 93.5 万亩。

自 1992 年开始，国家对集体建设用地的政策发生转变，集体土地必须先被征为国有土地才能作为建设用地使用；集体土地作价入股兴办联营企业的，其土地股份不得转让。② 1998 年修订的《中华人民共和国土地管理法》从法律上使农村土地进入非农集体建设使用的通道紧缩，农民使用集体土地从事非农建设变成国有建设用地主通道的一个例外，即兴办乡镇企业和村民建设住宅经依法批准使用本集体经济组织农民集体所有的土地的，或者乡（镇）村公共设施和公益事业建设经依法批准使用农民集体所有的土地的除外。明确规定农民集体所有的土地的使用权不得出让、转让或者出租用于非农业建设，保留农村集体经济组织以土地使用权入股、联营等形式与其他单位、个人共同举办企业。③ 1999 年出台的《国务院办公厅关于加强土地转让管理严禁炒卖土地的通知》（国办发〔1999〕39 号）要求乡镇企业用地要严格限制在土地利用总体规划确定的城市和村庄、集镇建设用地范围内。自那以后，加上乡镇企业改制和建设用地年度指标管制的加强，农村集体建设用地在大多数地区合法进入市场的通道基本关闭。直到 2004 年时对农村集体建设用地使用的规定才发生一些变化，该年发布的 28 号文件鼓励农村建设用地整理，城镇建设用地增加要与农村建设用地减少相挂钩……在符合规划的前提下，村庄、集镇、建制镇中的农民

---

① 刘守英. 集体土地资本化与农村城市化——北京市郑各庄村调查. 北京大学学报（哲学社会科学版），2008（6）：123-132.

② 国务院关于发展房地产业若干问题的通知（国发〔1992〕61 号）.

③ 参见 1998 年《中华人民共和国土地管理法》。

集体所有建设用地使用权可以依法流转。[①] 2006 年的国务院 31 号文件也允许农民集体所有建设用地使用权流转，符合规划并严格限定在依法取得的建设用地范围内。[②]

农村土地转为非农使用，征地是主要工具。尤其是在集体建设用地转用通道关闭后，征地转用成为唯一的合法土地转用方式。1982 年的《中华人民共和国宪法》恢复了 1954 年《中华人民共和国宪法》提过的国家为了公共利益的需要，可以依照法律规定对土地实行征用的原则，但是该法也第一次提出城市土地属于国家所有、农村土地属于集体所有，形成两种所有制并存与分治的土地所有权结构。[③] 1987 年实施的《中华人民共和国土地管理法》坚持土地征用公共利益原则，但是公共利益的界定极其宽泛，国家进行经济、文化、国防建设以及兴办社会公共事业皆可实行征地，征地补偿实行原用途原则，只是将土地补偿费和安置补助费两项总和提高到不超过土地被征用前三年平均年产值的二十倍，以及对被征地者采取就业和转换身份安置。[④] 1998 年的《中华人民共和国土地管理法》沿袭了征地公共利益原则、城乡分治格局和原用途补偿，将两项补偿之和提高到不超过土地被征用前三年平均年产值的三十倍。这部法律同时作出了两条对土地转用产生重大影响的规定：一是确立土地用途管制制度，国家编制土地利用总体规划，规定土地用途，控制建设用地总量，对年度建设用地指标实行审批[⑤]；二是规定任何单位和个人进行建设，需要使用土地的，必须依法申请使用国有土地。[⑥]

征地转用产生的问题随着工业化、城市化进程的加快越来越严重。国土资源部于 2001 年开始启动征地制度改革试点。[⑦] 在试点基础上，国土资

① 国务院关于深化改革严格土地管理的决定（国发〔2004〕28 号）.

② 国务院关于加强土地调控有关问题的通知（国发〔2006〕31 号）.

③ 参见 1982 年的《中华人民共和国宪法》。

④ 参见 1987 年实施的《中华人民共和国土地管理法》。

⑤⑥ 参见 1998 年修订的《中华人民共和国土地管理法》。

⑦ 黑龙江省从 2000 年起，在全省实行了各市、县主要地类的征地统一年产值标准的做法；浙江省杭州市、江苏省南京市和苏州市也从 2000 年起不再以产值倍数来测算补偿费用，而是综合考虑土地用途、土地区位条件、当地经济发展水平和土地供求关系等因素，结合当地城镇居民社会保障水平，确定征地补偿标准。

源部于 2005 年试行征地统一年产值标准和征地区片综合地价。统一年产值标准的计算方法是，在一定区域范围内，综合考虑被征收农用地类型、质量、等级、农民对土地的投入以及农产品价格等因素，以前三年主要农产品平均产量、价格为主要依据测算综合收益值①，再根据土地区位、当地农民现有生活水平和社会经济发展水平、原征地补偿标准等因素确定相应的土地补偿费和安置补助费倍数进行计算。征地区片综合地价的计算方法是，在城镇行政区土地利用总体规划确定的建设用地范围内，依据地类、产值、土地区位、农用地等级、人均耕地数量、土地供求关系、当地经济发展水平和城镇居民最低生活保障水平等因素，划分区片并测算征地综合补偿标准（原则上不含对地上附着物和青苗的补偿费）。② 尽管征地区片综合地价考虑了被征地农民的土地发展权，但是执行这一标准的范围仅限于城市和集镇范围，在这一范围之外的大量征地仍然按照产值（即原用途）标准进行。③

2003 年以后，中央层面明确要求推进征地制度改革。党的十六届三中全会提出征地改革的内容和方向是按照保障农民权益、控制征地规模的原则，改革征地制度，完善征地程序。严格界定公益性和经营性建设用地，征地时必须符合土地利用总体规划和用途管制，及时给予农民合理补偿。④ 党的十六届五中全会要求健全对被征地农民的合理补偿机制。⑤ 党的十六届六中全会要求从严控制征地规模，加快征地制度改革，提高补偿标准，探索确保农民现实利益和长期稳定收益的有效办法，解决好被征地农民的就业和社会保障。⑥ 2006 年中央明确提出，加快征地制度改革步伐，按照缩小征地范围、完善补偿办法、拓展安置途径、规范征地程序的要求，进一步探索改革经

---

① 参见国土资源部 2004 年发布的《征地统一年产值标准测算指导性意见（暂行）》。

② 参见国土资源部 2005 年发布的《关于开展制订征地统一年产值标准和征地区片综合地价工作的通知》。

③ 吴宇哲，彭毅，鲍海君. 基于土地发展权分配的征地区片综合地价研究. 浙江大学学报（人文社会科学版），2008（6）：23－30.

④ 2003 年《中共中央关于完善社会主义市场经济体制若干问题的决定》。

⑤ 2005 年《中共中央关于制定国民经济和社会发展第十一个五年规划的建议》。

⑥ 2006 年《中共中央关于构建社会主义和谐社会若干重大问题的决定》。

验。[①] 2008 年中央 1 号文件要求继续推进征地制度改革试点，规范征地程序，提高补偿标准，健全对被征地农民的社会保障制度，建立征地纠纷调处裁决机制。[②] 党的十七届三中全会提出在土地利用规划确定的城镇建设用地范围外，经批准占用农村集体土地建设非公益性项目，允许农民依法通过多种方式参与开发经营并保障农民合法权益。[③]

2010 年国土资源部在国家综合改革试验区等确定 11 个城市开展征地制度改革试点，主要内容是：区分公益性和非公益性用地，缩小征地范围；完善征地补偿安置机制；改进农用地转用与征收审批方式。在试点工作指导意见中规定非公益性用地项目主要包括经依法批准建设的旅游娱乐、商业服务、工业仓储等类型。确定了缩小征地范围的区域，在土地利用总体规划确定的城镇建设用地范围内，除法律规定可使用农民集体土地外，建设用地涉及农村集体土地的原则上予以征收；在土地利用总体规划确定的城镇建设用地范围外，非公益性用地退出征地范围，经批准以其他方式取得农村集体土地。遗憾的是由于时间短，试点范围小，未见成效。[④]

党的十八届三中全会决定对土地制度改革进行总体部署，内容包括：在符合规划和用途管制的前提下，允许农村集体经营性建设用地出让、租赁、入股，实行与国有土地同等入市、同权同价；缩小征地范围，规范征地程序，完善对被征地农民合理、规范、多元保障机制；扩大国有土地有偿使用范围，减少非公益性用地划拨；完善土地租赁、转让、抵押二级市场；建立有效调节工业用地和居住用地合理比价机制，提高工业用地价格[⑤]，并在全国开展试点。2015 年 2 月 27 日第十二届全国人民代表大会常务委员会第十三次会议通过了《全国人民代表大会常务委员会关于授权国务院在北京市大兴区等三十三个试点县（市、区）行政区域暂时调整实施有关法律规定的决定》，落实中共中央办公厅和国务院办公厅《关于农村土地征收、集体经营

---

① 唐健. 征地制度改革的回顾与思考. 中国土地科学，2011（11）：3－7.

② 2008 年中央 1 号文件《中共中央、国务院关于切实加强农业基础建设进一步促进农业发展农民增收的若干意见》。

③ 2008 年《中共中央关于推进农村改革发展若干重大问题的决定》。

④ 同①.

⑤ 2013 年《中共中央关于全面深化改革若干重大问题的决定》。

性建设用地入市、宅基地制度改革试点工作的意见》，正式开始农村土地三项制度改革。

（四）市地制度安排及其变迁

土地转为国有以后的市地制度安排不仅为工业化、城市化的快速推进提供土地保障，而且成为城市建设重要的资金来源。改革之前，中国实行的是土地供应无偿、无限期流动的制度。1987 年实施的《中华人民共和国土地管理法》规定了行政划拨和有偿出让两种土地使用模式。1987 年 12 月 1 日，深圳市首次公开拍卖一幅 8 588 平方米地块 50 年的使用权，土地使用权在中国第一次作为资产进入市场。[①] 1988 年《中华人民共和国宪法修正案》在删除土地不得出租规定的同时，增加了土地的使用权可以依照法律的规定转让的规定。1990 年 5 月国务院发布《中华人民共和国城镇国有土地使用权出让和转让暂行条例》，明确规定土地使用权可以采用协议、招标和拍卖三种方式出让和转让。1998 年的《中华人民共和国土地管理法》明确规定了土地使用权可以依法转让，以及国家依法实行国有土地有偿使用制度。国家以土地所有者的身份，由市县级人民政府作为代表，将国有土地使用权在一定年限内以协议、招标、拍卖方式出让给土地使用者，土地使用者则按照出让合同的约定向国家支付土地使用权出让金。1999 年以来又不断加大土地有偿使用制度改革，减少划拨用地比重，增加有偿使用比重。2002 年 5 月国土资源部出台《招标拍卖挂牌出让国有土地使用权规定》第 11 号令，规定商业、旅游、娱乐和商品住宅等各类经营性用地必须以招标、拍卖或者挂牌方式出让。[②] 全国招拍挂出让土地的面积和价款从 2001 年的 0.66 万公顷、492 亿元，提高到 2006 年的 6.65 万公顷、5 492.09 亿元。2004 年国务院发布 28 号文件规定工业用地必须实行招拍挂，国有建设用地招拍挂出让比重逐年上升，2001—2010 年，招拍挂出让面积占出让土地面积的比重从 7.30%提高到 88.27%。土地招拍挂出让收入占出让总收入的比重到 2010 年达到 95.94%

① 刘守英. 中国的二元土地权利制度与土地市场残缺：对现行政策、法律与地方创新的回顾与评论. 经济研究参考，2008 (31)：2 - 12.

② 刘守英. 以地谋发展模式的风险与改革. 国际经济评论，2012 (2)：92 - 109.

（见表 19－1）。

表 19－1　历年土地出让及招拍挂出让

年份	招拍挂出让				国有土地出让	
	面积（万公顷）	面积比重（%）	收入（亿元）	收入比重（%）	面积（万公顷）	收入（亿元）
2001	0.66	7.30	492	—	9.04	—
2002	1.81	15.00	969.24	—	12.05	—
2003	5.19	27.78	—	—	18.68	2 937.76
2004	5.21	29.16	3 253.68	55.20	17.87	5 894.14
2005	5.72	35.05	3 920.09	71.21	16.32	5 505.15
2006	6.65	28.60	5 492.09	71.54	23.25	7 676.89
2007	11.53	50.91	10 074.86	82.47	22.65	12 216.72
2008	13.36	81.91	9 528.74	92.87	16.31	10 259.8
2009	18.83	85.30	15 098.5	94.90	22.08	15 910.2
2010	25.73	88.27	26 000	95.94	29.15	27 100
2011	30.47	91.25	30 200	95.87	33.39	31 500
2012	29.3	90.77	25 500	94.80	32.28	26 900
2013	33.88	92.32	40 400	96.19	36.7	42 000
2014	25.15	92.53	31 800	95.21	27.18	33 400
2015	20.44	75.20	28 600	95.97	22.14	29 800

资料来源：历年《中国国土资源公报》。

在现行土地法律制度下，在土地转变用途的过程中，地方政府成为农村土地转变为城市土地的唯一仲裁者，拥有从农村获得土地转换给城市使用的排他性权力。伴随土地转变用途，地方政府成为土地的所有者和城市土地的经营者，形成“以地谋发展”模式的主要制度安排。①

二、土地制度的绩效与困境

与对中国土地制度本身的评判分歧甚大相比，有关这套制度安排在中国

① 刘守英．以地谋发展模式的风险与改革．国际经济评论，2012（2）：92－109．

过去 40 多年经济增长与结构转变中的作用似乎共识要多一些，不过，对于土地制度到底是如何发挥作用的，需要有更具针对性的解释。另外，由于中国土地制度变革本身就是约束下的选择，新的制度安排生成以后又形成相应的利益结构、损益关系和内生机制，这套制度安排的运行成本上升是必然的，对国民经济的负面影响不断凸显，本部分内容既对这套制度安排的绩效予以客观评价，也指出其存在的主要问题。

（一）土地制度安排与中国经济的历史转型

中国过去 40 年的经济高增长被称为“经济奇迹”[①]，1978—2016 年，GDP 年均增长率达到 14.996%，工业增加值年均增长率为 14.14%，城市化率年均提高 3.11%，几项重要的土地制度安排与变革影响甚大。农村土地制度改革促进了农业增长和人口出村，为中国经济转型提供了微观基础；在严格保护耕地和粮食安全的前提下，对有发展机会的区域实行土地的宽供应，保证了经济高速增长；地方政府以扭曲的工业用地价格招商引资，利用土地提供园区基础设施，促成了高速工业化，使中国成为“世界制造工厂”；利用土地资本化和以地融资，获得了中国城市发展所需的巨额资本，助推快速城市化。

（1）土地是拉动经济的发动机。中国传统发展模式在政府主导发展权下，依托高增长和高投资维持治理秩序。由于土地权力由市县政府把控，土地成为地方政府拉高增长、推动投资的主要工具。在过去 40 多年间，土地事实上承担着双重功能，一方面通过严格的耕地保护制度保障国家粮食安全，另一方面通过土地宽供应促增长。具体表现为：一是在追求 GDP 的导向下，通过土地的宽供应保增长。2003—2012 年，全国国有建设用地年供应总量从 28.64 万公顷增加到 71.13 万公顷，年均增长 10.27%。二是在经济增长出现减速时增加土地供应（参见图 19－1）。三是通过区域性放地保增长，全球金融危机之前土地供应指标主要集中于沿海土地需求量大的区域，保证了这些区域经济增长对土地的需求，进入 21 世纪以来又通过加大土地

① 林毅夫，蔡昉，李周. 中国的奇迹. 上海：上海人民出版社，1999.

供应推动西部开发和中部崛起。四是在年度计划指标控制下，地方将越来越稀缺的土地指标大部分用于省会城市和主要地级城市及开发区的发展用地需求。建设用地的有效供给保障了经济的高速增长。

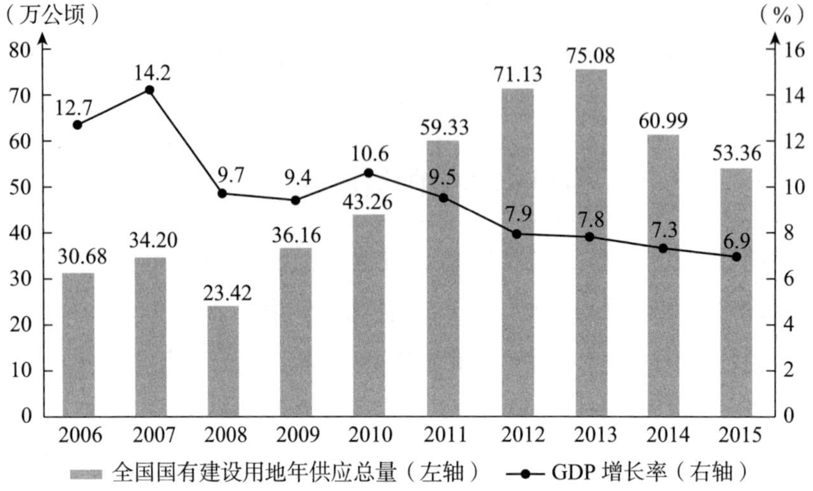

图 19－1　全国国有建设用地年供应总量与 GDP 增长率

资料来源：历年《国土资源年鉴》和国家统计局数据。

（2）农村土地制度改革与农业转型。过去 40 多年中国之所以能利用土地制度及其变革推动经济增长与结构变革，农村土地制度安排及其改革所起的基础性、稳定性作用是一切得以发生的前提。在中国这样一个长期以农为本的国家，土地制度的第一功能就是稳粮和安民。农村土地制度改革恰恰保证了这一功能的发挥，不仅使农村土地制度朝着明晰产权的方向完善，也使农村土地非农用进程得以展开。一是，由于家庭承包经营制度的有效性，它作为一项基本制度被确立下来并坚持不变，成为中国农产品增长的微观基础。家庭承包经营制度从 1984 年开始普遍化，直到 2016 年，尽管各类新型农业经营主体有所成长，家庭承包土地仍然占耕地面积的 99.4%，粮食作物产量从 1984 年的 40 730.5 万吨增加到 2016 年的 61 625 万吨，促进增长的因素有科技进步、现代投入增加等，家庭承包经营制度的稳定也是基础性的因素。二是，农户地权制度促进松绑人地关系。在传统乡土中国，农民被土地绑缚着；国家工业化时期农民被排斥在工业化之外，甚至被绑缚在集体土地上；在实施家庭承包经营制度后，农民得以先离土离农参与本地乡村工业化，继之离土出村参与异地工业化，成为促进中国结构革命的主要力量。三是，根植于家庭承包经营制度的人地关系变化和结构转变，农业发展模式发生重大变化，农村土地流传加快（见表19-2）。到2016年，农村土地流转率已经达到36%，农业投入从以人力为主转向以机械为主，农业发展动能从主要以提高土地生产率为主转向以提高农业劳动生产率为主。

表19-2　土地制度与农业转型

	2010年	2011年	2012年	2013年	2014年	2015年
农村土地家庭承包比例	94.09%	94.45%	96.89%	98.15%	98.37%	99.41%
土地流转率	14.67%	17.85%	21.25%	25.70%	30.32%	33.29%
农村人口外出比例	58.38%	59.49%	59.87%	61.61%	63.16%	63.68%
农业纯收入占比	29.07%	27.18%	26.61%	26.54%	25.70%	25.09%
农业机械总动力（万千瓦）	92 780.48	97 734.66	102 558.96	103 906.75	108 056.60	111 728.10
土地生产率（公斤/公顷）	4 973.58	5 156.89	5 301.76	5 376.60	5 385.10	5 482.82
农业劳动生产率（公斤/人）	1 960.10	2 075.23	2 167.99	2 260.95	2 316.94	2 410.30

资料来源：历年《中国农业统计资料》。

（3）工业用地配置方式与高速工业化。改革开放以后，中国走上了一条与计划经济时期国家工业化完全不一样的道路，包括20世纪80年代中期至90年代中期的乡村工业化，以及90年代以后的园区工业化。新的工业化模式使中国成为“世界制造工厂”，独特土地制度下的工业用地供给方式所起的作用举足轻重。

20世纪80年代中期后的乡村工业化源于农村土地制度改革后大量的剩余劳动力要找出路，在城市体制僵化、农村劳动力存在进入壁垒的约束下，农民只能在集体土地上办企业，实质上是农民集体所有土地直接进入非农用地市场。在1998年的《中华人民共和国土地管理法》修订之前，中国建设用地使用的两大主体都在乡村，一个是改革后收入改善的农民盖房子，另一个就是农民在集体土地上创办乡镇企业。1993—1998 年，非农建设用地从 224 824 公顷增加到367 854 公顷，其中乡镇企业用地从 13 943 公顷减少到 8 180 公顷（见表 19 - 3）。农民在集体土地上展开的乡村工业化有其自身的优势，由于土地属于农民集体所有，农民集体在自己的土地上创办企业不需要支付土地成本，避开了企业创办期资本不足的制约，乡村企业或者直接通过内部分配解决土地使用问题，或者以极低的地租获得集体土地使用权。这一发展路径也得益于那个时期国家农村政策对农民的进一步松绑，为了解决过剩农村劳动力的出路问题，政策取向是鼓励农民利用集体土地创办乡镇企业。农民在集体土地上的乡村工业化从根本上改变了中国工业化的格局，到 1993 年时，中国的工业产值份额形成国有企业、乡镇企业、外资企业各占三分之一的格局。[①]

表 19 - 3　非农建设用地实际用地情况统计　　单位：公顷

年份	非农建设用地	乡镇村集体建设用地	乡镇企业用地
1993	224 824	30 183	13 943
1994	186 630	22 023	9 826
1995	190 376	19 909	11 621
1996	171 467	14 897	6 235
1998	367 854	16 558	8 180

资料来源：历年《中国国土资源年鉴》。

20 世纪 90 年代中期以后，由于集体土地的乡村工业化造成大量耕地被占用、环境污染、工业不集聚，1998 年的《中华人民共和国土地管理法》实行土地用途管制制度，逐渐关闭集体建设用地从事非农建设的通道，园区工业化逐步替代乡村工业化成为中国推进工业化的主要模式，并在中国东部地区和中西部地区的部分园区取得了成功。园区工业化的成功一方面得益于园区的特殊政策环境，另一方面得益于独特的土地配置方式。一是政府以土地优惠进行招商引资。由于政府能提供的主要就是廉价土地，于是以土地优惠

① 裴小林. 集体土地所有制对中国经济转轨和农村工业化的贡献：一个资源配置模型的解说//黄宗智. 中国乡村研究（第一辑）. 北京：商务印书馆，2003.

（低价供应，甚至零地价、负地价供应）进行招商引资成为普遍的手段。二是以土地进行园区基础设施建设。园区之所以能从事基础设施建设，工具还是土地，园区或者直接提供土地由公司进行整体开发与批租，或者以土地抵押从银行获得贷款进行建设，用企业进驻后创造的税收来平衡收支。三是向入驻园区企业提供年期足够长的权利完整的土地使用权，入驻园区企业使用土地年限达 50 年，企业可以利用土地进行抵押、转租、转让，既稳定了企业投资预期，也解决了企业发展的融资需求。由于中国土地资源禀赋的劣势，如果完全靠土地市场配置，中国的工业用地成本会大大高于其他土地资源禀赋更好的经济体，中国的工业化就会因土地价格抬升而受阻。20 世纪 90 年代末以来，中国依靠高比例的工业用地供应谋发展，每年差不多将建设用地总量 40%左右的土地作为工业用地使用，以及靠政府垄断土地一级市场供应土地，压低工业用地的价格。2007—2016 年，除个别年份外，工业地价增长率保持在 6%及其以下（见表 19－4）。2000—2016 年，全国综合地价水平、商业地价水平和居住地价水平年均涨幅分别是 8.8%、9.61%和 12.35%，但工业地价水平年均涨幅仅为 3.5%，远低于商业地价和居住地价的涨幅。工业用地的低成本保障了工业化的快速推进，使中国成为“世界制造工厂”。

表 19－4　工业用地和工业增加值

年份	工业增加值增长率（%）	工矿仓储用地供应增长率（%）	工业地价增长率（%）
2007	21.09	−8.34	15.67
2008	17.94	−34.44	4.81
2009	4.83	52.31	1.53
2010	19.57	7.00	5.36
2011	18.18	26.35	28.30
2012	7.05	8.31	−16.98
2013	6.43	3.04	4.48
2014	5.18	15.83	6.00
2015	1.13	−49.53	2.43

续表

年份	工业增加值增长率（%）	工矿仓储用地供应增长率（%）	工业地价增长率（%）
2016	4.80	−4.54	2.89

资料来源：历年《中国国土资源公报》、中经网及历年《中国国土资源年鉴》。

（4）土地资本化与快速城市化。2000年以后，中国的城市化进程加速，2000—2016年，常住人口城市化率从36.22%提高到57.35%，年均增长2.91%，土地资本化为城市建设提供了巨额的资本需求，地方政府土地利益最大化和土地与住房资产价值攀升的联动是城市化的重要动力。一是对经营性用地实行招拍挂制度，使土地的资本化价值大幅上升。2003年以来，中国以招拍挂方式出让的土地有395.30万公顷，实现土地出让收入315 871.05亿元，2016年的土地出让收入是2003年的89倍。二是住房商品化改革和这一期间人口城市化加速带来的巨额住房需求，为地方政府土地利益最大化提供了出口，2003—2016年，中国新增住房2 578 776.9万平方米，房地产开发商贷款和居民购房贷款在2003—2016年增加了6.85倍，住房价格提高了2.88倍。商品住宅价格的不断攀升带来土地成交价格的不断上升，土地溢价的不断上涨激励地方政府以经营性用地的招拍挂获取更大的土地出让收入。2001年，通过招拍挂方式出让的土地占全部土地出让面积的7.3%，2014年时已经占到92%。土地出让收入的攀升一方面为地方政府从事城市基础设施建设提供资金来源，另一方面也激励地方政府实行城市扩张，以获得更多土地资本。2003—2015年，中国的城市建成区面积增长0.84倍（见表19-5）。三是通过以土地抵押融资为城市发展提供更大的资金来源。尤其是2008年以后，很多地方政府建立各类融资平台，以土地抵押融资大幅增加，2008—2015年，土地抵押面积和金额从2008年的16.6万公顷和18 107亿元提高到2015年的49.08万公顷和113 300亿元。

表19-5　土地资本化与城市扩张

年份	城市化率（%）	城市建成区面积（平方公里）	政府土地出让收入（亿元）	招拍挂面积占比（%）	土地抵押面积（万公顷）	土地抵押金额（亿元）	商品住宅平均售价（元/平方米）
2003	40.53	28 308.02	5 421.31	27.78	—	—	2 359

续表

年份	城市化率（%）	城市建成区面积（平方公里）	政府土地出让收入（亿元）	招拍挂面积占比（%）	土地抵押面积（万公顷）	土地抵押金额（亿元）	商品住宅平均售价（元/平方米）
2004	41.76	30 406.19	6 412.18	29.16	—	—	2 778
2005	42.99	32 520.72	5 883.82	35.05	—	—	3 167.66
2006	43.9	33 659.8	8 077.64	28.60	—	—	3 366.79
2007	44.94	35 469.65	12 216.72	50.91	—	—	3 863.9
2008	45.68	36 295.3	10 259.8	81.91	16.6	18 107	3 800
2009	46.59	38 107.26	15 910.2	85.30	21.7	25 856	4 681
2010	47.5	40 058.01	30 108.93	88.27	25.82	35 300	5 032
2011	51.27	43 603.23	31 500	91.25	30.08	48 000	5 357.1
2012	52.57	45 565.76	26 900	90.77	34.87	59 500	5 790.99
2013	53.7	47 855.28	42 000	92.32	40.39	77 600	6 237
2014	54.77	49 772.63	42 940.3	92.53	45.1	95 100	6 324
2015	56.1	52 102.31	33 657.73	75.20	49.08	113 300	6 793

资料来源：中经网、《中国国土资源公报》等。

（二）现行土地制度存在的问题

改革后形成的土地制度经过 40 多年的运行后，有些制度安排的内在缺陷开始显化，有些制度安排的运行成本不断上升，需要重新审视土地制度对经济发展和转型的影响，其中最需要关注的是两个方面，一是支撑了中国 40 多年高速增长的“以地谋发展”模式是否还能持续；二是对乡村发展与转型影响甚大的几项农村土地制度安排的适应性如何。

一是“以地谋发展”模式难以为继。中国的“以地谋发展”模式在支撑经济高速增长的同时，自身也产生对经济高速增长的高度依赖。在经济高速增长时，“以地招商引资—税收增加和人口聚集—城市扩张—房地产价格抬升—土地出让收入增加、土地抵押与贷款以新还旧—经济增长”的循环还可以持续。但是，在经济下行以后，这一循环的某些环节就会出现问题，从而影响国民经济运行。主要表现为：

其一，继续加大土地供应难以拉升 GDP 增长。为了应对 2008 年的全球金融危机，中央政府采取松货币、放土地的方式来应对可能的经济过度下滑。令人遗憾的是，GDP 增长率除 2009 年达到过一个高点外，自那以后一直下行，尽管土地的宽供应一直延续到 2013 年，但经济增长率从 2009 年的 10.6%一直下滑到 2012 年的 7.8%。2013 年以后，由于经济继续下行，对土地的需求下降，建设用地的供应也减少了。由于中国经济已经从过去 10%以上的超高速增长转向6%～7%的中高速增长，这意味着，继续依靠土地宽供应拉动经济增长的模式已一去不复返了。

其二，以地招商引资的效力减退。中国园区的以地招商模式在 2004 年以后就开始发生变化，表现为东部工矿仓储用地供应占比下降，主要原因是，东部地区的企业生存与发展转向质量提升和产业升级，对土地低成本和土地抵押融资获得贷款的依赖降低。尽管中西部地区模仿东部地区的园区模式以地招商引资和靠土地提供优越的基础设施，但是，这些地区的园区招商引资绩效不佳，相反，部分地方政府以地招商引资造成其债务高企。

其三，土地供应结构扭曲加剧，与结构性改革背道而驰。土地结构失衡是中国最严重的结构性问题。工业用地占比过高，基础设施占地过多，房地产用地比例过小，使土地成为政府拉投资的工具，也是政府实现土地收益最大化的手段。2013—2015 年，工业用地占比有所下降，从 29%降至 23%，但是，房地产用地占比不增反减，从 28%降至 22%（见图 19－2），表明地方政府以控制房地产用地供应量保土地收入的机制未变。更为严重的是，这一时期以基础设施用地为主的其他用地占比不断提高，从 43%提高到 54%，与同期基建投资增长相吻合。在实体经济不景气、房地产投资达到拐点的情况下，地方政府只能依赖更大量的基础设施用地供应和拉大基础设施投资来稳增长，这种拉投资和稳增长的短期措施事实上会延缓结构改革。

其四，土地出让成本上升，土地净收入下降，土地抵押上升。中国的高速城市化得以推进，很重要的一个工具是土地的低成本，政府征地的成本低，更多的土地收入用于城市投资。但是，随着很多城市的用地从原来的新增用地转向存量用地，加上农民权利意识的觉醒，征地拆迁的成本大幅上升。自 2008 年以来，政府土地成本大幅上升，很多地方占土地出让收入的一半以上，有的地方达到 60%。成本上升的结果是政府的土地净收入下降，到 2016 年时政府土地出让净收入才 20%左右。在土地出让收入下降的情况下，政府还在加大基础设施投资，对于一些地区的新城、新区建设扩张，政府的建设资金转向更加依赖土地抵押。土地出让收入减少及土地抵押面积和金额上升背后是更大的债务的金融风险。

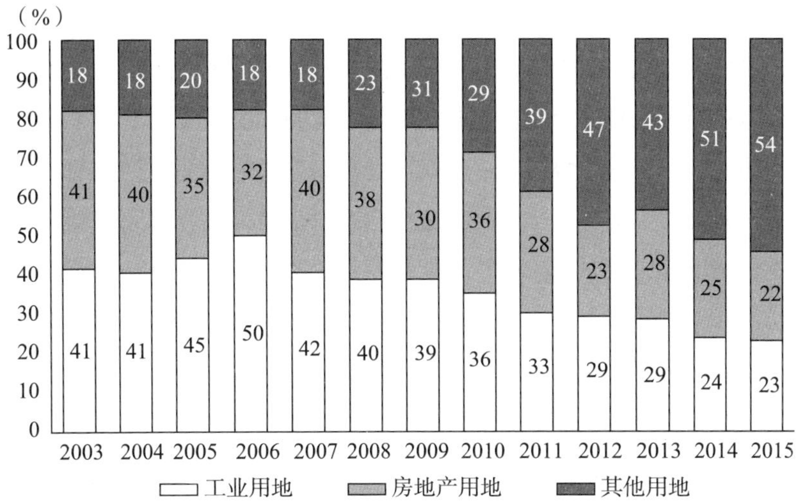

图 19-2 国有建设用地的供应结构

资料来源：历年《中国国土资源公报》。
注：由于四舍五入，各项之和不一定等于 100%。

其五，政府债务风险与银行金融风险加大。第一，许多城市的土地抵押价值是在土地具有高价时评估的，一旦经济下行，土地需求下降，土地实际价值与评估价值的差距就会拉大。第二，2010—2015 年，地方政府承诺用土地出让收入偿还债务的平均占比达到 40%。由于土地价值被高估，加上地方政府利用以新还旧机制获得贷款，地方政府土地相关债务上升。第三，杠杆率过高。土地名义杠杆率是 0.5～0.6，实际杠杆率是1.5～2，中西部地区土地杠杆率更高，大部分中西部省份实际杠杆率都在 2 以上。

二是农村相关土地制度安排滞后于农业和乡村转型。

其一，集体地权制度安排妨碍农业经营方式变革。现行的农村土地集体地权制度是各种约束和利益博弈的结果。这套制度在中国农业经营以自耕农为主时没有什么问题，但是，随着农民出村与非农经济活动增加，尤其是农二代对土地和农民的观念发生重大变化以后，土地制度安排与农业经营制度之间的匹配就出现了不一致。第一，在所有成员都是自耕农时，成员权集体所有作为集体所有的支配形式，不会受到法律和现实的挑战。但是，在以成员权获得的承包经营权不再经营土地以后，集体所有者是否需要主张土地的集体所有权？在大量承包农户主要依靠非农经营活动生活以后，集体所有者对农户土地的再组合与合约再安排是否具有合法性以及利益保障如何实现？第二，农户承包权的地位和权利保障。尽管法律明确承包权是农民的财产权，但是它同时也是一个用益物权，承包土地的农民与集体之间是承包发包关系，在人地分离的趋势下，承包权与经营权分离成为不可逆之势，承包权的权利内涵会发生哪些变化？制度选择的方向是朝向更强更完整的承包权保障，还是在设置底线下朝向有利于强化经营权的方向？第三，经营权的权利地位与经营制度的演化。从发展趋势来看，中国的农业经营制度必然朝向适度规模和经营主体多元化的方向演化，但是如何达成这一目标？经营权如何从千万小农的承包权中分离出来？如何使经营权成为一种有保障的权利？赋予经营权的权利有多大？赋权的强度如何把握？这些都是目前已经遇到、未来会更加显化的亟待解决的问题。

其二，宅基地制度安排失效。在中国农村的几项土地安排中，宅基地制度是最落后的一项制度安排。第一，宅基地大量入市。尽管在法律上没有赋予宅基地出租、转让和交易的权利，但事实上，农民宅基地进入市场已呈普遍化趋势。在广大沿海地区和城乡接合部地区，农民将宅基地盖成多层住宅用于出租，满足快速工业化下大量外地农民工的居住问题。第二，宅基地成员权无偿取得制度的实施困难与弊端凸显。在沿海地区和广大城乡接合部地区，随着城镇建设用地越来越紧张，无偿分配宅基地制度早已名存实亡。由于无法分配宅基地，农民或者为了居住或者为了更多地出租，违法违规利用村庄用地盖房。在传统农区，宅基地无偿分配占用耕地和村庄公共地，危及耕地，也造成村内农户之间的不公平。第三，宅基地管理失控。尽管法律在宅基地管理上的规定非常严格，但事实上镇以上土地管理很难落地，实施机制缺乏，管理成本高昂。第四，宅基地的无序扩张不利于城市健康发展。在政府管制缺位的情况下，农民宅基地的扩张和盖房更是处于无序状态，甚至蔓延至城中村，加大城市管理成本和城市更新难度。第五，宅基地制度的村社封闭性不利于村庄转型。由于宅基地制度的成员身份性，符合身份的人无偿获得宅基地，不要白不要，村外的人无法进入。事实上，农二代已经出现离土出村不回村的趋势，由此加剧村庄的衰亡。保持成员身份性和社区封闭的宅基地制度导致村内成员不放弃宅基地，同时村外人又无法进入，加剧村庄的衰败。

其三，集体建设用地通道关闭阻碍乡村发展。由于农民失去了利用集体土地从事非农建设的权利，所以大多数乡村地区非农经济活动萎缩，农村产业的单一导致农民在乡村地区的发展机会受阻，更加剧了农民的离土出村，造成乡村凋敝和城乡差距拉大。在存在集体建设用地的地区，农村集体建设用地的权利残缺制约了集体建设用地的资本化，大幅提高了集体土地上产业进入的门槛。由于规划制约，大量农村集体建设用地利用处于法外状态，加上企业利用集体土地无法抵押，影响企业发展，由此也造成集体土地上的非农经济活动越来越萎缩。

三、下一程经济的趋势性特征与土地制度改革

经过 40 多年的改革开放，中国的经济增长与结构转变已迈进一个历史新高度，综合国力已达到世界第二，成为世界制造大国，一半以上的人口已工作和生活在城市，土地制度安排及其变革顺应和推动了这一进步。但是，中国经济已经和正在发生一些重要的趋势性变化，经济增速下行并已进入新增长平台，新的经济发展动能正在累积，工业化进入转型升级，城市化进入质量提升，城乡关系从单向城市化转向城乡互动，乡村经济活动日趋活跃和多元，这些变化将决定中国经济下一程的走势，也势必带来土地与国民经济的关系发生重大转变，必须在此基础上对土地的功能进行重新定位，精心谋划中国下一程的土地制度改革。

（一）下一程经济的趋势性特征与土地功能变化

一是经济发展阶段转换使对土地的依赖降低。无论是从国际经验还是从经济发展阶段来看，中国经济增速下降都是必然趋势，即从过去 30 多年 10%以上的高速增长转向中高速增长。经济结构也将发生一系列深刻变化，服务业超过第二产业，内需发挥更大作用，增长更多依靠生产力提升和创新

驱动，增长的质量和效益大大提升。[①] 随着经济发展阶段的转换，土地发动机不仅不再一开就灵，而且负面效应，尤其是由此带来的扭曲会加大；以土地宽供应保增长不仅没有必要，而且造成稀缺资源的浪费，以提高土地配置效率来提高经济增长质量的意义远远大于以增加土地供应数量来拉动经济增长。土地供应与配置方式如何应对这一经济增长阶段变化的需求，是下一程有关土地与国民经济关系的重大问题。

二是产业转型升级使产业发展不再主要依赖靠制度压低土地成本来支撑。中国依靠独特土地制度带来的土地低成本使中国成为“世界制造工厂”，但是，随着其他要素相对价格的变化与制度成本的上升，中国不可能继续依靠制度扭曲带来的土地低成本保住“世界制造工厂”的地位。从实地调研来看，中国已经有部分区域、城市、产业、企业正在转型升级中脱颖而出，经过新一轮的产业竞争与升级，中国将出现一批有竞争力的制造城市、产业、企业和产品，而不是目前以园区为依托、靠土地低成本支撑的制造工厂。这些在未来竞争中胜出的制造业区域和微观主体也不需要再依靠土地低成本和土地抵押解决资金需求，一些在竞争中失败的区域和微观主体继续靠土地低成本也难逃被淘汰的命运。因此，中国下一轮的制造业发展不再是如何保障供地，而是如何在制造业竞争中盘活现有存量土地，优化土地利用。产业演变的另一个特征是制造业与服务业的深度融合以及服务业占比上升。2013年，中国服务业占比已经超过制造业，当年第一产业和第二产业增加值占GDP的比重分别为46.7%和44%。由于服务业不像制造业那样需要那么多的土地，产业结构的这一变化也使土地在未来产业发展中的作用减小。建设用地结构的优化、工业用地的再配置、园区的转型以及供地方式与结构的变化，将是下一程要面对的重大土地政策问题。

三是从单向城市化到城乡互动带来的土地配置方式变化。在城乡存在巨大落差、二元体制和快速城市化的背景下，中国上半程的城市化基本上是人口、土地、资本从乡村到城市的单向配置。下一程的城乡关系正在转向城乡

---

① 德怀特·珀金斯. 东亚发展：基础和战略. 北京：中信出版社，2015；刘世锦. 中国经济增长十年展望（2015—2024）. 北京：中信出版社，2015.

互动。第一，人口在城乡的互动成为趋势。一方面，人口落脚城市公共政策难以一步到位，农民对家乡故土难以割舍，农民主要在经济机会多的城市和区域工作，回本地安居，这是中国人口城市化的主要选择；另一方面，由于城乡两个文明的不同特征和共生共存，城里人到乡下体验乡村文明将会成为一个趋势，人口在城乡之间的互动和对流增加。第二，城乡形态发生巨变，村庄高度分化。大部分村庄的衰败与部分村庄的活化并存；一部分小镇成长为连接城市与乡村的驿站；一部分城市因要素集聚、知识扩散与创新活力而胜利。城市的生与死并存，有活力的城、镇、村之间的分工和连接性增强。第三，由于乡村发展机会的增加，资本在城市寻找投资机会的同时，也有一部分到农业和乡村寻找机会。第四，消费观念、人流的变化带来乡村发展机会增加，乡村发展的用地需求也在上升。城乡互动将取代单向城市化，人口在城乡之间对流，资本在城市寻求获利的同时下乡加快，土地在城乡之间的配置和资本化加快。

四是农业革命与乡村转型需要重新审视乡村空间的价值。中国下一程的最大变化是乡村正在孕育着一场革命。第一，由于中国进入小康社会，国民对粮食的需求从数量转向质量，粮食农业的重要性降低，农业功能和形态将发生巨大变化，农业除提供基本食物需求外，将转向高质量、安全、休闲、健康和特色农业，农业的获利机会将大大增强，我们需要重新定义农业，重新认识农业的作用。第二，农民的分化与农二代带来的结构革命。中国在现在和今后时期农民高度分化，农民群体变化的另一个特征是代际差异。第一代农民工的基本轨迹是“离土—出村—回村”，第二代农民工基本上是“离土—出村—不回村”，他们与土地的关系、对农业的观念和自己的行为特征等都已发生根本变化。第三，乡村产业、业态的变化。一方面，由于城市需求变化，很多乡村产业复活和壮大；另一方面，新技术革命和商业模式变革扩大了许多乡村手工艺品、土特产的市场范围和非人际化交易。第四，村庄的分化。中国的村庄制度应传统农耕文明而生，随着人地关系改变、农业发展方式转型，以耕作半径划定的村庄聚落方式正在变化。中国的村庄正在出现重大分化，一部分村庄开始复活，充满生机，承担起城乡之间纽带的新功能，而另一部分村庄正在破败和衰落。

（二）下一程的土地制度改革

第一，改变土地作为增长发动机的功能，告别“以地谋发展”模式。中国经济转型最困难之处，一方面是如何从已经形成的“以地谋发展”模式转身；另一方面是如何提高生产率和建立由创新驱动的新增长模式。更难的是，这两者相互影响，如果前者好使且机制还能用，就不会转向后者，而新模式建不起来，就不得不依赖旧模式。这也是旧模式的弊端暴露无遗后为何不改正甚至愈演愈烈的原因。在我看来，经济下行和换挡是改变长期难以转变的“以地谋发展”模式的机遇，理由前面已进行过详细讨论，基本结论是从成本收益结构看，这套模式已变得不再适合了。要真正告别“以地谋发展”模式，主要应做到以下几点：一是从中央层面明确不再以土地保发展，利用经济下行期土地需求下降的机遇取消土地指标年度管制，转向建设用地总规模管制和严格规划管制。二是改变将土地作为发动机，避免以此人为拉高经济增长速度；阻止地方政府以土地低价招商引资，减少产能过剩和重复建设；改变地方政府土地出让的制度安排和利益激励，控制城市边界无节制外扩和土地城市化。三是改革地方政府垄断土地市场的格局，允许土地所有者在规划和用途管制下进入土地市场。四是改革地方政府以地融资机制，取消一些单纯以地融资、没有任何现金流的土地融资，切断地方政府以地融资的机制。五是对已经形成的土地债务进行彻底清理，一次性处理。六是组建国有土地经营公司，保证政府通过经营获得一定量的政府收入。七是对不同功能的土地、不同面积和套数的住房征收差别性不动产税。

第二，以用地结构优化促进结构改革。在土地发动机功能改变后，接下来可以着手的是优化用地结构，以此推动国民经济结构改革。一是减少基础设施和公共用地供地，缓冲依赖投资拉增长的惯性。经过几十年的基础设施大规模投资以后，中国的基础设施投资高峰已过，不适宜为了保投资和保增长，继续加大基础设施投资，由此会加剧结构扭曲。大规模基础设施投资的占地以征地取得，不仅加大政府财政支出，也加大政府与被征地农民的冲突。另外，城市公共用地占比过高，尤其是这些用地被用于建大马路、大广场、大办公楼等形象工程，不仅占用大量资金，浪费土地，也导致城市宜居和发展用地被挤占。二是继续降低工业用地比例，改变地方政府土地园区工业化招商引资的发展方式。与国际经验相比，在中国用地结构中，占比最高的是工业用地，尽管近几年有所下降，但占比还是过高。随着经济结构的优化，制造业的转型升级，工业用地供应量及占比下降还有很大空间，是下一程以工业用地配置促结构改革的主要方面。三是改变以园区低价供地招商引资的方式，促进园区转型升级。中国的园区工业化为中国成为“世界制造工厂”作出了历史性贡献，但是由此也导致工业用地价格扭曲，企业因土地成本低占地过多，而且出现了园区土地投机等弊端，这种弊端在近年来中西部地区表现得尤为明显。必须改革目前地方政府以土地低价招商引资的方式，对靠土地抵押进行园区超前基础设施建设的投资与税收平衡进行评估，压缩和整合绩效不佳的园区。四是增加房地产用地比例，改变住宅用地供地方式，抑制房地产市场泡沫化。总体上要增加住宅用地供地总量，提高住宅用地在建设用地中的比重。对投资性住宅和居住性住宅采取不同的供地方式，前者继续采取招拍挂方式，土地价格和住宅价格完全由市场配置；居住性住宅由政府配给，无论是产权房还是租赁房只能用于居住，将居住功能用地与市场性住宅通道阻断；在城中村和城边村开放集体建设用地市场，允许农民集体利用集体建设用地盖租赁房，实现农民工和部分低收入者住有所居。五是建立建设用地结构优化的利益分享机制。现有产权拥有者的土地转化为居住、商业服务业以及容积率更高的用地，土地级差收入会大幅上升，应该根据级差收入生成原理，考虑城市更新和产业升级中的公共用地来源、资金需求和资金平衡，合理确定原产权拥有者的分享比例。

第三，推进适应城乡互动的土地制度改革。城乡关系变成单向城市化，重要的支撑性制度安排是城乡土地转用制度，乡村土地变为城市建设用地只能以征收方式将集体所有土地转为国有，农民和乡村失去土地发展权。土地发展权的丧失导致乡村劳动力外流，土地向城市配置，资本在乡村的获利机会减少。要实现城乡中国阶段生产要素的城乡对流与互动，就必须改革城乡土地配置制度，允许农民集体土地在符合规划和用途管制下进入建设用地市场，实现两种所有制土地同地同权，这是决定中国从城乡中国阶段迈入城市中国阶段的最重要的改革，将对中国发展模式的可持续性和中国现代化的实现起决定性作用。实质性的制度改革，一是改革征地制度，完善《中华人民共和国土地管理法》修改中对公共利益征收目录的列举，改变仍然采取被征收土地原用途的原则，逐步实行土地市场价补偿，对城乡房屋在被征收时实行同价同权补偿，将留用地征收制度化、法律化。二是落实党的十八届三中全会精神，建立城乡统一的建设用地市场，在符合土地利用总体规划的前提下开放集体经营性建设用地入市，允许集体土地所有权人采取出让、租赁、作价出资或者入股等方式出让，集体经营性建设用地的使用权可以转让、出租或者抵押。在此基础上，将集体经营性建设用地拓展到集体建设用地。

第四，推进以三权分置为核心的土地制度改革。明确集体所有权、承包权和经营权各自的权利界定与内涵以及三者之间的关系是创新和实施农村土地三权分置制度的关键，关乎转型期土地权利体系的重构以及中国农业现代化的路径。一是明确集体所有权是农民集体的所有权，坚持农民集体是土地集体所有权的权利主体，村集体经济组织或村民委员会、村民小组、乡（镇）农村集体经济组织只是代表集体行使土地所有权。二是土地承包权是赋予集体成员的财产权，土地承包权人对承包土地依法享有占有、使用和收益的权利；通过转让、互换、出租（转包）、入股或其他方式流转承包地并获得收益；就承包土地经营权设定抵押；自愿有偿退出承包地。三是土地经营权是各类农业经营主体享有的耕作权，土地经营权的宗旨是为耕作者提供稳定的土地使用和投资预期，在明确承包权和经营权关系的前提下，对经营权单独设权、赋权，并逐步增大和保障其权能。

第五，宅基地改革适应乡村转型。在整个农村土地制度改革里面，对农业影响最大的是土地经营制度，对整个村庄现代化来讲，影响最大的是宅基地制度，必须切实推进改革。一是明确宅基地用益物权，完善农村宅基地权利体系。赋予宅基地财产权，是宅基地制度改革的突破口，保障农民的宅基地用益物权，就必须使农民对宅基地有更充分的占有权、使用权、收益权、转让权和继承权，使其真正成为农民的财产。明确宅基地集体所有权、农户宅基地使用权与农户房屋所有权的权利内容以及三者之间的权利关系。二是改革现行宅基地制度，实现宅基地的资本化。改革宅基地的成员分配制度和无偿取得制度，以一个时点为界，集体合法成员一次性获取均等的宅基地，新立户者以有偿方式取得宅基地。在此基础上，对不同区域宅基地的对外开放采取有差别的办法。三是改革村庄规划和用途管制，完善宅基地管理制度。以规划管制明确村庄和政府宅基地管理责任。明确宅基地的供应主要源于村庄存量用地。将存量管理权下放到村一级，在此基础上，政府从严实施用途管制。

第二十章
中国土地制度改革的思路与推进路径

一、中国土地制度的特征与问题

与世界各国和地区相比，中国的土地制度独具特色。

（1）实行社会主义公有制基础上的所有权与使用权相分离的土地权利制度。中国土地权利制度由以下四方面构成：第一，实行社会主义土地公有制。任何组织或者个人不得侵占、买卖或者以其他形式非法转让土地。第二，土地国有制和土地集体所有制并存。城市土地以及矿藏、水流、海域、森林、山岭、草原、荒地、滩涂等自然资源属于国家所有。除法律规定属于国家所有以外的农村和城市郊区土地、宅基地和自留地、自留山，以及法律规定归集体所有的土地和森林、山岭、草原、荒地、滩涂，属于集体所有。第三，土地所有权与土地使用权相分离。农村土地采取家庭承包经营制度，赋予农民长期而有保障的土地使用权。国有土地在国家所有前提下，土地使用权人有依法占有、使用及取得收益和转让、出租、抵押其土地使用权的权利。第四，尊重和保护土地财产权。国家依据宪法、民法典、土地管理法、农村土地承包法等对土地权利进行规范与保护。在土地所有权不变的前提下，以完善和强化土地用益物权为重点，保护土地使用者的土地权利。

（2）采取以耕地保护为目标、用途管制为核心的土地管理模式。根据人多地少的基本国情，中国把粮食安全和耕地保护摆在首要地位。1998 年修订的《中华人民共和国土地管理法》将国外行之有效的用途管制制度引入并写进法律，提出十分珍惜、合理利用土地和切实保护耕地是我国的基本国策。通过一系列制度安排，实行最严格的耕地保护制度。通过编制土地利用总体规划、划定土地用途区、确定土地使用限制条件，严格限制农用地特别是耕地转为建设用地。

（3）建立政府主导、市场机制为主的土地资源配置方式。中国土地资源配置制度包括以下内容：第一，国有土地实行划拨供应和有偿使用的双轨制。除国家机关用地和军事用地、城市基础设施用地和公益事业用地、国家重点扶持的能源交通水利等基础设施用地实行划拨供地外，其他各类建设用地一律实行出让、租赁、作价出资或者入股等有偿使用方式。第二，经营性土地实行政府独家垄断下的市场配置。工业、商业、旅游、娱乐、商品住宅等经营性用地以及同一土地有两个以上意向用地者的，采取招标、拍卖、挂牌公开竞价的方式出让。第三，国有土地使用权人可以依法租赁、作价出资（入股）、转让、抵押土地。

（4）确立以集中统一管理为主的土地行政管理体制。1986 年以前，中国土地由多部门分散管理。1986 年，针对“以块为主”土地管理体制出现的问题，中国建立了全国城乡地政统一管理体制。1998 年以土地用途管制取代分级限额审批管理，将农用地转用和土地征收审批权限上收到国务院和省级政府。2004 年进一步理顺省级以下国土资源管理体制。2006 年建立国家土地督察制度。至此，对土地相对集中管理、自上而下监督的土地统一管理模式基本形成，即国务院国土资源行政主管部门统一负责全国土地的管理和监督工作，实行国家、省、市、县四级管理，在领导班子管理体制上，实行中央与省双层管理、省级以下垂直管理的体制。

伴随着经济社会的发展，这套土地制度出现以下主要弊端：

（1）在产权安排上存在权利二元和权能残缺。在社会主义公有制下，实行农村土地集体所有和城市土地国有的所有制架构，村社集体成员只拥有对承包土地农用下的使用权、收益权和转让权，当农村土地转变为城市土地时，由市县政府实行征收与转让，用地单位（地方政府、企业等）在获得土地使用权后，拥有规划控制下的经营权、收益权和转让权。两种土地所有制具有完全不同的土地权利，分属不同的法律体系管理，尤其是政府成为市地的所有者和产权控制者。

（2）在市场形式上存在不同主体的进入不平等。土地市场处于城乡分割状态，农村集体土地以村社为边界、集体成员可准入；土地流转主要处于无价格的非正规交易状态；不同类型农村土地（承包地、宅基地、集体建设用地、非耕地）按不同准入规则进入市场。城市土地由地方政府独家垄断土地供应、转让与回收；土地交易处于卖方垄断下的买方竞争状态。不同类型用地（公共目的用地、工业用地、经营性用地）按不同方式出让，由此造成土地价格扭曲和资源配置低效。

（3）在土地增值收益分配上存在相关利益主体得失不公平。土地增值收益分配原则是，农民得到农业用途的倍数补偿；土地用途转换时的增值收益归地方政府获得、使用与支配；土地未来增值收益主要归土地占有者，部分归地方政府。原集体所有者合法获得的补偿过低，城市化农民补偿不规范、不透明、没原则，政府获得土地一次性增值收益过高、未来增值收益流失，房地产商和购房者支付的一次性土地出让费用过高、获得未来土地增值收益过高，是造成当前收入分配不公的几个制度性因素。

（4）在管理体制上存在目标冲突和职能错位。土地管理体制尽管采用用途管制和规划管制，具体实施办法采取用地总规模控制和年度计划指标和审批管理。但是，规划体制的缺陷以及政府行政主导性太强造成保耕地与保发展的目标冲突和中央与地方博弈，用途管制让位于规划管制，规划管制加征地转用制度导致所有制管制，审批和年度计划管理彰显了无效性、同发展需求脱节以及寻租与土地腐败。

专栏1：西方土地用途分区管制的主要特点

土地用途分区管制的基本理念是把土地分成不同的用途区，在不同用途区内规定不同的土地管制规则；在同一用途区内实施完全相同的管制规则。土地用途分区管制制度始创于1692年，自20世纪四五十年代开始日益成为大多数国家和地区规划管理土地的手段。实施土地用途分区管制的目的主要有以下几个方面：(1) 排除不当的土地利用，避免土地利用“外部不经济”。通过土地用途分区管制排除因为私人占有市场造成的土地资源错误分配或土地利用“外部不经济”，并可以通过分离不适当的土地利用来保护和改善人们的生活环境，保护已有建筑和自然遗产，保护农村景观，从而提高人们居住和生活的环境水准，确保健康、安全等目标的实现。(2) 有效、有序控制土地利用及开发速度，确保公共设施服务水平。土地用途分区管制不仅规范了土地利用和开发活动的区位与类型，还可限制土地使用的规模、强度及控制人口密度，从而使整个土地利用以及经济发展得到有效控制，也能使公共设施服务水准得到有效保障。(3) 节省政府财政支出。土地用途分区管制可通过指定发展地区的方式控制土地开发，将住房、工厂以及相关的服务设施如学校道路的建设等必要的建设活动引导到适当的地方去，充分发挥土地效益，并降低公共服务成本，达到节省政府财政支出的目的。用途管制的常见类型是实行计划单元开发制，它是一种同平均密度紧密相关的分区制，也是一种综合开发分区制或群集分区制。开发者可以把不同建筑用途类型和不同建筑密度混合在一起，遵照一定的整体密度和使用规定进行土地利用。

二、中国现行土地制度与发展方式转变

在上一个经济发展黄金机遇期，中国利用独特的土地制度保障了经济高增长和工业化、城市化的快速推进。但是，由此也形成了以土地支撑的经济发展模式存在不协调、不健康、不可持续的问题。

(1) 土地成为维系传统发展方式的工具。中国经济增长依赖于土地的宽供应，2003—2012 年，全国国有建设用地供应总量从 28.64 万公顷增加到 69.04 万公顷，年均增长 10.27%，GDP 增速与土地供应高度相关。高速工业化靠工业用地的低成本维系。快速城市化依靠土地扩张和土地资本化推动。2000—2012 年，城市建成区面积扩增了 1 倍多，土地出让收入增

加了45倍多。2012年，84个重点城市的土地抵押贷款金额达到5.95万亿元，成为城市基础设施建设的重要资金来源。

（2）“以地谋发展”蕴含潜在的经济和社会风险。一是地方政府债务偿还对土地出让收入依赖较大。二是银行金融风险。银行是地方政府性债务最大的资金供给者。2010年年底，银行贷款占地方政府性债务的79.01%，其中在负有偿还责任的债务中银行贷款占到74.84%。融资平台公司政府性债务余额占地方政府性债务余额的46.38%。土地抵押是政府获得贷款的主要手段。三是社会风险。每年因征地拆迁引发的纠纷并不少见。

（3）征地拆迁等补偿性支出大幅提高，城市化成本抬升。近年来，随着城市化进程加快，土地价值大幅上升，农民权利意识觉醒，加上一些地区的城镇用地逐步从新增用地转向存量用地，征地拆迁成本快速提高，被征地农民和拆迁居民补偿水平占出让收入的比例显著上升。目前和今后阶段，政府沿用现行《中华人民共和国土地管理法》的规定，采取原用途补偿已很难实施征地，中国经济发展正在告别低价补偿征地的低成本时代。

（4）稀缺土地资源不集约、不节约利用。一是城市外延扩张和蔓延。2000—2011年，全国城市建成区总面积从22 439平方公里增加到43 603平方公里，年均增长率为6.225%。2000—2010年，城市市区人口平均增速为35.31%，建成区土地面积增速为99.29%，建成区土地面积增速为人口增速的2.81倍。二是土地利用粗放。全国工矿仓储用地占建设用地供应的比重多年连续超过40%，挤占居住和生活用地，工业项目用地容积率仅为0.3～0.6。三是城市用地非市场配置形成各种形象工程。四是不同类型城市的城乡接合部占用大量土地，但由于处于法外，被低端利用。五是农村建设用地占用过大，村庄居民点用地达17万平方公里。

（5）占用大量优质耕地，危及国家粮食安全。上一轮沿海地区工业化、城市化加速导致耕地大量流失，1996—2008年，建设占用耕地面积共计270.37×10^4公顷，耕地面积净减少831.71万公顷。传统的“南粮北运”已经变为“北粮南运”。从20世纪90年代中期开始，中国粮食供给基本上依靠北方，全国13个粮食主产区已有一半调不出粮食，7个主销区有

5个在南方。随着中西部工业化加速，优质耕地被占用的趋势还在蔓延，如果不改变工业化、城市化用地模式，我国的粮食供求格局还会发生进一步逆转，对国家粮食安全的威胁不可小视。

由此可见，中国传统发展模式高度依赖土地的推动。高投入、高消耗的要素投入方式主要表现为土地的宽供应和高耗费；地方政府的竞争主要依托于以土地招商引资；高速的工业化依赖于扭曲价格的低成本土地供应；快速的城市化依托于政府独家垄断下的土地资本化。要转变传统经济发展方式，必须转变土地利用方式。

三、改革的总体思路与主要内容

（一）改革方向

土地制度改革决定土地利用方式和经济发展方式转变的成败，也是能否利用好下一轮发展机遇期、促进国力再上一个台阶的关键。土地制度改革的根本目标是为经济发展转型和可持续的城市化提供制度保障。基本方向是：按照宪法多种所有制共同发展和平等保护物权的精神，建立城市国有土地与农村集体土地两种所有制权利平等的土地产权制度；建立城乡土地平等进入、公平交易的土地市场；建立公平、共享的土地增值收益分配制度；建立与现代社会发展相适应的土地财产税制度；建立公开、透明、规范的国有土地资产经营制度和土地融资制度；建立以权属管理和规划与用途管制为核心的现代土地管理体制。

（二）总体思路

以土地制度改革为突破口，推进消除城乡土地二元体制改革，促进生产要素在城乡的优化配置与流动，实现城乡发展一体化和可持续的城市化；构建两种所有制土地权利平等的产权制度，实现不同主体平等参与和分享经济发展机会；实施确权和不动产登记，为保障土地权益和农业现代化、人口城市化提供基础制度保障；推进征地制度改革和用地模式改革，促进土地收益更公平分配，实现全社会对土地增值收益的共享；以集体建设用地进入市场和加大城市化地区土地市场化配置，实现不同主体平等进入市场和稀缺土地资源的集约利用；完善土地经营、融资和税收制度，为可持续的城市化提供资金保障。

（三）改革的主要内容

现行土地制度的主要弊端是权利二元化、市场进入不平等、价格扭曲和增值收益分配不公。土地制度改革的根本目标是，以权利平等、放开准入、公平分享为重点，深化土地制度改革。建立两种所有制土地权利平等、市场统一、增值收益公平共享的土地制度，促进土地利用方式和经济发展方式转变。

（1）完善农村土地产权制度。落实土地承包关系长久不变制度，明确集体土地承包时点，法律上明确农户长久承包土地制度。完善政策和相关法律，建立土地承包权与土地经营权可分离的制度，依法平等保护土地承包权和经营权。完善土地流转制度和办法，遵循自愿、依法、有偿原则，地租归原土地承包权农户，土地流转必须与原承包者签订合同。完善土地权能，设置土地承包权处置权和经营权可抵押权。

专栏2：瓦窑村的“长久不变”

党的十七届三中全会以后，四川省成都市双流区瓦窑村率先实行农村土地承包经营权“长久不变”，开创“全国先河”。瓦窑村的具体做法是，以村社议事会组织实施，形成相关制度规定：

（1）固化集体经济组织成员。一是集体经济组织成员以社为单位、以2008年确权时确认的户为准，以户为单位享有本社农村土地承包经营权。二是以社为单位，2008年确权以后至2009年确定长久不变固化时间之间新增的人口，确认为集体经济组织特殊成员，只享有集体资产收益的分配。三是以社为单位，分别确定固化时间。固化之后的新增人口不再确认为集体经济组织成员。

（2）落实农村土地承包经营权长久不变。一是以各社确定的土地承包经营权长久不变的起始时间为准，不再进行土地承包经营权调整。农户享有土地承包经营权抵押、流转等方面的权利。二是针对因自然灾害（水毁或滑坡等）造成承包地损毁的，社集体不再调整划拨土地给受灾承包户。三是农户在确权前占用承包地建房的，原宅基地复耕后，与建房面积相当的面积作为承包地发包给建房户，多出的面积进入集体建设用地，不足的部分扣减建房户的承包地面积。

（3）明确土地收益分配方式。一是田坎、河滩、荒坡等未分配到户的土地收益归集体所有，以社为单位股权量化到人。股份可继承、转让和赠予等。二是集体公益事业需占用社员承包土地时，采取“谁受益、谁出钱”的办法，由受益户按同期国家征用补（赔）偿标准出资进行补（赔）偿。三是对“五保户”去世后的土地承包经营权和收益权的处理，在得到村委会和本社议事会同意并报镇政府和县级相关部门备案后，采取“谁供养，谁受益”的办法。四是以社为单位，计算人均承包地面积、户实测面积与第二轮承包台账面积的差异，其多出平均部分的由原承包户耕种，不足平均承包地面积的户，以协议的方式补足其差额面积。耕种截止日期以国家征占用或项目流转该土地时间为准，耕种收益归现耕种农户；国家征占用或该土地流转时产生的收益归确权时确定的承包经营权人，耕保基金及国家对农民按土地面积计算发放的各种补贴由确权时确定的承包经营权人享有。

（2）提供保障土地产权的制度基础设施。中国的土地产权基础保障存在重大缺陷，土地集体所有主体不明，权力界定不清，保障强度不够。土地、房屋及自然资源的登记和权属管理仍然按部门分置。登记机关不统一，权证不符，既不利于土地权利的保护，也不利于土地的管理。中央政府必须下决心完成对农村所有土地资源的确权、登记和颁证，将所有土地资源确权到每个农民手中，为下一阶段的农业转型和人口城市化提供基础制度服务。按照《中华人民共和国物权法》的要求，尽快出台不动产统一登记法律法规，推进实施以土地为基础的不动产统一登记制度，统一法律依据、登记机关和权属证书等。

专栏3：世界各地的土地登记制度

世界各地的土地登记制度可分为契据登记制、权利登记制和托伦斯登记制三种模式。

（1）契据登记制。土地权利变动当事人双方只要意思表示一致，订立了契约，就发生土地权利变动的法律后果，以契约为生效要件。土地登记只是对抗第三人的要件，即未经登记的土地权利不得对抗第三人。土地登记机关对土地登记申请不进行实质性审查，而只进行形式审查，完全按照土地登记申请人提交的文件资料予以审查，不过问土地权利是否真实等事项。土地权利变动事项是否登记，依当事人双方意愿，政府无强制要求。土地登记机关只在土地登记簿上登记，不向土地权利人颁发权利凭证。

（2）权利登记制。土地登记是土地权利变动的生效要件，土地权利的取得或变动不经登记不发生效力。土地登记机关不仅审查土地登记申请人提交的文件资料等登记所必备的形式要件，而且对土地权利变更的原因和事实以及是否符合有关法律规定等进行实质性审查。土地权利一经登记即具有法律效力。一切土地权利的发生和变更均必须登记。登记机关只在登记簿上登记，不向土地权利人颁发土地权利凭证。

（3）托伦斯登记制。不强制要求一切土地都必须登记，但任何一块土地只要经第一次登记，其后的每一次土地权利的转移或变动，都必须经过登记，非经登记不发生效力。土地权利一经登记，便有不可推翻的效力。土地登记后产生的不可推翻的效力是由国家保证的，国家专门从收取的土地登记费中提取一定比例资金作为保证金，以赔偿由于错登而使土地权利人遭受的损失。土地登记簿填写两份，登记机关保留正本，权利人取得副本，正副本内容完全一致，副本作为土地权利人持有的土地权利凭证。

（3）构建平等进入、公平交易的土地市场。一是建立两种所有制土地权利平等的制度，改变同一块土地因所有制不同而权利设置不同的格局，赋予集体所有土地与国有土地同等的占有权、使用权、收益权和处分权，对两种所有制土地所享有的权利予以平等保护，实现宪法和相关法律保障下的同地、同权。以用途管制为唯一的准入制度。在用途管制下，农民集体土地与其他主体土地依法享有平等进入非农使用的权利和平等分享土地非农增值收益的权利。明确规划的主要作用是落实空间和功能布局，改变地方政府通过规划修编将农民集体所有土地变为国有、政府经营的格局。打破因城市和农村的边界区割，对圈内圈外土地按不同所有制准入的政策，除圈外可以用于非公益性的非农建设外，圈内农民集体所有土地在符合用途管制的前提下，也可不改变所有制性质进行非农建设。二是明确限定城市土地国有为建成区存量土地属于国有，新增建设用地用于非农经济建设的，除为了公共利益目的征用外，可以保留集体所有。对于建成区内的现状集体所有土地，可以采取“保权分利”或“转权保利”方式，保障农民的土地财产权益。三是重构平等交易的土地市场，建立公开、公正、公平的统一交易平台和交易规则，实现主体平等、市场交易决定供求和价格形成的土地市场。打破地方政府独家垄断供地的格局，实现同一交易平台、不同主体平等供地的局面。只要符合相关法律，遵守交易规则，政府、农民集体、国有土地用地单位等都可以在统一的土地交易市场从事土地交易。进一步加大国有土地市场配置改革，逐步缩小划拨用地范围，不断扩大有偿使用覆盖面，最终取消土地供应“双轨制”。对具有竞争性、取得经营收入、改革条件成熟的基础设施、市政设施以及各类社会事业用地中的经营性用地，先行实行有偿使用。建立统一土地市场下的地价体系。完善土地租赁、转让、抵押二级市场。在集体建设用地入市交易的架构下，对已经形成的“小产权房”按照不同情况补缴一定数量的出让收入，妥善解决这一历史遗留问题。

（4）加快推进征地制度改革。改正土地补偿由按原用途倍数补偿为公平补偿；完善征地安置制度，对城区内被征地农民房屋按市场价补偿，城区外农民房屋按本区段市场价格补偿；将被征地农民纳入城镇社保体系；探索留地安置、土地入股等多种模式，确保农民长远生计；完善征地补偿争议协调裁决制度，畅通救济渠道，维护农民土地合法权益。

（5）建立公平共享的土地增值收益分配制度。土地增值收益分配问题关乎社会公平、城市可持续发展和发展方式转变，必须放在土地制度改革重中之重的地位。一是必须根据土地增值收益的产生原理，借鉴国际经验，制定土地增值收益的合理分配原则，根本改革土地增值收益归政府的状况，建立土地增值收益归社会的机制，保障原土地所有者获得公平补偿和土地级差地租，保障城市基础设施建设所需的土地和资金，保障土地增值收益回馈社会，让公民分享。二是区分“涨价归公”与“涨价归政府”，防止“归公”的土地增值变成地方政府乃至部分地方政府官员的体制外收入，保证“涨价归公”的土地增值回馈社会。三是借鉴一些地方的经验，实行“区段征收”，以用地模式改革促进土地增值收益合理分配。四是建立土地基金制度，将一定比例的土地收益归集起来，用于调剂丰歉余缺，平抑市场波动对地方财政的影响，实现土地收益的“年际”合理分配。

专栏 4：西方土地价值复原理论

近现代以来，西方学者对土地价值增值进行了大量研究。一个基本的共识是，土地价值增值与区位高度相关。也就是说，一块处于城市化区位的土地的价值与一块传统农区的土地的价值不具有可比性。因此，当一块传统农区的土地被征收时，只能是按该块土地农用时的市场价格进行赔偿。同样，当一块处于城市化区位的土地被征收时，也得按其市地的市场价格进行赔偿。土地增值收益的来源与分配是西方学者研究的重点。土地增值收益的来源可归结为：(1) 土地所有权收益；(2) 城镇拓展引起的土地区位的变化；(3) 人口增加引起的土地价值的增加；(4) 土地使用条件的变化，如容积率的提高等；(5) 公共基础设施的建设。从理论上讲，土地增值收益应该按照其来源予以分配，即土地所有者从土地增值收益中获取土地所有权收益；政府和社会获得由城市扩展和公共设施投资等引起的土地增值收益。但事实上，分离由不同原因引起的土地增值收益，以及如何在相关利益方之间公平分配土地增值收益，成为西方土地增值收益分配理论的难题。

在西方社会，由于土地实行私有制，土地所有者获得的土地增值收益部分是有法律保障的，困难在于土地增值收益归社会的部分如何实现。为了避免来源于社会贡献的土地增值收益被地主无偿占有，将归社会的土地增值收益归于社会，西方学者以亨利·乔治的理论为基础，提出了土地价值捕获理论。该理论认为，虽然某些私人土地业主的直接行为也可以提高土地的价值，但是一般而言，土地价值的增值大部分来源于公共部门（相对于私营部门而言）的行为，比如授予对特定用途及容积率的土地的开发许可，或是来源于基础设施投资，或是来源于城市人口增加等。在上述每个情况下，不动产所有人显然没有对土地增值作出贡献，因而将土地增值全部或部分回收归于公共部门是一种社会需要，也能为城市更新、基础设施建设和环境改善提供资金来源。这些学者还发展出一整套利用土地增值收益捕获进行城市建设和公共产品提供的政策工具，即在法定规划下，将私人土地所有者的土地拿出一部分用于相关公共产品的提供，一部分在土地市场上变现用于基础设施建设，使人们从城市更新和土地价值提升中受益。诺贝尔经济学奖获得者斯蒂格利茨将之归纳为“亨利·乔治定理”。随着规划主义的兴起，城市规划对土地价值和土地增值收益的影响增强。城市规划不仅意味着通过约束个人财产权的自由行使来建立土地开发的公共秩序，也意味着通过对土地开发收益的调整和重新分配，实现公共利益的基本追求。霍华德为了实现其“田园城市”理念，提出由政府对土地使用权转让进行限制、将开发收益中的一部分作为社会发展基金予以保留。英国著名的“厄思沃特报告”提出，城市规划在使某些土地获得增值利益的同时，其他土地会因规划控制而遭受利益损失，必须在这两者之间建立补偿机制和利益平衡机制，解决方案是由政府向现有的土地业主支付补偿金额后统一征用土地的开发权，补偿金额由政府制定，以达到控制土地投机、减少政府与公众之间利益冲突的目的。进入20世纪以后，城市化快速发展和对公共服务的需求增长，城市规划对于开发利益的形成和分配的影响更为显著，开发利益分配中的社会公平问题更为突出。西方学者提出开发利益公共还原理论。所谓开发利益是指由于公共投资建设而引发的土地增值收益。如何对这部分增值收益进行合理的分配，对利益受损者进行合理的补偿，是开发利益公共还原理论的核心内容，其政策工具是公共项目的“受益者负担”，即将公共投资项目的成本合理分担与收益公平分配相联系，根据产权人的受益程度确定其应承担的成本，以实现开发利益的社会还原。

（6）建立与现代社会发展相适应的土地财产税制度。以土地为核心的财产税是发达市场经济国家普遍开征的税种，它是地方政府重要且稳定的财政收入来源。在我国对土地开征财产税，既符合国际经验，也具备征收条件，同时也为改革土地财政提供现实基础。现行土地税制存在明显不足：一是在取得和保有环节，城镇土地使用税、耕地占用税采取从量课征，房产税的从价部分采取历史成本，保有环节的税收弹性不足，再加上课税范围狭窄，减免优惠范围过宽，使其在不动产课税中的主体地位日益下降；二是在土地流转环节设置了契税、营业税、印花税以及城建税和教育费附加等多项税费，整体税率过高，抑制了不动产的正常交易和流转；三是对土地流转收益课征的土地增值税和所得税，近年来虽然呈上升趋势，但占不动产税的比重一直很低，未能有效发挥打击土地投机，改进不动产市场效率的作用。我们建议，借鉴市场经济国家经验，建立适应资源国情的新型土地不动产税制。对土地保有、流转及其收益环节的税收制度进行整体构建、系统改革。一是在保有环节，将主要实行从量课征改为全部实施从价计征，提高课税弹性，发挥土地不动产税筹集地方政府财政收入的功能；二是在流转环节，调低整体税率，降低流转课税，发挥配置资源和提高效率的功能；三是对流转取得的收益加强税收征管，充分发挥促进社会财富分配公平的功能。

（7）建立国有土地资产经营制度和土地融资制度。改政府卖地为国有土地资产经营，政府以国有土地所有者获得土地权益，成立国有土地资产公司从事国有土地经营。改造政府土地储备机构，建立国有土地资产交易市场。完善国有土地资产经营收益使用管理制度，明确国有土地资产经营收益不得用于当期使用，其用途和绩效由人民代表大会监督、审议。完善国有土地融资制度，用于抵押融资土地必须权证和主体明确，有第三方资产评估，对违规行为严格依法追究。

（8）建立以权属管理和用途管制为核心的现代土地管理体制。制定国土空间规划体系。强化土地利用总体规划实施刚性，依法落实用途管制。加强土地权属管理，建立统一地籍管理体系。逐步取消土地指标审批和年度计划管理，建立中央和地方权责对等的土地管理责任制度。

四、土地制度改革的突破口与优先顺序

（一）改革的突破口

在下一轮发展中，不能继续走外延扩张和土地粗放利用的老路，必须实现从过去以土地总量供应保增长，向以结构调整促发展的转型。通过土地制度创新，优化土地利用结构，盘活存量用地，提高土地利用效率，保障下一个战略机遇期发展的合理、高效用地。通过扩大试点，为土地制度全面改革提供经验。

具体措施包括：一是制定工业用地转商业和经营性用地权属处理和增值收益分配办法。减少工业用地比重，增加城市宜居用地比重，优化城市用地结构，促进产业转型和城市可持续发展。二是制定公益性用地转产业用地土地收益分配和权属管理办法。减少公共用地比重，尤其是政府用地比重，增加产业发展和宜居空间用地比重。三是制定城乡接合部地区集体用地参与城市建设的制度规则与办法。将城乡接合部地区集体土地纳入城市规划，释放城市发展空间。四是制定农村转移人口市民化与农村宅基地处置办法。优化城乡建设用地结构，将已在城市落地的农村转移人口在农村的集体建设用地置换出来，逐步改变城乡两头占地格局。

专栏5：广东省的“三旧”改造与土地制度试验

经过快速的工业化、城市化进程，广东省蓄积了大量存量及低效利用建设用地。据初步调查，全省共有“三旧”改造用地410万亩。近年来，广东省实施“三旧”改造，围绕存量建设用地在占用、开发、处置、收益等方面与新增建设用地的差异性，进行了一系列土地制度创新试验。为了推进旧城镇、旧村庄、旧厂房改造，广东省政府制定出台了《关于推进“三旧”改造促进节约集约用地的若干意见》（粤府〔2009〕78号），主要从五个方面进行了政策创新与突破：一是针对无合法手续的存量建设用地完善手续成本较高，现土地使用者缺乏改造积极性的问题，允许按照用地发生时的土地管理法律政策落实处理（处罚）后按土地现状办理征收手续。二是针对“三旧”改造投入大、开发周期较长、现行改造方式单一、难以调动原土地使用权人积极性等问题，允许对完善手续后的“三旧”用地采取协议出让方式补办出让手续（政府收购储备后再次供地除外）。三是为了保障原土地使用者的开发收益，调动他们支持和参与改造的积极性，在旧厂房改造和旧村庄改造中，政府依法收回企业用地或征收农村集体建设用地出让的，对原土地使用企业或村集体给予不高于土地出让纯收益60%的资金补贴，依照有关规定专项用于支持企业或村集体发展。四是针对改造地块范围周边可能存在边角地、插花地、夹心地，影响地块的整体改造开发等问题，允许将边角地、插花地、夹心地一并纳入“三旧”改造范围，不再按照现行法律政策办理有关报批手续。五是针对在城中村改造过程中，农村集体愿意将农村集体土地变为国有土地，但现行征收的做法程序复杂、审批时间长的问题，允许村集体经济组织自愿将其所有的集体建设用地申请报省人民政府批准转为国有建设用地。上述政策有力地保障了原土地使用者的权益，充分调动了他们改造的积极性，推动了“三旧”改造的顺利开展。在此基础上，广东省还出台了一系列政策文件，围绕土地使用权收购的具体程序和价格、补缴地价的标准、土地出让收益的分配使用管理、改造项目审批程序等方面制定了本地的配套政策，形成了“三旧”改造的政策体系。“三旧”改造取得了显著成效。2008—2012年，全省完成改造项目有2 851个，完成改造面积15万亩；正在改造项目有2 920个，涉及改造面积超过20万亩。通过开展“三旧”改造，有效开发存量建设用地，推进土地循环利用，优化了用地布局，提升了土地利用效率。广东省已完成的15万亩改造项目，平均容积率由0.66提高到1.5，建筑面积由改造前的6 601.20万平方米增加到15 365.27万平方米，增加了1.3倍；腾挪增加可利用土地面积占已完成改造面积的44.65%，节约用地约6.73万亩。按此比例估算，全省414万亩“三旧”用地改造后可节约土地超过100万亩，能有效保障经济社会发展的用地需求。“三旧”改造也带动了社会资本投资，扩大了城乡就业，刺激了消费需求。2008—2012年，全省已累计投入改造资金4 242.9亿元，约占同期全省固定资产投资的5.39%，其中社会投资占总投资的74%，越来越多的社会资本、民间资本踊跃参与到改造工作中来，逐渐成为“三旧”改造的主力军。“三旧”改造也成为扩大就业的一种手段，三年来累计增加就业岗位 199 万个。开展“三旧”改造，在优化用地布局的同时促进了产业结构调整，既淘汰了落后产能，实现了腾笼换鸟，又推动了战略性新兴产业发展与现有支柱产业做大做强。据统计，在已改造项目中，属于产业结构调整项目的共 1 898 个，占改造项目总数的 66.6%，其中，属于淘汰、转移“两高一资”项目的有 416 个，引进现代服务业和高新技术产业项目的有 386 个，投资超亿元的项目有 298 个。这批项目改造后当年实现产值（营业收入）比改造前增长了 1.22 倍。旧村庄改造也推动了农村基础设施建设，改变了旧村庄脏乱差、基础设施落后、建筑安全隐患多等问题。据统计，在已完成的改造项目中，建设城市基础设施和公益事业的项目有 866 个，涉及用地 4.2 万亩，新增公共绿地 6 600 多亩。在旧村庄改造中，利用腾挪出来的土地发展集体经济，增加了集体经济收入。据统计，旧村庄实施改造后，村集体收入增长了 1.5 倍。

（二）改革的优先顺序

鉴于土地制度改革牵一发而动全身，建议先选取若干典型地区进行试验，再予以总结，上升到国家政策。与此同时，就改革议程和优先顺序进行全面部署。第一阶段，在总结现有土地制度改革试点经验的基础上，扩大土地制度综合试点范围；完成承包地、宅基地、林地等确权登记颁证；推进土地利用结构优化和存量建设用地进入市场改革；实施以公平补偿为核心的征地制度改革；规范地方融资平台、扩大地方自主发债范围。第二阶段，重点形成城乡统一的土地市场；探索国有土地资本化经营模式；建立土地财产税制度；形成新的土地增值收益分配机制；形成多渠道的地方政府融资体系。第三阶段，基本确立两种土地所有制权利平等、市场统一的现代土地制度和以规划和用途管制为手段的现代土地管理体制。

主要参考文献

巴泽尔. 产权的经济分析. 上海：上海三联书店，1997.

蔡昉. 中国经济改革效应分析：劳动力重新配置的视角. 经济研究，2017（7）：4－17.

蔡立东，姜楠. 承包权与经营权分置的法构造. 法学研究，2015（3）：31－46.

藏俊梅，等. 农地发展权的设定及其在中国农地保护中的运用：基于现行土地产权体系的制度创新. 中国土地科学，2007，21（3）：44－50.

曹广忠，袁飞，陶然. 土地财政、产业结构演变与税收超常规增长：中国“税收增长之谜”的一个分析视角. 中国工业经济，2009（12）：13－21.

柴铎，吴云艳，周小平，等. 中国城市土地市场分化、土地财政依赖度与经济风险评价：73 城地价动态监测数据实证. 城市发展研究，2018（10）：33－40.

陈剑波. 农地制度：所有权问题还是委托-代理问题?. 经济研究，2006（7）：83－91.

陈志勇，陈莉莉. “土地财政”：缘由与出路. 财政研究，2010（1）：29－34.

道格拉斯·C. 诺思. 制度、制度变迁与经济绩效. 上海：上海三联书店，1994.

丁文. 论土地承包权与土地承包经营权的分离. 中国法学，2015（3）：159－178.

杜雪君，黄忠华，吴次芳. 中国土地财政与经济增长：基于省际面板数据的分析. 财贸经济，2009（1）：60－64.

范剑勇，莫家伟. 地方债务、土地市场与地区工业增长. 经济研究，2014（1）：41－55.

范子英. 土地财政的根源：财政压力还是投资冲动. 中国工业经济，2015（6）：18－31.

费孝通. 乡土中国. 上海：上海人民出版社，2006.

丰雷，蒋妍，叶剑平. 诱致性制度变迁还是强制性制度变迁？——中国农村土地调整的制度演进及地区差异研究. 经济研究，2013（6）：4－18.

丰雷，魏丽，蒋妍. 论土地要素对中国经济增长的贡献. 中国土地科学，2008（12）：4－10.

高圣平，等. 集体建设用地进入市场：现实与法律困境. 管理世界，2007（3）：62－88.

高圣平. 承包土地的经营权抵押规则之构建：兼评重庆城乡统筹综合配套改革试点模式. 法商研究，2016（1）：3－12.

高圣平. 新型农业经营体系下农地产权结构的法律逻辑. 法学研究，2014（4）.

葛扬，岑树田. 中国基础建设超常规发展的土地支持研究. 经济研究，2017（2）.

龚启圣，刘守英. 农民对土地产权的意愿及其对新政策的反应. 中国农村观察，1998（2）：20－27.

国务院发展研究中心农村经济研究部课题组. 稳定与完善农村基本经营制度研究. 北京：中国发展出版社，2013.

蒋省三，刘守英，李青. 土地制度改革与国民经济成长. 管理世界，2007（9）：1－9.

雷潇雨，龚六堂. 基于土地出让的工业化与城镇化. 管理世界，2014（9）：29－41.

李力行，黄佩媛，马光荣. 土地资源错配与中国工业企业生产率差异. 管理世界，2016（8）：86－96.

李永友，沈坤荣. 辖区间竞争、策略性财政政策与 FDI 增长绩效的区域特征. 经济研究，2008（5）：58－69.

林毅夫，刘志强. 中国的财政分权与经济增长. 北京大学学报（哲学社会科学版），2000（4）：5－17.

林毅夫. 发展战略、自生能力和经济收敛. 经济学（季刊），2002（1）：269－300.

刘守英，高圣平，王瑞民. 农地三权分置下的土地权利体系重构. 北京大学学报（哲学社会科学版），2017，54（5）：134－145.

刘守英，蒋省三. 土地融资与财政和金融风险：来自东部一个发达地区的个案. 中国土地科学，2005（5）：3－9.

刘守英，李青，王瑞民. 中国农村土地流转和规模经营的特征与变化趋势//国务院发展研究中心. 调查研究报告，2015.

刘守英，王志锋，张维凡，熊雪锋. “以地谋发展”模式的衰竭：基于门槛回归模型的实证研究. 管理世界，2020（6）：80－92.

刘守英，熊雪锋. 二元土地制度与双轨城市化. 城市规划学刊，2018（1）.

刘守英. 以地谋发展模式的风险与改革. 国际经济评论，2012（2）：92－109.

刘守英. 产权，行为与经济绩效. 经济社会体制比较，1992（2）：12－18.

刘守英. 城乡中国的土地问题. 北京大学学报（哲学社会科学版），2018（5）.

刘守英. 农村集体所有制与三权分离改革. 中国乡村发现，2014（3）.

刘守英. 土地制度变革与经济结构转型：对中国 40 年发展经验的一个经济解释. 中国土地科学，2018（1）：1－10.

刘守英. 土地制度与农民权利. 中国土地科学，2000（3）：1－9.

刘守英. 土地制度与中国发展. 北京：中国人民大学出版社，2018.

刘守英. 中共十八届三中全会后的土地制度改革及其实施. 法商研究，2014（2）.

刘守英. 中国农地制度的合约结构与产权残缺. 中国农村经济，1993（2）：31－36.

刘守英. 中国土地问题调查：土地权利的底层视角. 北京：北京大学出版社，2017.

楼建波. 农户承包经营的农地流转的三权分置：一个功能主义的分析路径. 南开学报（哲学社会科学版），2016（4）.

陆铭. 建设用地使用权跨区域再配置：中国经济增长的新动力. 世界经济，2011（1）：107－125.

罗伯特·埃里克森. 土地所有权//唐纳德·威特曼. 法律经济学文献精选. 北京：法律出版社，2005.

马克思，恩格斯. 马克思恩格斯全集：第 1 卷. 2 版. 北京：人民出版社，1995：191.

皮建才. 中国地方政府间竞争下的区域市场整合. 经济研究，2008（3）：115－124.

钱忠好. 土地征用：均衡与非均衡——对现行中国土地征用制度的经济分析. 管理世界，2004（12）：50－59.

曲福田，等. 制度安排、价格机制与农地非农化研究. 经济学，2004，4（1）：229－248.

曲福田，田光明. 城乡统筹与农村集体土地产权制度改革. 管理世界，2011（6）：34－46.

任志成，巫强，崔欣欣. 财政分权、地方政府竞争与省级出口增长. 财贸经济，2015（7）：59－69.

邵挺. 土地流转的“名”与“实”：引入金融的视角. 中国发展观察，2015（4）.

邵挺. 土地流转的“名”与“实”：走出“反公地陷阱”. 中国发展观察，2015（5）.

石敏俊，范宪伟，郑丹. 土地开发对城市经济增长的作用机制和传导路径. 中国人口·资源与环境，2017（1）.

宋志红. 农村土地“三权分置”改革：风险防范与法治保障. 经济研究参考，2015（24）：5－11.

孙宪忠. 推进农村土地“三权分置”需要解决的法律认识问题. 党政视野，2016，2（3）：66－66.

孙中华. 关于深化农村土地制度改革的几个问题. 理论学刊，2016（2）：40－45.

谭术魁，饶映雪，朱祥波. 土地投入对中国经济增长的影响. 中国人口·资源与环境，2012（9）：61－67.

陶然，陆曦，苏福兵，汪晖. 地区竞争格局演变下的中国转轨：财政激励和发展模式反思. 经济研究，2009（7）：21－33.

陶然，苏福兵，陆曦，朱昱铭. 经济增长能够带来晋升吗？——对晋升锦标竞赛理论的逻辑挑战与省级实证重估. 管理世界，2010（12）：13－26.

陶然，童菊儿，汪晖，等. 二轮承包后的中国农村土地行政性调整. 中国农村经济，2009（10）：12－20.

陶然，袁飞，曹广忠. 区域竞争、土地出让与地方财政效应：基于1999—2003年中国地级城市面板数据的分析. 世界经济，2007（10）：15－27.

田传浩，等. 监督制度、市场信息与协议地价：基于杭州市土地储备制度改革的经验. 经济学（季刊），2004，3（2）：373－386.

汪晖，等. 公共利益、征地范围与公平补偿：从两个土地投机案例谈起. 经济学，2004，4（1）：249－262.

王小映，等. 我国农地转用中的土地收益分配实证研究：基于昆山、桐城、新都三地的抽样调查分析. 管理世界，2006（5）：62－68.

王永钦，张晏，章元，陈钊，陆铭. 中国的大国发展道路：论分权式改革的得失. 经济研究，2007（1）：4－16.

王媛，杨广亮. 为经济增长而干预：地方政府的土地出让策略分析. 管理世界，2016（5）.

许庆，章元. 土地调整、地权稳定性与农民长期投资激励. 经济研究，2005（10）：59－69.

杨继东，杨其静. 保增长压力、刺激计划与工业用地出让. 经济研究，2016（1）：99－113.

杨其静，聂辉华. 保护市场的联邦主义及其批判. 经济研究，2008（3）：99－114.

杨其静，卓品，杨继东. 工业用地出让与引资质量底线竞争：基于2007—2011年中国地级市面板数据的经验研究. 管理世界，2014（1）.

杨帅，等. 经济波动、财税体制变迁与土地资源资本化：对中国改革开放以来“三次圈地”相关问题的实证分析. 管理世界，2010（4）：32－41.

姚洋，张牧扬. 官员绩效与晋升锦标赛：来自城市数据的证据. 经济研究，2013（1）：137－150.

姚洋. 农地制度与农业绩效的实证研究. 中国农村观察，1998（6）：1－10.

姚洋. 中国农地制度：一个分析框架. 中国社会科学，2000（2）：54－65.

叶剑平，等. 2008年中国农村土地使用权调查研究：17省份调查结果及政策建议. 管理世界，2010（1）：64－73.

叶剑平，马长发，张庆红. 土地要素对中国经济增长贡献分析：基于空间面板模型. 财贸经济，2011（4）：111－116.

叶兴庆. 农用地的产权重构. 农村经营管理，2015（6）.

约瑟夫·熊彼特. 经济发展理论. 北京：中国社会科学出版社，2009.

张红宇. 中国农地制度变迁的制度绩效：从实证到理论的分析. 中国农村观察，2002（2）：21－33.

张军，高远，傅勇，张弘. 中国为什么拥有了良好的基础设施. 经济研究，2007（3）：4－19.

张军，吴桂英，张吉鹏. 中国省际物质资本存量估算：1952—2000. 经济研究，2004（10）：35－44.

张军. 分权与增长：中国的故事. 经济学（季刊），2007（1）：21－52.

张力，郑志峰. 推进农村土地承包权与经营权再分离的法制构造研究. 农业经济问题，2015（1）：79－92.

张毅，张红，毕宝德. 农地的“三权分置”及改革问题：政策轨迹、文本分析与产权重构. 中国软科学，2016（3）：13－23.

赵燕菁. 土地财政：历史、逻辑与抉择. 城市发展研究，2014（1）.

赵阳. 共有与私用：中国农地产权制度的经济学分析. 北京：生活·读书·新知三联书店，2007.

郑思齐，孙伟增. “以地生财，以财养地”：中国特色城市建设投融资模式研究. 经济研究，2014（8）.

中国经济增长前沿课题组. 城市化、财政扩张与经济增长. 经济研究，2011（11）：4－20.

中国农业科学院. 中国农业产业发展报告 2020. 北京：中国农业科学技术出版社，2020.

周飞舟. 大兴土木：土地财政与地方政府行为. 经济社会体制比较，2010 (3)：77-89.

周飞舟. 锦标赛体制. 社会学研究，2009 (3).

周黎安. 中国地方官员的晋升锦标赛模式研究. 经济研究，2007 (7)：36-50.

周其仁. 国家能力再定义. 新世纪周刊，2014 (3).

周其仁. 农地产权与征地制度：中国城市化面临的重大选择. 经济学（季刊），2004，4 (1)：193-210.

周其仁. 中国农村改革：国家和所有权关系的变化（上）——一个经济制度变迁史的回顾. 管理世界，1995 (3).

周其仁. 中国农村改革：国家和所有权关系的变化（下）——一个经济制度变迁史的回顾. 管理世界，1995 (4).

朱广新. 土地承包权与经营权分离的政策意蕴与法制完善. 法学，2015 (11)：88-100.

朱莉芬，等. 城市化对耕地影响的研究. 经济研究，2007 (2)：137-145.

朱希刚. 中国粮食供需平衡分析. 农业经济问题，2004 (12)：12-19.

Acemoglu, Daron, James Robinson. *Why Nations Fail: The Origins of Power, Prosperity, and Poverty*. Crown Publishers, 2012.

Acemoglu, Daron, Simon Johnson, James Robinson. "The Colonial Origins of Comparative Development: An Empirical Investigation," *American Economic Review*, 2012, 102 (6): 3059-3076.

Alchian, Armen. Property Rights. In John Eatwell, Murray Milgate, and Peter Newman (ed.), *New Palgrave Dictionary of Economics*, 1987.

Arvo Vitikainen, D. Sc. "An Overview of Land Consolidation in Europe," *Nordic Journal of Surveying and Real Estate Research*, 2004 (1): 25-44.

Besley T. "Property Rights and Investment Incentives: Theory and Evidence from Ghana," *Journal of Political Economy*, 1995, 103 (5): 903-937.

Besley, Timothy, Torsten Persson. "The Origins of State Capacity: Property Rights, Taxation, and Politics," *American Economic Review*, 2007, 99 (4): 1218-1244.

Blackstone, William. *Commentaries on the Laws of England 1766*. Chicago: University of Chicago Press, 1979.

Blanchard, O., and A. Shleifer. Federalism with and without Political Centralization:

China versus Russia. IMF Staff Papers, 2001, 48 (1) : 171 - 179.

Brendan O'Flaherty. "An Economic Theory of Homelessness and Housing," *Journal of Housing Economics*, 1995 (4): 13 - 49.

Breustedt, G. & Habermann, H. "The Incidence of EU Per-Hectare Payments on Farmland Rental Rates: A Spatial Econometric Analysis of German Farm-Level Data," *Journal of Agricultural Economics*, 2011, 62 (1), 225 - 243.

Bromley, Daniel. Property Rights: Locke, Kant, Peirce, and the Logic of Volitional Pragmatism. In Harvey M. Jacobs (ed.), *Property Rights in the 21st Century*, 2004.

Bryan, J., Deaton, B. J. & Weersink, A. "Do Landlord-Tenant Relationships Influence Rental Contracts for Farmland or the Cash Rental Rate?" *Land Economics*, 2015, 91 (4), 650 - 663.

Cai, H., and D. Treisman. "Did Government Decentralization Cause China's Economic Miracle," *World Politics*, 2006, 58 (4): 505 - 535.

Cheung S. N. S. "The Structure of a Contract and the Theory of a Non-exclusive Resource," *Journal of Law and Economics*, 1970: 49 - 70.

Ciaian, P. & Kancs, D. A. "The Capitalization of Area Payments into Farmland Rents: Micro Evidence from the New EU Member States," *Canadian Journal of Agricultural Economics/Revue Canadienne D'Agroeconomie*, 2012, 60 (4), 517 - 540.

Coase, Ronald H. "The Nature of the Firm," *Economica*, 1937: 4.

Coase, Ronald H. "The Problem of Social Cost," *The Journal of Law and Economics*, 1960, 56 (3): 1 - 13.

David L. Mckee & William H. Leahy. "Influence or Urbanization on Land Values at the Urban," *Land Economics*, 2001: 489 - 497.

Davis, L. E., and D. C. North. *Institutional Change and American Economic Growth*. Cambridge: Cambridge University Press, 1971.

De Janvry, A., Emerick, K., Gonzaleznavarro, M. "Delinking Land Rights from Land Use: Certification and Migration in Mexico," *American Economic Review*, 2015, 105 (10): 3125 - 3149.

Demsetz, H. "Toward a Theory of Property Rights," *American Economic Review*, 1967, 57 (3): 347 - 359.

Ellickson, Robert C. "Property in Land," *Yale Law Journal*, 2007, 102 (6):

286 -305.

Feder, G. , Lau, L. J. , Lin, J. Y. , et al. "The Determinants of Farm Investment and Residential Construction in Post-reform China, " *Economic Development and Cultural Change*, 1992, 41 (1): 1 - 26.

Ghebru, H. , Holden, S. "Technical Efficiency and Productivity Differential Effects of Land Right Certification: A Quasi-Experimental Evidence, " *Quarterly Journal of International Agriculture*, 2015.

Hansen, B. E. " Threshold Effects in Non-dynamic Panels: Estimation, Testing, and Inference, " *Journal of Econometrics*, 1999 (93): 345 - 368.

Holden, S. , Deininger, K. , Ghebru, H. "Impacts of Low-Cost Land Certification on Investment and Productivity, " *American Journal of Agricultural Economics*, 2009, 91 (2): 359 - 373.

Holden, S. , Deininger, K. , Ghebru, H. "Tenure Insecurity, Gender, Low-cost Land Certification and Land Rental Market Participation in Ethiopia, " *Journal of Development Studies*, 2011, 47 (1): 31 - 47.

Honoré, A. "Ownership, " *Essays in Jurisprudence*, 1961.

Hubert N. van Lier. "The Role of Land Use Planning in Sustainable Rural Systems, " *Landscape and Urban Planning*, 1998 (41): 83 - 91.

Jacoby, H. , Minten, B. "Is Land Titling in Sub-Saharan Africa Cost-Effective? Evidence from Madagascar, " *World Bank Economic Review*, 2007, 21 (3): 461 - 485.

James Kai-sing Kung, Shouying Liu. "Farmers' Preferences Regarding Ownership and Land Tenure in Post-Mao China: Unexpected Evidence from Eight Countries, " *The China Journal*, 1997, 38 (33).

James Kai-sing Kung, Shouying Liu. "Farmer's Response Regarding Ownership and Land Tenure in Post-Mao China: Evidence from Eight Countries, " *Land Tenure*, 1997 (5).

James Kai-sing Kung, Shouying Liu. "Property Rights in Rural China: An Empirical Study of Institutional Choice in Transitional Economies, " *Rural Development*, 1997 (4).

Jin, H. , Y. Qian, and B. R. Weingast. "Regional Decentralization and Fiscal Incentives: Federalism, Chinese Style, " *Journal of Public Economics*, 2005, 89 (9 - 10):

1719－1742.

Li, G., Rozelle, S., Brandt, L. "Tenure, Land Rights and Farmer Investment Incentives in China," *Agricultural Economics*, 1998, 19 (1): 63－71.

Li, H., and L. Zhou. "Political Turnover and Economic Performance: The Incentive Role of Personnel Control in China," *Journal of Public Economics*, 2005, 89 (9－10): 1743－1762.

Lin, G. C. S., and F. Yi. "Urbanization of Capital or Capitalization on Urban Land? Land Development and Local Public Finance in Urbanizing China," *Urban Geography*, 2011, 32 (1): 50－79.

Lin, J. Y., and Z. Liu. "Fiscal Decentralization and Economic Growth in China," *Economic Development and Cultural Change*, 2000, 49 (1): 1－21.

Lin, J. Y. "Rural Reforms and Agricultural Growth in China," *The American Economic Review*, 1992: 34－51.

Melesse, M. & Bulte, E. "Does Land Registration and Certification Boost Farm Productivity? Evidence from Ethiopia," *Agricultural Economics*, 2015.

Montinola, G., Y. Qian, and B. R. Weingast. "Federalism, Chinese Style: The Political Basis for Economic Success in China," *World Politics*, 1995, 48 (1): 50－81.

Munzer, Stephen R. "A Theory of Property," *American Political Science Review*, 1990 (2): 648－649.

North, Douglas C., John Joseph Wallis, Barry R. Weingast. *Violence and Social Orders: A Conceptual Framework for Interpreting Recorded Human History*. New York: Cambridge University Press, 2009.

North, Douglas C. *The Rise of the Western World*. Cambridge, MA: Cambridge University Press, 1973.

North, Douglas C. *Institutions, Institutional Change, and Economic Performance*. New York: Cambridge University Press, 1990.

North, Douglas C. *Structure and Change in Economic History*. New York: W. W. Norton and Company, 1981.

Qian, Y., and B. R. Weingast. "China's Transition to Markets: Market-Preserving Federalism, Chinese Style," *Journal of Policy Reform*, 1996, 1 (2): 149－185.

Qian, Y., and B. R. Weingast. "Federalism as a Commitment to Preserving Market Incentives," *Journal of Economic Perspectives*, 1997, 11 (4): 83 - 92.

Qian, Y., and C. Xu. "Why China's Economic Reforms Differ: The M-form Hierarchy and Entry/Expansion of the Non-state Sector," *Economics of Transition*, 1993, 1 (2): 135 - 170.

Roberts, M. J., Kirwan, B. & Hopkins, J. "The Incidence of Government Program Payments on Agricultural Land Rents: The Challenges of Identification," *American Journal of Agricultural Economics*, 2003, 85 (3): 762 - 769.

Shouying Liu, Michael R. Carter, Yang Yao. "Dimensions and Diversity of Property Rights in Rural China: Dilemmas on the Road to Further Reform," *World Development*, 1998, 26 (10).

Shouying Liu, Ruimin Wang, Guang Shi. "Historical Transformation of China's Agriculture: Productivity Changes and Other Key Features," *China & World Economy*, 2018 (1).

Tzu-Chin Lin. "Land Assembly in a Fragmented Land Market Through Land Readjustment," *Land Use Policy*, 2005 (22): 95 - 102.

Van Herck, K. & Vranken, L. "Direct Payments and Land Rents: Evidence from New Member States," Centre for European Policy Studies Factor Markets Working Paper, 2013.

Wang, H., Riedinger, J., Jin, S. "Land Documents, Tenure Security and Land Rental Development: Panel Evidence from China," *China Economic Review*, 2015.

Yongheng Deng, John M. Quigley, Robert van Order and Freddie Mac. "Mortgage Default and Low Down Payment Loans: The Costs of Public Subsidy," *Regional Science and Urban Economics*, 1996 (26): 263 - 285.

Yosef Rafeq Jabaree. "Sustainable Urban Forms Their Typologies, Models, and Concepts," *Journal of Planning Education and Research*, 2006 (26): 38 - 52.

Yue Jin Shi, Timothy T. Phipps, Dale Colyer. "Agricultural Land Values Under Urbanizing Influences," *Land Economics*, 1997, 73 (1): 90 - 100.

致　谢

到高校以后，我有一个偶生的念头，就是把过去30年的东西做一个整理。单子一列，方案即出，一方面是一手调查，另一方面是试图做的一些理论与政策思考。前者交给了北京大学出版社出版，已经到了读者手中；后者交给中国人民大学出版社，已出版《土地制度与中国发展》一书。《土地制度与中国发展》试图对真实世界中产生的一些概念如成员权集体所有制、二元土地制度、土地财政、“以地谋发展”等展开理论分析，但因为工作性质与思维局限、知识不足和分析工具欠缺，这一雄心勃勃的计划只能留作激励自己人生下半程的目标了。作为我上半程学术努力的一个记录，此增订本增加了我近几年发表的几篇文章，包括《城乡中国的土地问题》《土地制度与中国发展模式》《“以地谋发展”模式的衰竭》。本书的出版要感谢很多人，他们有：帮助我在这个道路上前行的指导者，如周其仁、蒋省三、杜鹰、林毅夫、刘世锦、甘藏春、John Bruce、Michael Carter、Michael Roth、龚启圣、黄小虎、何道峰、安钢；一群与我一起研究的战友，如周飞舟、邵挺、李果、王小映、李青、谭明智、廖炳光、曹亚鹏、王瑞民、熊雪锋；《经济社会体制比较》的荣敬本、《管理世界》的李志军、《中国农村经济》的李静、《中国工业经济》的王燕梅、《北京大学学报》的管琴、《中国土地科学》的王庆日、《学海》的毕素华等；最难得的两个研究机构即原国务院农村发展研究中心发展研究所和国务院发展研究中心给我启迪、支持和帮助的一些领导、同事和朋友；推进本书出版与悉心编辑的几名编辑——王晗霞、徐蔚冰和刘美昱。本书出版后得到了学术界同仁的充分肯定，被授予第十九届孙冶方经济科学奖，在此向所有鼓励我前行的前辈和同行表示衷心感谢。

刘守英

图书在版编目（CIP）数据

土地制度与中国发展/刘守英著. --增订本. --北京：中国人民大学出版社，2021.12
ISBN 978-7-300-30407-6

Ⅰ.①土… Ⅱ.①刘… Ⅲ.①土地制度-变迁-研究-中国 Ⅳ.①F321.1

中国版本图书馆CIP数据核字（2022）第038397号

土地制度与中国发展（增订本）
刘守英 著
Tudi Zhidu yu Zhongguo Fazhan

出版发行	中国人民大学出版社		
社　　址	北京中关村大街31号	**邮政编码**	100080
电　　话	010－62511242（总编室）		010－62511770（质管部）
	010－82501766（自营网店）		010－62514148（明德书店）
	010－62511173（销售部）		010－62515275（盗版举报）
网　　址	http://www.crup.com.cn		
经　　销	新华书店		
印　　刷	涿州市星河印刷有限公司	**版　　次**	2018年10月第1版
开　　本	720 mm×1000 mm　1/16		2021年12月第2版
印　　张	27.5 插页3	**印　　次**	2025年12月第9次印刷
字　　数	390 000	**定　　价**	118.00元